改革开放与中国经济

程恩富 著

中央编译出版社
Central Compilation & Translation Press

程恩富

自　序

今年是马克思诞辰 200 周年，《共产党宣言》发表 170 周年，新中国成立 69 周年，中国改革开放 40 周年。有舆论以为马克思以后的政治经济学没有任何概念和理论创新，也有舆论以为马克思主义政治经济学家对改革开放和世界经济发展没有重要理论性或智库性贡献。这类因信息不全或研究肤浅或立场偏见而陷入误区的论断，是明显与事实相悖的，本书便是例证之一。

遵照党中央的要求，中国社会科学院定位为马克思主义的坚强阵地、哲学社会科学的最高殿堂、党和国家的思想库和智囊团（"三定位"）。美国、中国等国内外智库研究报告公认为是中国和亚洲第一智库。本人有幸在阵地、殿堂和智库进行研究和教学，也特别注重把学术研究、理论宣传和智库建言的"三结合"。在我的精心组织和主持下，2009 年 7 月 21 日，由中国社科院经济社会发展研究中心领衔、全国十多所知名高校马克思主义学院组建的"中国经济社会发展智库理事会成立，并召开"新人口理论与政策——中国经济社会发展智库首届论坛"，以后几年又召开多次论坛，并主编出版《中国经济社会发展智库丛书》，学界和社会影响较大，后来由于工作太忙而暂时中断。党的十八届三中全会以后，党中央高度重视智库建设。中国社科院成立马克思主义理论创新智库理事会，本人担任副理事长。近十多年来，作为三届全国人大代表，也上报过几十份建言。简言之，通过社科院、全国人大和中央媒体等多种渠道曾上报不少智库建议，有些受到中央领导的重视和社科院的奖励。本书有关专题已内含部分理论和政策建言的内容。

现在对本书五个专题的内容作提纲挈领的点评，说明改革开放以来马克思主义政治经济学理论和政策创新，以及对改革开放的献智献策还是不少的，这同时也有益于读者快速选读自己感兴趣的专题和新观点。

在经济理论专题中，第一节回应马克思主张的共产主义经济形态究竟为何物的疑问，从从共产主义的物质基础、生产资料所有制、分配制度、产品生产和交换方式、再生产、经济计划和按比例发展、必要劳动与剩余劳动、劳动时间与自由时间、各种基金、农业和土地制度、教育和人的发展等方面发掘整理《资本论》中有关共产主义社会经济形态的理论，对建设社会主义具有重大意义和启示。

第二节在批评"仿苏"、"仿美"等错误倾向的基础上，主张以中外社会主义经济实践为思想源泉，以马克思主义经济学的主要假设为基点，积极吸纳古今中外各种经济思想的合理成分，广泛借鉴相关社会科学和自然科学的可用方法，构造既超越马克思经济学范式和苏联经济学范式，又超越西方经济学范式的新范式，即新建在世界经济大环境中主要反映中国初级社会主义市场经济独特性的经济学范式。

第三节针对现代西方经济学把"生产三要素创造价值论"等视为理论假设或公理，现代马克思主义政治经济学创新也有必要把"新的活劳动创造价值论"、"利己和利他经济人论"、"资源和需要双约束论"、"公平与效率互促同向变动论"等视为理论假设，从而形成现代马克思主义政治经济学四大创新性原理。

第四节回应西方经济学中国化、中国经济学西方化的误论，提出"马学为体、西学为用、国学为根，世情为鉴、国情为据，综合创新"的基本思维方法和学术创新原则，必将使中国经济学的现代化道路越走越宽广，并为中外经济的科学发展作出应有贡献。

第五节中央经济工作会议曾提出要坚持中国特色社会主义政治经济学的重大原则，本节提出和论证八大原则，即科技领先型的持续原则、民生导向型的生产原则、公有主体型的产权原则、劳动主体型的分配原则、国家主导型的市场原则、绩效优先型的速度原则、结构协调型的平衡原则、自力主导型的开放原则。

第六节阐明划分社会经济形态和社会发展阶段的生产力和生产关系基本标志,首次提出我国社会主义社会初级阶段、中级阶段和高级阶段的"社会主义三阶段论",较早提出当市场体系和市场机制真正发育成熟和完善的时候,这种经济体制实质上是一种新型的计划调控下的市场经济体制。

在经济发展专题中,第七节针对理论和实际工作中的争论,论述新常态下创新、协调、绿色、开放、共享五大发展理念,提出要协调十个方面的发展,要根据每个产业的自主创新能力来具体确定该产业对外开放的程度和速度,要确立金融开放发展服务于实体经济和富民强国的思路,要加快金融市场的事先、事中和事后全过程和全方位监管,认为根本不存在什么"中等收入陷阱"等一系列新理论和策论。

第八节在新时代宏伟规划的若干思考中,提出既要充分发挥国家发展规划的战略导向作用,又要充分利用市场配置一般资源的决定性作用(一般资源不包括教育、文化、卫生、社会保障、住房和地藏、交通运输等重要的非物质资源或物质资源);提出必须尽快落实公有制为主体和做强做优做大国有企业、以及邓小平多次强调在20世纪末就要把解决贫富分化和共同富裕的问题提到议事日程上的战略思想。

第九节分析新时代将加速经济新常态下的民富国强进程,强调解放前中国是一穷二白,但解放以来从毛泽东时代开始,我们不仅站起来了,而且逐步富强起来了,富强是一个后浪推前浪的持续更好的过程。新中国近七十年民富国强的统计数据,并不支撑割裂民富与国强的论点,也不支撑毛泽东时代没有逐步富强起来的论点;首次提出中国经济处于世界体系中的"准中心",并阐明中外两种经济新常态不同的制度特点和理论政策。

第十节在当前中国宏观经济发展的评论与展望中,提出引领经济新常态的十大举措,如继续确保7%—7.5%之间的中高速增长,从实施自主知识产权战略来加速创新型国家建设,重点发展公有资本控股的混合所有制,处理好按比例规律与市场调节规律、国家调节规律之间的关系等新思路。

第十一节阐述现代化经济体系的基本框架,提出建设现代化经济体系需实施六大战略举措，包括实施以人民为中心的发展战略思想、继续实施深化供给侧结构性改革的发展战略、大力实施做强实体经济的发展战略、加快实施科技创新驱动的发展战略、大力推进城乡区域军民协调的发展战略、积极实施引领经济全球化的发展战略。

第十二节阐述文化与市场经济的共生互动效应，既分析文化建设对市场经济发展有着积极的效应，如有力地推动社会主义经济增长、积极促进社会主义产业结构合理化和高度化、改变社会消费结构和提高劳动力素质，又分析市场经济发展对社会主义文化建设的巨大效应，如公有制市场经济发展的要求从根本上规定着文化生产的性质和方向、市场经济发展的水平从总体上制约着文化建设的状况，最后诠释马克思揭示的关于"物质生产的发展例如同艺术生产的不平衡关系"规律。

在经济改革专题，第十三节研究当前争论较大的混合经济和混合所有制问题，指出混合经济既包括私有与国有等所有制结构，又包括市场调节与政府调节的调节结构；概述西方混合所有制经济的发展模式及其借鉴，说明大多数混合所有制经济主要是为私人资本增值服务的产权方式和工具；论证我国发展的混合所有制经济必须以公有资本为主体，批评那种主张把高盈利、易盈利的产业和产品都让中外私有混合所有制企业或私人企业经营的观点。

第十四节遵循邓小平关于"社会主义农业改革和发展的两个飞跃"的总体思想，主张集体经济和合作经济模式多样化，强调应在以家庭联产承包为基础的双层经营体制下，切实发展统分结合的集体层经营，积极壮大农村集体所有制经济，强化多种模式的合作经济发展，切实做到农村各类集体企业和合作企业同市场经济的充分衔接和融合，从所有制和产权制度上促进"三农"难题的缓解。

第十五节创新性地探讨壮大集体经济、实施乡村振兴战略的原则与路径，指出邓小平关于发展适度规模经营和集体经济的第二个飞跃，与习近平关于分与统思想和发展集体经济的思想是适应农业经济发展新常态，通过土地流转促进土地集体化、集约化，并加快农业现代化的发展步伐，克服土地流转中的私有化风险，从而成为实施乡村振兴战略和解决我国社会主义"三农"问题的关键。

第十六节解惑市场与政府的作用和功能是此消彼长的吗？阐明二者是层次、领域和功能不尽一致的经济调节方式和机制，应将市场决定性作用和更好发挥政府作用看作一个有机整体，而不是此消彼长的截然对立关系。既要用市场调节的优良功能去抑制"政府调节失灵"，又要用政府调节的优良功能来纠正"市场调节失灵"，从而形成作用较大的高效市场即强市场、作用较大的高效政府即强政府这一"双高""双强"格局。

第十七节率先揭示按比例规律与市场调节规律和国家调节规律之间的关系，阐述按比例规律是人类社会生产和经济发展的普遍规律，以及其一般内涵和实现形式的演变，分析市场调节规律（或价值规律）与按比例规律的关系、国家调节规律（或计划规律）与按比例规律的关系，为真正完善社会主义市场经济提供了规律性的全面认识。

第十八节针对长期以来 GDP 成为衡量我国国民经济的第一指标而付出了太多代价，独创性地创建和论证"国内生产福利总值"（Gross Domestic Product of Welfare，GDPW）指标，倡导中外均应把更为完善的国内生产福利总值核算体系作为经济发展的第一指标。

在经济开放专题中，第十九节在论述西方发达国家主导的经济全球化具有利弊不确定性的基础上，阐明我国在经济全球化中应采取的对策思路，首先是加快建立"三控型"民族企业集团（控资本、控品牌和控技术），只有实行"三控"的企业才是较完全的民族经济；其次是力争"对半式双赢"，即要努力争取获取同等比例的利益；再次是取消对外资实行的"超国民待遇"；最后是加大教育和科技投入，创造知识资源。

第二十节较早提出我国经济开放前三个阶段的基础上应及时进入第四阶段，即强调实施"转变对外经济发展方式"的全新战略，适度控制对外资、外技、外产、外贸、外汇和外源的依赖程度，积极提升协调使用国内外各种广义资源的综合效益。这一新战略和新策论，强调在巩固和完善"自力（更生）主导型多方位开放体系"的基础上，更加注重经济开放中的自主发展、高端竞争、经济安全、国家权益和民生实惠，以促进经济大国向经济强国、全面小康社会向生活富裕社会的根本转变。

第二十一节探讨在经济全球化新时代下，我国应如何在国际贸易和创建世界工厂的过程中发挥自己的优势，提出和论证我国除了要发挥动态比较优势和一般竞争优势之外，还必须重点地培育和发挥第三种经济优势——"知识产权优势"或"知识产权型竞争优势"，突出以核心技术和名牌为核心的经济优势或竞争优势，早日真正打造出中国的世界工厂。

第二十二节提出必须确定一种新思维参与国际分工和国际竞争，既要推进整体的中国与别国的联系，也要推进中国各个区域与别国及其区域的联系。从我国中长期的合作方向来说，必须在正确处理好"小三角（大陆、台湾、香港，含澳门在内）"、"中三角"（中国、"四小"、"东盟"）和"大三角"（中、日、美）三个"三角关系"的基础上，走出"三大步"，参加"东亚经济圈"，组成"亚太经济圈"。

第二十三节探析人民币区域化和国际化可能性，倡导处于亚洲经济区域中的发展中国家，只有通过自身的经济发展，建立区域货币体系，才能逐步摆脱美国金融霸权的控制，努力改变不平等的经济关系；赞赏欧盟提议的"经济安理会"和美国提议的"7＋1＋1"框架组织（即在七国集团的基础加上俄罗斯、再加上中国）；论述我国日渐掌握一种区域性和世界性货币的发行和调节权，这对于全球经济新秩序的建立以及提高我国经济的国际地位均至关重要。

第二十四节借鉴克鲁格曼正式提出的"三元悖论"，进行我国资本项目开放的新考量，建议我国在进行政策组合选择时，可以选择坚持资本管制和固定汇率制度，维持货币政策独立性；或者放松资本流动限制、实行浮动汇率制度，保持货币政策独立性；还可以选择中间的状态，坚持货币政策有效性的同时，坚持资本管制和盯住汇率制度。赞同四位瑞典中央银行设立的"纪念诺贝尔的经济学奖"得主和三位著名海归金融学家的观点，我国资本项目暂时不宜开放。

在民生改善专题中，第二十五节独创性地提出和论述马克思主义视域下的"幸福指数"。其中，微观层面的指标体系称为"个人或家庭的'幸福指数'指标体系"，宏观层面的指标体系称为"社会或国民的'幸福指数'指标体系"；指标体系是以客观性指标为主，以主观性指标为辅，是幸福的客观状态与主观状态及幸福感的综合。这与中外已有指标体系相比，更具科学性和可比较性。

第二十六节直面实际存在的贫富较大差别问题，阐述社会主义共同富裕的理论与政策，强调要立足我国初级阶段的现实国情，通过巩固和发展公有制、调整国民收入初次分配和再分配、促进经济公平和提高劳动效率等政策，有效遏制城乡、地区和贫富差距不断扩大的趋势？质疑否定或偏离公有制为主体空谈共富的观点。

第二十七节描述 20 世纪 90 年代和 21 世纪初我国劳动收入份额下降的趋势，探讨我国劳动收入份额提升的迫切性与途径，分析我国涨工资的空间还很大，逐步提高劳动报酬同保持经济发展和出口比较优势并不存在尖锐的矛盾。要适时提高我国劳动收入份额，必须发挥政府与工会两大经济主体的作用，采用严格实施最低工资制度，建立合理的工资增长机制，实行高层管理人员薪酬增长和职工工资增长等指标挂钩政策。

第二十八节分析企业职工权益保护弱化的多种表现，提出构建国家主导的企业职工权益保护体系，认为作为代表劳动人民根本利益的党和国家理应自觉站在劳动大众的立场上，主动承担起保护和提高职工权益的重任，通过制定和有效实施职工权益保护的法律法规并严格执法，同时依靠工会和职工的积极参与，并要求企业高管以及有关工商联和雇主协会等一起自觉做好配合工作，从而切实保护和改善职工的权益，打造和谐的社会主义劳动关系和劳资关系。

第二十九节以解决节节攀升的房价为问题导向，提出城市以公租房为主的"新住房策论"。基于住房的双重经济性质、房价收入比、平均利润及房价对 CPI 和 GDP 影响以及市场的负效应等相关理论，主张"以市场调节为基础，国家调节为主导"的双重调节机制，构建城市以"公租房为主，商品房和私租房为辅"的新格局（这里的公租房与当前国家出资70—80%"共有产权房"新政相似），针对动态的不同群体提供不同的住房产品，从而尽快妥善解决住房问题。

第三十节，面对 2008 年政府方案的先天不足，主张我国养老保险制度的目标模式，应是非缴费型城乡统一的基本养老保险制度，城镇职工实行占工资比例相同的退休养老金作为基本养老保险，可另加补充养老保险；农民实行相同的基本养老保险，可另加各地补充养老保险；另辟蹊径地提出机关、事业、企业三者联动的城镇养老保险制度改革方案即"新养老策论"的目标和措施。

本书是笔者在国内外公开发表 600 多篇文章的部分代表作选编和精华，力求实现直面中外现实问题，古今中外融会贯通，建言献策可行性强，学术思想创新度高，反映改革以来现代马克思主义政治经济学的重大发展和实用性，而是否真正圆满地做到，还望关心经济理论和政策的社会各界读者在阅读后提出宝贵意见。

最后，十分感谢与我合作撰写上述专题的同仁和张杨讲师整理本书稿！由衷感谢中央编译出版社谭伟编审！

程恩富

2018 年 6 月

目 录
CONTENTS

专题三　经济改革

专题四　经济开放

专题五　民生改善

专题一
经济理论

《资本论》中关于共产主义经济形态的思想阐释[*]

  马克思的科学共产主义这个"幽灵"自一百多年前诞生之日起，就成为无产阶级进行革命和建设的指导思想和最高纲领。从巴黎公社到十月革命，从十月革命到中华人民共和国成立和欧亚社会主义国家的建立，从积弱积贫的半封建半殖民国家到中国特色社会主义道路的成功实践，历史的轨迹已经表明，共产主义已不再是"幽灵"，而是高高飘扬的旗帜。

  如果说《共产党宣言》宣告了科学共产主义的诞生，那么《资本论》则标志着科学共产主义的成熟；如果说《共产党宣言》第一次系统阐述了科学共产主义的基本原理，那么《资本论》则以无懈可击、无可辩驳的经济事实和剩余价值理论论证了共产主义原理的科学性。自从有了《资本论》，共产主义就不再是马克思唯物史观的简单结论，更不是被资产阶级经济学家所攻击的历史进步主义的简单推论，而是把唯物史观运用到资本主义生产方式的研究中所得出的科学结论。正如恩格斯所说，马克思的唯物史观和剩余价值学说两大发现使社会主义由空想变为科学，而《资本论》正是唯物史观和剩余价值学说的完美结合和运用。"科学的社会主义就是从此开始，以此为中心发展起来的"。

  《资本论》是马克思一生的巅峰之巨著，在马克思主义整个理论体系中处于核心地位。它作为研究资本主义生产方式的一部政治经济学著作，既是辩证唯物主义和历史唯物主义方法论的具体运用，又是阐述科学社会

———————————

  * 原载《经济纵横》2017年第4期、第5期。本文第二作者为段学慧。

主义基本原理的著作。马克思坚决拒绝像空想社会主义者那样，从公平、正义等理性原则出发来批判资本主义，并在此基础上构想未来的理性王国。《资本论》站在工人阶级的立场上，以劳动价值论为基石、以剩余价值论为核心，坚持辩证唯物主义和历史唯物主义世界观和方法论，把对未来社会的研究建立在对资本主义和资产阶级经济学的严格解剖和分析批判的基础上的，发现和构建了共产主义新世界；它从资本主义经济运动形式内部发现了否定资本主义经济制度的种种物质因素，从而揭示了资本主义的内在矛盾和运动规律，揭示了资本主义必然灭亡和共产主义必然胜利的必然性，赋予了无产阶级争取自身解放并最终解放全人类的历史使命和思想武器。《资本论》不仅在对资本主义的剖析中把共产主义奠定在更加坚实的理论基础之上，而且预示了未来社会的一系列特征。然而，就在《资本论》刚刚问世的时候，实证主义哲学家奥·孔德的信徒叶·瓦·德罗贝尔蒂指责马克思"只限批判地分析既成事实，而没有为未来的食堂开出调味单"。果真如此？本文的任务就在于系统梳理《资本论》给未来社会开出了怎样的"调味单"。

从《资本论》中发掘共产主义的经济形态，陈征（1983）、黎健坤、储东涛（1983）、蓝蔚青（1985）、梅荣政、李红军（2011）等，从共产主义代替资本主义的必然性和无产阶级的历史使命，以及共产主义的所有制、收入分配、再生产、经济管理和经济核算、人的发展、教育等方面进行了一定程度的梳理和阐述，富于启发。但是从系统性上来说，还没有把《资本论》中关于共产主义经济形态的完整内容展示出来。本文以《资本论》第一、二、三、四卷为蓝本，从中系统梳理马克思对共产主义经济形态的研究，以期对中国特色社会主义建设和共产主义运动有所启示。

在马克思的著作中，"共产主义"和"社会主义"两个词一般是作为同义词使用的，但是为了把自己的理论与当时流行的各种空想的、改良的社会主义相区别，马克思更多地用"共产主义"而不是"社会主义"来表达自己的思想。在资本论中，马克思用"自由人联合体"和"共产主义"来表达他对未来社会的设想。虽然这时还没有像《哥达纲领批判》里那样明确地把未来社会分为低级阶段和高级阶段两个阶段，但《资本论》中已经有关于未来社会阶段划分的思想。比如，在第一卷第一章对商品拜物教的分析中设想的自由人联合体的分配制度时说："这种分配的方式会随着社会生产机体本身的特殊方式和随着生产者的相应的历史发展程度而改变。"这里所说的"社会生产机体本身的特殊方式"以及"生产者的相应的历史发展程度"，本身就包含着共产主义因发展程度不同而产生的阶段的区分。

《资本论》是把共产主义作为资本主义的发展趋势来论述的，共产主义是优于资本主义的更高一级的新的社会制度，是按照历史发展规律必然实现的先进的社会制度。当然，《资本论》中的共产主义还不是现存的社会主义，而是作为原理的共产主义。马克思设想的共产主义社会，由于生产力高度发达，商品、货币等范畴已不存在，这和我国当前生产力水平还不高，还需要利用商品、货币等经济杠杆来建设社会主义的情况有所不同。但马克思对共产主义经济形态所作的预示及其原理和方法，不仅对我国当前中国特色社会主义建设具有重要指导意义，而且关系着人类历史发展的命运，是极其宝贵的理论财富。

一、资本主义生产关系必然转化为
共产主义生产关系

马克思把人类社会的发展理解为"一个自然历史过程"，资本主义也是这个自然历史过程中的一个阶段。"它是既不能跳过也不能用法令取消自然的发展阶段"，也不是永恒的历史阶段，它只是从小私有制向共产主义公有制的过渡阶段，这是以"铁的必然性"发挥作用的必然趋势。

1. 资本主义生产关系的对抗性质，必然导致共产主义生产关系的产生

《资本论》中自始至终贯穿着资本的逻辑，马克思从资本主义的经济细胞商品开始研究资本主义生产关系。"商品流通是资本的起点"，货币

"是资本的最初表现形式"。然而，"有了商品流通和货币流通，决不是就具备了资本存在的历史条件。只有当生产资料和生活资料的占有者在市场上找到出卖自己劳动力的自由工人的时候，资本才产生。"也就是说，当资本家购买到劳动力商品的时候，货币才能转化为资本，资本才能产生。于是，资本和劳动的关系，准确地说是资本主义的雇佣劳动关系，成为资本主义社会体系中的核心关系——资本主义的生产关系。

"资本只有一种生活本能，这就是增值自身，创造剩余价值"。当资本进入生产过程以后，资本表现为物，这些物作为资本增殖的手段进入资本家的生产消费，在生产消费的过程中，资本由于消费劳动力而使自身增殖，从而获得剩余价值。所以，资本表面上是物，其实质是一种生产关系，是以资本主义私有制为基础的生产关系，是资本家对劳动力创造的剩余价值的无偿占有关系，是资产阶级对无产阶级的剥削关系。资本主义生产从一开始就生产着这种对抗的生产关系和阶级关系。

资本追求剩余价值的运动是无休止的。作为资本人格化代表的资本家，要不断把剩余价值转化为资本，通过资本积累和扩大再生产实现资本不断增殖的能力。资本积累"在一极是财富的积累，同时在另一极，即在把自己的产品作为资本来生产的阶级方面，是贫困、劳动折磨、受奴役、无知、粗野和道德堕落的积累"，"社会财富即执行职能的资本越大，它的增长的规模和能力越大，从而无产阶级的绝对数量和他们的劳动生产力越大，产业后备军也就越大"。由此可见，资本积累的一般规律充分体现了资本主义生产方式的对抗性质，资本主义的再生产同样是再生产出资本主义的对抗性的生产关系和阶级关系。因此，"只有把资本看做一定的社会生产关系的表现，才能谈资本的生产性。但是如果这样来看资本，那么这种关系的历史暂时性质就会立刻显露出来。对这种关系的一般认识是同它的继续不断的存在不相容的，这种关系本身为自己的灭亡创造了手段。"

2. 资本主义矛盾包含着资本主义关系的解体向社会共同占有生产条件的转化

资本主义的内在矛盾蕴藏着其必然的走向。在马克思看来，"资本的伟大的文明作用"就在于它在一定的历史阶段推动了生产力的巨大发展，但这种文明作用既始于社会关系的变革，也会终于社会关系的革命性变革，① 从而为未来新社会的产生创造出各种有利的因素。随着剩余劳动不断转化为资本，剩余劳动的积累就越成为资本家手中的权力。资本家则以资本来量化权力，以公司或国家的形式，共同支配整个社会、控制社会生产。随着资本权力的增长，社会生产条件与实际生产者之间的分离越是在增长，资本越是表现为异化的、独立化了的社会权力，来控制整个社会生产秩序，统治整个社会。这种权力作为物，作为资本家通过这种物取得的权力，与社会相对立。资本主义积累的对抗性质，使资本主义生产从一开始对资本主义生产关系的巩固，发展成为创造和积累它自身矛盾手段。"由资本形成的一般的社会权利和资本家个人对这些社会生产条件拥有的私人权力之间的矛盾，发展得越来越尖锐，并且包含着这种关系的解体，因为它同时包含着生产条件向一般的、共同的、社会的生产条件的转化。这种转化是由生产力在资本主义生产条件下的发展和实现这种发现的方式所决定的。"当资本主义社会的生产力与生产关系变得不相适应时，共产主义新社会的"一些交往关系和生产关系"必然在资本主义社会的胎胞里孕育、成熟，并成为"炸毁这个社会的地雷"。共产主义就是要消灭这种由榨取劳动者的剩余劳动堆砌而成的资本的社会权力，并将这种社会权力由劳动者共同拥有和支配。生产条件不再由部分私人所有，而是全社会共同所有；劳动者的剩余劳动不再为私人资本积累，而是作为社会的公共积累，作为历史关系的资产阶级对抗性生产关系将必然导致没有阶级对抗的共产主义生产关系。②

3. 代替自由竞争的垄断为整个社会剥夺资本家做好了准备

资本主义内在竞争规律使生产越来越集中在少数资本家手中，这种生

---

① 资本作为一个历史范畴，其作用是双重的。马克思对资本的批判是一种历史的批判，既肯定了其历史地位，也指出其未来的归宿，这也正是马克思主义经济理论科学性的体现。（参见周德海：《也论资本的文明作用——对马克思资本概念的重新认识》，《管理学刊》2017 年第 1 期。）

② "资产阶级生产关系被看做仅仅是历史的关系，它们将导致更高级的关系，在那里，那种成为资产阶级生产关系的基础的对抗就会消失。"（参见：《马克思恩格斯全集》第 26 卷，第 3 分册，第 472 页。）

产集中和资本的集中引起的垄断，最初是"少数资本家对多数资本家的剥夺"，进而将为整个社会剥夺资本家做好了准备。马克思在 19 世纪 60 年代就看到了这种曙光："在英国，在这个构成整个化学工业的基础的部门，竞争已经为垄断所代替，并且已经最令人鼓舞地为将来由整个社会即全民族来实行剥夺做好了准备。""规模不断扩大的劳动过程的协作形式日益发展，科学日益被自觉地运用于技术方面，土地被日益有计划地利用，劳动资料日益转化为只有共同使用的劳动资料，一切生产资料因作为结合的、社会的劳动的生产资料使用而日益节省，各国人民日益被卷入世界市场网，从而资本主义制度日益具有国际的性质。随着那些掠夺和垄断这一转化过程的全部利益的资本巨头不断减少，贫困、压迫、奴役、退化和剥削的程度不断加深，而日益壮大的、由资本主义生产过程本身机制所训练、联合和组织起来的工人阶级的反抗也不断增长。资本的垄断成了与这种垄断一起并在这种垄断之下繁盛起来的生产方式的桎梏。生产资料的集中和劳动的社会化，达到了同它们的资本主义外壳不能相容的地步。这个外壳就要炸毁了。资本主义私有制的丧钟就要响了。剥夺者就要被剥夺了。""资本主义生产由于自然过程的必然性，造成了对自身的否定。这种否定不是重新建立私有制，而是在资本主义时代的成就的基础上，也就是说，在协作和对土地及靠劳动本身生产的生产资料的共同占有的基础上，重新建立个人所有制。"事实正是如此，从 19 世纪 20 年代自由竞争的英国首次爆发经济危机、50 年代主要主要资本主义国家首次爆发世界性经济危机，一直到 90 年代末基本形成垄断资本主义，资本主义基本矛盾日益激化，导致苏联和欧亚社会主义国家的建立，并表明资本主义的外壳已被炸毁、私有制丧钟已经敲响、剥夺者已被剥夺。这些社会主义国家的最终目标都是要在实行生产资料公有制的基础上，重建部分消费品的个人所有制。至于苏东欧国家剧变，那只是社会主义波浪式发展的一种曲折性。

4. 资本主义是直接处于实行自觉改造的共产主义社会以前的历史时期

在资本主义私有制条件下，劳动一开始就和劳动条件相异化；从生产的结果来看，劳动者与自己的劳动产品相异化；随着劳动对资本从形式上的隶属转变为实际的隶属，工人越来越成为局部工人，"使劳动过程的智力与工人相异化"。"在这个直接处于人类社会实行自觉改造以前的历史时期，实际上只是用最大限度地浪费个人发展的办法，来保证和实现人类本身的发展。"马克思在《资本论》中反复强调，资本主义社会的雇佣劳动作为劳动的"极端的异化形式"必然会过渡到自己的反面自主性"联合活动"。随着劳动异化的不断强化，它自身不断地创造和积累解决自身矛盾的条件和力量，这也就意味着，只有到了资本主义雇佣劳动阶段，"解放"一词才具有了实际的社会意义，人类解放才具有直接的历史必然性和现实可能性。只有通过消灭私有制和市场经济，建立公有制和计划经济，才能最终消灭异化，才能实现"人是人的最高本质"的理想。中国特色社会主义是后资本主义与前共产主义之间的一个历史时期，是逐步实现共产主义这一理想和目标的过渡社会形态。

5. 资本主义私有制向公有制的转化是一个长期而困难的过程

"无论哪一个社会形态，在它所能容纳的全部生产力发挥出来以前，是决不会灭亡的；而新的更高的生产关系，在它的物质存在条件在旧社会的胎胞里成熟以前，是决不会出现的""以个人自己劳动力为基础的分散的私有制转化为资本主义私有制，同事实上已经以社会生产为基础的资本主义所有制转化为公有制比较起来，自然是一个长久得多，艰苦得多，困难得多的过程，前者是少数掠夺者剥夺人民群众，后者是人民群众剥夺少数掠夺者。"共产主义战胜资本主义，"需要有一定的社会物质基础或一系列物质生存条件，而这些条件本身又是长期的、痛苦的发展史的自然产物。"

当今资本主义的发展，尤其是二战以后，资本主义国家从自由竞争和私人垄断的资本主义过渡到国家和国际垄断资本主义以来，通过一定程度的经济"计划化"和国有化，采取了一系列缓和阶级矛盾的措施。这些措施的实施，一方面表明资本主义生产关系还有能够容纳生产力发展的空间；另一方面，表明国家和国际垄断资本主义正在为共产主义准备经济基础。2007年发生于美国并席卷全球的金融和经济危机，再次说明"现在的社会不是坚实的结晶体，而是一个能够变化并且经常变化过程中的有机体"资本主义不是近现代资产阶级庸俗经济学家竭力维护的那个永恒的美好社会。由公入私易、由私入公难，其根源在于剥削阶级的反抗和人性的自私性，但随着科技和生产力的不断发展，无产阶级的有效斗争和人性的利他性，必然促使资本主义私有制向公有制的转化在曲折和反复中最终成功。

二、共产主义是由资本主义过渡而来的新的社会经济形态

1. 关于资本主义向共产主义过渡

根据历史唯物主义观点，在生产力与生产关系、经济基础与上层建筑的矛盾运动中，人类社会是会从低级到高级出现原始社会、奴隶社会、封建社会、资本主义社会、共产主义社会五大社会形态。其中，每个国家和地区不一定都会经历完整和充分发展的奴隶社会、封建社会或资本主义社会，但原始社会和共产主义社会则是整个人类社会时间最长的必经社会，剥削社会只是短暂的历史制度，这是人类社会发展的一般与特殊相统一的客观规律。根据这个规律，历史上的资本主义只是向社会主义共产主义的一个过渡形态。因而马克思说"自从资产阶级生产方式以及与它相适应的生产关系和分配关系被认为是历史的以来，那种把资产阶级生产方式看做生产的自然规律的谬论就宣告破产了，并且开辟了新社会的远景，开辟了新的经济形态的远景。而资产阶级生产方式只构成向这个形态的过渡。"

那么，是不是所有国家和民族都必须依次经过五种形态呢？马克思曾设想社会主义革命首先在几个发达的资本主义国家同时取得胜利，而事实却是，发达的资本主义国家并没有首先进入社会主义，而是俄国等一些经济落后的国家率先建立了社会主义制度。这是否意味着马克思的唯物史观出现错误？当然不是。其一，唯物史观讲的是人类社会发展的一般规律和总趋势，社会发展的规律性并不排除每个国家、每个民族发展道路的特殊性和差异性以及某个发展阶段和发展程度上的跳跃性。在俄国十月革命之前的 1881 年马克思在《给维·伊·查苏利奇的复信》（草稿）中，就预

言到了在俄国这样的落后国家，由于土地公社所有制的存在，"能够不通过资本主义的卡夫丁峡谷，而占有资本主义创造的一切积极的成果"，走上社会主义道路。其二，俄国农村公社作为集体生产的因素，"和资本主义生产是同时代的东西，所以它能够不通过资本主义生产的一切可怕的波折而吸收它的一切肯定的成就"，在"不是脱离现代世界孤立生存"的背景下，直接进入社会主义。

马克思关于社会经济形态过渡的思想告诉我们：第一，不管一个国家或民族在发展过程中经历什么样的道路，但是最终走向共产主义则是全人类共同的目标和归宿。第二，每个国家和民族都可以通过扬弃同时代别的国家或民族制度的优缺点，选择自己的发展道路，甚至走跨越式发展道路。也就是说，像中国这样同样跨越了半资本主义的卡夫丁峡谷走上了社会主义道路，并不意味着社会主义共产主义不是在资本主义的基础上建立的，相反，它们是对资本主义进行扬弃的结果。鸦片战争以后的旧中国，长期属于半殖民地与半宗主国、半封建与半资本主义并存的社会，在饱受帝国主义侵略的同时，发展了一定程度的资本主义。新中国在与全球资本主义共处一个时代的同时，可以通过改革开放，充分利用资本主义创造的生产力，吸收资本主义所创造的一切文明成果，并抛弃资本主义的弊端，如生产的盲目性、两极化、经济危机等，进一步发展社会主义社会的生产力，为逐步实现共产主义创造物质条件和生产关系。因此，那种认为中国没有经历充分发展的资本主义，而需要补资本主义的课，并借着社会主义市场经济体制改革之机，企图走私有化或民营化道路的想法和做法，都是不符合唯物史观和最终过渡到共产主义的客观规律的。

2. 资本榨取剩余劳动的方式和条件有利于共产主义新形态各种要素的创造

从近现代私人资本榨取剩余劳动的方式来看，它不顾劳动力的生理界限和社会道德底线，无疑是残酷的、野蛮的、不人道的。然而，"资本的文明面之一是，它榨取剩余劳动的方式和条件，同以前的奴隶制，农奴制等形式相比，都更有利于生产力的发展，有利于社会关系的发展，有利于更高级的新形态的各种要素的创造。"

(1) 资本主义剥削方式的变化，为人的自由全面发展提供了空间。

"资本一方面会导致这样一个阶级，在这个阶段上，社会上的一部分人靠牺牲另一部分人来强制和垄断社会发展（包括这种发展的物质方面和精神方面的利益）的现象将会消灭；另一方面，这个阶段又会为这样一些关系创造出物质手段和萌芽，这些关系在更高级的社会形式中，使这种剩余劳动能够同物质劳动一般所占用的时间的更大的节制结合在一起。"在资本主义社会，资产阶级凭借对生产资料的所有权，靠牺牲工人的休息、娱乐、学习和发展的时间，而使自己成为不劳动的阶级。"由于资本积累而提高的劳动价格，实际上不过表明，雇佣工人为自己铸造的金锁链已经够长够重，容许把它略微放松一点"，"使他们能够扩大自己的享受范围，有较多的衣服、家具等消费基金，并且积蓄一小笔货币准备金。但是，吃穿好一些，待遇高一些"，同样"不会消除雇佣工人的从属关系和对他们的剥削"。但是，资本主义榨取剩余劳动的方式随着生产力的发展而变化。在劳动生产率没有提高的情况下，以榨取绝对剩余价值为主要方式。而以绝对延长工作日从而延长剩余劳动时间的剥削方式，会遭到工人的反对。于是，通过社会劳动生产率的提高获得相对剩余价值成为剥削的主要途径。随着社会劳动生产率的提高，工作日不断缩短，工人用于自由发展的时间增多，工作日之外的自我发展不再是资产阶级的专利，劳动者可以利用工作日之外的时间发展多种技能从而逐步摆脱"局部工人"对资本的依附关系。

劳动生产率的提高和剥削方式的变化，孕育着人的自由全面发展的因素，同时为社会再生产过程的不断扩大和有组织的社会化大生产创造了条件。当社会财富扩大到一定程度，物质生产领域的彼岸"自由王国"就到来了。

(2) 资本主义社会的合作工厂和股份公司是由资本主义转化为共产主义的过渡形式。

机器大工业这种社会化生产力的发展，要求生产必须以工厂（企业）的方式进行。资本主义企业最初主要采取个人出资的私人资本主义企业形式，19 世纪中叶第一次科技革命的完成，大大提高了生产的社会化程度，生产社会化同资本主义私人占有之间的矛盾也进一步深化了。于是，在工厂制度的基础上，新的生产组织形式合作工厂和股份制企业产生了。

合作工厂是工人为了摆脱经济危机所带来的失业和被雇佣地位，由劳动者出资、自愿结合劳动而形成的一种企业形式。资本主义的合作工厂，"再生产出并且必然会再生产出现存制度的一切缺点"，"工人作为联合体是他们自己的资本家，也就是说，他们利用生产资料来使自己的劳动增殖"。但是，合作工厂"是在旧形式内对旧形式打开的第一个缺口"。它把资本的联合与劳动的联合结合起来，节约了监督劳动的费用，调动了劳动者的积极性。"监督劳动的对立性质消失了，因为经理由工人支付报酬，他不再代表资本而同工人相对立这种形式。""这种工厂表明，在物质生产力和与之相适应的社会生产形式的一定发展阶段上，一种新的生产方式怎样会自然而然地从一种生产方式中发展并形成起来。"因此，马克思把合作工厂称之为"工人自己的合作工厂"和"积极扬弃"，并且从来没有怀疑过它是资本主义向共产主义的过渡形式和中间环节。[①]"合作工厂同资本无关，就象这个形式一旦把资本主义的外壳炸毁，就同资本完全无关一样"。在当代资本主义社会，合作企业有着较广泛的发展，但不可能成为主体生产方式。在社会主义初级阶段，合作制依然是适应现阶段生产力的企业组织形式。20世纪50年代初期，我们就充分利用供销合作联合社、联社加工厂、手工业合作社等合作工厂以及农业合作社形式发展生产力。党的十一届三中全会以后，利用集体积累和银行贷款等途径发展了一批合作工厂，后来在企业改革中，把原来的一部分小型国有企业和乡镇企业改造为股份合作制企业，提高了企业活力。在当前农村经济体制改革中，贵州塘约合作模式和以家庭联产承包责任制为基础的合作经营模式，也应当大有作为。

"资本主义的股份企业，也和合作工厂一样，应当被看做是由资本主义生产方式转化为联合的生产方式的过渡形式，只不过在前者那里，对立

[①]　恩格斯在给奥倍倍尔的信中指出"在向完全的共产主义经济过渡时，我们必须大规模地采用合作工厂作为中间环节，这一点马克思和我从来没有怀疑过"（参见：《马克思恩格斯全集》第36卷，第416页。）

是消极地扬弃的，而在后者那里，对立是积极地扬弃的。"股份制的出现，带来了企业组织形式和资本组织形式的新变化，股份制使单个资本不可能建立的企业出现了，生产规模惊人地扩大了，单个私有者的企业转变成社会的企业，私人资本取得了社会资本（即社会集资）的形式并与私人资本相对立，使资本增殖的职能同资本所有权相分离，劳动也已经完全同生产资料的所有权和剩余劳动的所有权相分离，在更大规模上适应了社会化大生产的需要。在资本主义条件下，股份制企业并没有改变资本主义基本经济制度的基础，它是在资本主义生产方式本身范围内对资本主义私人产业的消极扬弃。然而，股份制客观上为共产主义生产方式准备着条件。"资本主义生产极度发展的这个结果，是资本再转化为生产者的财产所必要的过渡点。不过这种财产不再是各个相互分离的生产者的私有财产，而是联合起来的生产者的财产，即直接的社会财产。另一方面，这是所有那些直到今天还和资本所有权结合在一起的再生产过程中的职能转化为联合起来的生产者的单纯职能，转化为社会职能的过渡点。"

在社会主义初级阶段多种所有制并存的条件下，可以利用股份制形式，增强公私资本的积极性和的流动性，提高企业的活力和竞争力。但是绝不可以妄断股份制就是公有制。[①] 股份制企业的性质是由控股权决定的。在当前发展混合所有制经济，对国有企业进行股份制改造时，要坚持公有主体型的产权原则，确保公有资本的控制权，这样才能扩大和巩固国有经济的主导地位。

（3）信用和银行制度是向共产主义生产方式过渡的有力杠杆。

"没有从资本主义生产方式中产生的信用制度，合作工厂也不可能发展起来。信用制度是资本主义的私人企业逐渐转化为资本主义的股份公司的主要基础，同样，它又是按或大或小的国家规模逐渐扩大合作企业的手段。"资本的社会性质，只是在信用制度和银行制度有了充分发展时才会表现出来并完全实现。首先，"信用制度和银行制度把社会上一切可用的、甚至可能的、尚未积极发挥作用的资本交给产业资本家和商业资本家支

---

① 厉以宁在《论新公有制企业》（载《经济学动态》2004年第1期）一文中，将股份制企业作为社会主义公有制的新形式，这与马克思关于股份制企业的论述是相违背的。

配，以致这个资本的贷放者和使用者，都不是这个资本的所有者和生产者。"其次，银行制度（信用制度）缩短了从商品资本转化为货币资本的过程，加速了消费，调节了生产资本的分配，促进了生产力的发展。再次，"在由资本主义的生产方式向联合起来劳动的生产方式过渡时，信用制度会作为有力的杠杆发生作用。"信用加速了资本的集中和资本的联合，不仅为资本主义生产方式创造了崭新的生产条件和交换条件，而且为社会主义生产准备了合作工厂和股份公司这种社会化生产的组织形式。"银行制度造成了社会范围的公共簿记和生产资料的公共的分配形式"。合作工厂、股份公司以及银行制度所造成的公共分配的形式，尽管它们只是形式而已（实质上是私人的），但它在一定程度上"会被赋予社会主义的意义"。①

在马克思看来，商品货币关系和生产资料私有制是信用制度的基础。"只要当生产资料不再转化为资本，信用本身就不会再有什么意义"。也就是说，在共产主义社会信用制度会消亡。在社会主义初级阶段，社会主义市场经济作为发达的商品经济形式，虽然建立在公有制的主体地位基础上，但是私有制经济在一定范围内还存在，商品货币关系还存在，因而，信用还大有作为。但是，必须注意到信用是把双刃剑，它"一方面把资本主义生产的动力——用剥削别人劳动的办法来发财致富——发展成为最纯粹、最巨大的赌博欺诈制度，并且使剥削社会财富的少数人的人数愈来愈减少；另一方面又是转到一种新生产方式的过渡形式"。因此，在社会主义市场经济建设中，一方面要通过发展信用制度，促进实体经济的发展；另一方面要加强信用体系建设，加强金融监管，坚持信用工具适度创新的原则，限制信用在虚拟经济中的作用，预防脱实向虚、信用欺诈和金融危机。

---

① "最后，毫无疑问，在由资本主义的生产方式向联合起来劳动的生产方式过渡时，信用制度会作为有力的杠杆发生作用；但是，它仅仅是和生产方式本身的其他重大的有机变革相联系的一个要素。与此相反，关于信用制度和银行制度的奇迹般的力量的种种幻象所以会被赋予社会主义的意义，是由于对资本主义生产方式和作为它的一个形式的信用制度完全没有认识。"（参见：《马克思恩格斯全集》第25卷，第686—687页）

三、共产主义社会的物质基础

1. 共产主义社会的物质基础是比资本主义社会更高的社会生产力

根据唯物史观关于生产力与生产关系的基本原理，生产力是社会发展的根本动力和决定性因素，生产力决定生产关系，生产关系要充分适应生产力的发展。私有制是与较低的生产力水平相适应的，共产主义公有制是与高度发达的生产力相适应的。因此，高度发达的社会生产力是共产主义建立的物质基础和根本条件。只有把共产主义建立在高度发达的生产力基础上，才能实现社会财富的极大丰富，才能为最大限度的满足社会成员的物质和文化生活需要提供可靠的保证。那时，无论是人们的物质生活，还是人们的精神生活，都能得到充分的满足；人们征服自然的能力才能最大限度的得到提高，自然资源才能得到充分合理的利用，人与自然才能和谐相处，人类才能成为真正的自然界的主人。

2. 以发展生产力为己任的资本不自觉地为共产主义生产方式创造了物质条件

"新的生产力和生产关系不是从无中发展起来的，也不是从空中，又不是从自己产生自己的那种观念的母胎中发展起来的，而是在现有的生产发展过程内部和流传下来的、传统的所有制关系内部，并且与它们相对立而发展起来的。"同样，共产主义生产方式的出现，是在资本主义的胎胞里孕育发展起来的。在资本主义社会，生产力以前所未有的速度发展，它创造的生产力"比过去一切世代创造的全部生产力还要多，还要大"，其根本动力来自于对剩余价值的追求。"发展社会劳动生产力，是资本的历史任务和存在理由。资本正是以此不自觉地为一个更高级的生产形式创造物质条件"。"他（指资本家——编者注）狂热地求价值的增殖，肆无忌惮地迫使人类去为生产而生产。从而去发展社会生产力，去创造生产的物质条件；而只有这样的条件，才能为一个更高级的，以每个人的全面而自由的发展为基本原则的社会形式创造现实基础。"从第一次工业革命蒸汽机的发明到电力的广泛利用，从电子信息技术的广泛应用到绿色工业革命的兴起，资本主义经历的四次工业革命，极大的提高了社会生产力。资本主义生产力的发展，一旦提高到资本主义的外壳所不能包容的程度，就必须通过生产、占有和交换的方式同社会化大生产相适应来解决。哪里有资本主义生产，那里就有社会化大生产与资本主义私有制的矛盾，就有社会主义公有制取代资本主义私有制的客观要求。当今世界，美国的生产力发展比其他资本主义国家更需要公有制，否则就要通过美元霸权和贸易战等不良政策来维持生产力的缓慢发展；欧盟便是为了适应生产力而在资本主义框架内的区域紧密合作。

3. 劳动者重新掌握生产资料所有权，要在资本创造的物质基础上通过革命来实现

虽然以发展生产力为己任的资本主义为共产主义的到来准备了物质前提，已经具备了实现公有制的基础，但是，资产阶级不会自动退出历史舞台，无产阶级必须通过无产阶级革命才能实现劳动者对生产资料的所有权（当然一般说来资本主义生产力已经发展到能够发生革命的必要高度为前提）。①

马克思不仅论证了社会主义代替资本主义的历史必然性，而且指出变革资本主义生产关系、开创社会主义新纪元的伟大历史使命，只能由无产阶级来担当。马克思认为，资本主义在其发展过程中不仅"不自觉地为一个更高级的生产形式创造物质条件"，而且为自身的灭亡准备好了掘墓人——无产阶级。正如英国著名哲学家特里·伊格尔顿在《马克思为什么是对的》一书中所说，资本主义的最大贡献之一便是为了自身利益培养了无产阶级，然而无产阶级却反过来成为资本主义的掘墓人。哪里有资本主义生产，那里就有产业工人，就有社会主义制度取代资本主义制度的主观力量。工人阶级是资本主义生产关系下成长起来的最进步、最有远见和最具有发展前途的阶级，肩负着解放全人类和最终实现共产主义的伟大历史

① "是这些生产资料使用他们工人，还是工人作为主体使用生产资料这个客体来为自己生产财富。当然这里要以资本主义生产一般说来已把劳动生产力发展到能够发生这一革命的必要高度为前提。"（参见：《马克思恩格斯全集》第26卷，第2分册，第661页）

使命。无产阶级只有通过革命，暴力夺取政权，实行无产阶级专政，才能建立共产主义社会。"劳动和所有权（后者应理解为对于生产条件的所有权）之间的分离。破裂和对立就成为必要的了，这种破裂的最极端的形式（在这种形式下社会劳动的生产力同时会得到最有利的发展）就是资本的形式。原有的统一的恢复，只有在资本创造的物质基础上，并且只有通过工人阶级和整个社会在这个创造过程中经历的革命，才有可能实现"。空想社会主义、小资产阶级的民主社会主义等，主张资本主义自动进入社会主义的自发性和平过渡，纯属幻想。纵观俄国十月革命和中国共产党领导的新民主主义革命和社会主义革命的胜利，都是马克思无产阶级革命理论的胜利。这一革命形式或手段包括直接暴力或以暴力为后盾、议会斗争和街头政治等一切灵活有效行为。当今世界，各国无产阶级革命的客观经济条件早已成熟，关键在于是否具有高水平的无产阶级政党及其领袖这一主观条件。

四、共产主义社会的生产资料和
生活资料所有制及生产目的

1. 共产主义社会生产资料和劳动产品归共同所有

"共产党人可以把自己的理论概括为一句话：消灭私有制。"《资本论》运用生产力与生产关系矛盾运动的原理分析了资本主义的基本矛盾，从多个角度论证了共产主义社会实行公有制的必然性。

生产力与生产关系的矛盾在资本主义社会表现为生产的社会化与资本主义私有制之间的矛盾。资本主义基本矛盾表现为两种形式：无产阶级与资产阶级的对立和个别企业生产的有计划性、有组织性与整个社会生产的无政府状态之间的矛盾，其根源是资本主义私有制。首先，资产阶级主要通过暴力手段掠夺小生产者，建立了资本主义私有制，使小生产者成为一无所有的劳动力商品，成为资本的雇佣者。资本家通过对剩余价值的榨取和资本积累，使无产阶级贫困化的命运在资本主义社会无法改变。要改变无产阶级的命运，就必须推翻资本主义制度，消灭资本主义私有制。其次，个别企业生产的有组织有计划性与整个社会生产的无政府无计划性之间的矛盾，必然导致周期性的经济危机。尽管资本主义在"二战"以后国家不得不承担起对生产的指导，表现为大规模的将邮政、电报和铁路等部分收归国家，但资本主义国家所有制没有动摇资本主义私有制的主体地位，没有从根本上解决资本主义基本矛盾，各种危机依然不可避免，贫富对立依然存在甚至激化。因此，只有消灭私有制，才能从根本上消灭工人阶级受压迫受剥削的根源。

　　虽然国家所有制没有从根本上解决资本主义基本矛盾，但却表明解决这一矛盾的线索：生产资料的社会占有并在此基础上实行有计划的生产将是生产力又好又快发展的必然产物。如果说"从资本主义生产方式产生的资本主义占有方式，从而资本主义的私有制，是对个人的、以自己劳动为基础的私有制的第一个否定"，那么"资本主义生产由于自然过程的必然性，造成了对自身的否定，这是否定的否定，这种否定不是重新建立私有制。"这个在否定的否定基础上建立的公有制，是通过剥夺剥夺者来实现的。①

　　通过对剥夺者的合理剥夺，在生产资料共同占有的基础上建立未来"自由人联合体"的经济基础。既然生产资料成为联合起来的劳动者的共同财产，那么他们的产品自然也成为共同的产品。"设想有一个自由人联合体，他们用公共的生产资料进行劳动，并且自觉地把他们许多个人劳动力当作一个社会劳动力来使用。在那里，鲁滨逊的劳动的一切规定又重演了。不过不是在个人身上，而是在社会范围内重演。鲁滨逊的一切产品只是他个人的产品，因而直接是他的使用物品，这个联合体的总产品是社会的产品。"只有在自由人联合体中，商品拜物教、货币拜物教、资本拜物教的神秘性才能消失，人与人之间、人与物之间关系的物化性质、资本对

---

① "在这里，剥夺已经从直接生产者扩展到中小资本家自身。这种剥夺是资本主义生产方式的出发点；实行这种剥夺是资本主义生产方式的目的，而且最后是要剥夺一切个人的生产资料。这些生产资料随着社会生产的发展已不再是私人生产的资料和私人生产的产品。它们只有在联合起来的生产者手中还能是生产资料。因而还能是他们的社会财产，正如它们是他们的社会产品一样。"（参见：《马克思恩格斯全集》第25卷，第497页）

人的统治，才能变成人与人之间的平等；劳动条件和实际日常生活条件，在人们面前才直接表现为人与人之间和人与自然之间极明白而合理的关系；以物质生产和它所包含的关系为基础的社会生活，才表现为自由结合自觉活动并且控制自己的社会运动的人们的产物，人才能彻底得到解放。

2. 共产主义社会作为生产条件所有者的工人使社会化的生产从属于自己

在资本主义社会，工人和生产资料一样都是资本家的生产条件。不仅如此，工人作为主观的生产条件与生产资料这个客观条件相对立。资产阶级经济学家却极力地为资本主义私有制辩护，为资本雇佣劳动辩护。在他们看来，"如果生活资料和劳动资料不具有成为资本的属性。如果构成劳动条件的劳动产品不消费劳动本身。如果过去劳动不消费活劳动。如果这些物属于工人而不属于自己本身或受委托的资本家。那么，这些生活资料和劳动资料就不会作为生产的客观条件起作用。"

首先，在资本主义社会，机器代替手工工具是革命性的进步，但是机器的资本主义使用却强化了工场手工业的旧式分工，使雇佣工人成为机器的附属物，使雇佣工人对资本的隶属从形式上转化为实际上的隶属。所以，机器的使用从资本家主观角度来看，它只是榨取剩余价值的手段和条件。而在共产主义社会机器作为劳动者共同占有的生产资料，是增加物质财富的生产，节省社会劳动，减轻工人劳动的强度、缩短劳动时间、增加休闲、提高工人精神文化生活的手段。在资本主义社会，只有当机器的价值小于所替代的劳动力的价值的时候，资本家才会使用机器。"只有在工人必须为他们的雇主增加剩余价值和剩余产品的情况下才能被工人所使用。是这些生产资料使用他们工人"而不是"工人作为主体使用生产资料这个客体"。而"在共产主义社会，机器的作用范围将和在资产阶级社会完全不同""工人是生产条件的所有者，就是说生产条件属于社会化的工人，工人作为社会化的工人进行生产，并把他们自己的生产作为社会化的生产从属于自己。"如果生产过程可能会对工人的身体造成危害或劳动强度太大，即使采用机器比使用人更贵，也要采用机器，即消除了采用机器的资本主义限制。

其次，劳动力同样作为资本家生产的条件，被资本家占有和使用，从而使劳动力的使用价值取得了与普通商品不同的特点。劳动力的使用价值不仅是价值的源泉，而且是剩余价值的源泉。他们的劳动不属于自己，属于资本家。只有到了共产主义社会，工人不再是被雇佣，不再作为资本家的客体，他们不仅是生产资料的主人，而且是自己的主人，"工人作为主体使用生产资料这个客体来为自己生产财富"，"能够为自己而生产，他们就会很快地，并且不费很大力量地把资本提到（用庸俗经济学家的话来说）他们自己的需要的水平。"只有当劳动者成为生产的主体来使用生产资料，才能最大程度地调动工人劳动的积极性，劳动才能成为第一需要。那时候，资本家强加的纪律在工人为自己的利益而劳动的社会状态（共产主义社会）中就成为多余。①

再次，在资本主义社会旧的分工条件下，劳动者与生产条件相异化，劳动与劳动成果相异化，劳动者与自己相异化，产生人对物的依赖，人们奴隶般地服从于旧的分工，劳动只是谋生的手段。只有在共产主义社会，才能消灭建立在私有制基础上的"固定且强迫的分工"——旧的分工，才能建立起"自愿而全面发展的分工"——新的分工。马克思要消灭的分工不是分工本身，而是分工的私有制属性和阶级对抗性；消灭的并不是生产力维度的"分工"，而是资本主义生产关系维度的"分工"。② 资产阶级经济学家却认为如果劳动条件不属于资本家，如果劳动条件作为客观条件不消费劳动者，分工就会消失。③ 显然，这是把生产力维度的分工与生产关系维度的分工混为一谈，目的是为私有制及其剥削辩护。

① "资本家强加给结合工人的纪律，这种纪律在工人为自己的利益而劳动的社会状态中是多余的，正如现在在实行计件工资的地方已经几乎完全是多余的一样"。（参见：《马克思恩格斯全集》第 25 卷，第 99 页）
② 马克思在《德意志意识形态》中用的"消灭分工"，在后来的著作中更多的用的是"消灭旧的分工"恩格斯在《共产主义原理》中明确提出"消灭旧的分工"。《哥达纲领批判》一文中，马克思把消灭分工看作是共产主义高级阶段的首要标志。
③ "如果劳动条件属于联合起来的工人，如果这些工人同劳动条件的关系，就象同自然的劳动条件的关系一样，也就是象同他们自己的产品和他们自己活动的物的要素的关系一样。那么，分工似乎就不是同样可能的（虽然分工在历史上不可能从一开始就以它只有作为资本主义生产发展的结果才能表现出现的那种形式出现）"。（参见《马克思恩格斯全集》第 26 卷，第 3 分册，第 300—301 页）

五、共产主义社会的产品生产和交换

1. 没有商品生产的共产主义物质生产过程是直接明了的

人类社会的经济形态，就其占支配地位的劳动交换方式而言，依次经历自然经济、商品经济、产品经济三种形式。自给自足的自然经济生产的目的是满足生产者个人、家庭或生产单位的需要，劳动在一个封闭系统中进行，不具有社会化特征，因而不存在劳动的交换；商品经济和产品经济都是社会化劳动，都是给社会生产使用价值或财富。不同之处是：商品经济需要通过市场交换私人劳动，才能转化为社会劳动，劳动交换是通过商品交换或通过市场调节来实现的；而产品经济条件下劳动直接成为社会劳动，产品不需要采取商品形式，劳动的交换不需要通过商品交换，而是通过计划调节来实现的。劳动交换方式的更替归根到底是由生产力发展的客观规律决定的。自然经济与低下的生产力水平与相适应，产品经济与高度发达的生产力相适应，商品经济处于由自然经济到产品经济的中间阶段，是生产力既有一定发展、又没有达到高度发达的阶段，是为未来社会高度发达的生产力准备条件的阶段。

商品经济的神秘性以各种形式的拜物教表现出来，就是因为商品经济条件下私人劳动与社会劳动存在矛盾。《资本论》第一篇对商品和商品经济的一般分析表明，生产商品的劳动首先表现为私人劳动，私人劳动生产"社会使用价值"，而不是为自己生产使用价值。私人生产者之间必须通过商品交换，才能把具体劳动转化为抽象劳动，把使用价值转化为价值，私人劳动才能转化为社会劳动。也就是说，商品交换需要"著名的'价值'插手其间"。商品交换表面上是交换商品，其实质是商品生产者之间劳动的交换，体现商品生产者之间的生产关系。这种人与人之间的生产关系却被物的关系所掩盖，表现为商品拜物教。当商品生产和商品交换发展到一定阶段，货币成为价值形式的完成形态，成为价值的代表，成为社会劳动的直接化身，成为"物的神经"和财富的"绝对社会形式"，于是出现了货币拜物教。资本主义商品经济条件下，货币转化为资本，资本"自行增殖"的魔力产生了资本拜物教，并衍生出利息拜物教、地租拜物教。各种形式的拜物教，都是以物的外在形式掩盖了人与人之间的生产关系，其根源于劳动产品采取商品形式和商品生产的私人性质，具有客观属性和主观表现的双重性质，体现的生产关系复杂且会颠倒地表现出来。

要消灭社会物质关系的神秘性或拜物教性质，消灭物对人的控制，就必须消灭商品本身以及由此派生的货币、资本关系，消灭商品经济和市场经济代之以共产主义的产品经济，从而是生产关系简单明了。"只有当社会生活过程即物质生产过程的形态，作为自由结合的人的产物，处于人的有意识有计划的控制之下的时候，它才会把自己的神秘的纱幕揭掉。""在那里，人们同他们的劳动和劳动产品的社会关系，无论在生产上还是在分配上，都是简单明了的。"产品经济条件下，劳动成为直接的社会劳动，不存在私人劳动与社会劳动的矛盾，劳动的交换不需要通过市场，不需要采取商品、货币形式，"人们在其社会生产中的关系就不表现为'物'的'价值'"，"货币资本所引起的交易上的伪装也会消失"① 那时，各种拜物教性质和观念将成为历史，产品对生产者的统治将随之消除。可以看出，马克思立足对资本这一核心范畴的分析，通过"资本内在否定性"这个手术刀科学地对资本主义社会进行了解剖，正确地阐释和体现了资本主义条件下正在发生的向其对立面的转化——共产主义社会的生成过程，从而为那个尚未充分实现的、以潜在形成存在于旧世界之中的新世界"助产"。

资本主义经济作为发达的社会化商品经济是向共产主义的过渡阶段，或为共产主义准备条件的历史时期。资本主义商品生产虽然生产社会使用价值，但其目的是生产剩余价值，前者是为后者服务的。而共产主义消耗劳动的生产目的不是生产价值和剩余价值，而是生产使用价值，生产社会物质精神财富。因此，"如果说，在资本主义生产由联合体代替以后，产品的价值还依旧不变，却是错误的。"当然，共产主义社会，随着劳动产

---

① "如果我们设想一个社会不是资本主义社会，而是共产主义社会，那么首先，货币资本会完全消失，因而，货币资本所引起的交易上的伪装也会消失。"（参见：《马克思恩格斯全集》第 24 卷，第 350 页）

品的商品性质的消失，价值概念也就消失了。于是，"在社会公有的生产中，货币资本不再存在了。社会把劳动力和生产资料分配给不同的生产部门。生产者也许会得到纸的凭证，以此从社会的消费品储备中，取走一个与他们的劳动时间相当的量。这些凭证不是货币。它们是不流通的。"货币消失后的共产主义第一阶段即社会主义社会，代之以"劳动券"这种纸的凭证，作为衡量劳动量多少的依据，作为劳动者与他人进行劳动交换、获取消费资料的依据，即成为按劳取酬的表现形式和途径，这比市场化按资分配和按生产要素产权分配要简单明了得多。

2. 共产主义通过有计划的控制生产过剩来满足社会再生产所必需的各种物质资料

当货币成为交换的媒介以后，买卖在时间上、空间上相分离。卖了不立即买或买了不立即卖，就会造成买卖的不平衡或供求失衡。这种不平衡在小商品经济条件下，不会给经济带来经济危机的剧烈震荡，而商品生产的资本主义形式或资本主义的社会化商品经济，货币的"独特作用"潜藏着给经济带来剧烈震荡的可能性。货币使年产品的正常交易变成了一种单方面的交易，即"一方面是大量的单纯的买，另一方面是大量的单纯的卖"，社会再生产顺利进行要求"单方面的买的价值额要和单方面的卖的价值额互相抵销"，但是资本主义市场调节的自发作用，却往往使买和卖不能抵销。"就象简单的商品流通不是单纯的产品交换一样，年商品产品的交换也不能分解为它的不同组成部分的单纯的、直接的互相交换。货币在其中起一种独特的作用，这种作用尤其在固定资产价值再生产的方式上表现出来。（假如生产是公有的生产，不具有商品生产的形式，情况又会有哪些不同，这是以后研究的问题。）"寿命已经完结因而要用实物补偿的那一部分固定资本的数量大小，是逐年不同的。如果在某一年数量很大，那在下一年就一定很小。因此，生产资料的生产总额在一个场合则必然减少。社会再生产中固定资本补偿中的不平衡性，需要用不断的相对的生产过剩来补救，即一方面要生产出超过直接需要的一定固定资本；另一方面，特别是原料等等的储备也要超过每年的直接需要（这一点特别适用于生活资料）。社会再生产中固定资产补偿所需要的生产过剩的调节方式，在不同的生产方式下是不同的。在共产主义社会"这种生产过剩等于社会对它本身的再生产所必需的各种物质资料的控制。""在资本主义社会内部，这种生产过剩却是无政府状态的一个要素"。社会主义市场经济，可以发挥社会主义公有制主体地位的优越性，加强国家宏观、中观和微观的多种调控，通过建立再生产的风险调节基金，解决固定资产补偿中可能出现的社会再生产的不平衡问题。因此，包括中国在内的所有社会主义国家都没有出现过生产相对过剩的经济危机和金融危机。不过，我国融入经济全球化以后，应防止西方国家危机的影响和转嫁，预防各种风险和危机。

六、共产主义社会的经济计划和比例

1. 有计划按比例发展是共产主义经济的一个基本特征

按比例发展规律的经典表述是马克思在1868年给库格曼的信中明确提出来的："要想得到与各种不同的需要量相适应的产品量，就要付出各种不同的和一定数量的社会总劳动量。这种按一定比例分配社会劳动的必要性，决不可能被社会生产的一定形式所取消，而可能改变的只是它的表现形式，这是不言而喻的。"其实，《资本论》作为马克思专门阐述政治经济学的著作，始终贯穿着按比例发展规律的描述。资本主义私人生产和消费的有计划性与全社会生产与消费的盲目性，在价值规律的自发作用下，以经济波动并最终以危机的方式实现生产与消费的平衡。资本主义无法自觉地遵从按比例发展规律，"全部生产的联系是作为盲目的规律强加于生产当事人"，这种盲目地受价值规律的强制作用实现的经济活动的比例关系，造成了社会财富的巨大浪费。"只有在生产受到社会实际的预定的控制的地方，社会才会在用来生产某种物品的社会劳动时间的数量，和要由这种物品来满足社会需要的规模之间，建立起联系。"自由人联合体的生产和消费"是作为由他们的集体的理性所把握，从而受他们支配的规律来使生产过程服从于他们的共同的控制"，这种生产规模和社会需要的规模之间的比例关系，是通过"劳动时间的社会的有计划的分配，调节着各种劳动职能同各种需要的适当的比例。"

资本主义生产的无政府状态，在古典经济学家那里被奉为"一只看不见万能的手"，并被庸俗经济学奉为原教旨。马克思在批判马尔萨斯和萨伊在为"万能的手"辩护时说，他们假定"①是资本主义生产，其中每一个别行业的生产以及这种生产的增加，都不是直接由社会需要调节，由社会需要控制，而是由各个资本家离开社会需要而支配的生产力调节；②尽管如此，生产却是这样按比例地进行，好像资本直接由社会根据其需要使用于各个不同的行业。"恰恰是"假定资本主义生产完全是社会主义的生产，那么实际上就不会发生生产过剩。"这实际上是证明了社会主义生产直接由社会需要调节和控制并按比例地进行，从而不会发生全社会生产过剩的优越性。

资本主义生产也有人为的控制，这种控制是资本家集团为了利润的需要而进行的局部和短期控制。比如，原料价格昂贵而直接影响资本家利润率的时期，产业资本家就联合起来，组成协会来调节生产。当资本家的这些刺激目的一旦达到，他们就会重新让"价格"去调节供给。这种控制其实是资本家集团之间的"短期价格协定"，目的是使资本家的利润不受损，不可能圆满实现社会生产与需要之间的平衡。"一切企图对原料生产进行共同的，果断的和有预见的控制——这种控制整个说来是和资本主义生产的规律根本不相容的，因而始终只是一种善良的愿望，或者只是在面临巨大危险和走投无路时例外采取的一种共同步骤——的想法，都要让位给供求将会互相调节的信仰。"

马克思的分析表明，按比例规律是一切社会共有的经济规律，资本主义私有制为主体的社会化商品经济依靠市场的盲目调节，无法自觉实现按比例发展；只有建立公有制，实行计划调节，才能自觉地实现按比例发展。在我国社会主义市场经济中，以公有制为主体多种所有制经济共同发展的基本经济制度决定了国家调节规律或计划调节规律与市场调节规律相结合，才能形成功能上良性互补、效应上协同的有机整体来实现按比例发展。当今，以萨缪尔森等资产阶级经济学家继续为这只"看不见的手"进行粉饰。他们断言，市场制度并不是一个混乱和无政府的制度，而是具有着一定的秩序。在他们看来，市场经济天然地是一架精巧的机构，能够通过一系列的价格和市场，无意识地协调着人们的经济活动。显然，这些资产阶级经济学家无限夸大了市场的作用，其目的在于消减计划和政府的调控作用。

2. 生产的计划调节和簿记为劳动生产率的提高开辟了广阔的道路

不管是自然经济、商品经济还是未来的产品经济，劳动生产率的衡量标准是一样的，较高的劳动生产率以单位商品加入的劳动量较少为标志。[①]因此，"在资本主义生产方式消灭以后，但社会生产依然存在的情况下，价值决定仍会在下述意义上起支配作用：劳动时间的调节和社会劳动在各类不同生产之间的分配。"共产主义社会，价值作为历史范畴已经消失，但是作为价值实体的劳动量，依然作为计划调节的内容，也就是说价值依然在按比例分配社会劳动的意义上存在。未来社会有计划地分配劳动时间，克服了资本主义生产的无政府状态对社会劳动的浪费，为劳动生产率的提高开辟了广阔的道路。与生产的计划性和劳动生产率的提高相适应，"簿记，将比以前任何时候都要重要。"簿记作为计划执行的手段和对生产过程的控制和观念总结，对公有生产比资本主义的私人生产更为必要。"过程越是按社会的规模进行，越是失去纯粹个人的性质，作为对过程的控制和观念总结的簿记就越是必要；因此，簿记对资本主义生产，比对手工业和农民的分散生产更为必要，对公有生产，比对资本主义生产更为必要。但是，簿记的费用随着生产的积聚而减少，簿记越是转化为社会的簿记，这种费用也就越少。"

3. 联合起来的生产者将合理调节经济发展与自然之间的关系

《资本论》研究的对象是人与人的生产关系，但是人与自然的关系也是贯穿始终的。因为"劳动首先是人和自然之间的过程，是人以自身的活动来中介、调整和控制人和自然之间的物质变换的过程"，是"人类生活得以实现的永恒的自然必然性"。正是在人与自然关系的基础上，发生了

---

① "因此，加入商品的劳动总量的这种减少，好像是劳动生产力提高的主要标志，无论在什么社会条件下进行生产都一样。在生产者按照预定计划调节生产的社会中，甚至在简单的商品生产中，劳动生产率也无条件地要按照这个标准来衡量。"（参见：《马克思恩格斯全集》第25卷，第291页）

人与人之间的关系；而人与人之间的社会关系一旦发展起来，就对人与自然的关系产生巨大的反作用。资本主义雇佣劳动制度下，资本对剩余价值的贪婪导致资本对自然的无节制地开发和利用，引起人与自然关系恶化的生态环境危机。在资本主义社会，人与自然的关系其实就是资本同自然的关系，背后是人与人的关系。资本主义生态环境危机实质上是由于资本对自然的疯狂占有和掠夺所引起的资本同自然之间关系的恶化。因此，只有消灭资本主义生产方式，才能较快地使人和自然的关系得到健康和谐的发展。"社会化的人，联合起来的生产者，将合理地调节他们和自然之间的物质交换，把它置于他们的共同控制之下，而不让它作为盲目的力量来统治自己；靠消耗最小的力量，在最无愧于和最适于他们的人类本性的条件下来进行这种物质交换。"那时，不仅解决了人与人之间关系的异化，而且也解决了人与自然之间关系的异化。二百多年的工业文明在创造巨大物质财富、取得巨大社会进步的同时，全球范围内的气候变化、环境污染、生态退化问题不仅没有得到有效遏制，反而日趋恶化。第四次工业革命——绿色工业革命已经到来，但是经济全球化所带来的资本全球化，能够较快实现全球的绿色革命吗？无疑在这一进程中，需要各国和国际社会联合起来的生产者，合理地调节他们和自然之间的物质交换，人与自然才能达到最大的统一。我国自实行市场经济以来，生态环境问题也日益严重，马克思的分析给我们解决这一问题提供了指导原则：坚持公有制的主体地位，加大国家调节或计划调节的力度。

七、共产主义社会的再生产

1. 共产主义社会的总产品仍然分为生产资料和消费资料两大部类

马克思的社会再生产理论，把社会生产分为两大部类，社会总产品的实物形态分为生产资料与生活资料，其价值构成为 c、v、m。在此基础上研究了社会总资本简单再生产和扩大再生产的一般条件。马克思对社会总资本再生产和流通进行的一般考察或理论抽象所揭示的社会再生产规律，目的是为了说明：第一，任何社会生产都要按比例进行。第二，社会再生产要顺利进行，不仅两大部类之间即生产资料的生产要与消费资料的生产要保持平衡，而且各部类内部各个产业之间、各产业内部各部门之间的生产也要保持平衡，即供给和需求的总量平衡和结构平衡。第三，在资本主义市场经济条件下，受剩余价值规律的支配，个别企业生产的有目的性和整个社会生产的无政府无秩序状态，无法实现社会生产的按比例进行。要实现社会生产的按比例进行，必须首先消灭生产无政府状态的私有制根源，实行生产资料公有制，然后对生产进行有计划的调节。

马克思指出共产主义社会的总产品仍然分为生产资料和消费资料两大类："这个联合体的总产品是社会的产品。这些产品的一部分重新用作生产资料。这一部分依旧是社会的。而另一部分则作为生活资料由联合体成员消费。"马克思在这里指出了未来社会总产品是属于社会的，属于联合体全体成员的。马克思还进一步指出，共产主义社会再生产不再是盲目的，人们可以计算再生产所需要的劳动时间，"假定国民跟全体资本家有所不同，国民在某种意义上也可以把价值同价值这样相比：国民可以计算用于补偿消费了的不变资本部分和加入消费的产品部分的全部劳动时间，以及花在创造用来扩大再生产规模的余额上的劳动时间。"不表现为商品价值的劳动时间的直接计算，保证了社会劳动在可控的条件下按比例地分配到再生产的各个环节，这在不断先进的计算机和大数据时代，更容易较精确的实现。

2. 社会公共生产的第 I 部类某些产品需要在本部类内交换

马克思在分析社会总资本的再生产和流通时曾经不止一次地指出，当再生产的资本主义形式一旦废除，在社会公有的生产的基础上，他所阐明的再生产理论将仍然适用，共产主义社会产品的实现也存在社会总产品在两大部类内部和外部进行交换的需要和运动。马克思在分析第一部类的不变资本时指出："如果生产是社会公有的，而不是资本主义，那么很明显，为了进行再生产，第 I 部类的这些产品同样会不断地再作为生产资料在这个部类的各个生产部门之间进行分配，一部分直接留在这些产品的生产部门，另一部分则转入其他生产场所，因此，在这个部类的不同生产场所之间发生一种不断往返的运动。"同样，第二部类生产的生活资料的也需要在各个生产部门之间进行分配，一部分供这些生活资料的生产部门的劳动者消费，另一部分则转入其他生产部门的消费者消费。

3. 再生产的资本主义形式一旦废除，固定资本更新和物质储备要由相对过剩来补偿

共产主义社会再生产也必须有剩余劳动和剩余产品用于补偿消耗掉的劳动条件。工人"他自己也必须用总产品的一部分补偿这些劳动条件，以便按原有的规模继续再生产或者扩大再生产（而后者由于人口的自然增长也是必需的）"。因为共产主义社会依然存在固定资本更新和物质储备的需要，必须有剩余产品来对其进行补偿的准备，也就是要有必要的生产过剩。"再生产的资本主义形式一旦废除，问题就归结如下：寿命已经完结因而要用实物补偿的那部分固定资本（在这里指消费资料生产中执行职能的固定资本）的数量大小，是逐年不同的。如果在某一年数量很大（象人一样，超过平均死亡率），那在下一年就一定会很小。假定其他条件不变，消费资料年生产所需的原料、半成品和辅助材料的数量不会因此减少。因此，生产资料的生产总额在一个场合必须增加，在另一个场合必须减少。这种情况，只有用不断的相对的生产过剩来补救；一方面要生产出超过直接需要的一定量固定资本；另一方面，特别是原料等等的储备也要超过每年的直接需要（这一点特别适用于生活资料）。这种生产过剩等于社会对它本身的再生产所必需的各种物质资料的控制。"要保持整个社会再生产的顺利进行，首先必须保证生产资料的优先增长，优先增长的剩余部分，一方面用于补偿固定资本更新，另一方面用于物质储备以预防各种意外和风险。生活资料的生产也要有相对的过剩，以满足扩大再生产所需要的劳动力的再生产以及各种风险的预防。共产主义社会的生产过剩与资本主义不同，资本主义的生产过剩是基于私有制的生产无政府状态所造成的，是相对于劳动人民的购买力来说的普遍过剩。而共产主义的生产过剩是根据社会客观需要而有计划有控制的后备性过剩或剩余。

4. 在公有社会再生产过程中，也要注意生产周期不同的产业之间的协调发展

社会生产由于"劳动过程的物质条件"不同，生产周期不同，"有些

事业在较长时间内取走劳动力和生产资料。而在这时间内不提供任何有效用的产品；而另一些生产部门不仅在一年内不断地或者多次取走劳动力和生产资料，而且也提供生活资料和生产资料。在社会公有的生产的基础上，必须确定前者按什么规模进行，才不致有损于后者。在社会公有的生产中，和在资本主义的生产中一样。在劳动期间较短的生产部门，工人将照旧只在较短时间内取走产品而不提供产品；在劳动期间长的生产部门，则在提供产品之前，在较长时间内不断取走产品。因此，这种情况是由各该劳动过程的物质条件造成的，而不是由这个过程的形式造成的。"也就是说，不仅共产主义生产，而且所有社会生产，都要注意生产规模大的长期投资与生产规模小的短期投资之间的比例关系。对那些生产周期长的部门，"如铁路建设，在一年或一年以上的较长时间内不提供任何生产资料和生活资料，不提供任何有用效果。但会从全年总生产中取走劳动，生产资料和生活资料。""在资本主义社会，社会的理智总是事后才起作用，因此可能并且必须会不断发生巨大的紊乱。"在共产主义社会"社会必须预先计算好，能把多少劳动，生产资料和生活资料用在这样一些产业部门而不致受任何损害。"

在社会主义市场经济条件下，我们依然要遵循马克思的社会再生产理论，尤其是共产主义再生产的思想，保持经济总量平衡和经济结构平衡，处理好积累与消费的关系和供给侧与需求侧的关系，对那些关系国计民生的基础性和长远性的大的投资项目，政府要在财力物力许可的条件下有计划的实施，确保经济建设过程中的战略重点，为市场经济的顺利运行提供公共产品和公共服务。

八、共产主义社会的必要劳动和剩余劳动

1. 必要劳动和剩余劳动是一切社会生产方式所共有的基础

马克思在《资本论》第一卷为了说明剩余价值的来源，把劳动分为必要劳动和剩余劳动。相应地，工作日分为必要劳动时间和剩余劳动时间两

部分，但这并不意味着必要劳动和剩余劳动是资本主义的特殊范畴。马克思在第三卷第七篇"各种收入及其源泉"中对必要劳动和剩余劳动进行的进一步分析表明，必要劳动和剩余劳动是一切社会生产方式所共有的基础。他分析说："当然，如果我们把工资归结为它的一般基础，也就是说，归结为工人本人劳动产品中加入工人个人消费的部分；如果我们把这个部分从资本主义的限制下解放出来，把它扩大到一方面为社会现有的生产力（也就是工人的劳动作为现实的社会劳动所具有的社会生产力）所许可；另一方面，为个性的充分发展所必要的消费的范围。如果我们再把剩余劳动和剩余产品，缩小到社会现有生产条件下一方面为了形成保险基金和准备金；另一方面，为了按社会需要所决定的程度来不断扩大再生产所必要的限度；最后如果我们把那些有劳动能力的人必须为社会上还不能劳动或已经不能劳动的成员而不断进行的劳动，包括到①必要劳动和②剩余劳动中去，也就是说，如果我们把工资和剩余价值，必要劳动和剩余劳动的独特的资本主义性质去掉，那么，剩下的就不再是这几种形式，而只是它们的为一切社会生产方式所共有的基础。""在任何社会生产（例如，自然形成的印度公社，或秘鲁人的较多是人为发展的共产主义）中，总是能够区分出劳动的两个部分，一个部分的产品直接由生产者及其家属用于个人的消费，另一个部分即始终是剩余劳动的那个部分的产品，总是用来满足一般的社会需要，而不问这种剩余产品怎样分配，也不问谁执行这种社会需要的代表职能；在这里我们撇开用于生产消费的部分不说。"

2. 共产主义社会消灭了必要劳动和剩余劳动之间的对抗性矛盾

虽然必要劳动和剩余劳动是一切社会生产方式所共有的基础，但是在不同的社会经济形态中，必要劳动和剩余劳动所采取的不同的社会形式，则反映着不同的生产关系。剩余劳动归劳动条件的所有者占有。在阶级社会，广大劳动阶级投身于物质生产活动，以他们的剩余劳动使社会上少数人从必要劳动中解脱出来。这部分少数人，不仅不从事必要劳动，而且占有劳动阶级的剩余劳动。资本主义社会的资本家同奴隶主、封建地主一样，都是占有剩余劳动的剥削者。不同之处是在于，资本家通过占有剩余价值这种价值表现的财富来占有剩余劳动。资本家将雇佣工人的必要劳动和剩余劳动一起混合在工作日中，因而对剩余劳动的剥削与以往的剥削相比，不是赤裸裸的，而是具有隐蔽性和无限性。可见，资本主义社会作为最后一个阶级社会，必要劳动时间和剩余劳动时间二者是对立的。马克思对资本主义条件下必要劳动和剩余劳动的分析，深刻揭示了资本主义生产的实质和无产阶级同资产阶级之间的对抗性矛盾。共产主义社会，生产条件归劳动者共同所有，剩余劳动自然归劳动者共同占有，消除了必要劳动和剩余劳动之间的对抗性矛盾，"一切为养活不劳动的人而从事的劳动都会消失。"

在资本主义私有制条件下，只有为资本家生产或带来剩余价值的劳动才是生产劳动。相反，在共产主义社会只有创造和占有剩余劳动的工人的劳动才是真正意义的生产劳动①。共产主义社会剩余劳动存在的意义在于：一方面剩余劳动是为社会创造新财富的劳动；另一方面，还需要"为那些由于年龄关系还不能参加生产或者已不能参加生产的人而从事的剩余劳动"。那时，必要劳动时间被缩减到最低限度。但"并不是为了获得剩余劳动而缩减必要劳动时间，而是直接把社会必要劳动缩减到最低限度，那时，与此相适应，由于给所有的人腾出了时间和创造了手段，个人会在艺术、科学等等方面得到发展"。

在共产主义社会，必要劳动与剩余劳动划分的内涵与资本主义不同。一方面随着资本主义生产方式的消灭，所有劳动都直接成为社会劳动，剩余劳动的阶级属性消失；另一方面，"剩余劳动的一部分将会列入必要劳动"的范围，剩余劳动与必要劳动界限逐渐消失，从而把工作日限制在必要劳动上。于是，必要劳动的范围扩大了，它不仅要生产劳动者自己不断扩大的生活需求，而且要为那些由于年龄关系还不能参加生产或者已不能参加生产的人而从事剩余劳动，即为社会生产准备金和积累基金②。

---

① 马克思说："假定不存在任何资本，而工人自己占有自己的剩余劳动，即他创造的价值超过他消费的价值的余额。只有在这种情况下才可以说，这种工人的劳动是真正生产的，也就是，它创造新价值。"参见：《马克思恩格斯全集》第26卷，第1分册，第143页。

② 马克思说："只有消灭资本主义生产形式，才允许把工作日限制在必要劳动上。但是，在其他条件不变的情况下，必要劳动将会扩大自己的范围。一方面，是因为工人的生活条件日益丰富，他们的生活需求日益增长。另一方面，是因为现在的剩余劳动的一部分将会列入必要劳动，即形成社会准备基金和社会积累基金所必要的劳动。"参见：《马克思恩格斯全集》第23卷，第578页。

在社会主义条件下，劳动者的活劳动依然分为必要劳动和剩余劳动。社会主义初级阶段多种所有制的存在，要求我们厘清剩余劳动和剩余价值的性质和归属。全民所有制的国有企业的剩余价值归国家所有，即国有资本获取"国有剩余价值"；集体所有制企业的剩余价值归集体所有，即集体资本获取"集体剩余价值"；而私营企业和外资企业的剩余价值归私人资本所有，即私人资本获取"私人剩余价值"，带有明显的剥削性质。这就要求我们要坚持公有制的主体地位，提高公有制的控制力和影响力，对非公有制经济要严格坚持"鼓励、支持和引导"的方针。尤其是要在"引导"上下功夫，引导非公有制经济在法律许可的范围内"合法合理"地获取剩余价值，限制其一切为追求剩余价值而无视劳动者利益和损害社会利益的行为。

与必要劳动和剩余劳动相对应，社会主义阶段劳动者活劳动的产品也分为必要产品和剩余产品。其中，必要产品用于劳动者及其家属的生活需要，剩余产品用于扩大再生产和储备、国家党政管理、国防等某些非生产部门劳动者及其家属的生活需要，以及社会公共事业的发展需要等。这就要求我们要处理好积累和消费的关系，过高的积累率在短期会促进生产的增长，但从长期看却牺牲了生产增长的后劲（消费）。

不劳动的剥削阶级占有劳动阶级的剩余劳动，既是生产力发展的结果，也是生产力不够发达的结果。社会主义初级阶段以公有制为主体多种所有制共同发展的所有制结构，意味着剥削在一定范围还存在，也意味着消灭剥削、消除两极分化、实现共同富裕和人的自由全面发展，将是社会主义初级阶段的长期任务。其根本途径是发展社会主义的生产力，不断扩大公有制的活力、竞争力、控制力和影响力。

九、共产主义社会的各种基金

1. 共产主义社会需要有剩余劳动来生产和提供各种基金

"一般剩余劳动，作为超过一定的需要量的劳动，必须始终存在。"无论是在资本主义社会，还是在共产主义社会，都必须有剩余劳动，必须有积累以及为了社会保障基金的筹集等必须进行的社会总产品的扣除。不同的是，资本家以占有私人剩余劳动为目的，而且对剩余劳动的追求超越了社会道德界限和劳动者的生理界限；共产主义剩余劳动的存在，目的是为了生产积累基金、保险基金和准备金等各种基金，那时剩余劳动将"缩小到社会现有生产条件下一方面为了形成保险基金和准备金；另一方面，为了按社会需求所决定的程度来不断扩大再生产所必要的限度。"可见，共产主义社会的剩余劳动已不同于资本主义条件下工人为资本家的剩余劳动，而是劳动者直接为社会劳动，同时也是为自己劳动。从这个意义和性质上来说，剩余劳动也是必要劳动。①

2. 共产主义社会的各种基金

积累基金是共产主义社会扩大再生产使物质财富极大富有的手段。共产主义社会的积累基金不同于资本主义的资本积累：资本主义的资本积累是加大剥削工人的条件，而共产主义的积累基金是劳动者为自己积累，是保证社会生产顺利进行的基本前提。马克思在《资本论》第二卷中论证了，即使在资本主义制度被推翻以后，为了社会再生产的顺利进行，社会也必须有为了固定资本的实物更新所需要的物质储备和人口的再生产所需要的生活资料的储备，即"为了对偶然事故提供保险，为了保证必要的，同需要的发展以及人口的增长相适应的累进的扩大再生产（从资本主义观点来说叫做积累）就需要一定量的剩余劳动。"

防止意外如不幸事故、自然灾害、疾病、残障等所需要的社会保障基金是社会的安全网，任何社会都应当有社会保障基金以应对各种风险。"即使不谈资本主义的生产，生产者在这方面也会有一定的支出，就是说，他们必须支出自己的一部分劳动或者说一部分劳动产品，以防自己的产品、财富或财富的要素遇到意外等。"然而，资本主义的积累一方面是通过对剩余劳动的占有而形成的财富的积累；另一方面是劳动者的失业、贫

---

① 马克思说："只有消灭资本主义生产形式，……现在的剩余劳动的一部分将会列入必要劳动，即形成社会准备基金和社会积累基金所必要的劳动。"参见：《马克思恩格斯全集》第 23 卷，第 578 页。

困的积累。"资本是根本不关心工人的健康和寿命的，除非社会迫使它去关心。"资本主义只是到了阶级矛盾尖锐化的时候，为了缓和阶级矛盾，维护资本主义统治和社会稳定，维持劳动力的再生产，不得不采取社会保障措施救济贫民、抚恤伤残等。况且，资本主义社会或高或低的各种社会保障基金的来源，实质都是剩余价值或工资的一种扣除，但表面上似乎与社会主义计划经济体制的高保障差不多，因而带有"人民资本主义""真正社会主义"等很大的理论迷惑性。共产主义社会保障基金"也是在剩余价值。剩余产品，从而剩余劳动中，除了用来积累，即用来扩大再生产过程的部分以外，甚至在资本主义生产方式消灭之后，也必须继续存在的唯一部分。当然，这要有一个前提，就是通常由直接生产者消费的部分，不再限于它目前的最低水平。"共产主义社会的社会保障基金来源于劳动人民剩余劳动的积累，它是通过社会总产品的分配和再分配形成的。共产主义社会把各种保险基金通过计划分配纳入正常的社会运行体系，以保证每个人的平等的发展权。社会主义初级阶段实行市场经济，社会风险比马克思预想的要大的多，必须处理好消费与积累、公平与效率的关系，在发展生产力的同时，做好社会保障，降低社会风险，才能全面建设小康社会。

用于教育、保健、社会福利等的发展基金是保障人的自由全面发展的基本手段。"这部分利润归结为剩余劳动时间，即使没有资本存在，社会也必须不断地完成这个剩余劳动时间，以便能支配一个所谓发展基金——仅仅人口的增长，就已使这个发展基金成为必要的了。"教育、保健、社会福利等发展基金是劳动者体力和智力的基本保障，是劳动力再生产的基本内容，是每个人自由发展的前提。我国现阶段教育、医疗保健、社会福利的城乡差异和地区差异还非常大，必须按照马克思的共产主义原则，坚持以人民为中心的发展思想，发挥公共财政的积极作用，实现发展基金在社会成员之间的公平分配。

十、共产主义社会的农业和土地

1. 合理的农业所需要的是联合起来的生产者的控制

资本主义的土地制度比起奴隶制的、封建制的土地所有权来说，把人从超经济统治关系和从属关系下解放出来了，并且使所有权和使用权完全分离开来，一方面把小农经济改造成了资本主义的大农业，提高了农业的劳动生产率和农业的社会化程度；另一方面形成了大土地所有者、农业资本家和农业雇佣工人三者之间的物质利益关系，这种物质利益关系的集中体现就是地租。地租反映农业的资本主义生产方式所特有的经济关系，是农业雇佣工人创造的、农业资本家缴纳给土地所有者的超过平均利润的那部分剩余价值（超额利润）。租种土地的农业资本家为了获得更多的利润，总是尽其所能地榨取土地的自然生产率和农业工人的剩余劳动，"破坏着人和土地之间的物质变换，也就是使人以衣食形式消费掉的土地的组成部分不能回归土地，从而破坏土地肥力的永恒的自然条件。这样，它同时破坏城市工人的身体健康和农村工人的精神生活。"因此，"在现代农业中……劳动生产力的提高和劳动量的增大是以劳动力本身的破坏和衰退为代价的。此外，资本主义农业的任何进步，都不仅是掠夺劳动者的技巧的进步，而且是掠夺土地的技巧的进步，在一定时期内提高土地肥力的任何进步，同时也是破坏土地肥力持久源泉的进步。"资本主义对土地的掠夺式经营和对农业工人身体和精神的摧残，是由于资本主义的土地所有权与经营权的分离，"土地所有权本来就包含土地所有者剥削土地，剥削地下资源，剥削空气，从而剥削生命的维持和发展的权利。"。这说明"资本主义制度同合理的农业相矛盾，或者说，合理的农业同资本主义制度不相容（虽然资本主义制度促进农业技术的发展），合理的农业所需要的，要么是自食其力的小农的手，要么是联合起来的生产者的控制。"然而，小农经济与落后的生产力相适应，不能满足经济发展和社会化大生产的需要，"在小规模园艺式的农业中，例如在伦巴第，在中国南部，在日本，也有过这种巨大的节约。不过总的说来，这种制度下的农业生产率，以人类劳动力的巨大浪费为代价，而这种劳动力也就不能用于其他生产部门。"因此，与马克思分析的"私地悲剧"不同，合理的农业必须是由"联合起来的生产者"控制。"如果土地所有权归人民所有，资本主义生产的整个基础，使劳动条件变成一种独立于工人之外并同工人相对立的力量的基础，就不再存在了。"只有在共产主义社会，把农业建立在土地等生产资料公有制的基础上，才能有计划地合理地开发利用土地，并保障农业劳动者的自由全面发展。

由于投入土地的资本以获得平均利润为前提，因而在农业中，农产品的市场价值由条件最差的土地产品的个别生产价格决定，它的市场价值含量要比它所包含的劳动时间高得多，因而，在它的市场价值中出现了一个虚假的社会价值。① 农产品虚假的社会价值是由于资本在所有领域都要获得平均利润，以及肥力有差别的土地的私人垄断经营造成的。它意味着级差地租中包含着由农业以外的其他部门支付的剩余价值，降低了非农业生产部门获取的平均利润，最终会损害社会再生产的平衡。所以，资本主义土地私有制不仅不能实现农业的合理经营，还会给社会再生产的顺利进行造成影响。只有消灭资本主义土地私有制，建立自觉的有计划的联合体，农产品才能按照实际包含的劳动时间与其他部门进行交换。

2. 共产主义社会只是土地的占有者和合理利用者

"从一个较高级的社会经济形态的角度来看，个别人对土地的私有权，和一个人对另一个人的私有权一样，是十分荒谬的。甚至整个社会，一个民族，以致一切同时存在的社会加在一起，都不是土地的所有者。他们只是土地的占有者，土地的利用者，并且他们必须像好家长那样把土地改良后传给后代。"在共产主义社会土地公有的条件下，绝对地租、级差地租都将不复存在，人们投入到土地上的劳动量不会因为利润的驱使而有所不

---

① 马克思说："如果我们设想资本主义的社会已被推翻，社会已被组成一个自觉的、有计划的联合体，10 夸特就会只代表一定量的独立的劳动时间，而和 240 先令内所包含的劳动时间相等。因此，社会就不会按产品内所包含的实际劳动时间的二倍半来购买这种土地产品；这样，土地所有者阶级存在的基础就会消失。"参见：《马克思恩格斯全集》第 25 卷，第 745 页。

同，那时投入到土地上的总劳动量会减少，投入到不同土地上的劳动量却相等，① 这样不管土地等级的优劣，土地都能得到合理的改良和利用。

3. 公有生产要安排好用于林业生产的土地

马克思在分析资本周转时间时，不仅分析了农业部门生产时间与其他部门生产时间的不同，而且分析了农业中林业部门生产时间与其他农业生产的不同。林业生产的周转时间漫长，资本周转速度慢，为购买造林用地而投下的资本，只有经过长时期以后，才会获得有益的成果，因此不适合私人经营，也不适合资本主义经营。"在公社生产的情况下，不需要这种资本；问题只是在于公社从耕地和牧场能抽出多少土地用于林业生产"，因为在社会共同占有的土地制度下，不是以利润为生产目的，不因林木的周转时期长而不生产，只需要根据社会的需要合理地计划和安排用于林业生产的土地。

马克思关于农业和土地制度的理论，对我国当前农村经济改革具有重要启示。第一，改革开放初期实行的农村土地集体所有权与农户家庭土地承包经营权"两权分离"基础上的家庭联产承包责任制，与当时农业生产力水平和干部素质较低相适应。目前，家庭联产承包责任制所释放的生产力已经达到最大化，难以适应农业现代化、新型城镇化和新型工业化的需要，必须进行家庭联产承包责任制的创新。第二，必须真正落实农业双层经营制度中的集体层生产经营，而不宜长期维持"一分了之"个体家庭层生产经营，进而在不断壮大村或联村集体层生产经营的基础上，实现农业的"第二次飞跃"②。邓小平数次强调社会主义农业改革和发展的"第二

---

① 马克思说："保持不变的只是这种情况（指级差地租与资本主义生产一起消失后——编者注）：社会劳动耕种肥力不同的土地，而且，尽管使用的劳动量不同，这种社会劳动在各种土地上的生产率都会提高。但是较坏土地产品所耗费的较大的劳动量，决不会产生资产阶级制度下的那种后果，也就是对较好土地的产品也必须以较大的劳动量来支付。相反，在Ⅳ上节省下来的劳动，会用来改良Ⅲ，在Ⅲ上节省下来的劳动，会用来改良Ⅱ，在Ⅱ上节省下来的劳动，会用来改良Ⅰ；因此，现在由土地所有者吞食的全部资本，那时将被用来使不同土地上的劳动相等，并使农业上花费的总劳动量减少。"参见：《马克思恩格斯全集》第26卷，第2分册，第111页。

② 1990年3月3日，邓小平明确指出："中国社会主义农业的改革和发展，从长远的观点看，要有两个飞跃。第一个飞跃，是废除人民公社，实行家庭联产承包为主的责任制。这是一个很大的前进，要长期坚持不变。第二个飞跃，是适应科学种田和生产社会化的需要，发展适度规模经营，发展集体经济。这又是一个很大的前进，当然这是很长的过程。"参见：《邓小平文选》第3卷，第355页。

次飞跃",就是发展适度规模经营、发展集体经济或集体化。河南的南街村、河北的周家庄乡等均为"第二次飞跃"的先例。第三,应在土地"三权分置"的基础上实现农村合作经济。2015 年 11 月,中共中央办公厅、国务院办公厅印发《深化农村改革综合性实施方案》,提出了以"三权分置"为内容的农村土地制度改革的基本方向,其内容就是在落实集体所有权、稳定农户承包权的基础上放活土地经营权,坚守土地公有性质不改变、耕地红线不突破和农民利益不受损"三条底线"。应在"三权分置"基础上积极组织村或联村的合作经济,学习借鉴目前贵州等多省市广泛推行的"塘约合作经济模式"。要防止盲目以扩大私人家庭农场为改革最终目标的土地变相私有化和"私地悲剧",要防止私人资本下乡对农业的破坏和对农民利益的侵犯。要言之,应在家庭经营的同时,大力组织村或若干联村的集体层经营、集体经济和合作经济,高度重视贯彻邓小平多次强调的社会主义农业的改革和发展"第二次飞跃"。这无疑有利于现代农业的发展和现代农民的培育,对缓解"三农"困境、推动新农村建设、新型城镇化建设将起到深远的影响。

十一、共产主义社会的分配

《资本论》在揭露资本家剥削剩余价值这种资本主义分配关系的过程中,预示了未来社会的分配制度。

1. 分配制度是由生产资料所有制决定的

分配是由生产资料的所有制关系决定的,是所有制的"背面"和收益实现形式。马克思在分析资本主义的分配关系时说:"所谓的分配关系,是同生产过程的历史规定的特殊社会形式,以及人们在他们生活的再生产过程中互相所处的关系相适应的,并且是由这些形式和关系产生的。这些分配关系的历史性质就是生产关系的历史性质,分配关系不过表示生产关系的一个方面""分配关系本质上和生产关系是同一的,是生产关系的反面"。资本家之所以占有工人剩余劳动创造的剩余价值,工资之所以是劳动力的价值而不是劳动的报酬，就是因为资本主义私有制，因为资本家是资本的"人格化"代表而获得了索取剩余为私有的经济权力。然而，"只要工人和资本家的社会关系发生改变。只要支配资本主义生产的关系发生革命，这种情况（指较多工人为资本家生产消费品，较少工人为自己生产消费品——编者注）就会立即发生变化。收入，用李嘉图的话来说，就会'实现在不同的商品上'"。显然，要消灭资本主义的不平等的分配关系，只有消灭资本主义私有制，建立生产资料公有制。

2. 劳动时间将是计量生产者个人在共同劳动产品的个人消费部分中所占份额的尺度

马克思设想了一个自由人联合体，联合体成员用共同所有的生产资料进行生产，产品在成员之间共同分配。那里没有私有制，没有商品生产，作为价值表现形式的交换价值和货币都将消失，但是作为价值决定的物质内容的劳动时间，仍然在生产和分配中起着计量尺度的作用。"仅仅为了同商品生产进行对比，我们假定，每个生产者在生活资料中得到的份额是由他的劳动时间决定的。这样劳动时间就会起双重作用。劳动时间的社会的有计划的分配，调节着各种劳动职能同各种需要的适当的比例。另一方面，劳动时间又是计量生产者在共同劳动中所占份额的尺度，因而也是计量生产者个人在共同产品的个人消费部分中所占份额的尺度。"马克思在这里阐述的是共产主义低级阶段即社会主义阶段的分配依据和分配方式：在生产资料公有制条件下，劳动时间是衡量个人在共同劳动中的贡献大小的尺度，依据劳动贡献的大小确定分配给个人的消费品份额——按劳分配。

3. 社会公有的生产将通过不流通的"纸的凭证"来实现按劳动时间分配

在马克思设定的全社会公有制和无商品货币关系的计划社会主义自由人联合体中，随着劳动成为直接的社会劳动，分配不再通过价值形式，而是通过"纸的凭证"来进行。"在社会公有的生产中，货币资本不再存在了。社会把劳动力和生产资料分配给不同的生产部门。生产者也许会得到纸的凭证，以此从社会的消费品储备中，取走一个与他们的劳动时间相当的量，这些凭证不是货币。它们是不流通的。"这个纸的凭证，就是每个人提供的劳动时间多少的证明。

诚然，我国现阶段是实行邓小平设定的初级阶段社会主义经济制度，即公有制为主体的市场社会主义，因而不仅按劳分配需要采取货币和市场的形式，而且在坚持按劳分配主体地位的前提下，其他多种分配方式也是重要组成部分。由于马克思和邓小平设定或划分社会主义的标准不同，因而不存在二选一的对错问题，而是分别作为社会主义初级阶段和高级阶段的基本分配制度。

4. 未来社会的分配方式不是一成不变的

马克思认为共产主义社会的分配方式不是一成不变的，而是随着生产力水平的变化、社会生产关系的变化而变化。他说自由人联合体"这种分配的方式会随着社会生产机体本身的特殊方式和随着生产者的相应的历史发展程度而改变。"首先，未来社会生产力是不断发展的。刚刚从资本主义脱胎出来的社会主义，生产力还不是高度发展，劳动还是谋生的手段，不可能使物质极大富有，所以只能实行按劳分配；只有到了共产主义高级阶段，生产力水平极大发展，物质财富充分涌流，才具备了实行按需分配的物质基础。其次，未来社会的生产关系也是在不断完善之中。在向共产主义社会的过渡阶段，所有制不可能实行全社会所有，还会存在较低级的公有制形式比如合作制、集体所有制，旧的分工还存在，所以只能实行按劳分配。只有当公有制发展成熟成为全社会占有和完全计划经济的时候，才能实行按需分配。

我国社会主义初级阶段，生产力不发达，公有制的形式还不成熟，且公有制与私有制并存。与此相适应，收入分配制度实行按劳分配与多种分配方式并存。社会主义初级阶段与马克思为我们设想的"完全社会所有制＋完全社会按劳分配＋完全计划经济"还有很大差距。在建设社会主义的征途上，只有坚持公有制的主体地位和按劳分配的主体地位，才能保证市场经济的社会主义方向，才能逐步实现共富共享。针对当前财富和收入分配差距悬殊的情况，应当从所有制状况中寻找根源，才能从根本上缩小不合理的差距。

十二、共产主义社会的劳动时间和自由时间

1. 工作日的缩短是建立在必然王国基础上的自由王国繁荣起来的根本条件

人类的历史就是一个不断地从必然王国向自由王国发展的历史。自由王国就是以"每个人的全面而自由发展为基本原则的社会形式",一种全体社会成员共同占有了自由时间的社会形态——共产主义。"自由王国"存在于真正的物质生产领域的彼岸,但并不是说物质生产领域的彼岸就是"自由王国",只有当人类把自己能力的发展作为目的本身时,才有真正的自由王国。在那里,劳动不是为了谋生,而是超越生存、超越个人物质需求而自觉地进行的劳动。物质生产活动的"此岸"和"彼岸"的对立,实质上是劳动时间和自由时间的对立。自由王国的实现,是劳动时间和自由时间的对立的扬弃。其直接表现就是工作日的缩短和劳动的普遍化。所以马克思说:"事实上,自由王国只是在由必要和外在目的规定要做的劳动终止的地方才开始;因而按照事物的本性来说,它存在于真正物质生产领域的彼岸。像野蛮人为了满足自己的需要,为了维持和再生产自己的生命,必须与自然进行斗争一样,文明人也必须这样做;而且在一切社会形态中,在一切可能的生产方式中,他都必须这样做。这个自然必然性的王国会随着人的发展而扩大,因为需要会扩大。但是,满足这种需要的生产力同时也会扩大。这个领域内的自由只能是:……但是不管怎样,这个领域始终是一个必然王国。在这个必然王国的彼岸,作为目的本身的人类能力的发展,真正的自由王国,就开始了。但是,这个自由王国只有建立在必然王国的基础上,才能繁荣起来。工作日的缩短是根本条件。"

2. 共产主义社会,劳动时间是财富的创造实体和生产费用的尺度,自由时间就是财富本身

共产主义社会,劳动时间作为财富创造的实体和生产财富的费用的尺

度，依然存在。① 不过，它与资本主义社会的创造财富的劳动性质完全不同。资本主义劳动的特点是"劳动从属于资本"，资本主义条件下所谓"自由"劳动，具有极大的对抗性、强迫性和剥削性：资产阶级享有自由的时间，是以工人的全部生活时间都转化为劳动时间为条件的。即使在正常工作日确立以后，资本还会通过提高劳动生产率来缩短必要劳动时间以延长剩余劳动时间，工人的劳动时间依然受资本支配。只有社会化的人联合起来的劳动，才能使劳动从资本的奴役下解放出来。"在一个更高级的社会形态内，使这种剩余劳动能够同一般物质劳动所占用的时间的较显著的缩短结合在一起。因为，按照劳动生产力发展的不同情况，剩余劳动可以在一个小的总工作日中显得大，也可以在一个大的总工作日中相对地显得小。"人的自由全面发展在时间支配上的体现是：工作日缩短，劳动时间将较显著地缩短，自由时间显著地增加。"不言而喻，随着雇主和工人之间的社会对立的消灭等，劳动时间本身——由于限制在正常长度之内，其次，由于不再用于别人而是用于我自己——将作为真正的社会劳动，最后，作为自由时间的基础，而取得完全不同的、更自由的性质，这种同时作为拥有自由时间的人的劳动时间，必将比役畜的劳动时间具有高得多的质量。"人真正成为自己、社会和自然的主人。一方面"自由时间，可以支配的时间，就是财富本身"。因为"一部分用于消费产品，一部分用于从事自由活动。这种自由活动不像劳动那样是在必须实现的外在目的的压力下决定的，而这种外在目的的实现是自然的必然性，或者说社会义务——怎么说都行。"另一方面，财富就是可以自由支配的时间。因为"一个国家只有在劳动 6 小时而不是劳动 12 小时的时候，才是真正富裕的。财富就是可以自由支配的时间，如此而已。"

3. 共产主义社会劳动的普遍化是工作日缩短从而自由时间增加的社会基础

共产主义社会公有制的实行，消灭了剥削，"一切为养活不劳动的人

---

① 马克思说："即使交换价值消灭了，劳动时间也始终是财富的创造实体和生产财富所需的费用的尺度。"参见：《马克思恩格斯全集》第 26 卷，第 3 分册，第 282 页。

而从事的劳动都会消失。"劳动的特征之一是"劳动的普遍化",除了老病残幼等特殊情况外,每个有劳动能力的人都必须从事劳动。

劳动普遍化的前提是消灭阶级、消灭剥削、消灭资本主义生产方式,"如果所有的人都必须劳动,如果过度劳动者和有闲者之间的对立消失了,——而这一点无论如何只能是资本不再存在,产品不再提供占有别人剩余劳动的权力的结果""如果资本不再存在,那么工人将只劳动 6 小时,有闲者也必须劳动同样多的时间。这样所有的人的物质财富都将降到工人的水平。但是所有的人都将有自由时间,都将有可供的发展的时间。""资本主义消灭后大多数'非生产'工人都会因劳动状况变化而转化为'生产'工人,如果明天把劳动普遍限制在合理程度,并且把工人阶级的各个阶级再按年龄和性别进行适当安排,那么,要依照现有的规模继续进行国民生产,目前的工人人口是绝对不够的。目前'非生产'工人的大多数都不得不转化为'生产'工人。"

只有劳动实现了普遍化,工作日的缩短才能成为可能。"在劳动强度和劳动生产力已定的情况下,劳动在一切有劳动能力的社会成员之间分配得越平均,一个社会阶层把劳动的自然必然性从自身上解脱下来并转嫁给另一个社会阶层的可能性越小,社会工作日中必须用于物质生产的部分就越小,从而个人从事自由活动,脑力活动和社会活动的时间部分就越大。从这一方面来说,工作日的缩短的绝对界限就是劳动的普遍化。"只有所有人都劳动,才能使所有人都有发展才能等更多的自由支配时间。

4. 劳动生产率的提高是缩短工作日、实现劳动普遍化的技术条件

"如果把资本创造的生产力的发展也考虑在内,那么,社会在 6 小时内将生产出必要的丰富产品,这 6 小时生产的将比现在 12 小时生产的还多,同时所有的人都会有 6 小时'可以自由支配的时间',也就是有真正的财富,这种时间不被直接生产劳动所吸收,而是用于娱乐和休息,从而为自由活动和发展开辟广阔天地,时间是发展才能等等的广阔天地。"① 资本主义的雇佣劳动作为自然必然性,促进了生产力的发展,使劳动时间不

---

① 以上是马克思分析当时的一个小册子《国民困难的原因及其解决办法》时的论述。参见:《马克思恩格斯全集》第 26 卷,第 3 分册,第 280—281 页。

断缩短，为共产主义高度发展的生产力奠定了基础，也为自由时间的扩大创造了条件。但是，纵观近现代资本主义国家，不仅劳动力参与率普遍比社会主义国家要低，而且法定的工作日制度也难以真正实行，变相延长工作日的状况属于常态。因此，要真正消除劳动时间与自由时间的对立，实质性地主动缩短劳动时间，必须消除资本主义私有制的限制，在公有制和生产力不断发展的基础上积极提升全体劳动者的自由时间。

十三、共产主义社会的教育、人的发展和家庭

1. 机器大工业在对劳动力摧残达到一定程度时，必然转变为人类教育发展的源泉

"现代工厂和手工工场雇用的大部分儿童从最年幼的时期起就被束缚在最简单的操作上，多年遭受着剥削，却没有学会任何一种哪怕以后只是在同一手工工场或工厂中能用得上的手艺。"资本主义机器大工业把童工和妇女卷入了劳动之中，儿童由于学不到知识和技能而"无知、粗野、体力衰退和精神堕落"，"骇人听闻的最疯狂的资本主义剥削在那里为所欲为。"这种"过火现象"被社会进步阶级力量所反对，从而使儿童、妇女被纳入工厂法的保护范围。"由各种年龄的男女组成的结合工人这一事实，尽管在其自发的、野蛮的、资本主义的形式中，也就是在工人为生产过程而存在，不是生产过程为工人而存在的那种形式中，是造成毁灭和奴役的祸根，但在适当的条件下，必然会反过来变成人类发展的源泉。"机器大工业在大量使用妇女、儿童的过程中，客观上需要重视妇女儿童的教育，以便把这些劳动力也纳入劳动力生产和再生产的轨道，目的在于资本和利润，而被迫重视雇佣劳动者的教育培训，势必促进人类的发展。

2. 教育是提高劳动者素质，提高劳动生产率和"造就全面发展的人的唯一方法"

马克思认为，教育是提高劳动者素质，提高劳动生产率和"造就全面发展的人的唯一方法"，是"直接把劳动能力本身生产、训练、发展、维

持、再生产出来的劳动","要改变一般的人的本性,使它获得一定劳动部门的技能和技巧,成为发达的和专门的劳动力,就要有一定的教育或训练。""比社会平均劳动较高级较复杂的劳动是这样一种劳动力的表现,这种劳动力比普通劳动力需要较高的教育费用,它的生产要花费较多的劳动时间,因此它具有较高的价值。既然这种劳动力的价值较高,它也就表现为较高级的劳动,也就在同样长的时间内物化为较多的价值。"

马克思通过对资本主义工厂制度的分析,一方面批判了资本主义机器大工业的出现,使工人的子女为了生存被迫离开学校进入工厂,成为资本家榨取剩余价值的廉价工具,他们不仅智力被荒废,而且道德坠落。而成年工人也成为机器的附属品,成为局部工人,智力得不到提高。这种忽视工人阶级及其子女的教育的不平等,根源于旧的社会分工和资本主义私有制。另一方面,马克思在对资本主义工厂制度分析的基础上,预示了未来社会的教育状况。随着机器大工业的发展,为了提高利润,满足赚钱的欲望,资本家也会培训工人,发展教育。尽管这种教育是服务于资产阶级剥削剩余价值的需要,但是从中出现了现代教育的萌芽。他指出:"从工厂制度中萌发出了未来教育的幼芽,未来教育对所有已满一定年铃的儿童来说,就是生产劳动同智育和体育相结合。它不仅是提高社会生产的一种方法,而且是造就全面发展的人的唯一方法。"

3. 共产主义实行教育与生产劳动相结合

资本主义大工业以前时期,教育主要以家庭的父传子和行会师傅带学工的方式进行,教育的内容取决于他们的特殊生产知识和劳动技能。随着机器生产逐步代替了手工劳动,要求劳动力必须具有一定的文化科学知识和专业技能,从而促进了生产劳动与教育的互相结合。"如果说,工厂法作为从资本那里争取来的最初的微小让步,只是把初等教育同工厂劳动结合起来,那么毫无疑问,工人阶级在不可避免地夺取政权之后,将使理论的和实践的工艺教育在工人学校中占据应有的位置。"当然,在资本主义条件下,教育与劳动的结合是劳动者谋生的需要,劳动与教育的结合是资本家为利润所驱使。但是,教育与生产劳动相结合是社会化大生产的必然趋势。大工业的本性决定了劳动的变换、职业的变动和工人的流动性,职业变换和劳动流动性的频繁，要求培养全面发展的人以适应现代生产的客观要求。因此，建立在大工业基础上的现代教育预示着未来教育的萌芽。"人类的才能的这种发展，虽然在开始时要靠牺牲多数的个人，甚至靠牺牲整个阶级，但最终会克服这种对抗，而同每个人的发展相一致；因此，个性的比较高度的发展，只有以牺牲个人的历史过程为代价。"共产主义以人的自由全面发展为目的的教育，必将取代资本主义的功利性教育和教育上的重要阶级差别。

4. 大工业使用女工和童工，为共产主义家庭和两性关系创造了新的经济基础

资本主义的机器大工业把妇女儿童卷入到劳动者队伍中来，必然伴随着野蛮的剥削和掠夺，以及对人的本性的摧残和蹂躏。然而，资本主义的工厂制度瓦解了旧的家庭关系。一方面，在资本主义制度下，工人为了维持家庭生计，丈夫不得不让妻子、父母不得不让子女进工厂劳动，于是妻子、子女走出家庭，到社会上来；另一方面，工厂制度催生的未来教育的萌芽以及对儿童教育和妇女职业教育的重视，提高了妇女儿童在家庭和社会的地位，从而"使妇女、男女少年和儿童在家庭范围以外，在社会地组织起来的生产过程中起着决定性的作用，它也就为家庭和两性关系的更高级的形式创造了新的经济基础。"社会主义社会还将存在工厂制度，这种新的工厂制度当然和资本主义的工厂制度有着本质的区别。只要废除了资本主义这个"造成毁灭和奴役的祸根"，公有工厂制度必然会反过来成为社会主义新型两性关系和家庭关系发展的源泉。

新中国建立以来，我党确立的教育和劳动相结合，德、智、体全面发展的教育方针，与马克思的共产主义教育思想是完全一致的。社会主义市场经济体制下，要遵循马克思的教育理论：第一，要加大教育投入，把转变经济发展方式真正转移到依靠提高劳动者素质和提高劳动生产率上来。第二，要保证教育资源的公平配置，要着力解决由于收入差距拉大、区域经济发展平衡和城乡经济发展不平衡所导致的不同地区、不同群体受教育权利和教育资源占有的不平衡问题。第三，要走教育与实践相结合的道路，创新教育管理体制和教育模式，尊重和激发个性潜能，克服过度突出

应试教育的弊端，处理好普通教育与职业教育的关系，培养具有创新能力的多方面发展人才。第四，要特别重视女性和儿童的教育，提高女性劳动力参与率，并从小培养少年儿童热爱各类劳动的良好习惯。

结束语

《资本论》中的共产主义经济形态的思想是丰富和科学的，但马克思和恩格斯没有为社会主义和共产主义社会设计具体模式。在他们看来，这是要靠共产主义建设者们去解决的。"所谓'社会主义社会'不是一成不变的东西，而应当和任何其他社会制度一样，把它看成是经常变化和改革的社会。""我们的任务不是推断未来和宣布一些适合将来任何时候的一劳永逸的决定"，"我们没有最终目标，我们是不断发展论者，我们不打算把什么最终规律强加给人类。"

共产主义既是一种理想的社会制度，又是一种"消灭现存状况的现实的运动"，"对实践的唯物主义者即共产主义者来说，全部问题都在于使现存世界革命化，实际地反对并改变现存的事物。"可见，共产主义并不是在未来才实现的东西，不应是只停留在"理想"层面，而是体现为现实的运动。在这一运动中，"资本的伟大的文明作用"将为全社会掌握，进一步推动生产力的巨大发展，使社会关系的革命性变革成为可能，最终为未来新社会的产生创造出各种有利的因素。确切地说，共产主义经济目标和理想与中国特色社会主义经济制度信念是紧密相连的，社会主义初级阶段发展生产力、实现公有制主体基础上的共同富裕实践，就是批判和改变资本主义现存状况并向共产主义过渡的现实运动。

社会主义初级阶段距离马克思为我们论证的共产主义还有一个相当长期的过程。从马克思关于生产方式二重性理论可以看出，社会生产方式的结构本质上具有二重性，故对生产方式诸因素的内在联系和相互作用需要联系一定的历史条件作全面的考察，从这个意义上说，中国特色社会主义的生产方式存在着历史必然性和合理性。由此，也更需要科学地分析我国现阶段生产方式的内在矛盾。实际上，现阶段所有制和生产关系的二元化，导致调节手段的二元化（市场与计划两种手段）、经济规律的二元化（市场调节规律与国家调节规律、资本主义经济规律与社会主义经济规律同时发挥作用并互相影响），等等。要处理好当前国民经济中的二元化矛盾，必须坚持和完善公有制和按劳分配为主体、多种所有制和多种分配方式共同发展的主要经济制度。既要考虑到发展生产力的主要任务，也不能搞唯生产力论和唯生产力标准论，而是要把发展生产力与发展社会主义生产关系和上层建筑统一起来。在全面深化改革之际，我们面临来自国际国内的前所未有的挑战，我们不仅要坚决抵制与《资本论》原理相悖的新自由主义影响，而且要学好用好《资本论》中关于资本主义和共产主义的理论精神，把中国特色社会主义和共产主义事业推向前进。

在西方金融危机十周年之际，危机和巨大风险依然阴魂不散，这再次验证了《资本论》关于资本主义和共产主义理论的预见性和科学性。[①] 马克思在《资本论》第一卷《第二版跋》中写道："使实际的资产者最深切地感到资本主义社会充满矛盾运动的，是现代工业所经历的周期循环的各种变动，而这种变动的顶点就是普遍危机。"一百多年前，危机"会把辩证法灌进神圣普鲁士德意志帝国的暴发户们的头脑里去"。如今，危机又一次把辩证法和共产主义思想灌进了西方资产阶级的头脑里[②]，更加坚定了我们社会主义事业的信心和共产主义的科学信仰。

[①] 英国女王 2008 年 11 月访问皇家科学院时质询"毁灭性的市场危机扑面而来，经济学家为何无法觉察并预警？"，更是宣告了西方主流经济学的破产（参见孙涤：《经济学家为何未能预测金融危机？》，http://book.sohu.com/20091110/n268088608.shtml）。

[②] 2008 年金融危机以后，《资本论》骤然热销。德国柏林专门出版学术著作的卡尔-迪茨出版社销售业绩显示，仅 2008 年前 10 个月《资本论》就卖出 1500 套，是 2007 年全年销量的 3 倍，更是 1990 年销量的 100 倍。法国总统萨科奇拍摄和传播阅读《资本论》的照片；英国坎特伯雷大主教威廉斯给予了马克思正面评价："长久以前，马克思就窥探到了资本主义的运转之道"；罗马教皇赞扬马克思有"绝佳的分析技巧"；银行家和经理们也开始读《资本论》，试图从中探究资本主义经济危机的根源。（见中新网转发香港《文汇报》2008 年 11 月 10 日的文章《谁盗窃了财富？欧美重新认识马克思》，http://www.chinanews.com/hb/news/2008/11－10/1443488.shtml.）。

参考文献

［1］马克思恩格斯全集：第 20 卷［M］. 北京：人民出版社，1973.

［2］马克思恩格斯全集：第 23 卷［M］. 北京：人民出版社，1972.

［3］陈征. 马克思在《资本论》中对共产主义（社会主义）经济的预示［J］. 经济研究，1983（4）：15 – 21.

［4］黎健坤，储东涛.《资本论》与科学共产主义［J］. 江西大学学报（社会科学版），1983（1）：1 – 9.

［5］蓝蔚青. 略论《资本论》对科学社会主义学说的论证［J］. 理论探讨，1985（1）：1 – 5.

［6］梅荣政，李红军.《资本论》对科学社会主义的科学论证［J］. 科学社会主义，2011（4）：136 – 139.

［7］马克思恩格斯全集：第 26 卷第 3 分册［M］. 北京：人民出版社，1974.

［8］周德海. 也论资本的文明作用—对马克思资本概念的重新认识［J］. 管理学刊，2017（1）：10 – 20.

［9］马克思恩格斯全集：第 25 卷［M］. 北京：人民出版社，1974.

［10］马克思恩格斯全集：第 1 卷［M］. 北京：人民出版社，1960.

［11］马克思恩格斯全集：第 13 卷［M］. 北京：人民出版社，1962.

［12］马克思恩格斯全集：第 19 卷［M］. 北京：人民出版社，1963.

［13］程恩富. 要坚持中国特色社会主义政治经济学的八个重大原则［J］. 经济纵横 2016（3）：1 – 6.

［14］马克思恩格斯全集：第 46 卷（上）［M］. 北京：人民出版社，1979.

［15］马克思恩格斯文集：第 2 卷［M］. 北京：人民出版社，2009.

［16］马克思恩格斯全集：第 26 卷第 2 分册［M］. 北京：人民出版社，1973.

［17］沈斐. 资本内在否定性与社会形态的演化［J］. 海派经济学，2016（3）：125 – 146.

［18］马克思恩格斯全集：第 24 卷［M］. 北京：人民出版社，1972.

［19］何干强.《资本论》的基本思想和逻辑［M］. 北京：中国经济出版社，2005：223.

［20］马克思恩格斯全集：第 32 卷［M］. 北京：人民出版社，1974.

［21］段学慧. 按比例发展规律及其实现机制［J］. 当代经济研究，2016（9）：5 – 14.

［22］高建昆，程恩富. 论按比例规律与市场调节规律、国家调节规律之间的关系

［J］．复旦学报（社会科学版），2015（6）：130－137．

　　［23］马克思恩格斯全集：第46卷下册［M］．北京：人民出版社，1980．

　　［24］马克思恩格斯全集：第26卷第1分册［M］．北京：人民出版社，1972．

　　［25］程恩富．社会主义发展三阶段新论［J］．江西社会科学，1992（3）：21－27．

　　［26］徐惠平，程恩富．不断加深关于社会主义初级阶段的认识［J］．中共云南省委党校学报，2008（6）：33－37．

　　［27］马克思恩格斯全集：第37卷［M］．北京：人民出版社，1971．

　　［28］马克思恩格斯全集：第22卷［M］．北京：人民出版社，1965．

　　［29］马克思恩格斯全集：第3卷［M］．北京：人民出版社，1956．

　　［30］周海德．也谈资本的文明作用：对马克思资本概念的重新认识．［J］．管理学刊，2017（01）：10－20．

　　［31］安师领．马克思关于生产方式的二重性理论．［J］．海派经济学，2016（01）：100－111．

　　［32］吴宣恭．当前阶段我国所有制和经济规律的变化［J］．经济纵横，2013（08）：1－6．

重建中国经济学
超越西方经济学[*]

    1994 年，笔者曾发表《21 世纪：重建中国经济学》一文，指出随着社会主义市场经济的日益发育成熟，系统地科学反映这一经济实践变化的中国理论经济学，在 20 世纪末的反思与论争及方法论的变革后，必将以全新的面貌出现于 21 世纪初。[①] 近几年，关于"中国经济学"的讨论热烈而又深刻，表明中国社会主义理论经济学经过 50 年的多阶段的曲折发展，现在确实到了全面重建的新时期。本文拟在分析我国社会主义理论经济学演进状态及其缺陷的基础上，对在重建中国经济学进程中如何超越马克思经济学与西方经济学这一问题作些分析。

一、中国社会主义经济学的演进阶段与若干倾向

    新中国 50 年，中国社会主义理论经济学总体上以马克思主义为思想指导，以中国社会主义经济实践为实践源泉，取得了人类经济学说发展史上的重大成果，并对高绩效的中国经济发展作出了巨大的贡献，体现出中华民族伟大的经济智慧，为全世界的经济学发展提供了具有"中国学派"色彩的系统经济理论。然而，中国社会主义理论经济学在具体演进中创

---

* 原载《学术月刊》2000 年第 2 期。

① 参见程恩富：《21 世纪：重建中国经济学》，《社会科学报》1994 年 4 月 7 日；程恩富、张建伟：《问题意识与政治经济学革新》，《经济学家》1999 年第 3 期。

新、改良与若干不良倾向是并存的，现作详略不同的评述。

（一）新建阶段与"仿苏"倾向

这一阶段的历史跨度是从中华人民共和国成立到"文革"前。

1949 年 10 月，中国人民取得了新民主主义革命的伟大胜利，建立了新中国。然而由于马克思的《资本论》是以资本主义的生产关系为研究对象，并没有系统的社会主义经济理论，因而中国的社会主义建设缺乏必要的理论指导。但此时苏联已经进行了几十年的社会主义建设的伟大实践，初步勾勒出了社会主义经济的基本框架并且取得了伟大的成就。于是，苏联的社会主义经济模式便成为新中国领导人模仿的对象。在自己缺乏建设实践的经验时，苏联的社会主义经济实践便被当成了我国建设的"真知"。

与实践相一致，在经济学上也开始模仿苏联。1952 年，斯大林的《苏联社会主义经济问题》中文版出版发行。1959 年，苏联科学院组织编写的《政治经济学教科书》中文版出版发行。这两本书的发行对中国理论经济学的发展产生了深远的影响。由于当时的苏联是国际共产主义运动的领袖，且中国的社会主义建设缺乏自己的理论，因而这两本书便被当作中国社会主义理论经济学的"教科书"而被"顶礼膜拜"。当时，党中央、毛主席号召全党学习苏联的政治经济学理论。高等院校的政治经济学教材也是以《政治经济学教科书》为基本体系向学生讲授社会主义理论经济学。中国的社会主义理论经济学完全将西方经济学的合理成分拒之门外，而照搬苏联的社会主义经济学理论。"苏联范式"的经济学是马克思、列宁、斯大林经济思想与苏联经济实践的一种综合，有其相当的科学性，在经济学说史具有划时代的重大意义，但也有不少误点和局限性。

在这一阶段，由于中国的理论经济学主要是照搬苏联的政治经济学，因此，苏联政治经济学的历史局限也就成为中国社会主义理论经济学的局限。这些局限性主要表现在：相对忽视生产力的研究；否认价值规律对生产的调节作用；忽视定量分析等。尽管当时的中国理论经济学具有以上局限性，然而它毕竟指导中国经济顺利实现了由新民主主义革命向社会主义革命的过渡，而且在理论上初步构建了社会主义理论经济学的基本框架和研究方法及基本概念和范畴。所以，从这一层面来讲，在新建阶段中尽管有仿苏倾向，但中国社会主义理论经济学仍然具有积极意义。而且，毛泽东同志的《论十大关系》、《毛泽东读苏联〈政治经济学教科书〉第三版的谈话要点》及有关价值规律等论述，陈云同志在 1956 年 9 月提出"计划调节为主，市场调节为辅"等观点，以及马寅初的人口理论和孙冶方的价值规律思想等，均标志着我国的社会主义理论经济学开始试图用自己的理论来指导我国经济实践。60 年代上半期，我国陆续编写和出版的《政治经济学》（社会主义部分）教科书，充分体现了"苏联范式"与当时中国特色的混合。其中包括 1958 年及以后萌生的某些极左思想和政策。

（二）"革命"阶段与极左倾向

这一阶段主要是 10 年"文化大革命"时期。

在"文革"时期，我国的经济建设和社会主义经济理论的发展都出现了不少失误。在"四人帮"的干扰下，经济工作受到政治运动的严重冲击，经济理论服务于政治运动的需要。尤其是在"四人帮"授意下搞的《社会主义政治经济学》一书，完全是以"大批判经济学"的极左面貌出现，将许多有利于发展生产力的做法当作资本主义的"尾巴"而大加批驳，将按劳分配说成是资产阶级产生的土壤，将当时并不存在的经济上的阶级斗争和党内资产阶级作为经济学研究的主题，等等。

尽管受到"左"的思想的干扰，但不少经济学家并未停止思索与研究。如许涤新在被关押期间，就依据马克思《资本论》体系，构思社会主义生产、流通与分配的总体框架和主线，并形成系统思维（"文革"后不久立即将成熟的思想变成文字，出版了《社会主义生产、流通与分配》力作）。

（三）改革阶段与"仿美"倾向

这一阶段是从 1979 年至今。

在这一阶段，开始全面清理社会主义经济理论中"左"的思想，重新用科学的马克思主义理论指导中国社会主义理论经济学的研究，提出我国社会的主要矛盾是人民日益增长的物质文化需要同落后的社会生产之间的矛盾，因而党和国家的重点必须转移到以经济建设为中心的社会主义现代化建设上来。1982 年召开的党的十二大提出必须贯彻计划经济为主、市场调节为辅的原则。1984 年召开的十二届三中全会上提出了社会主义经济是有计划的商品经济，而商品经济的充分发展是社会主义经济发展不可逾越的阶段。1992 年党的十四大则明确提出建立社会主义市场经济体制。至此，社会主义市场经济体制作为我国经济体制改革的目标而确立下来。丰富的改革实践为我国社会主义理论经济学的发展提供了肥沃的土壤和充足的养份。伴随我国经济改革和建设的巨大成就，社会主义理论经济学的理论变得丰富和完善。如社会主义市场经济理论和社会主义初级阶段理论的确立，生产力理论和所有制结构理论的调整，现代企业制度理论和市场体系理论的提出，市场型按劳分配及其他分配理论的发展，经济公平与经济效率理论的拓展，宏观调控理论和对外开放理论的阐发，等等。社会主义理论经济学出现了一个新的发展高潮。

尽管社会主义理论经济学的发展取得了建国以来最为辉煌的成就，但发展过程中却也暴露了不少问题：首先是对现实经济问题缺乏系统的解释力和预见力。经济理论的生命力在于其对现实经济问题的预见和解释的能力，而社会主义理论经济学的研究却在某种程度上变成了政治领导人讲话、中央文件和政策的注解，理论的研究反倒落在经济实践的后面，这在相当程度上影响了人们对社会主义理论经济学的信任度。其次是经济理论研究的近视性。这表现在缺乏对基础理论的系统研究，而往往只是对流行思潮的炒作。如对"一包就灵"、"一股就灵"等观点的宣传和对计划与市场关系极端对立的认识。最后是研究上缺乏方法论的整合和系统创新。偏好于搬马恩原著或当代西方经济学经典的原话来对现实经济问题作出理论的分析，而非应用中外马克思主义的基本观点来研究和指导现实的经济实践。

随着改革开放的深入和西方经济学理论的引进，西方经济学在中国的影响日趋增大。由于传统的社会主义理论经济学对现实经济问题解释力和预见力的不够，"苏联范式"的某种僵化及西方经济学研究方法和工具的使用，使得西方经济学不断动摇中国社会主义理论经济学的支配地位。一些理论研究工作者也由以前对"苏联范式"的崇拜而简单地倒向"美国范式"，但又对以美国为代表的当代西方经济学的"范式危机"并无感觉。

中国社会主义的理论经济学研究存在"仿美"或"仿西"的倾向至少表现在:

1. 缺乏应有的人文性,数学在某种程度上被滥用

与国外专业经济学杂志上连篇累牍的数学公式相似,我国的经济学杂志上也开始充满了数学公式。虽然说还没有到数学的使用被作为炫耀作者数学功底的程度,却也被当作作者理论上的创新,认为只有使用数学工具的文章才是具有理论创新的文章,否则,就属于"垃圾"。工具被当作了目标,简单明了的经济思想披上了烦琐的数学外衣,增大了认知成本,理论经济学有被数学主宰的倾向。与此相反,经济学应有的人文性、阶层性和终极关怀等分析较为匮乏。

2. 私有化"产权神话"和"自私人"("经济人")理论的流行

虽然说西方产权理论的制度分析、交易费用分析和契约分析对中国经济转型具有一定的理论解释力,但是其理论上的一些误区却也在理论界大行其道。其中最为典型的便是私有化"产权神话"和"自私人"理论的流行。产权的明晰仅仅被简单地理解成只有私有的产权才是清晰的产权,私有化被当作经济发展的"灵丹妙药",而全然不顾东欧国家和俄罗斯私有化悲剧的上演。"自私人公理"被作为现实经济的逻辑起点和理论研究的逻辑起点在理论经济学中被广为渲染,却没有看到此理论是对人类经济行为的片面认识,全然否定了利他主义和群体主义[1]。

诚然,西方经济学的确给中国输送了市场观念和实证分析、数量分析、边际分析等经济科学的研究方法,开拓了理论研究的视野。但另一方面,它的过度形式主义和理论与中国经济的脱节,也会使中国经济学误入歧途。数学只是经济学者工具箱中的重要工具,但工具本身并不能创造理论。对于私有化"产权神话",美国著名经济学家斯蒂格利茨也认为:"这个神话十分危险,因为它误导许多转轨国家仅仅关注产权问题过分信赖私有化,而忽略了一系列更广泛的问题。"[2] 而对于在我国广为流行的

---

① 参见程恩富:《西方产权理论评析》,当代中国出版社 1997 年版。
② [美] 斯蒂格利茨:《社会主义向何处去》,吉林人民出版社 1998 年版。

"自私人"理论，布热津斯基先生曾恍然大悟道："以相对主义的享乐至上作为生活的基本指南是构不成任何坚实的社会支柱的；一个社会没有共同遵守的绝对确定的原则，相反却助长个人的自我满足，那么，这个社会就有解体的危险。"① 可见，西方经济学本身的逻辑缺陷及苏东社会主义国家改革的悲剧说明，随意照搬西方经济学并不能解决中国社会主义理论经济学和中国经济的现实难题，唯一的出路在于进行合乎马克思主义基本精神和中国国情的理论创新。

二、传统和现有社会主义经济学理论模式的基本缺陷

在上述评析的基础上，我们可对传统和现有的社会主义经济学理论模式的主要缺陷作一总结或概括。

第一，在规范分析层面，单纯进行社会主义与资本主义的范畴和规律对比，缺乏研究深度。中国传统的社会主义理论经济学受"苏联范式"的影响，在描述社会主义生产关系的现象和本质时，往往运用不同社会经济形态的简单对比来替代对其实证性的研究。实证性分析比重较少，规范性分析掩饰经济活动中的某些内在矛盾。有关社会主义经济体制和经济行为的一些价值性判断立意不高，理论视野不宽，甚至过于武断。尽管在社会主义政治经济学的初创阶段和发展过程中难以避免，但这毕竟是弊端之处。

第二，在实证描述层面，没有继承马克思经济学高度重视数学方法的优良传统，缺乏定量分析。

凡是了解外国经济学说史的人都确认，与英国的斯密、李嘉图，法国的魁奈、西斯蒙第以及德国的李斯特等人相比，马克思是同时代经济学大师中运用定量分析最多和最好的典范。那种以为马克思经济学不重视定量

---

① ［美］布热津斯基：《大失控与大混乱》，中国社会科学出版社1994年版。

研究的看法是一个误点，那种以现代西方经济学大量采用数学方法来抨击马克思经济学，则属于一种无规则和反认识论的苛求。然而，十分遗憾的是，在过去社会主义理论经济学的理论研究中，的确没有继承和发扬马克思经济学的这一学术特色，没有借鉴当代西方经济学的一些分析工具，对不少经济范畴、经济规律、经济运行和经济行为的阐述缺乏量的规定性。

第三，在政策研究层面，一味地"唯上"和"跟风"，并作辩护性的解释，缺乏反思意识。

一国的经济政策同经济实态和价值判断是紧密相连的，理论经济学的研究往往从不同的规范角度或实证角度推出相应的政策主张。问题在于，基于科学理论规范和实证描述之上的具体政策推导，同官僚主义的"唯意志论"的政策推行，有天壤之别。倘若社会主义理论经济学时时刻刻围绕主观多变的经济政策转，并以此来推导出实证性的结论和理论模型，那就会葬送这门学科。传统政治经济学演变的历史教训值得记取。

第四，在学科重构层面，以社会主义市场经济学取代社会主义理论经济学，缺乏本质揭示。

西方国家搞了数百年的商品经济和市场经济并未出现市场经济学，尽管其政治经济学或经济学一直是以资本主义市场经济为分析背景，以资本主义市场经济的资源配置为研究对象的。传统社会主义理论经济学是研究计划经济的，改革后的社会主义理论经济学自然是研究社会主义市场经济的。不过，这属于政治经济学研究的现实经济体制及相关内涵发生了变化，并不意味着可以取消理论经济学，而用主要研究社会主义经济运行的市场经济学这门具体学科，来替代作为各门具体经济学科理论基础和指导的社会主义政治经济学。笼统地以经济运行或资源配置的一般分析排斥特定经济关系的揭示，以经济关系的具体实现形式的一般分析排斥特定经济关系本质和根本经济制度的揭示，是不足取的。

第五，在方法变革层面，简单照搬西方经济学的范畴和理论，缺乏创新精神。

改革陈旧的社会主义理论经济学需要进行方法论的拓展，其中包括科学地借鉴国外经济学的分析方法和理论模型。但现有的某些社会主义理论经济学作品"食洋不化",以为西方经济学讲的观点都是真理,用的方法都是科学的,以致在分析方法、范畴体系和理论框架上作单纯的模仿,甚至认为只要在现代西方经济学的教科书中添加一些中国经济案例或实证资料,即为改革成功的现代社会主义理论经济学。这种"短平快式改革"的思潮比较时髦,操作起来也省力,迎合了出书快和出名快的市场价值观。可是,这终究不是严谨的思想和学术创新。

三、重建中国社会主义经济学
范式的原则与思路

当我们批评了传统和现有社会主义理论经济学的种种弊病以后,就要回答究竟应当怎样科学地重建中国社会主义理论经济学,也就是说,依据什么思想方法和理论原则来创新呢?笔者主张,以中外社会主义经济实践为思想源泉,以马克思主义经济学的主要假设为基点,积极吸纳古今中外各种经济思想的合理成分,广泛借鉴相关社会科学和自然科学的可用方法,构造既超越马克思经济学范式和苏联经济学范式,又超越西方经济学范式的新范式,即新建在世界经济大环境中主要反映中国初级社会主义市场经济独特性的经济学范式。

(一) 思想源泉:中外社会主义经济多种实践

经济实践是经济认识的基础和检验经济学真理的唯一标准,科学的经济学理论永远是在经济实践的基础上产生并随着经济实践的发展而发展。经济实践的内涵丰富多彩,并非单指一国一时一地的具体经济活动或实践。然而,人们在辨别某一经济理论的正确与否时,往往固执地引用某一时空范围内具体经济实践的案例来确立检验其真理性。局部的或短期的经济实践并不能全面检验某一经济学原理的正确性。从这个角度说,当代西方哲学中关于理论只能被"证伪"而不能被"证实"的认知方法有一定道理。即使是科学的经济学理论,也只能不断地被部分证实下去,而不可能通过一次或若干次具体实践就得到全面和永远地证实,但证伪只需一次，也许这一证伪只具有个别或局部意义。

以社会主义与市场经济能否有效结合的重要命题为例，国内外许多学者对此都持否定意见，并援引西方资本主义市场经济制度，苏东国家改革后的蜕变和我国公有经济比重下降来佐证。其实，与西方产权学派的代言人张五常在此问题上混乱的逻辑相比①，该学派的创始人科斯讲得比较客观，指出出过去已有私有制与市场经济相结合的经验，至于社会主义与市场经济能否相结合，这一点目前不能证伪。观察中外现有市场经济实践的表象和本质，可以部分地得到实证的说明，即社会主义或公有制与市场经济能有效结合，而苏东国家的经济大倒退和西方国家的金融危机等恰恰表明资本主义或私有制与市场经济的冲突和某种不相容。

重建社会主义理论经济学，必须以世界经济和人类经济的发展历史为大背景，与资本主义市场经济的多类模式相对照，重点从中外社会主义经济的多种实践中实证地描述出经济事物变动的基本现象，科学地提炼和抽象出合乎经济事物本质的规律性范畴和原理。尽管恩格斯揭示过不成熟的经济关系与不成熟的经济理论之间的内在联系，但这并不妨碍社会主义经济理论的某种前瞻研究。事实上，社会主义市场经济的良性运转及其体制的不断完善，正有赖于社会主义理论经济学的变革与创新。即使是作为中国经济史的计划经济实践，也需要继续进行客观的实证分析和辩证的规范定性，以便成为新经济学的经济史基础。

（二）理论基点：马克思主义经济学的主要假设

在 19 世纪和 20 世纪，对社会主义的定义有 100 多种。其中有资产阶级右翼和左翼的社会主义、小资产阶级的激进社会主义、空想或批判的社会主义，也有马克思主义的科学社会主义。中国社会主义理论经济学既然要从根本上反映作为先进生产力和生产关系代表的工人阶级利益，那就必定要以马克思主义经济学为理论指南。如果对以往"左"的教条主义采取矫枉过正的学术态度，便容易形成一种善意的折中主义或保守的右倾思潮，以为社会主义理论经济学只应进行"问题"的实证分析，而无须进行

---

① 程恩富：《西方产权理论评析》，当代中国出版社 1997 年版。

含有"主义"的价值判断，或者以为当代西方经济学教科书都是普遍真理，只要加点中国经济实例即为创新的社会主义理论经济学。其实，每个经济学流派均或多或少地确立了特定"主义"的价值判断。斯密主义与李斯特主义，凯恩斯主义与货币主义等等，难道没有价值判断的"主义"之争？所以，症结不在于要不要"主义"一类的价值判断和思辨，而在于其客观性和科学性如何。

过去，由于人们强调马克思主义经济学的真理性和现实性，因而一律偏好使用"普遍原理"或"基本原理"之类的词汇，不愿或不敢退一步，把其某些经济思想同时也视为一种"理论假设"，似乎假设都是脱离实际的或无意义的空想和幻想①，进而贬低了马克思主义经济学原理的重要性。出于同当代西方经济学对话或论战的需要，应当改变近代西方经济学和马克思经济学的用语习惯，经常采用"理论假设"一词及其逻辑叙述方法。如同西方经济学同时把"生产三要素"、"私有高绩效"、"经济人"等说成是原理、公理和假设一样，我们也可以把"劳动二重性"、"公有高绩效"、"利益人"等说成是原理、公理和假设。在某一经济学理论假设算不算作公理的问题上，渗透着研究者主体的不同价值判断。基于不同的方法和立场，即使马克思主义者拿出再硬的实证史料和逻辑证据，资产阶级经济学家也不一定承认马克思主义经济学的一些基本理论是正确的，但会确认其为理论假设，这有益于讨论的简化和深化。

此外，马克思经济学、列宁经济学上某些被资本主义或前资本主义经济实践证明是正确的理论，以及属于对向社会主义过渡或社会主义的理论分析，均必须在中外社会主义经济实践中进行检验及展开逻辑体系的完善。从这个意义上说，那些原理、公理或理论预见，不妨都可称之为理论假设。

简言之，采用马列主义经济学的"劳动二重性"、"公有高绩效"和"利益人"（与西方经济学的"经济人"或"自私人"不同，"利益人"是利己与利他相结合的）等主要假设为理论基点，积极包容古今中外合理的经济思想，并由此构筑社会主义理论经济学的新假设和新范式，便能实

---

① 程恩富、齐新宇：《重建中国经济学的若干基本问题》，载《政治经济学研究报告》（第1集），社会科学文献出版社2000年版。

现超越马克思经济学、苏联经济学和西方经济学的创新目标。

例如，从马克思经济学中概括出来的"公有高绩效"假设，是指生产资料归全社会成员共同所有的公有制体系能达到社会绩效最大化。从邓小平经济理论中概括出来的"公有高绩效"假设，是指生产资料全民所有制和集体所有制能达到社会绩效最大化。但其中均存在多种复杂的假设前提，如不存在严重的社会腐败，委托代理双方权责是合理的，国企承担额外社会义务需另行核算，政府政策和操作没出现大失误，选聘的经营者有较高素质，等等。只有大体同时具备这些前提条件，社会主义公有制与市场经济的结合才能呈现高绩效。倘若过去或现实生活中搞好社会主义公有制的假设条件不存在而导致低绩效，这并不能证明计划经济或市场经济的条件下公有制经济不可行。可见，重建中的社会主义理论经济学，必须借鉴西方经济学表述"科斯定理"、"帕累托最优"或"市场效率假设"等方式，精心研究马克思主义经济学经典和社会主义新经济理论所必然涉及到的这类假设及其前提条件，大幅度提高理论的科学解释力和预见力。

（三）学术渊源：古今中外经济学说的合理成分

广义地说，沿用式的继承、批判式的发展和否定式的摈弃等，均呈现出某种学术渊源联系。狭义地理解，也可将学术渊源界定为一种学术与另一种学术相互继承和发展的来源关系。重建中的中国社会主义理论经济学，不能采取传统的做法，只强调马克思主义经济学经典作家的学术地位和渊源关系，而盲目排斥其他；或者反过来，只强调西方资产阶级经济学经典作品的学术作用。经典是必须拥有和重视的，但仅仅拥有经典是远远不够的。

综观人类经济理论变迁的历史，任何一种新的经济学术体系均难以彻底抛弃前人的思想，而往往是将超越和创新同继承有机地结合起来，在不同程度上有扬有弃。不仅穆勒、马歇尔、萨缪尔森等近现代经济学说的综合经济学家，李嘉图、弗里德曼、诺思等创立了新学派的西方经济学家，而且马克思、恩格斯、列宁、斯大林、毛泽东和邓小平创立和发展的科学社会主义经济理论，都一概如此。中国社会主义理论经济学的重建，应在保持与马克思主义经济学的主要学术渊源关系之外放眼世界，综观历史，积极汲取古今中外一切经济学说的合理成分，并实现某些理论原创。其重点有两个：

首先，创新的中国社会主义理论经济学，必须科学地汲取当代外国经济思想。现代主流西方经济学的理论和西方诺贝尔经济学奖得主的理论，自然要高度重视，但也不能轻视发达国家非主流经济学和发展中国家的经济学说。譬如，美国的激进政治经济学和加尔布雷思的制度主义，英国的凯恩斯左派经济学，发展中国家的"中心——外围"、"依附"和"不平等交换"等国际贸易理论，日本的非正统马克思主义经济学说，以及关于经济全球化悖论的经济思想，等等。其中，西方激进政治经济学关于"市场社会主义"的各种经济理论和政策主张，对我国完善社会主义市场经济理论与实践具有较直接的借鉴意义。

其次，创新的中国社会主义理论经济学，必须科学地汲取中国古近代经济思想。我国古代的消费思想、人口思想、财政思想、生态经济思想，康有为的社会主义"大同"经济学说，孙中山的"三民主义"经济理论等，均有一定的合理成份。台湾学者构建的"新儒学经济与管理"思想体系，加拿大华人学者倡导的"中庸经济学"理论，也值得高度关注①。

（四）方法泛化：相关社会科学和自然科学的可用知识

马克思精通资产阶级政治经济学，但在最后构建《资本论》3 卷本政治经济学新体系时，并未主要沿用当时西方经济学的一套方法，尽管这些经济学方法也曾被视为学术前沿和最新工具。这是因为，马克思要实现对传统政治经济学的充分革命和全新超越，决不能囿于资产阶级或小资产阶级政治经济学那套新方法。事实上，马克思在重视以往经济学方法论的同时，重点是批判地借鉴了黑格尔的辩证法和费尔巴哈的唯物论，采用原创的唯物辩证法和历史唯物主义来改造政治经济学旧程式的。

要真正实现同时超越马克思经济学和西方经济学，必须学习马克思的这一独创精神，突破中外政治经济学说史上的某些方法局限，在重建中国

---

① 林国雄：《新儒学经济与管理》，台湾慈惠出版社 1997 年版；陈慰中：《中庸经济学》，中国财政经济出版社 1997 年版。

社会主义理论经济学的过程中广泛借鉴和采用相关社会科学和自然科学的可用知识，做到经济学方法论体系的有机整合。其中，有以下关键点：

——借鉴现代哲学的方法和知识。在整个社会科学领域，包括科学哲学在内的哲学方法对理论经济学的功用将逐渐凸现为最大和全面性的①。人本主义、解释学、总体异化论和范式说等，具有不可忽视的影响。

——借鉴现代政治学的方法和知识。尽管政治经济学名称中的"政治"原意并非指现代意义的政治（目前西方建立的新政治经济学又属于另一种含义），然而理论经济学不是不要汲取政治学的营养。关于市场与国家或政府的关系，关于经济周期与行政推动或政治选举的关系，关于经济全球化与政治霸权主义的关系，无不需要结合一定的政治学方法和观点去透彻地解释之。

——借鉴现代法学的方法和知识。理论经济学在研究经济制度和经济权利时必定要涉及到中外法学的分析方法和理论，尤其是有关现代企业制度、市场制度和国家决策制度的问题。

——借鉴现代社会学的方法和知识。社会学中关于社会阶层及其分化理论，人的交往理论，社会发展的综合动力理论，财富和收入分配及贫富分化理论等，对理论经济学深入阐发阶级、交换和交易、经济制度变迁以及国民财富，不无学术意义。

——借鉴现代伦理学的方法和知识。倘若说市场是第一只"看不见的手"和第一种调节经济的机制或力量，政府是一只"看得见的手"和第二种调节经济的机制或力量，那么，伦理便是第二只"看得见的手"和第三种调节经济的机制或力量。在个人、企业、市场、政府乃至全球经济活动中，伦理紧紧地与经济行为掺揉在一起，表现为对公平与效率、义与利、诚与信等不同理解。理论经济学理应纳进"道德"和"至善"等伦理学的概念西方新制度经济学已接受"败德"和"机会主义"的术语。

——借鉴现代美学的方法和知识。美是事物具有的某种形式、结构、属性和法则，是一种能产生某种美感的客观性质。经济活动中存在美与丑

---

① 程恩富：《充分认识哲学对经济行为分析的积极效应》，《中国社会科学》1999 年第 2 期，《新华文摘》1999 年第 7 期。

的现象，也有股市这类"野兽之美"的状态。"经济美"可归属为与自然美相并列的社会美范畴，是指人类经济活动中具有制度公正、运行有序和发展和谐等属性。"经济学美"是指经济学理论体系形式上的完整和谐与该理论所揭示的内容上的完整和谐。应当用中外美学的某些思想来提高理论经济学的科学抽象度和学术品位。

——借鉴现代心理学的方法和知识。要改造西方经济学使用的"心理预期"、"心理偏好"和"主观效用"等范畴，吸收消费心理学、管理心理学和商业心理学基本理论层面的东西，并以现代心理学和社会心理学的知识去拓展理论经济学。

——借鉴现代数学的方法和知识。不仅作为理论经济学重要内容的实证经济研究需要借助于各种数学方法，而且规范经济研究也需要采用数学工具。博弈论可以论证微观经济、宏观经济和宇观经济（全球经济）的许多理论问题，包括用以阐释作为社会主义市场经济一种微观组织模式的"豫南一枝花"（亦有人贬之为经济怪物），即南街村[①]。

——借鉴现代生物学的方法和知识。人类是生物进化的产物，其经济活动和演化过程仍有与生物相似的一面，呈现为一定的仿生性。按照恩格斯的提示，在废除私有制和市场竞争制度之前，人类没有最终脱离动物界。凭借现代生物学和社会生物学的方法和理论，理论经济学可以充分发掘"利己人"、"利他人"、"利益人"、"自由人"、"市场人"和"计划人"等经济行为特征，从而更深刻地揭示社会主义市场经济的运行机制和演进规律。

——借鉴系统论、信息论和场态论之类的方法和知识。依据系统优于非系统的特性，将经济对象和经济行为作系统化分析；依据层次系统优于非层次系统的特性，将经济系统作层次化分析；依据开放系统优于封闭系统的特性，将经济系统作开放状态分析。不确定性、风险、信息的对称与不对称等信息学观点，"场"等物理学观点和"社会场"的观点，均对经济改革与经济发展的理论层面考察具有方法论的价值。

---

① 邓英淘、崔之元：《南街村》，当代中国出版社 1996 年版。

现代马克思主义政治经济学
的四大理论假设*

　　过去，人们为了强调马克思主义经济学的真理性和现实性，往往偏好使用"普遍原理"或"基本原理"来指谓马克思的某些经济思想，而不愿把这些思想同时也视为一种"理论假设"。似乎理论假设都是脱离实际或无意义的空想和幻想，把马克思的某些经济思想视为理论假设就贬低了马克思主义经济学原理的重要性。实际上，采用"理论假设"及其逻辑叙述方法更有利于同现代西方主流经济学对话或论战。严格说来，理论假设同原理或公理是有区别的，但也是可以转化的。在某一经济学理论假设算不算作公理的问题上，渗透着研究主体不同的价值判断和对实证资料的不同理解。基于不同的方法和立场，即使马克思主义者依据坚实的实证史料和科学的逻辑证据，资产阶级经济学家也不一定承认马克思主义经济学的一些基本理论是正确的，但会确认其为理论假设，这将有益于论争的简化和深化。此外，马克思主义经济学中某些被资本主义或前资本主义经济实践证明是正确的理论，以及属于对向社会主义过渡或社会主义的理论分析，均须在当代中外经济实践中继续进行检验和展开，并使其逻辑体系不断完善。从这个意义上说，那些被认为是某种原理、公理或预见的思想，不妨也可称之为理论假设。

　　如同现代西方经济学把"生产三要素创造价值论"、"完全自私经济人论"、"资源有限与需要无限论"、"公平与效率高低反向变动论"等视为

---

* 原载《中国社会科学》2007 年第 1 期。

理论假设一样，现代马克思主义政治经济学的理论创新也有必要把"新的活劳动创造价值论"、"利己和利他经济人论"、"资源和需要双约束论"、"公平与效率互促同向变动论"等视为理论假设。本文拟详略不同地阐述现代马克思主义政治经济学的这四个理论假设。

一、新的活劳动创造价值假设

（一）"新的活劳动创造价值假设"的要义

依据已有的商品经济、市场经济实践和马克思关于活劳动创造为市场交换而生产的商品价值，以及纯粹为商品价值形态转换服务的流通活动不创造价值的科学精神，可以推断，凡是直接为市场交换而生产物质商品和精神商品以及直接为劳动力商品的生产和再生产服务的劳动，其中包括自然人和法人实体的内部管理劳动和科技劳动，都属于创造价值的劳动或生产劳动。这一"新的活劳动创造价值假设"，不仅没有否定马克思关于"活劳动创造价值假设"的核心思想和方法，而且恰恰是遵循了马克思研究物质生产领域价值创造的思路，并把它扩展到一切社会经济部门后所形成的必然结论。具体说来：

第一，生产物质商品的劳动是创造价值的生产性劳动。如为市场提供物质商品的农业、工业、建筑业、物质技术业等领域中的生产性劳动。这是马克思早已阐明的。

第二，通过交通从事有形和无形商品场所变更的劳动是创造价值的生产性劳动。如为市场提供货物和人员空间位移的运输劳动，提供书信、消息、电报、电话等各种信息传递的邮电劳动。场所变更或信息传递就是广义交通劳动产生的效用，它们是可以发生在流通领域内的特殊生产性部门。这也是马克思基本阐明的观点。

第三，生产有形和无形精神商品的劳动是创造价值的生产性劳动。如为市场提供精神商品的教育、社会科学、自然科学、文化技术、文学艺术、广播影视、新闻出版、图书馆、博物馆等领域中的生产性劳动，其中包括讲课、表演等无形商品或服务劳动。应当突破价值创造仅限于物质劳动的理念，确认生产有形和无形精神商品的劳动同样创造价值。①

第四，从事劳动力商品生产的服务劳动是创造价值的生产性劳动。直接涉及劳动力这一特殊商品的生产和再生产的部门，除了包括上述有关人们生活的生产性部门以外，还包括医疗、卫生、体育、保健等。②

第五，生产性企业私营业主的经营管理活动是创造价值的。中外传统的政治经济学承认，在公有制企业内，厂长经理从事生产性管理活动是创造商品价值的生产劳动，而对于资本主义私营企业内，从事生产性经营管理的活动能不能创造价值的问题，则持完全否定或回避的态度。这在分析逻辑上就形成一种难以自圆其说的矛盾：本来属于创造价值的生产性管理活动，一旦与该企业的财产私有权相结合，便完全丧失了其创造价值的生产劳动属性。其实，倘若生产性私营企业的主要投资者或所有者，同时又是该企业的实际经营管理者，那么这种管理活动具有两重性：一是从社会劳动协作的必要管理中产生的劳动职能，客观上会创造商品的新价值；二是从财产所有权获利的必要管理中产生的剥削职能，客观上又会无偿占有他人的剩余劳动。在现实经济生活中，这两种职能交织在一起，并由一个人来承担，并不妨碍在科学分析进程中加以定性区别。③

第六，劳动生产率变化，可能引起劳动复杂程度和社会必要劳动量的变化，从而引起商品价值量的变化。马克思在阐述商品价值量与劳动生产率变化规律时舍掉了劳动的主观条件对劳动生产率的影响作用，而认定劳动的客观条件和自然条件变动引起的劳动生产率提高只引起使用价值量变动，不会影响价值总量，所以就得出了商品价值量与劳动生产率反向变化规律。但是，就一般意义而言，引起劳动生产率变化的重要因素是科技的进步，而它会引致劳动复杂程度、熟练程度和强度的提高，进而增大商品的价值量，并由此增大社会价值总量。①如果劳动生产率变动是由劳动的

---

① 程恩富《倡导"新的活劳动价值一元论"》，《光明日报》2001 年 7 月 17 日。

② 程恩富《新的活劳动价值一元论》，《当代经济研究》2001 年第 11 期。

③ 这是马克思没否认而未强调的论断，参见程恩富《生产性管理活动都是创造价值的生产劳动》，《社会科学》1995 年第 7 期；《经济管理活动创造价值吗》，《人民日报》2000 年 12 月 14 日。

客观条件变动而引起的，劳动的主观条件没有发生变化，那么劳动生产率与价值量是反向变动关系，这种情况在一定条件下和一定时期是存在的。②如果劳动生产率变动是由劳动的主观条件变动引起的，劳动客观条件没有变动，那么劳动生产率与价值量变动是正向变动。③如果劳动生产率变动是由劳动的主观和客观条件共同变动引起的，劳动生产率与价值量变动方向不确定，可能是正方向变动，也可能是反方向变动，也可能不变。④由于劳动的复杂程度、熟练程度和强度的提高而引起的劳动生产率的提高是主要的，因而长期来看商品的价值总量和社会价值总量会具有一种向上变动的趋势，而不是不变。我们对马克思的商品价值量与劳动生产率的规律作了如上的界定和新理解，就可以科学地说明科技劳动和管理劳动等在价值创造中的作用与事实。①

（二）与新假设密不可分的"全要素财富说"和"按贡分配形质说"

与上述"新的活劳动创造价值假设"密切相关的是"全要素财富说"和"按贡分配形质说"。必须指出，活劳动是价值的唯一源泉，但就劳动过程而言，显然仅有活劳动是远远不够的。人们还必须拥有除劳动之外的其他生产要素才能进行现实的生产和服务活动，提供能满足人们各种需要的使用价值或效用。其中，包括土地、资本、技术、信息，以及自然资源和生态环境等。因而，财富、效用或使用价值的源泉是多元的，是所有或全部相关生产要素直接创造和构成的。同一些论著随意批评马克思经济学忽视财富及其生产要素的观点相反，马克思是一贯高度重视财富及其各种生产要素作用的。

十分明显，这里的"全要素财富说"与"活劳动价值说"不仅不矛盾，而且是相辅相成的，共同构成了关于创造商品和财富的完整理论。前者说明的是作为具体劳动过程的生产要素与社会财富（商品使用价值或效用）之间的关系，其目的主要是揭示在创造使用价值的具体劳动过程中人与物之间的关系和物与物之间的关系。在这个层面上，财富的源泉必然是

---

① 需要突破马克思关于劳动生产率提高而价值量不变的假设与论断，确立科技等劳动的复杂性和熟练性的提高所导致的劳动生产率，一般会增大商品价值量这一新观点。详见马艳、程恩富《马克思"商品价值量与劳动生产率变动规律"新探》，《财经研究》2002 年第 10 期。

多元的。后者说明的是作为抽象劳动的活劳动与商品价值之间的关系，其目的主要是揭示在特定的社会生产方式下新价值创造过程中人与人之间的关系。在这个层面上，价值的源泉又必然是一元的。

同时，二者的内在联系又表明：作为劳动主体的活劳动，既是价值的源泉，也是财富的源泉；作为劳动客体的有形或无形生产资料，既是财富的源泉，也是价值创造的必要经济条件或基础。但是，要素价值论者声称财富的源泉就是商品价值的源泉，既然劳动不是财富的唯一源泉，那么劳动也不是价值的唯一源泉，其他生产要素的劳动一起共同创造价值。在这里，他们混淆了财富与价值、具体劳动与抽象劳动、不变资本与可变资本、劳动过程与价值创造过程等一系列区别。

最后，还有一个重要问题也必须指出，我国现行的收入分配制度是以按劳分配为主体，多种分配方式并存的制度。把按劳分配与按生产要素分配结合起来，这是社会主义市场经济的一项基本制度。广义上看，按生产要素分配中自然包括按劳动力这一主体性要素分配（在了解了劳动与劳动力的严格区别后，不妨碍我们说劳动是一个独立的生产要素），而市场型按劳分配首先表明的是要视劳动力同其他生产要素一样，可凭借自身的所有权参与分配，其次才表明要根据劳动力的实际有效支出或贡献，即有效劳动的数量和质量，来具体确定可分配的价值量或金额。这不会否定我们经常从狭义上把按劳分配从按生产要素分配中独立出来，并分别加以阐明。

马克思在《资本论》中全面系统地论述了生产要素的多种产权状态与生产成果的多种分配状态及其相互关系[1]，这启发我们可以从国民收入初次分配的角度提炼出"多产权分配说"，即多种产权关系决定了按资和按劳等多种分配方式。无论是资本主义市场经济，还是社会主义市场经济，其多种分配形式都直接取决于生产要素的所有权或产权。[2]

事实上，劳动价值论是一切市场经济的理论基石，所揭示的是市场经

---

[1] 《马克思恩格斯全集》第 25 卷第 51 章，人民出版社 1972 年版。

[2] 所有权与产权在广义上可以相等。详见程恩富《西方产权理论评析》，当代中国出版社 1997 年版，第 74—76 页。

济条件下劳动与商品之间的一般规律以及劳动机制和价值机制，指出价值是由活劳动创造的，生产资料的价值只是被转移到商品价值中，因而使其旧价值得以保存；而马克思所描述的经典社会主义的按劳分配是没有商品货币关系和市场经济的，因而劳动价值论不可能成为马克思设想的社会主义按劳分配的直接依据。不过，在现阶段我国社会主义市场经济的运行中，劳动价值论同市场型按劳分配有了一定的联系，因为分配的是商品出售后的价值，又由企业自主分配并完全货币化。尽管市场化按劳分配的直接依据是生产资料的公有制和劳动力的个人所有制，但从宽泛的意义上说，公有制范围内的工资既是劳动力价值或价格的转化形式，也是市场型按劳分配的实现形式。

进一步说，按生产要素贡献分配的表现形式，是按生产要素所有者在自身创造财富和价值过程中的具体贡献来分配的，而其经济实质则是按生产要素所有者在要素创造财富和活劳动创造价值过程中所贡献或提供的要素数量及其产权关系来分配的。这就是按生产要素贡献分配的形式与实质，用哲学上的形质来表达，可简称为"按贡分配形质说"。

现代西方主流经济学的"生产三要素创造价值假设"把按生产要素贡献分配的形式或表象当作其本质，而现代马克思主义政治经济学理论，既承认按生产要素贡献分配的形式或表象，又揭示了其经济实质，并在形式与本质相统一的基础上理解和新用"按贡献分配"这一术语。这与西方经济学一贯主张按贡献分配的诠释和立场是有本质区别的。

有的论者以为，只要承认"按贡献分配"的用语，就等于承认生产要素所有者都亲自创造或贡献了财富和价值，并据此进行分配。这是有误的论证。其理由在于：当我们使用"按贡献分配"一词时，只是承认在特定的经济制度下，要素所有者拿出了一定数量的土地、资本等非活劳动性质的要素同劳动力相结合，进而由劳动者运用非活劳动生产要素实际创造财富和价值。从产业资本循环的三个阶段来分析，要素所有者只是在实际生产财富和价值之前的购买阶段从"预付"、"拿出"或"提供"的意义上"贡献"了非活劳动生产要素，而所有的财富和价值都是在生产阶段由劳动者运用非活劳动生产要素进行实际创造和生产的，并在生产阶段结束后

（若是商品则在销售阶段后），由购买阶段的各个要素所有者依据"预付"要素的数量及其所有权进行生产成果的分割或分配。可见，是要素本身成为财富的源泉，而不是要素所有者成为财富的源泉；是要素本身对财富的实际构成作出了生产性的贡献，而非要素所有者对财富的实际构成作出了生产性的贡献；从一般劳动过程考察，劳动者运用各种生产要素实际生产或贡献出财富或价值，只与各类生产要素的数量和质量有关，而同要素的所有权状况（私人所有、集体所有、国家所有或公私混合所有）没有直接的关系。

其实，"按贡分配"归根到底可以分解为劳动所得或按劳分配与资本所得或按资分配。当把管理、技术、信息等作为劳动来看待并参与实际分配时，它们属于劳动所得或按劳分配的范畴；当把管理、技术、信息等作为资本来看待并实际参与分配时，它们属于资本所得或按资分配的范畴。例如，科技人员因技术发明而获得收入，属于劳动所得或按劳分配；科技人员再把这项技术发明折合成一定数量的技术股并参与分配，则明显地属于技术资本所得或按资分配。又如，让某个名人在企业挂名并给予一定数量的干股，而他不为该企业从事任何工作，则是将名人的无形资产转化为资本，全部属于资本所得或按资分配。再如，对实际在企业工作的某个管理者或员工实行部分工资加部分干股的总收入分配方式，则其总收入都属于劳动所得或按劳分配。其他生产要素均可作以此类推的分析。

那么，各种要素收益的量的规定是由什么规律和机制进行调节的呢？要素价值论者认为，用边际分析法可准确测定其各自应得的实际贡献额。事实上，各种要素所有者参与分配的量的多少，其依据和分割规律是不同的。工资收入是劳动力价值或价格的货币表现，工资的多少并不影响商品的价值，其实际数量多少取决于全体或部分劳动者的谈判和博弈状态，而不是劳动者的边际贡献。[1] 非劳动的生产要素所有者在竞争规律和平均利润率规律的作用下，等量资本大体获取等量收益，并具体表现为地租、利

---

[1] 以美国工人为例，1992 年工会化雇员得到的平均周工资要比非工会化雇员高 35%，而对所有行业的蓝领工人来说，这个比例达 70%，但没有证据显示工会化的企业劳动生产率要高于非工会化企业。见毛增余主编：《与中国著名经济学家对话——顾海良、王振中、林岗、程恩富》第 5 辑，中国经济出版社 2003 年版。

息和利润等形式。这一趋势性的收益分割规律和机制，并不排除各种垄断、产业地位、交易能力和博弈智慧等主客观因素影响其实际收益数量。

当前，我们要高度重视和发挥劳动、科技、信息、管理、环境和资本等各种生产要素的作用，切实保障一切要素所有者的合法权益，促使国民经济和人民生活又快又好地健康发展。这是由"新的活劳动创造价值假设"，以及与此有关的"全要素财富说"、"多产权分配说"和"按贡分配形质说"必然推出的政策思想。

二、利己和利他经济人假设

西方经济学自英国近代的亚当·斯密、西尼尔和约翰·穆勒以来，一直到当代美国的哈耶克、弗里德曼和布坎南，只把"自私人"即"经济人"作为探究人类经济行为和市场经济的始点、基点和定点，并由此推演出整个经济学体系和经济进化史。即使现今某些新自由主义经济学家对传统"经济人"内涵进行修补，把分析范围扩展到非经济领域，增添机会主义行为描述和信息成本约束，或者把含义扩展界定为可用货币衡量的经济利益与不可用货币衡量的精神利益两个层面，也没有根本摆脱作为"最大化行为"的"自私人"的思维模式。这种"完全自私经济人假设"包含三个基本命题：①经济活动中的人是自私的，即追求自身利益是驱策人的经济行为的根本动机。②经济活动中的人在行为上是理性的，具有完备或较完备的知识和计算能力，能视市场和自身状况而使所追求的个人利益最大化。③只要有良好的制度保证，个人追求自身利益最大化的自由行动会无意而有效地增进社会公共利益。

（一）"完全自私经济人假设"的误点

正如当代法国经济心理学学会创始人阿尔布在批判西方"经济人的神话"时所说的，各门人文科学的进步，尤其是心理学、社会学和社会心理学的进步，使我们不难证明有关"经济人"的这些论点是不够的或不确切的。具体说来，"完全自私经济人假设"或"完全利己经济人假设"的理念存在下列误点：

其一，理念源于功利主义。19 世纪，边沁将大小私有者在经济活动中自发产生的功利标准泛推到伦理领域，把最大限度地追求个人利益的自私精神说成是最大多数人的最大幸福的途径。这是亚当·斯密经济学及其后继者的主要哲学方法。其实，休谟早就批判过类似观念，他写道："自私这个性质被渲染得太过火了，而且有些哲学家们所乐于尽情描写的人类的自私，就像我们在童话和小说中所遇到的任何有关妖怪的记载一样荒诞不经，与自然离得太远了。"①

其二，理念同预设主义相吻合。现代科学哲学的预设主义认为，在科学发展中，存在着某种预设的、超历史的、不变的、不可违背的方法、基本假设、推理原则和"元科学"概念。而"完全自私经济人"理论恰恰强调，不管人在历史上和现实中是不是完全自私的，经济学必须以理性的"自私人"为不变的假设或预设，这是不可违背的分析方法和推理原则。奥地利的经济哲学家米塞斯在《经济学的认识论问题》一书中，就完全排斥经验的方法和历史的方法及实证主义方法，反对新康德主义者文德尔班和李凯尔特关于经济学是说明个别性的历史科学这一观点，而宣称经济学是以原子式个人主义为基础的规律化的先验理论，"先验的理论并不是来自经验"②。显然，这又沿袭了康德先验论的思维方法。

其三，理念的历史唯心论意蕴。"旧经济人"理念视利己心为与生俱来和一成不变的东西，不分历史时点地把"自私人"抽象化、永恒化和绝对化，无视特定的经济关系和经济制度对人的经济行为与经济心理的作用，这就有意无意地陷入了历史唯心主义的泥潭。这连杜威也不赞同，他说："事实上，经济制度与关系乃是人性中最易改变的表现方式。历史便是其变化幅度的活生生的证据。……如果人性是不可改变的，那么就不存在教育这类事情，我们从事教育的全部努力就注定会失败。"③

其四，理念渗透着形而上学的偏见。当代西方私有产权学派代表人物

---

① ［英］休谟：《人性论》下册，商务印书馆 1997 年版，第 527 页。
② ［奥地利］米塞斯：《经济学的认识论问题》，经济科学出版社 2001 年版，第 26 页。
③ ［美］杜威：《新旧个人主义》，《杜威文选》，上海社会科学院出版社 1997 年版，第 125 页。

张五常曾经透彻地表达了西方主流经济学的信念："经济学上最重要的基本假设是：每一个人无论何时何地，都会在局限约束条件下争取他个人最大利益。说得不雅一点，即每个人的行为都是一贯地、永远不变地以自私为出发点……在经济学的范畴内，任何行为都是这样看：捐钱、协助他人、上街行动等，都是以'自私'为出发点。"①略懂唯物辩证法的经济学家和哲学家，大概均不会首肯此类极端片面的、孤立的和静止的理性"自私人"观点。博兰在1997年出版的《批判的经济学方法论》中这样评论："新古典经济学醉心于下述形而上学观点，即：每一位个别决策者都是理性的（至少在个人的行为能用理性的论据加以解释的程度上）。令人遗憾的是，当理性和个人主义联系在一起时，就会产生一种颇为机械的关于决策行为的观点——也就是个人被视为一台机器。"②

其五，理念存有"经济—道德"二元悖论。斯密在《国富论》中只确认经济领域的自私自利行为，而在《道德情操论》中又确认道德领域的人可能有某些同情心和利他行为，这似乎形成一个"经济—道德"二元悖论。难道经济活动过程中没有道德和利他问题？完全和永恒的"自私人"与"道德人"或"利他人"行为如何协调？与西方经济学家一般因谈不清而不敢谈经济行为的道德问题不同，贝克尔撇开这一难题，承认在家庭和亲戚范围内有程度不一的利他行为，即主张"血亲利他主义"。但不管怎样，只要在经验或实践中存在利他行为（含家庭经济活动），完全的"天性利己主义"假说就被证伪了。诚然，"血亲利他主义"也解不开"经济—道德"二元悖论的矛盾死结，因为它只是放宽了家庭这一领域的分析，非家庭的广大领域依然笼罩着"自私人"思维。

其六，理念奉行唯理论的教条。西方主流经济学所说的理性，是指个人谋求自身私利的合理行为，因而"理性人"也就是"自私人"，甚至合称"理性经济人"。在他们的视野里，人若不自私，那就属于非理性。这可称"自私拜物教"，是极端片面和夸大理性作用的观点。经验表明，自

---

① 转引自程恩富：《西方产权理论评析》，当代中国出版社1997年版，第151页。
② ［美］劳伦斯·A. 博兰：《批判的经济学方法论》，经济科学出版社2000年版，第229—230页。

私不等于理性；某些自私行为属于非理性，如因故一时冲动而签订私人经济合同；某些理性行为属于利他，如有些匿名捐款。事实上，弗洛伊德主义及其心理实验也可印证，西蒙的"有限理性"假说比"完全理性"或"充分理性"假说要贴近现实。不过，"有限理性"假说仍是在旧"自私人"理论框架内的改良，没有本质上的创新，因为这一理论改良也无法阐明"抢银行是不是理性的"（博兰的问题），以及"盗窃何害之有"（张五常的主张）等逻辑怪题。

其七，理念崇尚人类低级本能的意识。个人的本能或人类的本能是一切动物所共有的，是由生理决定的。而个人的本性或人类的本性则是由特定的社会环境所决定的。旧"经济人"理论却用个人的低级本能及其经济行为与经济心理替代人的多样化社会本性，形成思维的单一性和呆板性。美国的凯里曾愤怒地指责：穆勒的"政治经济学的对象实际上不是人，而是受最盲目的情绪驱策的想象的动物"，"他们的理论，讨论人性的最低级本能，却把人的最高尚利益看作是纯属干扰其理论体系的东西"，因而亵渎了大写的"人"字[①]。弗洛姆甚至把接纳倾向型、剥削倾向型、贮藏倾向型和市场倾向型的人格归于病态，而只把充分发挥自己的潜力，且不以损人利己来达到自己目的的生产倾向型人格，称作真正健康的人格。即使参照弗洛伊德关于"本我"、"自我"与"超我"的划分，也不能将天生的、原始的、本能的"本我"等同于道德的、高级的、超个人的"超我"，旧"自私人"理念只相当于"本我"层次和根据一般现实原则行事的理性"自我"层次。

其八，理念局限于"店老板"的狭隘思维和人性异化心理。在近代，过分强调个人主义的经济和哲学思想具有反封建和反禁欲的积极效应，但属于资产阶级缺乏学术严谨性的意识之一。德国历史学派的李斯特在抨击斯密"经济人"的人性假设及其理论体系时就尖锐地指出："这个学说是以店老板的观点来考虑一切问题的"，"完全否认了国家和国家利益的存在，一切都要听任个人安排"，"利己性格抬高到一切效力的创造者的地

---

① 杨春学：《经济人与社会秩序分析》，上海三联书店、上海人民出版社1998年版，第175页。

位"。① 该学派认为，客观存在着三种现实人的行为：一是在私人的经济中，一切以个人利益为转移；二是在强制的公有经济中，以社会全体利益为行动准则；三是在以慈善福利为目的的经济中，主要以伦理道德为行动规范。历史学派的这一经济哲学的思维逻辑有着深邃的意义。在马尔库塞和弗洛姆的理念里，人性异化是自有人类社会以来就存在的现象，只是在当代资本主义社会中变得更加突出和严重，并充分表现在生产和消费等各个方面。实际上，"店老板"的心理就是人性异化心理的重要反映，而不管西方"自私人"理论披上多么豪华的数学理性的外衣，都掩饰不了其经济哲学思想的某种阶级和社会的印记。

（二）"利己和利他经济人假设"的基本命题

依据人类实践和问题导向，并受马克思的思想启迪，我认为必须确立一种新"经济人"假说和理论，即"利己和利他经济人假设"（或称"己他双性经济人假设"），其方法论和哲学基础是整体主义、唯物主义和现实主义的。作为创新的现代马克思主义政治经济学基本假设之一，它对应"完全自私经济人假设"，也包含三个基本命题：①经济活动中的人有利己和利他两种倾向或性质。②经济活动中的人具有理性与非理性两种状态。③良好的制度会使经济活动中的人在增进集体利益或社会利益最大化的过程中实现合理的个人利益最大化。

关于第一个命题。作为逐渐脱离动物界和超越动物本能的人类，具有极其丰富的情感和理智，不是单纯地表现为完全的自私性。倘若我们摆脱单向度的思维定式，超出大小私有者的眼光去观察人类经历过的社会，便可明显地看到三种情形的利他主义（他人利益泛指除自己利益以外的个人利益、集体利益、国家利益和人类利益等）：①愿意花费自己的时间、精力和财富，来换取某种即刻可见的他人利益；②愿意花费自己的时间、精力和财富，来换取某种未来的他人利益；③愿意花费自己的时间、精力和财富，来换取某种实际无效的他人利益，即愿为他人利益而不讲究实际效果。除了后一种属于特殊和个别的利他行为之外，前两种利他行为既存在

---

① 程恩富：《西方产权理论评析》，当代中国出版社 1997 年版，第 158 页。

于单位、家庭和社会等各个范围，也存在于经济、军事、文化和政治等各个领域。可见，利己与利他是"经济人"（经济主体）可能具有的两种行为特性和行为倾向。

至于社会上利己和利他哪种行为特征突出或占主导地位，那就取决于社会制度和各种环境。因为人的利己与利他是一种社会网络中的互动行为，具有互促性的内在机理，总是与特定的社会整体大环境和群体小环境相关联。摩尔根在潜心探究古代印第安人的原始经济生活后描绘道："在很大程度上生活中的共产制是印第安部落的生活条件的必然结果……在他们心里还没有产生任何可见程度的个人积蓄的欲望"；"这些风俗习惯展示了他们的生活方式，并且揭示出他们的生活状况与文明社会的生活状况之间，以及没有个体特性的印第安家庭与文明社会高度个性化的家庭之间的巨大差异。"① 毋庸置疑，是以后数千年的多种私有制支配了人类社会，才促使私有经济的活动主体逐渐驱散了利他心态，甚至见利忘义，惟利是图，损人利己。

必须指出，把一切利他行为均视为利己行为，是不合情理的。西方旧"经济人"理论的解释者认为，和尚救济穷人，雷锋助人为乐，抗洪牺牲者，反法西斯冲锋陷阵者等，都是自私的，因为当你觉得助人为乐和牺牲光荣时，已经满足了个人的心理需求和主观欲望。这种用主观欲望的满足来界定自私行为的唯心论方法，混淆了利己与利他的客观行为界限，也混淆了真善美与假恶丑的客观行为界限。我们不能不切实际地要求人们产生"助人为悲"、"牺牲可耻"的心理感觉之后，才算其为利他。事实上，利己与利他、主观与客观之间的典型组合有四种：主观利己，客观利己；主观利他，客观利他；主观利己，客观利他；主观利他，客观利己。自然，其中舍去了利己的同时也可能利他、利他的同时也可能利己等复杂因素。

关于第二个命题。与一般自然界的动物相比，人是有理性的动物。人的正常行为是从一定的理性出发，并反映人们对于个人与他人、与社会、与自然的相互关系的思考，决定着行为的形式和内容。广义地说，理性具

① ［美］摩尔根：《印第安人的房屋建筑与家庭生活》，文物出版社 1992 年版，第 86、第 99 页。

有纯洁与肮脏、合理与荒唐、正义与邪恶、完善与欠缺、不变与可变、单一与多样、简单与复杂等特性。著名基督教哲学家尼布尔正是在宽泛的意义上声称，理性归根结底是一种工具，既能服务于善，也能服务于恶。不过，狭义地说，理性是指认识的纯洁、合理、正义和完善，是认识能力强和认识的高级阶段，而认识的不纯洁甚至肮脏、不合理甚至荒唐、不正义甚至邪恶以及不完善甚至欠缺，便相对地算作非理性。这就是为何有很多哲学家和经济学家歌颂真正理性的原由。可见，理性与非理性一般呈现出相对性、程度性和历史性。难怪马克思说："人类理性最不纯洁，因为它只具有不完备的见解，每走一步都要遇到新的待解决的任务"。①

从狭义角度分析，经济活动中的人具有理性与非理性两种状态。循着上述确立的新观点，就可以合乎逻辑地解答中外学术界争论不休的难题。例如，抢银行是不是理性的？盗窃是不是理性的？卖淫是不是理性的（波斯纳曾分析过）？造假货是不是理性的？从新"经济人"的理论来辨析，此类涉及经济的活动均属非理性，尽管他们在行动前一般经过"构成其行为动机的目的"和"限制其达到目标的约束条件"等"理性"的思考（西方旧"经济人"理论所强调的）。其实，西蒙以企业家只能寻求"满意的利润"和"足够好"为例，来用"有限理性"否定"最大化的理性"，是难以驳倒旧"经济人"理性的，因为谁又会主张"无限理性"和百分之百的"完全理性"呢？理性上追究约束条件下的最大化，不等于实际经济生活中能实现，但无法因此而否定"最大化的理性"。况且，在约束条件下寻求"满意的利润"和"足够好"，实质上就是理性所寻求的利益相对最大化。

关于第三个命题。在私有经济范围内，个人追求自身利益最大化的自由行动会无意而正负效应程度不同地增减社会公共利益，并非如旧"经济人"理论所说的，只要有良好的制度保证，个人追求自身利益最大化的自由行动肯定会无意而有效地增进社会公共利益。这是因为：根本经济制度与具体经济制度（确切地说是具体经济体制）有紧密的关联，私有

---

① 《马克思恩格斯全集》第 4 卷，人民出版社 1958 年版，第 151 页。

制必然从根本上限制良好经济制度或体制的建立和健全；个人一味地优先追求自身利益最大化，经常会同各类群体利益和社会利益发生矛盾与冲突，个人利益的总和不一定等于群体利益或社会利益的总和与潜在的最大化。

从理论上分析，在社会公有经济范围内，良好的制度会使经济活动中的人在增进集体利益和社会利益最大化的过程中实现合理的个人利益最大化。这是因为：在良好的制度下，公有经济的基点是为集体或社会谋利益，作为在其中活动的个人及其理性首先要服从集体理性或社会理性，即首先寻求集体利益最大化（类似戴维·米勒等所说的"社群"，但这里不谈社会理性与集体理性的矛盾）或社会利益最大化，否则，就会因个人主义而受到利益制约和利益损失；在良好的制度下，已经取得相对最大化的集体利益或社会利益，必然较公平地分配给每个人（如按劳分配等），从而最终实现个人利益的最大化。

现在，直观的流行思维可能会以某些公有企业不景气为理由来非议上述理念，这肯定不能成立。诚然，以上理论探析尽管已有文献作出过详细地逻辑证明，但公有制能否实际达到高绩效，须以高水平管理的操作为前提。迄今为止的公有制实践，已经部分地有力证实了新"经济人"理论。哲学上的证伪主义有些绝对化。理论不是不能被证实，而是可能一直被不断地或间歇地部分证实。所谓实践是检验真理的标准，也并非单指某一时点上的具体经验或实践。

最后应当指出，近有新的论文一方面辩解说假定人自私，绝非倡导人们自私；另一方面又赞同"人为财死，鸟为食亡"的"完全利己经济人假设"，并只承认人的自私可以导致社会协作与公共福利的增加。[1] 其实，西方已有日渐增多的文献探讨利他经济人假设和理论模型，利他经济人假设对制度安排、诚信建设和荣辱观教育等都具有积极的作用，更可以导致社会协作与公共福利的增加。

---

[1]　王东京：《澄清经济学的三大问题》，《中国改革》2006年第9期。

三、资源和需要双约束假设

有些论著认为,马克思主义经济学研究的是生产关系,而西方经济学研究的是社会稀缺资源的配置。显而易见,这种一般性的对象表述已经常被人误解。其实,前者并非不研究社会资源的配置,后者也并非完全不研究各种利益集团和阶级的关系,西方整个近代政治经济学、新旧制度主义和当代新制度经济学都突出了此项研究。现代马克思主义政治经济学和现代西方主流经济学的区别不在于要不要研究资源配置,而在于怎样研究资源配置,即以何种方法论来研究资源配置问题。

具体说来,现代马克思主义政治经济学所研究的资源配置与现代西方主流经济学有重要区别。首先,前者认为经济学是一门社会科学,它研究的起点与终点都是人,认为社会生产和再生产,不仅是物质资料的生产和再生产过程,而且是特定经济关系和经济制度的生产和再生产过程;认为社会资源的配置,不仅包含计划或市场的配置方式,而且是公有或私有的配置方式。后者所研究的资源配置,是将资本主义生产关系作为研究的假设前提或无摩擦的和谐物,而重点研究人与物的关系或人与人的表象关系(科斯、诺思等新制度经济学也反对主流经济学狭窄的研究对象和思路,事实上是"复活"了马克思和古典经济学的分析视角①)。其次,前者始终站在历史的高度上,认为资源配置和经济运行的方式是不断发展和变化的,并不是一个与社会制度无关的自然现象,在不同的经济关系下具有独特的社会经济内容和经济运动形式。后者显然缺乏这种历史高度和辩证思维。②

作为上述经济思维的具体表现,现代西方主流经济学的重要假定或假设之一是资源有限与需要(欲望)无限。从辩证思维和假定的一致性或对

---

① 详见[英]科斯:《论生产的制度结构》,上海三联书店1994年版;[英]诺思《制度、制度变迁与经济绩效》,上海三联书店1994年版。

② 周肇光:《关于资源有限与需要无限假设的理性分析》,《经济问题》2004年第2期。

称性来分析，尽管西方经济学对资源与需要相互关系的描述有一定的道理，但仍然存在着明显的逻辑缺陷。这表现在：

其一，从假定对称层面看，当假定资源有限时，暗含着以一定的时间和条件为前提，而假定需要无限时，并没有以一定的时间和条件为前提。把两个前提不一致或不对称的经济事物和概念放在一起加以对比或撮合成一对经济基本矛盾，显然过于简单化和绝对化，缺乏完整的逻辑性和辩证性。西方学者实际上是用"稀缺"来定义"资源"的，不稀缺的就不算作资源，资源一词已内含着稀缺性，因而再说资源是稀缺的，无异于同义反复。

其二，从资源利用层面看，各类资源在一定条件下是有限的，但从某种意义上看又是无限的，因为包含资源在内的整个宇宙本身是无限的，科技发展、物质变换和循环经济也是无限的。我们不能撇开地球自然资源与宇宙物质世界之间的必然联系，把资源局限在宇宙中物质形态的一小部分即地球资源，而忽视宇宙资源和物质的广泛性、无限性和可循环性。依据这个假设，现代西方主流经济学似乎过分强调人类的生产、分配和交换源于资源的"稀缺性"，而不强调源于生活需要。其实，即使相对于若干需要的某些可用资源已经处于充足和丰裕境地，人与人之间也要结成一定的生产关系，并在某些可用资源总量充足的条件下从事"丰裕性"的生产和消费的结构性选择，因为还有需要主体的非可用资源总量因素的各类选择。如某些人拥有的货币可掌控"丰裕性"的生产资源，但基于不同的偏好或目标函数，仍需进行生产选择；某些人拥有的货币可掌控"丰裕性"的饮食或穿戴资源，但基于生理、偏好和健康等因素仍需进行消费选择。

其三，从需要满足层面看，需要在一定条件下也是有限的，而且在市场经济中能实现的需要，还是专指有货币支付能力的需要即需求，并非指人们脱离现实生产力水平和货币状况的空想性需要。人类不断增长的合理需要本身也是受到一定约束或限制的。西方理论没有明确区分需要的种类及其约束条件，笼统地说需要始终处于无限状态，是不合情理的。

因此，批判地改造西方主流学者的上述理论假设的必然结果，就是创新的现代马克思主义政治经济学提出的"资源和需要双约束假设"，即假设在一定时期内资源和需要都是有约束的，因而多种资源与多种需要可以形成各种选择或替代组合，进而在一定的双约束条件下实现资源的高效配置和需要的极大满足。这样的理论假设反映现实全面，论证逻辑严密。与300年来的西方经济学不同，现代马克思主义政治经济学清晰地将需要分为三类：一是脱离现有经济条件的无约束欲望或需要；二是符合现有经济条件的合理欲望或需要；三是具有货币支付能力的需要即需求。后两类需要是经济学科要研究的主要任务之一。其缘由是在一定时期内，可利用的资源不能完全满足人们不断增长的合理需要，供给与需求的总量和各类结构也会经常失衡，这就要善于作出各种资源与各种需要在某种条件下不同的选择性组合，使资源相对得到最佳配置，需要相对得到最大满足。

"资源和需要双约束假设"的内在要求之一，是通过科技和管理的改进等途径来实现各种资源的高效利用和最佳配置。资源的破坏性开发、环境的不友好利用、物品的过度包装、不可再生资源的滥用、循环经济的轻视、物种的人为毁灭、生态的战争性损害、人力资源的浪费等，均不合乎自然规律、经济规律和该理论假设的客观要求。

"资源和需要双约束假设"的内在要求之二，是通过有效需求和合理需要的总量和结构的科学调节等途径来实现各种需求的最大满足。人们的有货币支付能力的需要（需求）与现有生产力水平基础上所能达到的正常合理需要有差异。人们有效需求的满足程度，在价格一定的条件下取决于其支付能力。可见，关键在于调节社会总供给与总需求及其多种结构的均衡关系。

"资源和需要双约束假设"的内在要求之三，是通过资源的高效利用和最佳配置来不断满足日益增长的社会有效需求和合理需要。与私有制主体型的资本主义市场经济体制不同，倘若公有制主体型的社会主义市场经济体制操作得法，市场的基础性调节和国家的主导性调节互补地有效结合，便可更好地以最小的社会成本获取最大的社会收益，进而实现资源利用的极优化需要满足的极大化。

简言之，在现代马克思主义政治经济学的视域中，资源的有限性与无限性、稀缺性与丰裕性、基于深思熟虑的选择性与任意随机的无选择性，均呈现复杂的辩证关系。变革中的现代政治经济学须解析资源的稀缺与丰裕、需要的限制与满足、机会成本的确定与选择、效益的结构与提高、节约的实质与途径、环境的利用与保护等的一般含义和社会约束条件，更加科学地给出理论抽象和政策意义。

四、公平与效率互促同向变动假设

（一）经济公平、经济效率的理论与现实

经济学意义上的公平，是指有关经济活动的制度、权利、机会和结果等方面的平等和合理。经济公平具有客观性、历史性和相对性。把经济公平纯粹视为心理现象，否认其客观属性和客观标准，是唯心主义分析方法的思维表现；把经济公平视为一般的永恒范畴，否认在不同的经济制度和历史发展阶段有特定的内涵，是历史唯心论分析方法的思维表现；把经济公平视为无需前提的绝对概念，否认公平与否的辩证关系和转化条件，是形而上学分析方法的思维表现。

公平或平等不等于收入均等或收入平均。经济公平的内涵大大超过收入平均的概念。从经济活动的结果来界定的收入分配是否公平，只是经济公平的涵义之一。结果公平至少也有财富分配和收入分配两个观察角度，财富分配的角度更为重要。况且，收入分配平均与收入分配公平属于不同层面的问题，不应混淆。检视包括阿瑟·奥肯和勒纳在内的国际学术界流行思潮，把经济公平和结果平等视为收入均等化或收入平均化，是明显含有严重逻辑错误的，并容易路径依赖地进一步生成"公平与效率高低反向变动假设"或"效率优先假设"的思想谬误。

美国等资本主义国家存在着严重的不公平。据美国联邦储备委员会和国内税务局发表的联合调查报告披露，1989年全国家庭净资产共计1511万亿美元，包括住宅、其他不动产、股票、债券、汽车和银行存款等，其分配比例是：1%的最富家庭占37%，另外9%的富有家庭占31%，其余90%的家庭仅占32%。布鲁金斯研究所经济学家柏特里斯的研究发现，

1995 年美国最富有的 5% 的人收入是最贫困的 5% 的 25 倍，而 1969 年的差距为 1117 倍。21 世纪初美国财富和收入分配结构没有大的比例变化。① 可见，尽管西方私有制主体型国家居民的生活水平渐渐增长，但社会财富占有和收入分配上的贫富两极始终存在，其数百年繁多的分化演变和高低起伏，并没有根本消除贫富两极对立的现象。所谓"中产阶级"不断壮大的说法，只不过增添了分析的层次性和丰富性而已。

倘若囿于西方主流经济理论关于机会平等和结果平等的肤浅之说，那便认识不到即使在号称机会最平等的美国，由于财产占有反差巨大、市场机制经常失灵、接受教育环境不同、生活质量高低悬殊、种族性别多方歧视等缘故，因而人们进入市场之前和参与市场竞争的过程中，机会和权利也存有许许多多的不平等性。萨缪尔森在分析贫穷的原因时也承认："收入的差别最主要是由拥有财富的多寡造成的……和财产差别相比，工资和个人能力的差别是微不足道的……这种阶级差别也还没有消失：今天，较低层的或工人阶层的父母常常无法负担把他们的子女送进商学院或医学院所需要的费用——这些子女就被排除在整个高薪职业之外。"② 所以，资本主义的不公平，主要表现在私有财产制和按资分配及其派生现象上。与此相异，传统社会主义的不公平，主要表现在体制僵化和平均主义分配及其派生现象上。至于由生产技术原因直接导致的某些经济不公平现象，在比较两种制度的公平与否时应暂时舍弃。

人类的任何活动都有效率问题。经济学意义上的效率，是指经济资源的配置和产出状态。对于一个企业或社会来说，最高效率意味着资源处于最优配置状态，从而使特定范围内的需要得到最大满足或福利得到最大增进或财富得到最大增加。经济效率涉及生产、分配、交换和消费各个领域，涉及经济力和经济关系各个方面，它不仅仅属于生产力的范畴。

即使在传统体制和国际环境有利于私有制大国的条件下，中苏两国的发展业绩和效率也超过了绝大多数西方国家。1953—1978 年，我国国民

---

① 倪力亚：《当代资本主义国家的社会阶级结构》（福建人民出版社，1993 年）以及《经济日报》1995 年 5 月 11 日、12 月 27 日。

② ［美］萨缪尔森、诺德豪斯：《经济学》，中国发展出版社 1992 年版，第 1252—1253 页。

生产总值年均增长 611%，与资本主义国家中增长最快的日本在二战后至今的年均增长率相同，远远超过资本主义市场经济国家的平均增长速度；我国的综合国力，1949 年排名世界第 13 位，1962 年列第 10 位，1988 年进入世界第 6 位。到 20 世纪 80 年代末，苏联的综合国力大大超过德国、法国、英国和日本等发达或不发达的私有制国家，成为与美国日益接近的世界第二号强国。难怪美国费希尔和唐布什合著的《经济学》教科书也确认公有制国家的较高效率："计划体制运行得如何？在第二次世界大战后的大部分时期内，苏联的增长虽然没有日本快，但比美国快。"[1] 可见，那种认为资本主义国家均属高效率、社会主义国家均属低效率的论点，与本世纪各国经济发展的实证分析结论和科学精神格格不入。还是美国凯斯和费尔在 90 年代初颇为流行的经济学教科书中阐述得较为客观："关于私有制和竞争市场是有效率的结论在很大程度上基于一系列非常严格的假设……但就效率而言，主流派经济理论也并没有得出自由放任的资本主义是完全成功的结论。"[2] 科学社会主义性质和类型的市场取向的改革目的，就是要进入高效率的最佳状态。法律意义上的社会主义资产公有制，只是为微观和宏观经济的高效率以及比私有制更多的机会均等开辟了客观可能性，而要将这种可能性变为现实，须以科学的经济体制与经济机制为中介。效率是实行公有制和体制改革的基本动因。中国现代马克思主义者研究过多种产权制度及其效率，其旨在赶超一切私有制国家效率而实行"市场社会主义"的理念（非英国工党等社会党所宣扬的资产阶级中左翼的私有主体型"市场社会主义"），是建立在大量可靠的经验比较基础之上的，代表着人类不断向前的先进思想。

（二）公平与效率的内在关联

经济公平与经济效率是人类经济生活中的一对基本矛盾，也是经济学论争的主题。人们之所以把这一矛盾的难题解析称作经济学说史上的"哥德巴赫猜想"，其缘由在于：社会经济资源的配置效率是人类经济活动追

---

① ［英］费希尔、唐布什：《经济学》下册，中国财政经济出版社 1989 年版，第 586 页。
② ［美］凯斯、费尔：《经济学原理》下册，中国人民大学出版社 1994 年版，第 693—695 页。

求的目标，而经济主体在社会生产中的起点、机会、过程和结果的公平，也是人类经济活动追求的目标。这两大目标之间的内在关联和制度安排，就成为各派经济学解答不尽的两难选择。

收入和财富的差距并不都是效率提高的结果，其刺激效应达到一定程度后便具有递减的趋势，甚至出现负面的效应。例如，世界各国普遍存在的"地下经济"、"寻租"活动、权钱交易等形成的巨大黑色收入和灰色收入，与效率的提高没有内在联系，有时反而是资源配置效率下降和损失的结果。再如，一部分高收入者的工作效率已达顶点，继续加大分配差距不会增高效率；也有一部分低收入者已不可能改变内外条件来增加收入，进而导致沮丧心态的产生和效率的降低。换句话说，人们接受高收入刺激的效率有着生理和社会限制，不会轻易进行没有新增收益的效率改进活动，全社会或某一行业（如我国目前调控不力的国有金融行业）过大的收入和财富差距，必然损失社会总效率。

高效率是无法脱离以合理的公有制经济体制为基础的公平分配的。从现实可能性来观察，可将所有制、体制、公平和效率这四个相关因素的结合链分归四类：公有制→体制优越→最公平→高效率（效率Ⅰ）；私有制→体制较优→不公平→中效率（效率Ⅱ）；公有制→体制次优→较公平→次中效率（效率Ⅲ）；私有制→体制较劣→不公平→低效率（效率Ⅳ）。在制度成本最低和相对最公平的状态中实现高效率，是坚持和完善社会主义市场经济体制改革方向的目标。

与"公平与效率高低反向变动假设"或"效率优先假设"的涵义截然不同，"公平与效率互促同向变动假设"表述的是，经济公平与经济效率具有正反同向变动的交促互补关系，即经济活动的制度、权利、机会和结果等方面越是公平，效率就越高；相反，越不公平，效率就越低。当代公平与效率最优结合的载体之一是市场型按劳分配。按劳分配显示的经济公平，具体表现为含有差别性的劳动的平等和产品分配的平等。这种在起点、机会、过程和结果方面既有差别，又是平等的分配制度，相对于按资分配，客观上是最公平的，也不存在公平与效率哪个优先的问题。尽管我国法律允许按资分配这种不公平因素及其制度的局部存在，但并不意味着其经济性质就是没有无偿占有他人劳动的公平分配。可见，按劳分配式的经济公平具有客观性、阶级性和相对性。同时，只要不把这种公平曲解为收入和财富上的"平均"或"均等"，通过有效的市场竞争和国家政策调节，按劳分配不论从微观或宏观角度来看，都必然直接和间接地促进效率达到极大化。这是因为，市场竞争所形成的按劳取酬的合理收入差距，已经能最大限度地发挥人的潜力，使劳动资源在社会规模上得到优化配置。国内外日趋增多的正反实例也表明，公平与效率具有正相关联系，二者呈此长彼长、此消彼消的正反同向变动的交促关系和互补性。在初级阶段的社会主义分配制度上，以按劳分配为主体，按资分配为补充或辅体；在高度重视效率的同时更加注重社会公平，建立和完善公平与效率的和谐互动机制；当前特别要强调收入和财富分配上的"提低、扩中、控高、打非"。这些基于"公平与效率互促同向变动假设"的论断和政策具有一般意义和科学性。

市场型按劳分配为主体的分配格局可以实现共同富裕和经济和谐。与计划经济相比，在市场经济条件下，等量劳动要求获得等量报酬这一按劳分配的基本内涵未变，所改变的只是实现按劳分配的形式和途径。详细地说：一是按劳分配市场化，即由劳动力市场形成的劳动力价格的转化形式——工资，是劳动者与企业在市场上通过双向选择签订劳动合同的基础，因而是实现按劳分配的前提条件和方式；二是按劳分配企业化，即等量劳动得到等量报酬的原则只能在一个公有企业的范围内实现，不同企业的劳动者消耗同量劳动，其报酬不一定相等。也就是说，按劳分配的平等与商品交换的平等结合后，市场竞争会影响按劳分配实现的方式和程度，但若不与私有化相结合，其本身无法带来社会两极分化，妨碍构建社会主义共同富裕与和谐的社会。实际上，现阶段的共同富裕是脱离不了按劳分配这一主体的。倘若我国不重蹈为某些资本主义国家所走过、又为美国库兹涅茨所描述的"倒 U 型假说"之路径，那么就能通过逐步健全一种公平与效率兼得的良性循环机制，来推进全社会的共同富裕和经济和谐。

论推进中国经济学现代化的学术原则[*]

——主析"马学"、"西学"与"国学"之关系

一、问题的提出

1994 年初，笔者在《21 世纪：重建中国经济学》①一文中曾对中国经济学的发展阶段和前景作了总体判断，引起连锁反响。关于"中国经济学向何处去"②，一直是经济理论界的热门话题。后来，这个话题又由一些学者以如何推进中国经济学的"国际化"、如何推进"现代经济学的本土化"等形式提了出来。③ 在上述问题引导下，目前理论界流行诸如"西方经济学本土化"、"西方经济学中国化"、"中国经济学必须西方化或国际化"、"经济学要与国际接轨"、"西方经济学是现代经济学和建设经济学、马克思经济学是批判经济学或破坏经济学"、"西方经济学是发展市场经济的科学基础"、"政治经济学是意识形态而非学术"、"马克思主义经济学被西方经济学取代是改革方向"、"中国经济学的国际化只有先从组织上让非马克思主义的'海归'执掌院校"之类的解答。这是值得商榷的。

从科学创新的角度来看，提出问题是先导，但是，问题本身必须反映

---

* 原载《马克思主义研究》2009 年第 4 期。本文第二作者为何干强。

① 参见程恩富：《21 世纪：重建中国经济学》，《社会科学报》1994 年 4 月 7 日。

② 参见于光远、董辅礽：《中国经济学向何处去》，经济科学出版社 1997 年版。

③ 例如，《光明日报》2007 年 9 月 4 日的"理论周刊"版，发表了洪永深的《中国经济学教育与研究必须国际化》、黄少安的《走国际化与本土化结合的路》等文章。

客观事实的内在矛盾和发展要求。从思维主体对客体事物的反作用来看，倘若提出的问题只是反映了事实的表面矛盾，或者只是反映了事物的假象显示的矛盾，那只能对人们的思维起误导作用。只有反映了客观事实的内在矛盾和发展要求的问题，才能真正引导人们正确认识事物的本质和表象，从而达到正确地改造事物和实现主体价值目标的作用。

中国自 1956 年完成了属于社会主义准备阶段的新民主主义革命以来，便已经处于社会主义社会初级阶段，并逐步形成马克思主义指导下的包括经济学在内的中国特色社会主义文化。中国经济学作为应当科学地揭示当代中国经济运行和发展规律的重要理论，必须适应当代国际经济环境对中国社会主义经济提出的挑战，必须适应中国社会主义初级阶段的经济科学发展的要求。因而，对于中国经济学发展趋势的正确提问，就决不是如何与现代西方经济学的接轨、使现代西方经济学"本土化"的问题，而应当是如何在唯物史观的指导下，推进中国经济学在科学轨道上实现现代化的问题。进一步说，也就是我国的经济学教学和研究如何适应现代社会主义市场经济和趋向社会主义的经济全球化的科学发展的需要，实现马克思主义经济学在中国的现代化和具体化的问题。

"问题和解决问题的手段同时产生。"① 分析如何推进中国经济学现代化这个问题涉及方方面面，我们认为，就解决这个问题的基本方针和原则而言（可能总体上适合整个哲学社会科学），可以扼要地概括为："马学为体、西学为用、国学为根，世情为鉴、国情为据，综合创新"。这里，"马学为体、西学为用"的用语，是对中国清朝末年洋务派官僚张之洞的所谓"中学为体，西学为用"这种表述在形式上的借用和内容上的创新。② 下面将较为详细地阐述我们对上述基本原则的一些看法，以期理论界展开研讨。

---

① 马克思：《资本论》第 1 卷，人民出版社 1975 年版，第 106 页。
② 关于"体用"概念，人们往往想到张之洞在 1898 年《劝学篇》中提出的"中学为体，西学为用"的主张。他所说的"用"，突破前期洋务派所划定的"西方技艺"，即器械与自然科学的范围，包含了"西方政艺"的部分内容，即主张在学校、赋税、武备、法律、通商等领域实施某些西方的模式。但是，他的"中学为体"，是要以儒家的"三纲五常"等伦理道德作为立国的不能更改的根本原则。所谓"西学为用"，主要是作为维护中国封建皇权和地主阶级统治的一种手段，从实质内容上看是改良主义。不过，这并不妨碍我们从语言角度对"体用"概念的使用。我们完全可以赋予"体用"以崭新的现代科学含义。

二、"马学为体"

　　"马学"是指中外马克思主义知识体系。这里的"马学",指的是中外马克思主义经济知识体系。它是在唯物史观和唯物辩证法指导下形成的内容极为丰富的中外马克思主义经济思想,包含19世纪中期以来马克思创作的《资本论》及其继承、丰富和拓展的经济学方法和理论。"体",在中国古代哲学语言中具有"根本的、内在的"含义。① 强调中国经济学现代化必须坚持"马学为体",就是要始终坚持马克思主义经济学是中国现代经济学的根本和主导。这就是说,中国经济学的现代化,在研究方向上,必须始终毫不动摇地坚持唯物史观和唯物辩证法的指引,"沿着马克思的理论的道路前进"②;在内容上,必须毫不动摇地以马克思主义经济学知识体系中的基本范畴、科学原理为主体,面对新的历史条件进行拓展和创新;在处理中外多元经济思想的关系上,必须毫不动摇地坚持马克思主义经济学的指导地位。"马学为体"是中国经济学现代化必须强调的根本原则。一旦偏离这一原则,理论创新将难以为继,经济学的现代化将偏离科学化的轨道。必须充分认识,中国经济学的现代化,绝不是一个简单的时空发展概念,而是在时空发展中的不断科学化的过程。只有"马学为体",才能保证实现中国经济学的现代化创新始终沿着科学的轨道前进。

　　同任何领域的学科一样,经济学有科学与非科学之分。科学的经济学必定是能够揭示经济现实的内外在机制和发展变化规律,深刻地从本质原因阐明表面经济现象的学说。它必定是能够分清经济现象的真相与假象的学说,从而是能够指导人们遵循客观规律从事经济实践,推动经济的社会形态按其内在规律向前发展的科学。由于经济学研究的现实对象与人们的

---

① 《辞海》语词分册(上),上海辞书出版社2003年版,第200页。

② 让我们记住列宁的忠告:"从马克思的理论是客观真理这一为马克思主义者所同意的见解出发,所能得出的唯一结论就是:沿着马克思的理论的道路前进,我们将愈来愈接近客观真理(但决不会穷尽它);而沿着任何其他的道路前进,除了混乱和谬误之外,我们什么也得不到。"(《列宁选集》第2卷,人民出版社1995年版,第103—104页)

物质利益关系不可分割地联系在一起，因而只有彻底抛弃为私人及其集团谋利益的狭隘眼界，站在客观公正的立场上，才有可能做到实事求是地反映经济现实的本来面目，使经济学成为科学。显然，只有站在工人阶级立场上的经济学，才有公正无私的可能性；而只有贯彻唯物史观基本思想，才能客观辩证地揭示经济现实的真相。在人类有经济思想以来，能够实现唯物史观科学思想与公正无私的立场相统一的经济学，唯有马克思经济学和后马克思经济学。这就是中国经济学的现代化为何必须"马学为体"的缘由。

强调"马学为体"，有必要纠正近些年来流行的一些对马克思主义经济学的认识误区。

有论著把马克思主义经济学视为与西方经济学各种流派相提并论的一种理论流派。这种观点是幼稚的或抱有宗派主义成见的。事实上，马克思主义经济学是以作出开创性贡献的马克思的名字命名的科学经济思想体系的总称。它是时代和实践的产物，是人类经济科学思想长期发展的硕果。作为人类的科学思想，如果没有马克思这个人物的出现，在历史发展到那个时代，它迟早也会通过别的人物程度不同地生成和发展。正如恩格斯指出的，"如果说马克思发现了唯物史观，那么梯叶里、米涅、基佐以及1850 年以前英国所有的历史编纂学家则表明，人们已经在这方面作过努力，而摩尔根对于同一观点的发现表明，发现这一观点的时机已经成熟了，这一观点必定被发现。"① 可见，以唯物史观和唯物辩证法作为基本方法的马克思主义经济学，不仅属于工人阶级，而且属于整个人类。当经济实践和认知能力已经使人类具备了科学地反映客观近现代经济运动规律的时候，马克思主义经济学就必然会产生出来，必然随着人类社会经济实践的延续而进一步丰富和发展。

从经济思想体系的视野来看，应当说科学经济学的现代化，指的就是马克思主义经济学的现代化。非科学的经济学当然也会在新的历史条件下采取某种现代的形式和内容或者说现代化，但是，形式上的现代式样和部

---

① 《马克思恩格斯选集》第 4 卷，人民出版社 1995 年版，第 733 页。

分内容的客观性并不能说明经济学整个知识体系达到了现代历史条件下的科学性。例如，现代西方经济学的数理实证形式似乎很现代，但是并没有跳出近代西方经济学亚当·斯密"利己经济人论"、萨伊"三要素价值论"和马歇尔"均衡方法论"的陈旧观念，其范畴的"核心带"内容依然是很片面的、不科学的，甚至连历史上李嘉图的思想深度都没有达到。①只有渗透唯物史观和唯物辩证法的马克思主义经济学的现代化，才是科学经济学的现代化。应当这样认识，马克思主义经济学是一个学派（恩格斯使用过"马克思学派"一词），但同时又是一个相对最正确的一个学派，因而可以成为中外经济实践的指导性理论和政策基础。

也有论著说，马克思创作《资本论》的目的（任务、使命）是"革命"，而当今的中国的任务是"建设"，因而要把马克思"革命的经济学"创新为"建设的经济学"，强调政治经济学资本主义部分的任务只是批判，社会主义部分的任务只是建设。按照这种观点，中国经济学的现代化，其含义就是构建"建设的经济学"。这是一种似是而非的说法，只会给人们造成马克思开创的经济学已经过时、政治经济学社会主义部分没有批判的方法、内容和任务等错觉。其实，这种说法曲解了马克思主义经济学立论的科学目的——揭示人类社会发展的客观经济规律，重点是阐明资本主义市场经济的规律和运行机制。

须知唯物史观的基本思想，就是"把经济的社会形态的发展理解为一种自然史的过程"②。马克思十分清楚地表明，他创作《资本论》的"最终目的就是揭示现代社会的经济运动规律"③。对于中国的科学经济学体系来说，无论是新民主主义革命和建设时期，还是社会主义革命或改革和建设时期，其立论的目的都是为了揭示客观经济规律。实现了这个目的，在前一时期就能为根据地和解放区的经济建设以及整个经济和政治的革命取

---

① 李嘉图分析了工资与利润的矛盾，已经从流通领域深入到生产领域，在很大程度上看到了剩余价值体现的阶级矛盾。新自由主义的制度分析却停留在流通领域，否认劳动价值论和阶级矛盾。参见何干强：《评唯心史观的制度解释》，载程恩富、黄允成主编：《11位知名教授批评张五常》，中国经济出版社2003年版，第180—206页。

② 马克思：《资本论》第1卷，人民出版社2004年版，第10页。

③ 马克思：《资本论》第1卷，人民出版社2004年版，第10页。

得胜利服务，在当今时期就能为认清现代资本主义市场经济的痼疾和中国特色社会主义经济建设顺利发展服务。只有明确了经济学的这种科学目的，才能在理论创新过程中，遵循实事求是和解放思想相一致的原则，克服把批判与建设对立起来的片面僵化思维，辩证地把对国内外的错误经济理论和实践的科学批判同正确经济理论和实践的不断建设融合起来，进而自觉地把中国经济学的现代化与科学化结合起来，防止限于追求表面形式的"现代化"，拜倒在西方主流经济学的过度数学化和形式主义的学术窠臼之中。任何不断完善的完整认识和实践，都是不破不立，有破有立，破中有立，立中有破，经济学也不能偏离这一辩证的思维方法。

还有论著认为，强调马克思主义的指导地位，这只不过是出于"意识形态的原因"，具有意识形态的经济学"不是学术"。这种说法完全无视马克思主义经济学是有史以来唯一科学的思想体系；同时，还在人们中造成了一种经济学的科学性与意识形态性相对立的印象。其实，学科研究对象的实质是由人们的物质利益关系所决定的，各种理论经济学都不可避免地代表一定集团（在阶级社会中表现为阶级及其阶层）的利益，都不可避免地既是学术体系，又是一种理论信仰和经济意识形态表现为学术性、意识形态性的统一。马克思主义经济学和西方经济学概莫能外。马克思主义经济学的意识形态性质，体现在它代表和维护工人阶级和绝大多数人的经济利益，进而成为解放全人类的经济学说，具有学术性、科学性与意识形态性、阶级性以及实践性相一致的鲜明特征。因此，马克思主义经济学公开声明它代表工人阶级的利益，这正表现了它的科学性质。西方经济学明明代表资产阶级利益，明明只会用"利己经济人"的有色眼镜去片面地分析复杂的经济关系，却竭力掩盖自己具有意识形态的性质，用所谓经济学的非意识形态性来标榜自己的"学术性"或"科学性"，掩盖自己的非科学性，这不过是凸显它在科学上的虚弱性。

此外，有论著推断说，西方市场经济搞了二三百年，发达资本主义国家的市场经济及其体制很成熟了，因而研究市场经济的西方经济学也很成熟和科学了，以为经济发达国家的经济学一定是先进的。这是一种错觉，用生产力发展与自然科学发展的状况来定性社会科学的先进与否问题，是明显有误的。发达资本主义国家的主流经济学，是为垄断资产阶级利益集团服务的，极端的利己主义和霸权主义，使这种经济学不可能客观地分析问题。其貌似高深的数理形式，往往是用数学逻辑的科学来掩盖、替代经济逻辑分析的贫乏。中外经济学界已有大量学者撰写了批判性的论著。[①]与世界各国的社会主义经济制度相比，19 世纪 20 年代以来众多周期性经济危机和当前的西方金融危机，从根本上不断验证了资本主义市场经济制度的相对落后性和低效率性，不断验证了为这一制度辩护和出谋划策的西方经济学也不可能是先进的。只有渗透唯物史观的科学思想方法，站在无私的工人阶级立场上，为人类大多数人谋福利，推动社会主义生产关系和经济制度去适应经济社会化和全球化大趋势的经济学，才具有整体的科学性和先进性。

在追求经济学科学化的意义上，可以说，越是坚持"马学为体"，就越能促进中国经济学的现代化；而越是偏离"马学为体"，越是追随现代西方经济学，中国经济学越难以实现科学的现代化，而且有可能使中国经济学陷入现代资产阶级经济学"学术殖民地"和"马前卒"的可悲地位。这是值得高度警惕的。

三、"西学为用"

强调"马学为体"，便意味着不宜"西学为体"。"西学"是指西方马克思主义以外的知识体系。这里的西学，指的是西方的马克思主义经济学以外的经济知识体系，主要指阐述西方主流经济思想的西方经济学。西方经济学在新中国成立以来的学科含义中历来十分明确，不是地域性的概念，而是具有社会和阶级性质的概念。它是资产阶级经济学的总称，不包括西方资本主义国家的马克思主义经济学。现代资产阶级经济学简称为现代西方经济学。

---

① 余斌：《微观经济学批判》，中国经济出版社 2004 年版。

我们应当充分认识现代西方经济学或西方主流经济学的非科学性。就整体看，它们仍然保持着当年马克思揭示的资产阶级经济学的非科学的固有特征。这主要是：

（1）表面性（即庸俗性）。例如，研究市场经济的总供给和总需求关系，主要停留在流通领域，用心理等因素解释"有效需求"，看不到市场供求关系的深层问题实质上是阶级关系，是生产资料所有制决定的生产关系和分配关系。

（2）主观性。例如，单纯用"自私经济人"假设，来解释和演绎整个微观经济和宏观经济复杂的经济运动。

（3）片面性。例如，沿袭斯密由于不懂劳动二重性、不懂资本流通和一般商品流通的区别和联系而丢掉了不变资本价值（实质是丢掉了生产生产资料的第Ⅰ部类产品价值的Ⅰc这一部分）所形成的"斯密教条"，仅以企业与居民的交换流程为基础分析宏观经济运动，把储蓄等于投资当作宏观经济平衡的基本条件，从而无法弄清各产业部门在再生产中的价值补偿和实物补偿的途径，无法科学地解决社会再生产运动中的产业结构调整问题。

（4）虚伪性和辩护性。例如，认为基于生产资料所有制的资本主义生产方式是优越的，而只需改进资本主义分配方式，为资本主义经济对抗性的基本矛盾辩护，宣扬"私有产权神话"、"市场原教旨主义"、"社会主义是通向奴役之路"等。所以，从整体上说，现代西方经济学不是科学的经济思想体系。那种把现代西方经济学等同于"现代经济学"，主张"现代经济学本土化"的观点；那种认为中国经济学应当与西方经济学"国际接轨"，才有出路的观点，无异于把中国经济学推向整体上非科学的老胡同。

但是，不能使用"西学为体"，不等于不要"西学为用"。我们所说的"西学为用"，当然不是"西学为体"意义上的"为用"，而是在"马学为体"前提下对"西学"有扬有弃的借鉴和利用。按照我国古代哲学的"体用"一般含义，"'体'是最根本的、内在的，'用'是'体'的表现和产物"①。从这种"体""用"一致的思维看"马学"与"西学"，可以

---

① 《辞海》语词分册（上），上海辞书出版社2003年版，第200页。

看到，两者之"体"存在唯物史观和唯心史观基本方法的根本区别，存在劳动价值论与要素价值论基本观点的根本区别；相应地，两者的"用"或者说表现形式和发生作用的方式也存在一些差异。譬如，在理论结构上，西方经济学分为微观经济学和宏观经济学两大缺乏有机联系的理论板块；而马克思主义政治经济学则从抽象上升到具体，是一个再现一定历史条件下的社会经济形态的有机理论体系（"直接生产过程、流通过程、生产的总过程"的"三过程体系"，或者再加"国家经济过程、国际经济过程"的"五过程体系"①）。然而，如果把"马学"与"西学"的"体用"区别绝对化，以为"马学为体"就不能借鉴、利用"西学"，那就陷入了孤立地对待"马学"、"西学"的形而上学误区，在思想方法上就连近代的张之洞都不如了。

我们在坚持"马学""体用"一致的同时，有必要提出"西学为用"（这与毛泽东提出的"洋为中用"的精神是一致的，是批判地借鉴和利用的意思，而非"体用一致"意义上的"用"）。这是因为，在唯物史观看来，西方占主流地位的现代资产阶级经济学，作为观念的东西，它毕竟是"移入人的头脑并在人的头脑中改造过的物质的东西"②。尽管由于唯心史观方法论的妨碍，它不可能全面深刻地、实事求是地揭示发达或不发达资本主义经济的运动和发展规律，但是，从它具有的片面性、表面性和扭曲性的理论内容中，我们仍然能够通过分析，或多或少地从中发现许多现代历史条件下的经济事实和合理元素。马克思主义者可以受其启发，从其片面性分析中创新出全面性的理论，从其表面性分析中创新出结合表面性的实质性的理论，从其扭曲性分析中创新出正确性的理论。由于生产力水平和经济管理水平需要不断提高，因而对于包含生产力高度发展的社会经济形态多种信息的西方经济学知识体系，无论如何都不应抱不屑一顾的幼稚态度。

还应当认识到，尽管总体上说现代西方经济学不是科学的理论体系，

---

① 马克思《资本论》三卷是"三过程体系"；"五过程体系"是程恩富主编的《现代政治经济学》，详见上海财经大学出版社 2000 年版和 2007 年版。

② 马克思：《资本论》第 1 卷，人民出版社 1975 年版，第 24 页。

但这不等于说它不包含任何科学成分。在西方经济学众多流派中，有的描述了社会分工制度、市场竞争机制对于生产力发展的促进作用，有的承认了资本主义社会失业、危机的不可避免，有的创建了宏观经济运行的总量分析、调控和预测方法，有的揭示出产业发展和经济增长的某些规律，有的对企业管理一般制度作了不同角度的研究，有的形成了经济政策学，凡此种种，或多或少地反映了社会经济、市场经济、资本主义市场经济的客观状况和人类探索真理的历程，提出了不少可改用或直接有用的经济范畴。这是我们坚持和发展马克思主义经济学的一个重要理论素材和思想来源。

在对待"西学"的态度上，马克思为我们树立了讲科学的榜样。他把资产阶级经济思想史上的"在科学史上是有意义的，能够多少恰当地从理论上表现当时的经济状况"① 的经济见解，作为创立《资本论》的思想来源之一。在彻底批判资产阶级经济学非科学性和辩护性的同时，对于资产阶级经济学家提出的有一定合理性的经济范畴和科学原理，马克思采取的态度是，对它们用唯物史观的分析方法进行"术语的革命"② 和分析改造，并加以充分运用。比如，对于资产阶级经济学广泛使用的价值范畴，他通过唯物辩证的分析，赋予了它是抽象人类劳动的凝结这种科学含义。正是法国布阿吉尔贝尔的有关论述，启发马克思提出决定价值的社会必要劳动时间的含义是合乎社会再生产比例的劳动时间的这个命题③；对固定资本和流动资本这对范畴，他以劳动二重性的科学眼光，揭示出它们的形式区别在于价值流通和价值周转的根本差别，于是科学地划清了两者的界限。又如，马克思是在非常认真地分析研究了重农学派魁奈的经济表，研究了斯密在考察固定资本和流动资本时不自觉地表述的关于社会再生产的思想片断，才揭示出研究社会再生产要从社会总产品出发，弄清生产资料生产和消费资料生产这两大生产部类之间的交换关系，弄清全社会的产品价值构成要素之间如何形成合理的组合，使各种社会产品要素在货币流通

---

① 马克思：《资本论》第 1 卷，人民出版社 1975 年版，第 32 页。
② 马克思：《资本论》第 1 卷，人民出版社 1975 年版，第 34 页。
③ 陈其人：《世界经济发展研究》，上海人民出版社 2002 年版，第 410 页。

的中介作用下，既实现价值补偿，又实现实物补偿，从而才形成了科学的社会再生产原理。① 就这样，一批原本是资产阶级经济学的范畴和原理，经过马克思革命性的批判、借鉴和创新，以崭新的含义纳入了马克思经济学的科学系统。

毫无疑问，我们今天也必须"西学为用"，充分地运用现代西方经济学的思想资料，学会从中筛选、改进和吸收一切有价值的科学思想成分，融入有中国特色的现代马克思主义经济学体系之中。在这个意义上说，中国经济学的现代化必须与国外经济学实行"引进来、走出去"的双向交流。尤其要看到，国外经济学某些学术前沿，恰好是马克思主义经济理论曾经提出过的，如制度分析就是如此。可以相信，马克思主义经济学在回应各种思想的碰撞中，更能显示它的科学力量！

这里有必要指出，决不能把"西学为用"与一种流行的倾向混同起来，这种倾向认为，马克思主义经济学没有应用价值，在解决市场经济的实际问题方面只能用"西学"。应当承认，在过去的计划产品经济体制下，以及在这种体制下形成的传统政治经济学教科书，往往存在以实用主义或者以僵化的思想对待马克思主义经济学的态度。例如，把《资本论》理解为包容一切经济实践的著作，殊不知马克思强调，《资本论》主要是阐明资本的一般运动规律的，像国家经济行为、对外贸易、世界市场和市场竞争的实际运动、信用制度的具体形式和手段等，并没有纳入《资本论》的写作计划，"资本主义生产的这些比较具体的形式，只有在理解了资本的一般性质以后，才能得到全面的说明；不过这样的说明不在本书计划之内，而属于本书一个可能的续篇的内容。"② 由于存在对马克思主义经济学的上述严重误解，多年来，中国马克思主义经济理论在应用经济学领域进展很慢。一些应用经济学家直接照搬西方应用经济学进行教学和研究，以致产生只有西方经济学才有应用价值这种错觉的重要原因。也由于上述原因，中国经济学在马克思主义经济学的"用"上，下的工夫还很不够，还远不能满足中国特色社会主义经济实践的要求。然而，这并不意味着在马

---

① 马克思：《资本论》第 2 卷，人民出版社 1975 年版，第 398—399 页、第 404—410 页。
② 《马克思恩格斯全集》第 25 卷，人民出版社 1974 年版，第 127 页。

克思主义经济学的"体"中应当毫无原则地注入西学的"用"。以上我们已经强调，马克思主义经济学之"体"有自己的"用"。

正确的态度是，我们必须努力完成马克思没有完成的任务。处于社会主义市场经济和经济全球化新的历史条件下，在弄清资本一般性质的基础上，弄清由此产生的一系列现代具体经济形式，创建马克思主义的现代应用经济学，如马克思主义金融学、马克思主义贸易学、马克思主义财政学等。正是这方面的重要任务，决定了我们应当尤其重视现代西方应用经济学，努力吸收"西学"这方面的有益成分，同时加快发展马克思主义的理论经济学和应用经济学。这样的"西学为用"，是为丰富和发展马克思主义经济学之"体"服务的，也是中国经济学现代化的内在要求。

四、"国学为根"

广义的"国学"是指中国古近代社会科学和自然科学的知识体系；较狭义的"国学"是单指中国古近代社会科学知识体系或单指中国古近代自然科学知识体系。本文所说的国学，指的是中国古近代知识体系中的经济思想。国学为根，就是要在中国经济学现代化过程中，重视中国古近代经济思想中的精华，并以此为根基。正如毛泽东曾强调"古为今用"，"我们这个民族有数千年的历史，有它的特点，有它的许多珍贵品。""从孔夫子到孙中山，我们应当给以总结，承继这一份珍贵的遗产。"[①] 这对于形成中国特点、中国气派和中国风格的经济学现代体系，具有不可低估的思想价值。

在唯物史观看来，中国本土历史上形成的各种经济思想，都是一定历史时期经济事实的多重反映。它们直接、间接甚至扭曲地反映着的，不仅有在相同历史条件下各国普遍存在的经济因素，而且有中国特殊的国情和文化因素，这些特殊性因素所生成的经济思想属于中国经济学之"根"。

---

① 《毛泽东选集》第 2 卷，人民出版社 1991 年版，第 533—534 页。

同时，借用生物学的说法，传统的经济因素属于中国经济形态的"基因"。只要中国作为民族国家还存在，这些"基因"就会存在。在中国经济学的现代化的进程中，始终重视中国的特殊国情和历史传统因素及其经济思想，才有助于形成具有中国特色的现代马克思主义经济学。

不言而喻，古近代经济思想不可能达到唯物史观思想方法的高度。作为认识主体的经济思想家，除了少数人代表革命农民的利益之外，多数人站在统治阶级或剥削阶级立场上，观察和分析经济问题。他们对当时经济形态的理解，不能不有一定程度的表面性和片面性，有的往往是扭曲地反映经济现实。因此，我们主张以"国学为根"，不是说可以简单地、不分青红皂白地弘扬"国学"，而是主张剔除其封建性的糟粕，吸收其体现中国优良传统的、科学性的精华。

历史地看，中国古近代经济思想中，包括许多给当代人诸多启发的科学成分，确实是很了不起的。例如，我们在史书中可以读到"劳则富"①、"节用而爱人，使民以时"②、"治国之道，必先富民"③、"俭节则昌，淫佚（逸）则亡"④ 等，这些经济思想认识到劳动创造财富，富民才能强国，主张爱护劳动力，珍惜劳动时间，崇尚节俭，反对浪费；我国古籍中关于预先规划国家经济活动（如《管子》的"国规"思想）、封山禁猎、封湖禁渔等记载，包含着从全局布局生产力，力求经济持续发展等等，可以说是现代国家调控、可持续发展思想的先声。这些思想反映了人类社会经济运动的一般要求，具有长远的思想价值。

研究中国古近代经济思想，尤其可以发现一些体现中国特殊国情因素的科学经济思想。例如，汉代初年的晁错，为了充实国家北部边境的防务，提出"移民实边"的建议。他改变秦王朝为达到同样目的用政治权利强迫移民的方式，用经济方式鼓励人民迁移边疆，凡应募的自由民均赐以

① 《大戴礼·武王践祚·履屦铭》，胡寄窗：《中国经济思想史简编》，中国社会科学出版社1981年版，第2页。
② 《论语·学而》，胡寄窗：《中国经济思想史简编》，中国社会科学出版社1981年版，第47页。
③ 《管子·治国》，周伯棣：《中国财政思想史稿》，福建人民出版社1984年版，第2页。
④ 《墨子间诂·辞过》，周伯棣：《中国财政思想史稿》，福建人民出版社1984年版，第104页。

某种低级的官职并免除其家人的劳役，并先行修好住所，备置器具，使移民"至有所居，作有所用"。尽管他当时的建议并未得到落实，但是，其移民建议把安定人民生活与防卫边境结合在一起，周密细致，难能可贵。[①]两千多年后的今天，看"移民实边"的经济思想，这显然是由中国有广阔的内陆边境这种国情所决定的，至今也有现实意义。新中国成立以来，毛泽东、党中央关于"屯垦戍边"的重大决策以及新疆生产建设兵团在我国西北边疆地区创造的巨大业绩，可以说正是"移民实边"这种中国特有的传统经济思想的现代创新，具有显著的中国特色。这种举措在西方发展经济学中是看不到的。如果把思想凝固在西方经济学教科书关于城市化这种发展战略上，便不会想到"屯垦戍边"这种从国情出发的成功决策。又如，中国疆土辽阔，每年不同地区大小自然灾害或多或少总难避免，因而历代思想家很少不接触救灾荒问题的。南宋时期的董煟撰写了《救荒活民书》，评价了前人提出的各种救灾荒措施，系统地提出了自己的救荒政策。[②] 这些政策涉及丰年与歉年之间、城市与乡村之间、官府与百姓之间、灾区与非灾区之间、赈济救灾与依靠市场之间等关系的处理意见，为现代的救灾救荒提供了宝贵的思想资料。我国在经济现代化过程中，仍然需要不断地与自然灾害作斗争，研究历代关于救灾救荒和反贫困的经济思想，必将有益于中国现代经济学的历史厚重感和丰满。

　　研究中国古近代知识体系中的经济思想，还有助于增强推进中国经济学现代化的民族自信力，纠正那种一讲经济现代化，就只想到西方经济学的学术自卑乃至崇洋心理。历史展示出我国古近代产生过许多卓越的经济思想，如春秋战国"百家争鸣"时期，产生了《管子》（相传为崇奉管仲的一些学者所作）这样的系统论述经济管理的著作，内容涉及经济哲学思想、经济与政治的关系、财富与劳动的关系，阐释了分配、消费、贸易、财政以及市场、货币、价格等广泛的经济范畴，堪称世界范围内的罕见的经济学辉煌巨著；产生了一批具有深刻思想的大家，如墨翟把"利"归结于物质财富，那时就提出了与西方近代斯密思想相近的"交相利"的思想

① 胡寄窗：《中国经济思想史简编》，中国社会科学出版社 1981 年版，第 192—193 页。
② 胡寄窗：《中国经济思想史简编》，中国社会科学出版社 1981 年版，第 361—363 页。

（彼此相利，利人就是利己）；范蠡提出了可能是全世界最早的经济循环论[①]；还有关于人口问题的理论和政策的长期争论与探讨，这些思想都可与西方古希腊等思想家对人类的贡献相媲美。

就近代具有进步意义的经济思想而言，洪秀全的《天朝田亩制度》和《资政新篇》，反映了农业空想社会主义和工商业资本主义的经济思想和政策主张；康有为在政治上虽然是保皇的改良主义者，但他的《大同书》，是用"国学"语言和智慧来表达社会主义的经济思想和终极经济模式，是具有中国风格的最具想象力的空想社会主义著作，足以名列世界伟大空想社会主义思想家之列，并在一定意义上成为"国学"的集大成者和终极者，成为"马学"的同盟者；体现新生资本主义生产关系发展要求的经济思想也并不单纯是西方的舶来品，以孙中山为代表的、反帝反封建、扶助农工的中国式的民族资本主义思想，以及平均地权和抑制私人大资本的小资产阶级经济思想，也有"马学"和建设国有经济为主导和控制力以及公有制为主体的初级社会主义可溯源、可借鉴之元素。

显然，在推进中国现代经济学具有中国特点、中国气派和中国风格的过程中，如果忽视"国学为根"，而是推崇经济学的"西化"、"国际化"，进行西方经济学的"思想拷贝"和"学术盗版"，其后果只能是使越来越多的经济学人变成忘记本国的经济思想史和经济史，缺乏民族精神和学术创新能力的"理论搬运工"。近些年来，这种倾向实际已经蔓延。目前不少高校忽视或者不开中国经济史和中国经济思想史的课程，师资尤其紧缺，是应当引起高度重视的时候了！

五、"世情为鉴"和"国情为据"

"马学"、"西学"和"国学"，这三大知识体系的本身都属于学术结晶、思想资料和理论来源的范畴。前面阐述的"马学为体、西学为用、国

---

① 胡寄窗：《中国经济思想史简编》，中国社会科学出版社 1981 年版，第 27—31 页。

学为根"，无非是我们在推进中国经济学现代化进程中对这三大知识体系的作用定位和价值取向。然而不能忘记，已经形成的三大知识体系都是观念形态的东西。它们归根到底都不过是经济事实在人的头脑中的某种反映。我们强调"马学为体"，这是因为"马学"同"西学"和"国学"相比，具有较大的科学性和较多的真理性，即"马学"客观地反映了一定历史条件下的经济的社会形态的运动和发展规律，并为人们在新的历史条件下进一步探索不断演变的客观经济运动和发展规律，提供了科学的方法。但是，我们决不能认为，中国经济学的现代化只要同现有的思想材料打交道，就可以完成。我们认真地研究先辈们和同辈们存在的经济思想文献，为的是继承已有的智慧，获得人类发展到当代应达到的最高科学思维能力。而要全面深入地推进中国经济学的现代化，我们还必须密切结合新的中外经济实践，才能圆满地做到。结合现代中外经济实践，是推进中国经济学现代化的至关重要的环节。

结合实践，就是要遵循"通过实践而发现真理，又通过实践而证实真理和发展真理"[1] 的认识规律，来推进中国经济学的现代化。作为经济领域科学真理的现代马克思主义经济学，不是天才的头脑中固有的，也不是实践自发可提供的。它只能来自人的头脑自觉运用科学的思维方法，对经济事实进行科学的抽象和正确的反映。只有通过社会经济实践这个不可缺少的中介过程，人们才有可能从经济的表面现象深入到经济的内部本质，从而发现经济规律和内在经济机理，并用理论形式再现它们。马克思的研究方法没有过时，他说"研究必须充分地占有材料，分析它的各种发展形式，探寻这些形式的内在联系。只有这项工作完成以后，现实的运动才能适当地叙述出来。"[2] 曾经领导我国财经工作、作出过卓越贡献的老一辈经济领导人陈云提出，"不唯上、不唯书、只唯实，交换、比较、反复"[3]，这也是我们应当遵循的结合实践的原则和学风。

在经济不断社会化和全球化的今天，必须确立世界的眼光，面向全球

---

① 《毛泽东选集》第 1 卷，人民出版社 1991 年版，第 296 页。
② 《马克思恩格斯全集》第 44 卷，人民出版社 2001 年版，第 21—22 页。
③ 《陈云文选》第 3 卷，人民出版社 1995 年版，第 371 页。

范围的中外经济实践，做到"世情为鉴"和"国情为据"，知己知彼，方能科学地推进中国经济学的现代化。

（1）"世情为鉴"。"世情"有多样和深邃的含义，从经济的角度是指世界各国和世界总体经济的历史、现状和趋势。经济"世情"的来龙去脉和正反多方面的经验教训，对于中国经济学的现代化有着不可忽视的重要实践来源。以20世纪90年代以来美国经济的发展为例，如果全面地弄清情况，便可以看到其发展的两类原因：一类是出于高科技推动的生产力、信息化和经济全球化，以及经济关系、经济体制和政策的相应调整，这是一般原因。另一类是特殊原因，如苏联解体、东欧国家的相对削弱和经互会的瓦解等，使美国在资源、市场、技术、人员和军火等方面获利巨大；包括金融在内的经济霸权主义的特殊地位，使美国成为较为安全的贸易和投资场所，是贸易逆差最大和资本净流入最大的国家，并通过大量发行美元、各种对冲基金、控制国际经济组织等，来主导制定和推行较有利于美国的国际经济秩序和规则及某些保护主义措施，合法与非法地占有了别国的大量财富，客观上也推动了本国的经济增长。这后一原因的"经验"不但不能照搬，而且是必须高度警惕的。事实上，美国在实行新自由主义的经济政策后，经济似乎有了相当发展，但即使有高科技、高利润军火和经济霸权，美国经济发展速度也并不快，而且发生过经济衰退，近年又发生影响全球的"次贷危机"和金融危机。可见，美国经验教训不可照搬。

又如，新自由主义主张非调控化的市场原教旨主义、宣扬"私有产权神话"、反对建立国际经济新秩序、反对建立福利国家而主张福利个人化和贫富两极分化。在美英等发达国家推行下，一度成为全球盛行的经济学思潮。然而，纵观近10年来这种思潮主导下的经济全球化实践，可以清晰地看到：苏东是出现倒退的10年，拉美是失去的10年，日本是爬行的10年，美欧是缓升的10年。被联合国认定的49个最不发达的国家（亦称第四世界），并没有通过私有化和发达资本主义国家主导的经济全球化途径富强起来，有的反而更加贫穷。近年来，拉美国家纷纷倾向"社会主义"，这显示出，新自由主义主导全球化阶段正走向终结，经济全球化终将趋向社会主义主导的阶段。

以上述"世情"为鉴，中国现代经济学对西方现代经济学"中看难中用"的理论，对美国经济发展的经验和新自由主义经济政策，就不能采取欣赏、照搬的态度。[①]

（2）"国情为据"。创造中国特色、中国气派和中国风格的科学现代经济学，只能依据由生产力水平决定的社会形态、文化传统、自然环境等复杂因素构成的国情，其中又包含各种"色层"的省情、市情、县情和城乡差别实情等；中国人民的当代社会经济实践是在这种现实的国情下展开的，也只有广大人民群众的经济实践，才具有鲜活性和深刻性，才有可能将经济国情的多样性和层次性显示出来。因此，只有依靠广大人民群众的经济实践，才能做到"国情为据"，这是中国经济学现代化进程中实现科学创新的主要现实源泉。

改革开放 30 年来，广大人民群众最重要的经济实践是极其丰富的，值得科学抽象和总结。就"中国模式"或"北京共识"的经济制度和战略内涵而言，至少可以提炼为"五结构说"，即共同主张要建立和完善"五个结构"：一是公有制主体型的多种产权结构；二是劳动主体型的多种分配结构；三是国家主导型的多种市场结构；四是自力主导型的多种开放结构；五是科学发展型的多种战略结构。其中，实践和理论难点在努力实现社会主义公有制与市场经济的高效结合。要充分看到，中国城市已经出现了一批富有实力、活力和竞争力的国有大型和特大型企业及企业集团。中国农村也出现了一批坚持社会主义公有制，在市场经济环境中实现共同致富的典型，如河南的南街村和刘庄、江苏的华西村和长江村等。从它们的实践经验中，可以发现前无古人的市场经济与公有制有效结合的新规律和新机理。只有从这些富有创造性的社会主义经济新生事物和实践经验中吸取营养，才能真正推进中国马克思主义经济学的现代化。

---

①　程恩富：《世界政治经济学学会会长开幕词》，程恩富、顾海良主编：《海派经济学》第 14 辑，上海财经大学出版社 2006 年版，第 3 页。

六、"综合创新"

上述阐发的"马学为体"、"西学为用"、"国学为根"、"世情为鉴"、"国情为据",它们最终都要贯彻和落脚到中国经济学现代化进程中的"综合创新"上。

从哲学层面上说,经济学现代化的"综合创新",就是人的思维充分运用各种思想资料,结合现代历史条件下的社会实践,实事求是地反映经济现实运动和发展趋势,并形成科学经济理论的过程。唯物史观方法论认为,思维要实事求是地反映现实,就必须尽可能详细地占有各种历史的和现实的经济材料,运用唯物辩证法(它是客观事物运动的一般辩证法在人的头脑中的反映)努力发现其中的内在联系,并客观地、全面深入地加以分析。而全面深入地揭示经济现实运动和发展的规律,也就是综合。分析与综合是对立的统一,不断地贯穿在思维与现实之间反映与被反映的过程之中。没有分析,就不可能综合;没有在不断分析过程中的相应的不断综合,也就不能做到深入的分析和全面的综合。而分析与综合要做到逐步地接近真理,就必须建立在不断发展的社会实践的基础上。因此,在唯物史观看来,中国经济学现代化进程中的"综合创新",也就是运用唯物辩证法,对古今中外的经济实践、对"马学"、"西学"和"国学"三大知识体系所提供的经济事实和思想材料进行分析与综合的过程。"综合创新",意味着积极吸收和正确处理三大知识体系之间的相互关系,以及理论上的分析综合与实践检验之间的关系。

由此可见,中国经济学现代化过程中的这种"综合创新",乃是追求真理的经济学者在唯物史观指导下发挥主观能动性的过程。在这个过程中,"马学为体"、"西学为用"、"国学为根"应当成为正确发挥主观能动性的基本学术原则。这就是说,要以中外马克思主义科学的经济学理论为主体或导体,以西方非马克思主义经济学知识和合理元素为借用,以古近代的经济思想史料为思想源头和根基,进行实质性的综合创新和理论超越。

应当看到，中国经济学的现代化要在科学的轨道上前进，道路不会平坦。作为理论经济学的"马学"与"西学"，由于本质上各自都必然代表一定阶级的经济利益，这种经济利益之间的对立性，不可避免地通过理论的人格化，即坚持"马学为本"和坚持"西学为本"的经济学家，在他们之间的学术交流和思想博弈表现出来。马克思指出，"政治经济学所研究的材料的特殊性，把人们心中最激烈、最卑鄙、最恶劣的感情，把代表私人利益的复仇女神召唤到战场上来反对自由的科学研究。"① 这种情况在中外经济思想发展史上是得到证实的。由此说来，中国经济学的现代化，不单纯是学术上一般的坚持"马学为本"和对"西学"、"国学"的有扬有弃的创造性思维活动，而且不可避免地包含着复杂的意识形态的互动和交锋。追求真理的经济学者对此应当有充分的思想准备，并在这种博弈中采取主动积极的态度。因为真理通过人格化才能战胜谬误，追求真理的经济学者应当力求成为人格化的真理，应当具有捍卫真理的主动性、为真理而奋斗不止的自觉性。

坚持"马学为本"的"综合创新"，除了必须主动应对经济学领域同西方学术思想和意识形态的论争之外，还必须努力纠正中外学界存在的思想方法的认识误区。例如，目前流行甚广的误区就是：哪国经济强大，就认为要照搬哪国的经济制度及其主流经济学范式；或者以为市场经济体制只有一种固定的模式，可以不管市场经济制度的所有制性质的社会规定和国别类型，照抄照讲所谓"无国度性"、"无阶段性"、"无阶级性"和"无意识形态性"的西方经济学范式。在片面地、绝对地、机械地看事物的形而上学思想方法影响下，过去出现过的对经济学"苏联范式"的盲目崇拜，现在又以倾向"美国范式"表现出来，殊不知以美国为代表的现代西方经济学已陷入"范式危机"而无法自拔。现代西方经济学的分化并生成众说纷纭的许多流派，部分表明它并未完全真正形成经济学体系、核心和方法的共同"范式"。诚然，西方经济学相对计划产品经济体制下的传

---

① 马克思：《资本论》第 1 卷，人民出版社 1975 年版，第 12 页。

统政治经济学，在现代市场观念和实证分析、数量分析、边际分析等研究方法方面，拓宽了人们的视野，的确给中国经济学带来了某些新思想、新方法。不过，注重经济理论形式的现代化并不能表明理论内容的科学化，盲目地崇拜现代西方经济学的某些形式主义方法和理论，只会使中国和世界的整个经济学现代化走入歧途。西方国家的许多主流经济学家也看出了这一点，如凯恩斯、列昂节夫、科斯、斯蒂格利茨，还有许多左翼激进经济学家，都不同程度地批评过经济学追求形式化的害处。[①] 所以，中国学者就更应纠正这种错误认识。

中国经济学现代化的"综合创新"，为的是形成具有中国特色、中国风格和中国气派的中国现代马克思主义经济学。这需要确立自主创新的志气和方法。应当结合中外实践，从简单引进和模仿国外经济学的自在方式，实现向理论创新的自觉或自为方式的转变，不断提高"文化自觉"和"理论自觉"的意识。这意味着要实现两个超越：既在具体化的意义上超越马列经典经济学，又在科学范式的意义上超越当代西方经济学；要体现两种实践：既体现东西方市场经济实践，又体现有中国特色的社会主义实践；要显现两种创新：既要有经济学的某些常规发展，又要有其范式的革命。它将是一种科学反映经济现代性的"后现代经济学"，同时也将是一种"后马克思经济学新综合"。也就是在唯物史观指导下，以世界眼光，坚持"马学"为指导或主体，在当代国外经济学继续分化和局部综合的基础上，去实现全面系统的科学大综合。其中包括分析和借鉴国外马克思主义经济理论、西方左翼激进经济理论、新老凯恩斯主义经济理论（其理论地位和作用总体相当于马克思所说的"资产阶级古典经济学"，而多种新自由主义经济学的理论地位和作用总体相当于马克思所说的"资产阶级庸俗经济学"，但也不等于没有任何可取之处）、克鲁格曼国际经济理论、发展经济学、比较经济学以及"中心—外围"等发展中国家经济理论；积极汲取当代哲学、伦理学、美学、心理学、法学、政治学、系统学、场态

① 程恩富：《范式革命与常规理论发展——经济学的分化与综合》，《光明日报》2004 年 1 月 20 日。

学、生物学、数学等多学科的可用方法。①

在这个综合创新的过程中，中国的马克思主义经济学者应当同各国学界和政界（如国外执政或不执政的共产党）的马克思主义经济研究者建立密切的良性互动关系。同时，要遵循学术发展规律，坚定不移地贯彻落实"双百方针"，允许和鼓励马克思主义思想体系内部发展不同经济学派，在活跃的学术争鸣中深化理论研究，探索和构建中外学界马克思主义与政界马克思主义的良性互动机制。这必将有利于中国乃至全球经济学的现代化。

当前，中国经济学在改革开放和"学术走出去战略"的推动下正在快速向前发展。我国一大批老中青经济学家结合建设中国特色社会主义经济和经济全球化的伟大实践，正在积极推进中国马克思主义经济学的现代化，目前已呈现出经济学的"五大发展态势"。即注重对重大现实经济问题进行体现科学发展观的理论和政策探讨、注重对经济学原理的超越性发展、注重对政治经济学理论的数学表达和分析、注重用现代马克思主义政治经济学引领应用经济学创新、注重与国外马克思主义经济学的互动和借鉴，并已经产生了一批富有开拓性的理论成果。② 这种发展态势的出现，正是马克思主义经济学具有强大生命力和持续创新力的表现，也反映出中国社会主义现代化建设的内在要求。我们坚信，坚持"马学为体、西学为用、国学为根，世情为鉴、国情为据，综合创新"的基本思维方法和学术原则，必将使中国经济学的现代化道路越走越宽广，并为中国特色社会主义经济和世界经济的科学发展作出应有贡献。

参考文献：

［1］程恩富：《21 世纪：重建中国经济学》，《社会科学报》1994 年 4 月 7 日。

［2］于光远、董辅礽：《中国经济学向何处去》，经济科学出版社，1997 年。

［3］马克思：《资本论》第 1 卷，人民出版社，2004 年。

---

① 程恩富：《范式革命与常规理论发展——经济学的分化与综合》，《光明日报》2004 年 1 月 20 日。
② 程恩富：《经济学现代化及其五大态势》，载《高校理论战线》2008 年第 3 期。

［4］余斌：《微观经济学批判》，中国经济出版社，2004 年。

［5］陈其人：《世界经济发展研究》，上海人民出版社，2002 年。

［6］胡寄窗：《中国经济思想史简编》，中国社会科学出版社，1981 年。

要坚持中国特色社会主义政治经济学的八个重大原则[*]

2015 年 12 月，中央经济工作会议公报强调，要坚持中国特色社会主义政治经济学的重大原则。本文结合知识界的不同观点，阐述其中八个重大原则。

一、科技领先型的持续原则

政治经济学的原理之一，是生产力决定生产关系，经济基础决定上层建筑，生产关系和上层建筑又具有反作用。生产力是最革命、最活跃的因素，而掌握先进科技和管理方式的人，对生产力起着核心作用；生产力的发展，主要涉及劳动力、劳动资料和劳动对象三大实体性要素，以及科技、管理和教育三大渗透性要素。其中，科技具有引领生产力发展的决定性功效；人口的生产应与物质文化生产相协调，由自然环境构成的自然力应与劳动力和科技力相协调。

中国特色社会主义政治经济学必须坚持科技领先型的持续原则。它依据政治经济学的一般原理，强调解放和发展生产力是初级社会主义的根本任务，是社会主义本质的组成部分之一，是社会主义社会的物质技术基础，经济建设是中心工作；强调人口、资源与环境三者关系的良性化，应

---

* 原载《经济纵横》2016 年第 3 期。

构建"人口控减提质型社会""资源节约增效型社会""环境保护改善型社会"的"三型社会",高水平地实现可持续发展;强调自主创新,建设创新型国家,创新是发展的第一动力,实施创新驱动战略。

要认真贯彻习近平关于创新是引领发展的第一动力的思想。我国经济社会发展的"瓶颈"是老动力不足,新动力缺乏。党的十八届五中全会提出的创新理念,实质是解决发展动力问题,因而迫切需要通过科技创新和领先来解决动力不足问题,给经济社会可持续发展注入强大动力。从国际竞争的角度看,也只有重视知识产权优势,从企业、产业和国家层面实施知识产权战略,才能围绕品牌、技术制高点及技术标准制定等构筑企业乃至国家的竞争优势。[1] 当前,在经济新常态的格局中,只有紧紧抓住创新这个发展第一动力,才能化解"三期叠加"风险,破解产能过剩难题,实现经济结构转型升级,跟上世界科技革命步伐。只有把创新作为推动发展的第一要务,以创新转换老动力,用创新培育新动力,使老动力焕发新活力,让新动力层出不穷,才能给经济社会可持续发展注入强劲动力。应扭转"造不如买、买不如租""以市场换技术"等传统观念,正确处理原始创新、集成创新与引进消化再创新之间的关系。经济运行从"自发性"到"自觉化"的演进,要建立政府、市场、科技相结合的三元机制系统,体现出科技这一"决定性"元素的作用,需要在战略高度上认识科技引领配置资源的重要作用。[2]

二、民生导向型的生产原则

政治经济学的原理之一,是关于生产目的的理论。它揭示资本主义私有制直接和最终的生产目的是最大限度地获取私人剩余价值或私人利润,

---

[1] 韩喜平、周玲玲:《"知识产权优势理论"评析及其应用价值》,《海派经济学》2013 年第 3 期。

[2] 杨承训、承谕:《资源配置向"自觉化"演进:三元机制体系——学习恩格斯〈自然辩证法〉的再思考》,《海派经济学》2015 年第 4 期。

生产使用价值是为生产私人剩余价值和或私人利润服务的。而社会主义公有制的直接和最终生产目的，是为了最大限度地满足全体人民的物质和文化需要，生产新价值和公有剩余价值是为生产使用价值服务的，因而体现了"人民主体性"和民生导向型的生产目的。

中国特色社会主义政治经济学必须坚持民生导向型的生产原则。它依据政治经济学的一般原理，强调初级社会主义的一个主要矛盾就是人民群众日益增长的物质文化需求同落后的社会生产力之间的矛盾，而又好又快地发展生产和国民经济的目的，便能缓解这一主要矛盾；强调发展是硬道理，发展是第一要务，要用进一步发展的方法来解决某些发展中的问题；强调坚持以人民为中心的发展思想是马克思主义政治经济学的根本立场，坚持把增进人民福祉、促进人的全面发展、朝着共同富裕方向稳步前进作为经济发展的出发点和落脚点，部署经济工作、制定经济政策、推动经济发展都要牢牢坚持这个根本立场；强调人民主体性，发展要依靠人民，发展的目的是为了人民，发展的成果要惠及人民，改善民生就是发展，体现了社会主义性质的生产目的性原则和根本立场。

落实习近平关于"改善民生就是发展"的价值导向，与社会主义生产和经济发展的根本目的是内在统一的。我们要继续坚持以经济建设为中心，坚持发展是硬道理的战略思想，变中求新，新中求进，进中突破，推动我国发展不断迈上新台阶。但是，发展生产和经济的出发点和归宿点是改善民生，因而必须以全面建设小康社会为攻坚目标，从改善民生就是发展的战略高度来谋划财富和收入分配、扶贫、就业、住房、教育、医疗卫生、社会保障七大领域的民生改善。要抓紧解决民生领域群众意见最大的某些问题，全力以赴，速补短板，限期缓解，这是新常态下民生导向型的生产原则和协调经济发展与社会发展的主要工作。正如习近平所指出，保障和改善民生没有终点，只有连续不断的新起点，要采取针对性更强、覆盖面更大、作用更直接、效果更明显的举措，实实在在帮群众解难题，为群众增福祉，让群众享公平；要从实际出发，集中力量做好普惠性、基础性、兜底性民生建设，不断提高公共服务共建能力和共享水平，织密扎牢托底的民生"保障网"。

三、公有主体型的产权原则

政治经济学的原理之一，是生产不断社会化与资本主义私有制的基本矛盾必然导致个别企业的生产经营有计划与整个社会生产和经济活动的无政府或无秩序状态之间的矛盾，导致社会生产经营的无限扩大与人民群众有支付能力的需求相对缩小之间的矛盾，导致生产和国民经济周期性地发生衰退和各种危机，以及贫富阶级对立和经济寡头垄断等一系列严重问题。因此，用生产资料公有制取代私有制，社会主义经济制度取代资本主义经济制度，是历史的必然。

中国特色社会主义政治经济学必须坚持公有主体型的产权原则。它依据政治经济学的一般原理，强调初级社会主义由于生产力相对不发达，因而必须坚持公有制为主体、国有制为主导、多种所有制共同发展的基本经济制度；强调要毫不动摇巩固和发展公有制经济，毫不动摇鼓励、支持、引导非公有制经济发展，推动各种所有制取长补短、相互促进、共同发展，同时公有制主体地位不能动摇，国有经济主导作用不能动摇，这是保证我国各族人民共享发展成果的制度性保证，也是巩固党的执政地位、坚持我国社会主义制度的重要保证；强调这一基本经济制度有别于私有制为主体、多种所有制共同发展的当代资本主义基本经济制度，如果操作得法，公有制不仅可以与市场经济有机相融，而且可以比私有制实现更高的公平与效率。同时，必须看到，在当今世界，国家政权还是一种必须存在的历史时期，国家所有制仍是一种具有合理性的社会主义所有制形式。必须认真领会和坚决落实习近平关于国有企业是社会主义经济基础的支柱、发展混合所有制和改革的目的是为了做强做优做大国有企业等战略思想和方针，汲取过去国有企业改革形成暴富阶层的严重教训，重点发展公有资本控股的双向混合的混合所有制，大力发展农村村级集体经济和合作经济，提升公有经济的活力、竞争力、控制力和抗风险力。应牢固确立邓小平关于发展私有制的目的是为发展公有制和社会主义经济服务的基本思想。对于中外私有经济，不仅要支持，更要引导和监管，以发挥其正能量，减少负效应。依据资本主义国家的先进经验和华为企业的某些超前做法，我国应鼓励和引导私营企业开展职工持股的改革，以推动劳资两利，共同富裕。

四、劳动主体型的分配原则

政治经济学的原理之一，是生产关系中的所有制决定分配关系，资本主义私有制决定分配方式必然是按资分配，雇佣劳动者只能凭借法律上的劳动力所有权获得劳动力的价值或作为其转化形式的广义工资。在这个大框架和前提下，雇佣劳动者在某一企业的具体工资与具体岗位和绩效挂钩，但这不属于社会主义经济性质的按劳分配；而某些企业、某些部门和全社会的雇佣阶级总体工资状况，则取决于与资产阶级的实际斗争及成效。资本主义私有制范围内的分配，表象是按生产要素的贡献分配，其实质是按生产要素的产权分配。中国特色社会主义政治经济学必须坚持劳动主体型的分配原则。它依据政治经济学的一般原理，强调初级社会主义由于生产力相对不发达，由于坚持公有制为主体、多种所有制共同发展的产权制度，因而必然实行按劳分配为主体、各种生产要素凭借产权的贡献参与分配这一基本分配制度；强调消灭剥削、消除两极分化，逐步实现共同富裕，是社会主义的一个本质内容；强调共同富裕是中国特色社会主义的重要原则，要完善按劳分配为主体、多种分配方式并存的基本分配制度（党的十八大报告用语）；强调缩小收入差距，坚持居民收入增长和经济增长同步，劳动报酬提高和劳动生产率提高同步，健全科学的工资水平决定机制、正常增长机制、支付保障机制，完善最低工资增长机制，完善市场评价要素贡献并按产权贡献分配的机制。

落实党的十八届五中全会公报提出坚持共享发展的新理念，就必须坚持发展为了人民、发展依靠人民、发展成果由人民共享，做出更有效的制度安排，使全体人民在共建共享发展中有更多获得感；必须增强发展动力，增进人民团结，朝着共同富裕方向稳步前进。只有将资源配置的目标着眼于共同富裕，社会生产才能健康稳定地运行，才能显示社会主义制度的优越性。坚持共享发展，主要涉及民生和共同富裕的问题，其中，分配问题当下最为突出。我国现在财产和收入的分配差距都比较大，基尼系数超过美国；1%的最富家庭已拥有我国家庭财产的1/3，与美国相同。要注意的是，贫富分化的第一指标不是收入。收入只是财富的流量，而关键是财富的存量，即家庭净资产。家庭净资产才是衡量贫富分化的首要指标。最近十几年来，党中央文件一直强调要"缩小收入差距"，但在学界和政界一直有争议，甚至有文章笼统地赞扬"富豪是经济引擎，也应是社会楷模"。一种极其流行的错误观点认为，目前贫富差距问题不是首要问题，不是由非公经济的大规模发展所导致，而所谓"中等收入陷阱"才是需要担心的问题。事实上，正是发明"中等收入陷阱"一词的新自由主义导致拉美国家陷入所谓中等收入陷阱，导致高收入的美欧日国家陷入金融危机、财政危机和经济危机，导致低收入的非洲等国家陷入发展缓慢。现在，我国只有尽快落实邓小平多次强调的在20世纪末就要把解决贫富分化和共同富裕的问题提到议事日程上的指示，遵照劳动主体型分配原则改革财富和收入的分配体制机制，才能真正使共享发展和共同富裕落到实处，使广大劳动人民满意。[①]

五、国家主导型的市场原则

政治经济学的原理之一，是价值规律是商品经济的基本矛盾即私人劳动或局部劳动和社会劳动之间矛盾运动的规律，其内涵是：商品的价值量由生产商品的社会必要劳动时间所决定，生产某种商品所耗费的劳动时间在社会总劳动时间中所占比例须符合社会需要，即同社会分配给这种商品的劳动时间比例相适应，且商品交换按照价值量相等的原则进行，而供求

---

① 卫兴华：《中国特色社会主义经济理论的坚持、发展与创新问题》，《马克思主义研究》2015年第10期。

关系、竞争和价格波动在资源配置中的作用以市场价值为基础，是价值规律的具体实现形式；在社会主义国家的计划经济中，按比例规律主要表现为整个社会内有组织的分工与生产单位内部有组织的分工相结合，按比例规律靠占支配和主体地位的计划规律和占辅助地位的价值规律相结合来实现；在资本主义市场经济中，按比例规律主要靠价值规律自发调节，计划调节或国家调节作用较为有限。

中国特色社会主义政治经济学必须坚持国家主导型的市场原则。它依据政治经济学的一般原理，强调社会主义可以实行市场经济，而社会主义本身包含国民经济的有计划和按比例发展，要在国家调控主导下发挥市场在资源配置中的基础性作用，使市场在一般资源配置中起决定性作用和更好发挥政府作用；强调着力解决市场体系不完善、政府干预过多和监管不到位等问题，就必须积极稳妥地从广度和深度上推进市场化改革，大幅度减少政府对资源的直接配置，推动资源配置依据市场规则、市场价格、市场竞争实现效益最大化和效率最优化；强调政府的职责和作用主要是保持宏观经济稳定，加强和优化公共服务，保障公平竞争，加强市场监管，维护市场秩序，推动可持续发展，促进共同富裕，弥补市场失灵。

应贯彻习近平关于"要坚持社会主义市场经济改革方向，坚持辩证法、两点论，继续在社会主义基本制度与市场经济的结合上下功夫，把两方面优势都发挥好"的讲话精神，充分认识在我国社会主义市场经济中，市场调节规律（或价值规律）主要是在一般资源的配置领域发挥决定性作用，但发挥作用的条件与资本主义市场经济不同。市场决定资源配置是市场经济的一般规律，但社会主义经济决定资源配置是有计划按比例发展规律，需要将市场决定性作用和更好发挥政府作用看作一个有机的整体。既要用市场调节的优良功能去抑制"国家调节失灵"，又要用国家调节的优良功能来纠正"市场调节失灵"，从而形成高功能市场与高功能政府、高效市场与高效政府的"双高"或"双强"格局。[①] 显然，由于我国社会主义市场经济是建立在公有制为主体、国有制为主导、多种所有制共同发展

[①] 刘国光、程恩富：《全面准确理解市场和政府的关系》，《毛泽东邓小平理论研究》2014年第2期。

的基础之上的，包括人大、政府在内的整个国家从法律、经济、行政和伦理等多方面的调节力度和广度，必然略大于资本主义市场经济下的调节能力，从而可以显示出中国特色社会主义市场经济的优势和高绩效。我们不能因为国家规划、计划和调节是有人参与的，就否认其中包含客观性，进而认为"国家调节规律""计划规律"等概念不成立。照此逻辑推论，市场活动也是有人参与的，其主体就是人，那也就不存在"市场调节规律""价值规律"等相似的概念。市场调节说到底是经济活动的自然人和法人的行为变动，也可以说就是企业的行为或调节，如产品、价格和竞争等方面的所作所为。因此，市场调节规律和国家调节规律都是在形式上具有人的活动主观性，在内容上具有人的活动客观性；良性而有效的微观和宏观经济活动，要求在企业和政府工作的所有人，均应努力使人的主观能动性符合有人参与的经济活动的客观规律性，以便实现主客观的有效统一性。

六、绩效优先型的增速原则

政治经济学的原理之一，是经济增长速度与经济发展绩效要互相协调，有较高绩效的增长速度是最佳速度；资源没有充分利用的较低增长速度，不利于充分就业、积累财富和提升福利，而资源粗放利用的较高增长速度，又不利于保护生态环境、节约资源和积累真实财富；要辩证分析和对待国内生产总值这一指标，它既有积极作用又有严重缺陷，不应过度追求；经济增长与经济发展，经济效率、经济效益与经济绩效都是有异同点的，应突出经济发展整体绩效优先的经济增长速度。

中国特色社会主义政治经济学必须坚持绩效优先型的速度原则。它依据政治经济学的一般原理，强调我国20世纪80—90年代在不断提高经济效益的基础上，国内生产总值大体翻两番，而到2020年，将实现国内生产总值和人均国内生产总值比2010年翻一番，基本建成全面小康社会；强调在高速增长30多年的情况下，从2013年开始我国进入经济新常态，其标志之一是从高速增长转向中高速增长，重点是过去突出增长速度的粗放型经济发展方式向突出经济绩效的集约型经济发展方式转变，以提质增效为中心。要切实贯彻中央经济工作会议关于"推动经济发展，要更加注重提高发展质量和效益。稳定经济增长，要更加注重供给侧结构性改革"的精神。我国经济下行压力不断增大，其原因主要在于长期形成的结构性矛盾和粗放型增长方式尚未根本改变，高度依赖物质投入和资源消耗，自主创新能力不强。

国内外形势的新变化，迫切需要推动我国经济从速度型发展向质量型发展升级，实现发展动力的转换、发展模式的创新、发展路径的转变、发展质量的提高。我国经济应向形态更高级、分工更复杂、结构更合理的阶段演化，经济发展方式应从规模速度型粗放增长转向质量效率型集约增长，经济结构应从增量扩能为主转向调整存量、做优增量并存的深度调整，经济发展动力应从传统增长点转向新的增长点，以便从总体上坚持绩效优先型的速度原则。

七、结构协调型的平衡原则

政治经济学的原理之一，是按比例分配社会劳动的规律（简称按比例规律）是社会生产与社会需要之间矛盾运动以及整个国民经济协调发展的规律。其内在要求是，表现为财富的社会总劳动要依据需要按比例地分配在社会生产和国民经济中，以便保持各种产业和经济领域的结构平衡；在社会再生产中，各种产出与社会需要在使用价值结构和价值结构上均保持动态的综合平衡，从而实现在既定的生产经营水平下以最小的劳动消耗来取得最大的生产经营成果；广义的经济结构协调表现为合理化和不断高级化，包括产业结构、地区结构、外贸结构、企业结构、技术结构、供求结构、实体经济与虚拟经济结构等。

中国特色社会主义政治经济学必须坚持结构协调型的平衡原则。它依据政治经济学的一般原理，强调我国产业结构应从中低端向中高端提升，一、二、三类产业内部之间在不断现代化基础上保持平衡，省市和区域结构应异质化发展，外贸结构应增加高新技术含量和自主品牌，企业结构应构建我国大型企业集团支配、中小企业和外资企业并存的格局；技术结构应增大我国自主创新核心技术和自主知识产权比重，供求结构应保持供给略大于需求的动态总量平衡，金融发展应为实体经济服务，虚拟经济不宜过度发展，新型工业化、信息化、城镇化、农业现代化应相互协调。

要贯彻以习近平总书记为核心的党中央关于经济新常态和结构性改革的理论和方针政策，在适度扩大总需求的同时，着力加强供给侧结构性改革，抓紧各种经济结构和重大经济比例的调整和改革，特别是加快缓解结构性产能过剩。要有针对性地去产能、去库存、去杠杆、降成本、补短板，提高供给体系质量和效率，提高投资有效性，加快培育新的发展动能，改造提升传统比较优势，增强持续增长动力。要消除一种长期流行的错误观点，认为只需克服行政干预的经济过剩，而市场化形成的产能过剩和产品过剩是正常的，会自动平衡，不用事先、事中和事后来积极预防和解决。这种新自由主义误论及其做法既是形成我国结构性产能大量过剩的重要原因，又会妨碍向中央经济工作会议精神看齐和落实，必须予以消除。

八、自力主导型的开放原则

政治经济学的原理之一，是依据国际分工、国际价值规律、国际生产价格、国际市场、国际贸易、国际金融、经济全球化等理论，在一国条件具备的情况下经济适度对外开放，有利于本国和世界的经济增长、资源优化配置、产业和技术互动、人才发挥作用等；一国对外经济开放的方式、范围和程度等，应视国内外复杂多变的情况而灵活有序地进行，发展中国家对发达国家的开放更要讲究战略和策略，因为开放的实际综合利益具有一定的不确定性。

中国特色社会主义政治经济学必须坚持自力更生主导型的开放原则。它依据政治经济学的一般原理，强调我国要在自力更生主导的基础上坚持双向对外开放基本国策，善于统筹国内国际两个大局，利用好国际国内两个市场、两种资源，发展更高层次的开放型经济，积极参与互利共赢型的全球经济治理，同时坚决维护我国发展利益，积极防范各种风险，确保国家经济安全；强调引进来与走出去并重、后发优势与先发优势并重的方针，大力发展中方控股份、控技术（核心技术和技术标准）和控品牌（世界名牌）的"三控型"跨国公司，防止陷入传统的"比较优势陷阱"，实行自主知识产权优势理论和战略。

贯彻中央经济工作会议精神，要继续抓好优化对外开放区域布局，防止区域开放的雷同化和恶性竞争；要推进外贸优进优出，提高国际分工的层次，加强国际产能和装备制造合作，妥善开展自贸区及投资协定谈判，积极参与全球经济治理，在充分利用中资和外汇储备的基础上有效利用外资；要尽快借鉴日本、韩国和美国对待外国企业的经验和措施，防止外企在中国的"斩首"性兼并和支配日渐增多的产业部门和大众化网站等，大力提升对外开放的质量、层次和绩效；要加快"一带一路"的国际合作和建设措施，发挥好亚投行、丝路基金等机构的融资支撑作用，抓好重大标志性工程落地；要积极利用人民币的国际化优势，但资本项目近期不宜开放，以有效抵御金融风险，维护国家金融安全和国民利益。

关于划分社会经济形态和
社会发展阶段的基本标志[*]

——兼论我国社会主义社会初级阶段的经济特征

社会经济形态和社会发展阶段的划分标志是一个重大的理论和现实问题。我们认为，无论是划分历史上的不同社会经济形态，还是划分同一社会经济形态中的不同发展阶段，其基本标志都可以从生产力和生产关系两个方面进行综合考察。下面我们针对学术界一些有争议的观点，进行初步的探讨。

一、生产力观察社会经济形态和
社会发展阶段的"指示器"

（一）生产力在划分社会经济形态上的作用

从大趋势上看，人类社会经济形态随着生产力的发展而不断有所进步，因而社会生产力状况在划分社会经济形态中所起的标志作用是应该充分肯定的，尤其是衡量生产力水平的生产工具更具有不容忽视的重要作用。生产工具是人类在认识自然、改造自然中劳动能力的物化和强化。它以确定的形态（如手工工具、机械工具、自动化工具等）表示了人类劳动能力的大小和生产力水平的高低。马克思说得好："各种经济时代的区分，

---

* 原载《复旦学报社会科学版 1988 年第 1 期》本文第二作者为周环。

不在于生产什么，而在于怎样生产，用什么劳动资料。劳动资料不仅是人类劳动力发展的测量器，而且是劳动借以进行的社会关系的指示器。"① 马克思还指出，"手工磨产生的是封建主为首的社会，蒸汽磨产生的是工业资本家为首的社会"②。列宁也说过："蒸汽时代是资产阶级的时代，电气时代是社会主义的时代。"③ 历史的发展正是如此。

有的文章否定生产力在划分社会经济形态中的应有作用，认为生产力具有历史的继承性，其本身并不能表明社会经济制度的性质；生产关系的变革具有"滞后"的趋势，总是落后于生产力的发展④。这种观点是失之偏颇的。

首先，生产力固然具有历史的继承性，并在原有基础上不断地得到进步，从而形成生产力水平由低到高的层层演化，但也正因为如此，作为最革命、最活跃因子的生产力才具备了考察社会经济形态的"指示器"作用，它可以作为判别历史上已经出现的不同社会经济形态的标志。"动物遗骸的结构对于已经绝迹的动物的机体有重要的意义，劳动资料的遗骸对于判断已经消亡的社会经济形态也有同样重要的意义。"⑤ 孤立地看，生产力本身当然无法直接表明社会经济制度的性质，但一定的生产力水平总是决定着一定的生产关系。生产关系的变革具有"滞后"的特点，并不能否定生产力在观察各种社会经济形态时的"指示器"作用。其实，二者并不矛盾。我们从生产关系角度判别历史上的五种社会经济形态不正是与同时代的生产力相吻合的吗?! 根据世界主要国家的一般经济发展进程，生产力与生产关系的发展属于"大同步"状态。

其次，不同社会经济形态同存时期内，社会生产力基本上相似是一种客观现象。从世界范围看，各个国家不可能同时进入同一社会经济形态，这是由多方面的复杂因素决定的。这时作为改造自然的生产力就完全有可能存在相似的状态。因此，对列宁讲的"电气时代是社会主义的时代"这

---

① 《马克思恩格斯全集》第 23 卷，第 204 页。
② 《马克思恩格斯全集》第 4 卷，第 144 页。
③ 《列宁全集》第 30 卷，第 303 页。
④ 王克忠：《试论社会主义社会的初级阶段》，《复旦学报》（社科版）1987 年第 3 期。
⑤ 《马克思恩格斯全集》第 23 卷，第 204 页。

句名言，决不能作机械的理解。资本主义制度确立于蒸汽时代，随着它的发展，同样会进入电气时代，甚至进入生产力水平更高的时代。但是，资本主义决不会推迟于电气时代才出现，社会主义也决不会提前在蒸汽时代就确立。至于世界上存在的同一生产力水平下社会经济形态的多样化，以及同一社会经济形态下生产力水平的不均衡这两大类现象，只有综合其他复杂因素才能得到圆满的解释，但这不会推翻可以从生产力角度识别历史上社会经济形态这一科学结论。

（二）生产力在划分社会发展阶段上的作用

生产力对判断同一社会经济形态中不同的发展阶段，同样具有重要意义。在《资本论》中，马克思把整个资本主义的历史发展划分为简单协作、工场手工业和大机器工业三个阶段，其中一个重要的标志就是生产力的演化特点。他判断资本主义由工场手工业阶段向大机器工业阶段转化的标志就是机器的使用。"在工场手工业中以劳动力为起点，在大工业中以劳动资料为起点"[1]。在大机器工业阶段，我们可以看到"机器如何消灭了以手工业为基础的协作和以手工业分工为基础的工场手工业。收割机是前一种情况的明显例子，它代替了收割者的协作。制针机是后一种情况的例子"[2]。机器的普遍运用把资本主义社会推向一个新的阶段。

列宁在划分资本主义社会内部的不同发展阶段时，也坚持把生产力作为衡量标志。"资本主义最典型的特点之一，就是工业蓬勃发展，生产集中于愈来愈大的企业的过程进行得非常迅速。"他在分析资本主义进入其最高阶段时，也是从生产集中程度加速，进而产生垄断开始的。"集中发展到一定阶段，可以说，就自然而然地走到垄断。……企业的规模巨大，造成了竞争的困难，产生了垄断的趋势。"[3] 生产集中和垄断这两个范畴同时包含着生产力和生产关系两方面的内容，并非单指生产关系。因此，生产力在划分社会发展阶段中的作用是显而易见的。

---

① 《马克思恩格斯全集》第 23 卷，第 408 页。
② 《马克思恩格斯全集》第 23 卷，第 503 页。
③ 《列宁选集》第 2 卷，第 739、第 40 页。

划分社会主义社会发展阶段，判断我国仍处于社会主初级阶段，同样要重视生产力的标志作用（关于社会主义初级阶段的生产力标志及其量化问题，放在后面详述）。过去，我们习惯于脱离生产力的性质和水平，抽象地谈论生产关系的变革，以致过早地结束了过渡时期，并出现追求"一大二公"、"急于求纯"的思想和实践，给经济建设造成了重大失误和挫折。现在必须彻底抛弃这种"左"的传统僵化的思维。然而，我们也不能无限地夸大生产力的标志作用①。倘若完全撇开生产关系，孤立地强调生产力的标志作用，将其看作是唯一的，就有可能走向理论的另一极端。我们主张对划分社会发展阶段的标志作整体考察，既要看到生产力的终极作用，又要看到生产关系的直接作用，在确认它们各自作用的基础上进行全面综合的分析。

（三）生产力的量化标准

由于生产力的量化标准是一个极其复杂的问题，因而以往的论著在涉及这一问题时，总是笼统地谈到生产力的发达与否或生产力水平的高低，而没有提出具体的量化标准。既然生产力作为划分社会发展阶段的一个标志，就必须对其量化标准作出总的规定，否则，它就很难在划分中起到标志的作用。笔者拟通过我国现阶段与发达国家在生产力水平上的比较分析，对生产力的量化标准作出一些原则性的解释，以完善它在划分中的标志作用，明确我国社会主义初级阶段在生产力方面的特征。具体说来，反映生产力变化的量化标准可从构成生产力三大实体要素的变化来考察（当然，这样并不排斥从其他角度去分析）。

第一，劳动资料使人类突破体力、智力的限制，放大人类的劳动能力，提高人类改造自然的程度，因而是代表生产力水平的基本标志。其中，劳动工具是劳动资料的主要内容。从经济发展的历史进程看，劳动工具大体可以粗划分为手工工具、机械工具和自动工具三类。手工工具只是人类肢体的简单延长，由于受自然力的限制不可能有大的发展。它是古代

---

① 有关这方面的文章参见郑元可：《主要标志是生产力》，《社会科学报》1987 年 6 月 25 日；包霄林：《生力的发展水平是划分社会主义发展阶段的主要根据》，《光明日报》1987 年 6 月 29 日。

社会生产力的标志。机械工具把各种自然力能源转化为有规律的、可以随意控制的、不受自然条件限制的加工动力来推动工具机工作，由于摆脱了自然力的限制，使生产规模空前扩大。它是近代工业生产力的标志。自动工具是在人类控制下，能自行活动的工具，由于它不仅能扩大人类体力劳动能力，还能扩大人类脑力劳动的能力，因而生产力必定会有更大的突破。它是现代和未来社会生产力的标志。

就我国目前生产力现状而言，可通过以下指标来衡量：

（1）工业化在国民经济中所占的比重。一个国家的工业化水平可以通过人均钢产量和人均发电量两个指标很典型地表现出来：

美、日、英、西德在年的人均钢产量和人均发电量分别是我国的 7.3、19.3、6.2、14.7 倍和 26.5、12.7、13.5、17.2 倍，双方的差距还很大。通过这一量化指标，我国的生产力不发达状况就数量化了。根据我国人口众多的实际情况，人均钢产量和人均发电量要分别达到 150—200 公斤和 4,000—4,500 度的水平，才能说我国摆脱了生产力的不发达状况。（见表1）

表1　中外五国人均钢产量和发电量①（1985 年）

国别	钢产量（公斤）	发电量（度）
中国	45	389
美国	331	10,319
日本	872	4,953
英国	279	5,267
西德	664	6,698

（2）机械化在农村经济中所占的比重。目前世界上，农业机械仍以农用拖拉机和谷物联合收割机为主，它代表了某一国家的农业机械化的程度。

表2说明我国所拥有的农用拖拉机和谷物联合收割机，也比发达国家

---

① 资料来源：《世界经济》1986 年第 11 期。

低得多，至少分别达到 250 万台和 80 万台的水平，我国农业生产才会出现新的飞跃。

表 2　中外五国农用拖拉机和谷物联合收割机拥有量① (1981 年)

国别	农用拖拉机②（千台）	联合收割机（千台）
中国	792	31
美国	4,655	674
日本	1,096	916
英国	1,515	142
西德	1,465	167

（3）劳动工具的量化和劳动生产率的变化及生产社会化的变化是紧密联系的。因此，也可以通过规定劳动生产率的变动比重和生产社会化的变动比重来衡量。当然，随着生产力的不断发展，我们还可以相继采用自动化在国民经济中的比重、智能化或机器人在国民经济中的比重等来作量化的标准。

第二，劳动对象的发展状态是衡量生产力的重要标准。劳动对象一般可以分为原料和材料两大类。一个国家的生产力水平越高，加工业越发达，深度加工产品的比例就越高，反之，初级产品的比例就大。因此，代表生产力水平的劳动对象的量化标准就是初级产品和工业制成品的比例，这可以在国民经济中体现，也可以在出口额中体现。

表 3 的统计数字说明，我国在出口产品中初级产品还占有相当的比例。按理说我国人口多，以农产品为主要对象的初级产品是人们生活消费的重点，不必大量出口，然而实际情况却相反。这本身就说明了问题。如能把出口产品中初级产品的比例降低到 20% 左右，那就表明我国的生产力水平已接近了发达资本主义国家的水平，人民的生活必将会大大提高。

---

① 资料来源：《世界经济年鉴》1983—1984 年，《中国经济年鉴》1983 年。
② 不包括农用小型拖拉机。

表 3　中外五国初级产品和工业制成品在出口额中的比重①（1982 年）

单位:%

国别	初极品	工业制成品
中国	45	55
美国	17. 7	82. 3
日本	10. 4	89. 6
英国	29. 7	70. 3
法国	21. 6	78. 4

　　在该标准的基础上，我们可以考察新材料种类的增长量和高质量材料在工业制成品中的比例。工业制成品通过的加工环节越多，说明其加工程度越趋于深化，其种类也随之增多。一种对国民经济的发展有重大突破性的新材料的创造和应用，对生产力发展的影响不仅范围广，而且时间长，20 世纪 50 年代出现的硅材料就为微电子计算机技术为中心的信息社会的到来奠定了物质基础。生产力的发展，使劳动对象向空间、海洋扩展。这就需要耐高温、耐高压的高质量材料。因此，高质量材料在工业制成品中的比重，也是劳动对象量化的一个标准，尤其在当今追求高技术的发展态势中更具有重要的作用。

　　第三，劳动者是生产力诸因素中唯一具有能动性的因素，因而也是衡量生产力水平的基本标准之一。这可以通过劳动者的多重结构来表示，其中对衡量生产力水平起主要作用的是它的职业结构和技术结构。

　　（二）劳动者的职业结构是劳动者服务于各部门的比例

　　在生产力水平的低级阶段，为了解决温饱的基本生活需要，绝大部分劳动者必须从事农业生产。近代工业确立以后，从事工业生产的劳动者大大增加，而生产力的进一步提高，又会造成劳动者向第三产业的转移。简言之，从事农业生产劳动者的降低，标志着生产力水平的提高。

　　表 4 说明我国尚处于低结构就业的局面。只有使从事第一产业的劳动者比重下降到 40% 以下，进入中结构就业，才能摆脱经济的不发达状态。

---

① 资料米源:《世界经济年鉴》1983—1984 年,《中国经济年鉴》1983 年。

表 4　中外五国三大产业中就业人数的比重① （1982 年）　　单位：%

国别	第一产业	第二产业	第三产业
中国	71.6	16.2	12.2
美国	3.6	28.6	67.8
日本	9.7	34.5	55.2
英国	2.7	34.5	62.8
西德	6.0	44.8	49.1

　　劳动者的技术结构是劳动者技术水平的程度比例，这可以具体化为每个劳动者受教育的程度，比如用每万人口中的大学生数量来衡量，也可以通过各类职工的技术等级比例及脑力劳动者和体力劳动者的比例等来衡量。

　　最后必须指出，国民经济总值及人均数、国民收入总额及人均数这两个重要指标是衡量生产力水平的综合性标志。它们是生产力三大实体性要素结合的综合反映，限于篇幅，这里不作详述。

二、生产关系：衡量社会经济形态和社会发展阶段的"尺子"

（一） 生产关系在划分社会经济形态中的作用

　　生产关系在划分社会经济形态中的作用比生产力更具有明确性和实质性。这是因为，生产力的变化最终要通过生产关系的变化，才能显示整个社会经济形态的变化。尤其是生产关系中的生产资料所有制形式，对判断社会经济形态最具有直接性。"不论生产的社会形式如何，劳动者和生产资料始终是生产的因素。但是，二者在彼此分离的情况下只在可能性上是生产因素。凡要进行生产，就必须使它们结合起来。实行这种结合的特殊方式和方法，使社会结构区分为各个不同的经济时期，生产关系表示了特

---

① 资料来源：《世界经济》1985 年第 4 期，《中国统计年鉴》1983 年。

定社会经济形态的本质特征。每一种生产关系都有自己的特殊规律和不同特征。因此，根据生产关系，尤其是生产资料所有制形式，就可以把不同的社会经济形态区别开来。马克思主义正是从生产力与生产关系的结合上，根据生产关系这一反映社会经济形态本质特征的发展变化，才把人类社会概括为五大形态。

然而，并非所有的人都认识到生产关系在划分社会经济形态中的作用，资产阶级经济学家更是极力抹煞这种作用，为资本主义制度辩护。例如，"制度趋同论"的首创者、美国索罗金提出"正在产生的社会和文化的主要型式，也许既不是资本主义，也不是共产主义，而是可以称之为一体化的特殊型式。这一型式将是资本主义和共产主义制度与生活方式之间型式。"① 这种思潮认为，资本主义和社会主义愈来愈相似，趋向于同一。又如，美国罗斯托提出"经济成长论"，他用庸俗经济学的部门结构分析方法，把世界各国的经济发展统一划分为"传统社会"、为"起飞"创造前提、"起飞"、向成熟挺进、高额群众消费和追求生活质量等六个成长阶段，并把美国说成是处于"追求生活质量，阶段的最先进国家，而把大多数第三世界国家说成是处于"起飞"阶段的国家。再如，"三次浪潮论"的倡导者、美国托夫勒认为，整个人类社会历史的发展可以概括为：三个浪潮第一个浪潮开始于公元前8000年的农业革命，形成了农业社会和农业文明；第二个浪潮出现于18世纪的工业革命，造就了工业社会和工业文明，第三个浪潮则是在20世纪60年代后期，随着电子技术的发展而到来的，导致了信息社会和现代文明。上述三种关于社会经济形态演化理论都存在一种共同的致命错误，就是撇开生产关系，单纯地从生产形式、技术变革、经济重要部门的更替进行考察，从而无法揭示社会经济形态本质的变化。虽然这些观点从某一侧面也反映了一些经济现实，对考察社会经济形态的演变具有借鉴作用，但终究是片面的和肤浅的。人类社会是人与人关系的总和，是人的集合体。我们考察社会经济形态的变化应该把生产力的变化和生产关系的变化综合起来考察，切不可忘记生产关系对于划分

---

① 参见［美］索罗金：《我们时代的基本趋势》，纽黑文出版公司1964年版，第78页。

社会形态的重要作用。

（二）生产关系在划分社会发展阶段中的作用

在判断一个社会所处的发展阶段是否发生变化时，生产关系比生产力更具有直接的意义。因为生产力的变化只有在引起了生产关系发生部分质变时，才标志着社会发展阶段发生了变化。下面我们通过讨论我国社会主义将经历的几个阶段来具体说明生产关系在划分社会发展阶段中的作用。

第一，生产资料所有制形式在不同发展阶段的部分质变。生产资料的公有制形式是整个社会主义发展时期的共同特征，然而它的成熟和完善程度是不同的。在公有制形式从低级到高级逐步成熟和完善的发展过程中，其部分质变便显示着它的阶段性。依据马克思的理论思路和社会主义现实，我国社会主义生产资料所有制将经历以多种公有制形式为主体的多元所有制结构、以多种公有制形式为特征的所有制结构、以单一的全体社会所有制为特征的所有制结构这三个部分性质的变化，依次显示着我国社会主义社会的初级阶段、中级阶段和高级阶段。现阶段我国处于社会主义初级阶段，所有制结构相应的是以多种公有制形式为主体的多元所有制结构。这种结构虽然还存在非公有制经济的其他经济成分，但社会主义公有制作为主体经济占据了统治地位，一切非公有制经济成分都是公有制经济的补充。

第二，社会经济活动的方式和运行机制在不同发展阶段的部分质变。社会经济活动的方式是受不同的生产资料所有制形式制约的，它作为生产资料所有制形式的某种体现，进一步深化了生产关系在划分社会发展阶段中的作用。由于在社会主义初级阶段构建的是多种公有制形式为主体的多元所有制结构，这在一定意义上决定了社会经济活动的方式是有计划的商品经济，经济运行机制是国家调节市场，市场引导企业。当市场体系和市场机制真正发育成熟和完善的时候，这种经济体制实质上是一种新型的计划调控下的市场经济体制。然而在中级阶段，由于生产力和所有制结构发生了重大变化，因而这时的经济体制本质上是有商品关系存在的计划经济体制，商品经济和市场机制的作用将有明显的减弱，计划调节的因素将日趋强化。至于在高级阶段，单一的全社会所有制结构下将是单一的计划经济结构。商品经济已不复存在，撇开对外经济关系，社会主义将进入其典型的完善阶段。

第三，分配制度在不同发展阶段的部分质变。在社会发展的不同阶段，分配形式将随着生产资料所有制形式的部分质变而发生变化。当所有制形式为以多种公有制形式为主体的多元所有制结构时，分配形式便呈现为以多种按劳分配形式为主体的多元分配结构；当所有制形式为以多种公有制形式为特征的所有制结构时，分配形式便呈现为以多种按劳分配形式为特征的分配结构；当所有制形式为单一的全社会所有制结构时，分配形式便呈现为单一的一级按劳分配结构。目前，由于我国生产力水平低下，还存在多种经济成分，因而除了推行多种按劳分配形式之外，有必要让按经营成果分配、按资分配和按劳动力价值分配等多种非按劳分配形式作为补充。这种以多种按劳分配形式为主体的多元分配结构，与上述所有制结构及经济活动方式和运行机制的初级特征一起，共同构成了社会主义社会初级阶段的生产关系基本内容。

专题二
经济发展

论新常态下的五大发展理念[*]

中共十八届五中全会首次提出了创新、协调、绿色、开放、共享的发展理念，开启了关系我国发展全局的一场意义深远的变革。虽然这五个理念在过去的工作中都有所体现，但在目前的经济新常态方针下，理念的内涵有了重要的发展。十八大以后，以习近平总书记为首的党中央立足于我国改革开放事业新的发展阶段，提出了新常态这一新的执政方针，指出新常态的特征就是从高速增长转为中高速增长，经济结构不断优化升级，发展动力从要素驱动、投资驱动转向创新驱动。2015 年 12 月的中央经济工作会议仍然重申要认识新常态、适应新常态、引领新常态，因此理论工作者要重点研究经济新常态下五大发展理念的相应内涵和关键节点。

一、创新发展

创新有广义和狭义之分。党的十八届五中全会提出，坚持创新发展，必须把创新摆在国家发展全局的核心位置，不断推进理论创新、制度创新、科技创新、文化创新等各方面创新，让创新贯穿党和国家一切工作，让创新在全社会蔚然成风。这里的创新主要指广义的创新。

科技创新就是狭义的创新。不管是广义还是狭义的创新，都十分重要，但由于篇幅限制，本文重点讨论科技的自主创新问题。

———————————
* 原载《南京财经大学学报》2016 年第 1 期。

　　当前，特别要强调以科技创新为动力来突破经济发展"瓶颈"。动力不足是当下制约我国经济发展的"瓶颈"，突破"瓶颈"唯有创新。用创新培植发展新动力，就是要按照十八届三中全会的要求，"发挥科技创新在全面创新中的引领作用，加强基础研究，强化原始创新、集成创新和引进消化吸收再创新"。我国以往的发展基本上靠要素投入、低成本劳动力拉动，属于典型的数量规模型粗放式发展。粗放式发展造成产能严重过剩，资源环境约束，创新能力不足，经济大而不强。今天靠要素投入已难以为继，凭低劳动力成本竞争时代已经过去，单靠传统需求侧的"三驾马车"拉动明显不够。当下必须着力进行供给侧的"新三驾马车"（要素质量、结构优化和科技创新）的改革发展。可见，经济发展对创新的需求比过去任何时期都要强烈而紧迫。只有创新才能从根本上突破发展动力不足的"瓶颈"制约。将创新驱动发展作为我国面向未来的一项重大战略，一方面需要着力推动科技创新与经济社会发展紧密结合，让企业真正成为技术创新的主体。另一方面，政府在关系国计民生和产业命脉的领域要积极作为，加强支持和协调，总体确定技术方向和路线，用好国家科技重大专项和重大工程等抓手，集中力量抢占制高点。实施创新驱动发展战略关键在于增强自主创新能力，努力掌握关键核心技术。[1]

　　改革开放以来比较流行的一个错误观点和政策，就是强调市场换技术，强调所谓造不如买、买不如租。实践证明，这个战略是不成功的。一个明显失败的例子是轿车工业的对外开放，更为失败的例子是大飞机工业。80年代初我国大飞机研发已经相当成熟，飞机制造厂也建立了，但一搞开放，领导层力排众议让"运十"大飞机下马。前几年才在上海搞了商飞公司，大飞机研发和生产才又上马，足足推迟了约30年。如此折腾的原因在于误读开放，以为开放就不要自主创新了，以为通过合资合作能换来核心技术。与错误观点反向而行的成功案例是高铁研发和生产。当时铁道部主动设法打破西方几家大公司的技术垄断，成为中国制造的一张"国际名片"。

---

① 程恩富：《习近平的十大经济战略思想》，《当代社科视野》，2014年第1期。

错误的政策往往源于错误的理论导向。吴敬琏先生认为制度重于技术,①这种不分时点的表述,是背离经济学和哲学的常识的。我们知道,生产力中最重要的是由人掌握的技术,而制度是生产关系和上层建筑的问题。如果笼统地说制度重于技术,那就是说生产关系、上层建筑总是比生产力重要,显然是不对的。

我国经济开放分为几个阶段:第一阶段是强调"引进来"的单一战略,单纯追求对外国的资本和技术等引进。第二阶段强调"引进来和走出去"并重的战略,在继续追求"引进来"的同时,实施中国企业走出去投资的举措。1998年,江泽民总结自己的工作时,认为过去只讲引进来是不够的,今后应当引进来和走出去并重。此后中央贯彻进出并重战略,开放进入第二阶段。第三阶段强调"自主创新"的新战略,实施自主知识产权和创新型国家的举措。②十六大以后,时常有材料上报跨国公司实行"斩首行动",胡锦涛总书记批示强调自主创新。后来国务院搞了一个机械工业振兴计划,实际上就是这个批示的结果。

但学术界和政界仍然有不同意见,林毅夫先生提出要防止陷入"自主创新陷阱",认为自主创新的成本收益有时候不合算,不如引进技术。③针对越来越多的跨国公司在华设立研发机构,《光明日报》曾发文认为这是带动我国企业技术进步的良好机遇,中国的技术创新有了希望。人们不禁要问:西方跨国公司难道是来帮助我国掌握核心技术的?事实上,他们只是来利用我们相对廉价的优秀人力资源,开发出一些适合中国的技术和产品,然后高价卖给我们,最终会制约我们的核心技术发展。20世纪30年代有一个日本教授曾经写文章说日本应该发展"殖民地科技",强调殖民地科技如果完全不发展,宗主国也会受到不利影响,但发展时要保持15年左右的技术差距。现在发达国家虽然没有公开这样提,而实际上是只做不说。所以,十六大以后提出自主创新,十七大报告提出建设创新型国

① 吴敬琏:《发展中国高新技术产业:制度重于技术》,中国发展出版社2002年版。

② 程恩富、侯为民:《转变对外经济发展方式的"新开放策论"》,《当代经济研究》,2011年第4期。

③ 自主创新是动力还是陷阱,2015-11-01,http://news. xinhuanet. com/fortune/2005-11/01/content_3711603. htm.

家，十八大以后提出创新驱动战略，都是非常正确的。

2000 年以后我提出了自主知识产权优势理论，[①] 指出除了要发挥动态比较优势和综合竞争优势之外，还必须重点培育和发挥第三种优势，即知识产权优势。前两种优势理论各有缺陷。比较优势理论暗含着各个经济体所具有的资源禀赋保持不变的特征，实践中容易导致"比较优势陷阱"，即原来只在国际产业链低端具有比较优势的经济体永远陷在低端，产业结构难以向中高端迈进。美国波特（Porter）提出的竞争优势则因强调多因素的影响，没能抓住问题的关键。所以我提出第三种优势的理论和战略，即自主知识产权优势理论和战略。显然，这一理论和战略的主要实现途径就是自主创新。因此，十八届五中全会把创新作为五大发展理念之首，继续建设创新型国家，提升经济的内生增长水平，说明自主知识产权优势理论和战略与党中央思路高度一致。

二、协调发展

在五中全会公报中提到的五大发展新理念中，协调发展具有非常重要的理论和政策意义。从问题导向进行深一步思考，针对当前我国经济社会发展的难题及其对策，有必要确立十大协调发展的新理念和新举措。

一是协调经济与社会发展。整个国民经济的发展应稳中有进、又好又快，但发展经济的出发点和归宿点是改善民生，因而"改善民生就是发展"的价值导向，与社会主义经济发展的根本目的是内在统一的。当前，必须从改善民生就是发展的战略高度来谋划财富和收入分配、就业、医疗、住房、教育、社会保障等六大领域的社会发展，是新常态下协调经济发展与社会发展的主要内容。

二是协调速度与效益发展。纵观全球经济增长，1%—3% 是低速度，4%—6% 是中速度，7%—9% 是高速度，10% 以上是超高速度，因而我国

---

① 程恩富、丁晓钦：《构建知识产权优势理论与战略——兼论比较优势和竞争优势理论》，《当代经济研究》，2003 年第 9 期。

进入经济新常态的标志之一是高速度转向中高速度，这是客观规律与政策掌控共同作用的状态。为了协调速度与效益的关系，就必须注重经济发展方式，使其从规模速度型粗放增长转向质量效率型集约增长，经济结构从增量扩能为主转向调整存量、做优增量并存的深度调整，经济发展动力由要素驱动、投资驱动等传统增长点转向以创新驱动为代表的新增长点，以及产业结构的不断合理化和高级化。

三是协调区域之间发展。其关键主要如下：一是统筹协调各经济区的区域发展战略。目前，我国除了继续发展长三角、珠三角和中部经济区以外，已实施"一带一路"、京津冀协同发展、长江经济带、西部大开发、东北老工业基地振兴等一批重点区域发展战略。二是要根据我国主体功能区规划统筹协调、分类指导各区域国土空间的开发。要从全局角度促进这些战略的有机融合，推进经济区和主体功能区之间的优势互补与良性互动。

四是协调城乡之间发展。当下我国城市与农村的经济社会发展差距相对较大，因而尽快进行农村的公共设施建设、中小学义务教育建设、乡镇企业建设以及城乡一体化和城镇化建设，是协调城乡发展的关键。新型城镇化建设应讲究城乡两利和实效，而非单纯追求农村人口进城。

五是协调人与自然发展。要处理好经济建设、人口增长与自然资源利用、生态环境保护的关系。在每个家庭可以生养二孩的新政下，预计将比一孩制多出 1 亿左右的人口总量，这会加剧已经严重恶化的生态环境和资源匮乏的格局，因而必须加大保护和修缮生态环境的力度，加大高效利用自然资源的力度，其中包括推行一些约束性指标。

六是协调公有与私有发展。在严格遵照宪法和党中央一系列文件关于坚持和巩固以公有制为主体、多种所有制共同发展的大框架下，要认真贯彻毫不动摇地同时发展公有制经济和非公有制经济的原则，坚决落实习近平总书记和党中央关于国有企业改革要有利于提高活力、竞争力和国有资本放大功能的"三个有利于"以及做强做优做大国有企业的总方针，重点发展以公有资本控股为主的混合所有制经济，而非单纯发展壮大中外私有制经济或以民营经济为主体。

七是协调先富与共富发展。其核心是完善按劳分配为主体、多种分配方式并存的分配制度体系。首先，坚持和完善公有制经济中的按劳分配制度。其次，坚持和完善政府对财富和收入的调节制度。在初次分配领域，政府要通过对收入分配的相关法律法规的完善和执行，科学调节收入和财富的分配。在再分配领域，政府通过完善税收制度来调节高收入群体的过高收入，通过完善转移支付制度来提高低收入群体的收入，并通过完善法律制度来取缔非法收入。

八是协调物质与精神发展。全面建设小康社会既包括不断提高物质生产和消费水平，也包括文化生产和消费水平，而后者就涉及到社会主义核心价值体系和核心价值观的培育与提升，即社会主义市场经济条件下优质精神、进步精神、健康精神等大众化和主流化问题；涉及到以马列主义及其中国化理论为灵魂的思想文化软实力增强和国际竞争问题。可见，这一协调意义非凡。

九是协调技术与制度发展。技术属于生产力的范畴，制度属于生产关系和上层建筑的范畴。不宜抽象地永恒认定"制度重于技术"，如同不能简单地说生产关系和上层建筑重于生产力一样。必须重视习近平总书记关于"创新是发展的第一动力"的论断，协调以科技为引领的生产力体系与改革生产关系和上层建筑为内容的制度体系二者的互动发展。

十是协调对内与对外发展。应确立对外开放的目的是为了更好地发展国内的理念，力避采取为开放而开放，甚至于弊大于利的开放措施目前，我国公有与私有企业应加强联合，逐步夺回被外资不断控制的众多产业部门，包括大众化网站。金融发展要确立服务实体经济和民富国强的思路，要防止外国资本在中国形成金融垄断，谨慎对待并充分论证资本项目开放的问题，加快金融市场的事先、事中和事后全过程监管，特别是加强以有效治理股灾的股市监管法制和能力建设。

三、绿色发展

有一种观点认为，国内外马克思主义者把生态环境恶化主要归因于资本主义制度，这是不对的，难道中国的环境恶化是资本主义导致的吗？我认为，从全球范围看，生态环境的恶化是资本主义制度导致的，中外左翼学者分析得对。对中国来说，主要是思想观念、制度安排、政策和相应的技术没有跟上。其中，构建中国特色社会主义生态制度的体系是当务之急和关键。

首先，政府统一的规划管理制度是生态治理的核心要件。政府是生态制度建设的主导者，良好的生态制度首先需要政府的长远规划和科学管理。完善和落实包括规划环评、政绩考评、资源核算、生态管理等方面和环节在内的政府规划管理制度已刻不容缓。例如，要建立严格的环境保护管理制度体系；要建立体现生态文明建设状况的经济社会发展评价考核体系；要建立和完善生态环境责任追究制度。其中，必须落实一把手负总责制、必要的生态保护一票否决制和终身追究制。对违背科学发展要求、造成资源环境生态严重破坏的要记录在案，实行终身追责，不得转任重要职务或提拔使用，已经调离的也要问责；对推动生态文明建设工作不力的，要及时诫勉谈话；对不顾生态环境约束而盲目决策并造成严重后果的，要严肃追究有关人员的领导责任；对履职不力、监管不严、失职渎职的，要依纪依法追究有关人员的监管责任。

其次，归属清晰的资产产权制度是生态保护的激励方式。归属清晰的资产产权制度通过市场交易，确定资产价格而发挥作用。充分发挥市场在一般资源配置中的决定性作用，可以使价格真实反映自然资源的稀缺程度，准确调节资源供求关系，节约利用资源，减少环境污染，从而推动资源配置效益最大化或效率最优化。不过，包括资产产权制度在内的生态市场机制在现实生活中并非总是有效。因为生态环境和自然资源是公共产品，而市场机制又具有利益个体性、时空局部性、力量分散性以及信息不对称等局限性，这就容易导致如下情况发生：资产的财产权并非总是能够明确确定，比如空气，就很难具体分配和确定；在谈判人数过多，交易成本过高的情况下，已经明确的资产产权也并非总能转让；在信息不对称情况下，资产产权明确且能够自由转让也并非意味着资源配置的最优化。既然资产产权制度只是在一定条件下和一定范围内起到调节自然资源、改善生态环境的作用，那么就必须发挥好政府调节的主导性作用，而不可迷信市场化。充分发挥政府和市场在生态保护方面的双重作用和各自优势，可以有效避免以财产私有为基础，以市场经济为主体，政府只是守夜人的资本主义制度下所引发的对自然环境的破坏性影响，因而是中国特色社会主义制度优越性的一个集中体现。鉴于此，国家在继续推进自然资源产权交易市场建设的同时，还要健全和完善自然资源资产管理体制与用途管制制度。

再次，自然资源的有偿使用制度是生态开发的约束手段。长期以来由于人们生态保护观念的缺乏，生态管理滞后，生态价值被忽略，造成有些城市资源被无偿使用，较低的排污费征收标准不能有效约束企业排污，因而使生态环境受到损害却得不到补偿和赔偿。为此，应通过完善和实施绿色税费制度、生态补偿制度和损害赔偿制度，贯彻"谁开发谁保护，谁破坏谁恢复，谁受益谁补偿"的公平原则，让动态经济发展中的先行者对其所产生的外部性予以补偿。例如，要积极推进环境保护税和资源使用费改革；要建立反映市场供求关系、资源稀缺程度、生态环境损害成本及修复效益的生态补偿制度；要构建责任明确、途径畅通、技术规范、保障有力、赔偿到位、修复有效的生态环境损害赔偿制度。特别需要强调的是，要通过建立生态环境损害赔偿磋商机制，完善相关诉讼规则，加强赔偿和修复的执行与监督，规范鉴定评估，切实有效赔偿因污染环境、破坏生态而导致的生态环境要素及功能的损害。[①]

最后，防治结合的从严治理制度是生态平衡的根本保障。对内面临资源约束下的经济转型和技术升级问题，需要改变因经济快速发展而滥用自然资源的生态稀缺局面，提高企业和居民的资源利用率，减少能源耗费，促进资源循环利用，把民众对生态资源的索取控制在合理范围内。国家则必须以防治结合的从严治理制度为治污之根本保障。具体言之，在预防环境污染方面，应对企业强化节能节地节水、环境、技术、安全等市场准入标准，对一切社会成员的行为设立空气、水、土壤、物种保护的最低环境

---

① 王尔德：《2018年全国推行生态环境损害赔偿制度改革》，《21世纪经济报道》，2015年9月18日。

影响标准。只有把资源损耗和生态成本纳入国民经济核算体系，才能使市场价格真实反映经济活动的环境代价，确定恰当的边际社会成本，刺激企业提高资源产出率。在治理环境方面，各级政府要承担主要的生态责任，履行生态职能，维护生态安全，转变经济发展方式，协调好经济发展和环境保护的关系。为此，要加大财政资金投入，统筹有关资金，对资源节约和循环利用、新能源和可再生能源开发利用、环境基础设施建设、生态修复与建设、先进适用技术研发示范等给予支持。企业要担任绿色发展的主体性角色，通过技术创新和管理创新节能减排，高效生产，兼顾实现经济效益、社会效益和生态效益，实行企业环境行为评级制度及差别化信贷配套政策，引导企业实行绿色化生产经营模式。生态组织要在生态公益宣传、环境损害评估以及应对环境紧急事件等方面独立发挥积极作用。公民个人则要转变消费观念和生活方式，制度化参与环境保护和环境监督，推动创造整洁、优美、和谐的生态环境和形成绿色、低碳、循环的科学生活方式。

四、开放发展

五中全会提出，坚持开放发展，必须顺应我国经济深度融入世界经济的趋势，奉行互利共赢的开放战略，发展更高层次的开放型经济，积极参与全球经济治理和公共产品供给，提高我国在全球经济治理中的制度性话语权，构建广泛的利益共同体。开创对外开放新局面，必须丰富对外开放内涵，提高对外开放水平，协同推进战略互信、经贸合作、人文交流，努力形成深度融合的互利合作格局。2015年12月，中央经济工作会议指出，要继续抓好优化对外开放区域布局、推进外贸优进优出、积极利用外资、加强国际产能和装备制造合作、加快自贸区及投资协定谈判、积极参与全球经济治理等工作。要抓好"一带一路"建设落实，发挥好亚投行、丝路基金等机构的融资支撑作用，抓好重大标志性工程落地。

目前，贯彻党中央关于"发展更高层次的开放型经济"的关键，是要建立起"低损耗、高效益、双向互动、自主创新"的"精益型"对外开放模式，统筹国内经济发展与对外开放的关系，促进国民经济持续健康发展。[1] 例如，要推进高水平双向开放，首先要以实施自主知识产权战略为重点，加速创新型国家建设，参与国际分工要从较低端向中高端迈进，积极提升对外经济开放的质量。不仅要落实"中国制造 2025"，而且要参照德国"工业 4.0"的精神，超前规划我国产业。不能每一个产业都搞后发优势，在高铁方面我们就搞了先发优势，很成功。自主创新需要长期不间断的投入，长期积累，过去我们在这方面做得不够，科技研发费用投入太低，2014 年科技研发经费占比只有 2.1%。这个比例不要说跟发达国家比，甚至连印度都比不上。

要借鉴日本经验，根据每个产业的自主创新能力来具体确定该产业对外开放的程度和速度，从而为该产业提高自主创新能力营造较为宽松的环境。日本的产业是一个一个开放的，这个经验来自德国。在 19 世纪经济学家李斯特的历史学派影响下，德国迅速起飞，采取的措施就是先保护，先不对英国开放，通过内部竞争提高技术，等产业水平接近英国，或者互有长短，然后才开放互利。过去美国经常与日本谈判，要求日本开放，日本就是不开，磨了十年，产业和技术上去了才宣布开放。韩国也大致如此，现在日本和韩国的经济民族主义比我们还强。与其更多地学习美国，不如更多地学习战后的日韩。

金融开放发展要确立服务于实体经济和富民强国的思路，这是新常态下经济平稳运行的前提条件。服务于实体经济是金融的基本职能。这一职能正常发挥作用的条件是金融发展的速度和水平与实体经济相适应。金融业开放发展滞后于实体经济，就会阻碍实体经济的发展；金融业开放发展超前于实体经济，则会使金融风险不断积累，在金融监管缺位的情况下最终将导致金融危机和经济危机。

新常态下金融发展服务于实体经济和富民强国，需重点做好以下几方面工作。一是要防止外国资本在中国形成金融垄断。外国资本在中国的金

---

[1] 程恩富、尹荥玉：《加快转变对外经济发展方式须实现"五个控制和提升"》，《经济学动态》，2009 年第 4 期。

融垄断，不仅会攫取大量的金融垄断利润，而且会使中国失去经济自主权和国家安全的屏障。新常态下防止外资的金融垄断，要求我国在发展混合所有制的过程中，通过法律严格限定外国资本在商业金融机构的参股比例和参股条件。二是要谨慎对待并充分论证资本项目开放的问题。资本项目管制是防止国家资本严重冲击国内经济发展的有效手段。资本项目开放的程度和速度要与国内资本市场的抗风险能力和金融监管部分的监管能力相适应。三是加快金融市场的事先、事中和事后全过程和全方位监管，特别是加强以有效治理股灾的股市监管法制和能力建设。一方面，人大要完善金融市场监管的法律制度体系，使法制建设与金融市场发展实践相适应；另一方面，金融监管部门要在监管人员素质、监管技术、监管机制等方面不断提高监管能力。四是人民币"入篮（SDR）"后，金融改革仍应基于国家安全原则，以加强自主型高层次开放。人民币入篮不等于要立即开放资本项目。基于"三元悖论"，资本自由流动与汇率稳定和货币政策存在着"钟摆效应"，就是保证三个宏观经济政策目标中的一个目标实现的同时，另外两个可以实现一定程度的摆动。倘若高度重视蒙代尔、克鲁格曼、斯蒂格利茨、梯诺尔四位诺奖得主和林毅夫、余永定、郎咸平三位海归国际金融专家以及著名教授方兴起等人均一致反对立即开放我国资本项目的科学理论和政策分析，现阶段我国应采取的政策选项是：保证货币政策有效性，在汇率制度弹性和资本流动程度之间进行摆动。具体说来，保证货币政策有效性的同时，实现有管理的浮动汇率制度配合有管制的资本流动。

五、共享发展

五中全会公报提出，坚持共享发展，必须坚持发展为了人民、发展依靠人民、发展成果由人民共享，做出更有效的制度安排，使全体人民在共建共享发展中有更多获得感，增强发展动力，增进人民团结，朝着共同富裕方向稳步前进。缩小收入差距，坚持居民收入增长和经济增长同步、劳动报酬提高和劳动生产率提高同步，健全科学的工资水平决定机制、正常增长机制、支付保障机制，完善最低工资增长机制，完善市场评价要素贡献并按贡献分配的机制。坚持共享发展，主要涉及到民生和共同富裕的问题，其中分配问题最为突出。我国现在财产和收入的分配差距都比较大，基尼系数超过美国；1% 最富家庭已拥有我国家庭财产的三分之一，已与美国相同。要注意的是，贫富分化的第一指标不是收入。收入只是财富的流量，而关键是财富的存量，即家庭净资产。家庭净资产才是衡量贫富分化的首要指标。据 2015 年 10 月 17 日《参考消息》报道，最新胡润财富报告说，中国亿万富翁人数已经超过美国。这份追踪财富状况的调查报告说，中国经济虽然放缓，但是 2015 年亿万富翁人数增加了 242 人，达到596 人。相比之下，美国亿万富翁人数为 537 人。上述中国亿万富豪人数不包括港澳台地区。最近十几年来，党中央文件一直强调要"缩小收入差距"，但在学界和政界一直有争议，甚至有文章说"富豪是经济引擎，也应是社会楷模"。一种极其流行的错误观点认为，目前贫富差距问题不是首要问题，不是非公经济的大规模发展导致的，而"中等收入陷阱"才是需要担心的问题。这是必须认真辨析的前沿问题。2007 年，世界银行在其发表的《东亚的复兴：经济增长的观点》报告中，用不到一页的篇幅匆匆提出了"中等收入陷阱"一词，但并未给出明确的概念。报告只是描述了陷入"中等收入陷阱"后的若干表现：缺乏规模经济、经济大幅波动或基本停滞、陷入增长困境等。这就提供了模糊的空间，甚至是有意为之。值得关注的是，也有个别学风严谨的西方人士，通过独立的研究，不认同"中等收入陷阱"概念。例如，有一项研究通过考察 1960 年和 2009 年人均收入长期变化的数据，发现希腊、香港特别行政区、中国、爱尔兰、日本、波多黎各、韩国、塞舌尔、新加坡、西班牙和中国台湾均不在所谓的"中等收入陷阱"之中，只有葡萄牙和塞浦路斯在 2009 年仍被列入中等收入国家，但并未见到什么进入"陷阱"的迹象，因而他们认为根本不存在什么"中等收入陷阱"。[1]

---

[1] Ha Minh Nguyen, Maya Eden, David Bulman. There is No Middle Income Trap, 2015 - 10 - 28. http：//blogs. worldbank. org/futuredevelopment/there-nomiddle-income-trap, 2014 - 12 - 05.

　　首先，拉美地区陷入所谓"中等收入陷阱"的真实原因，是由于新自由主义泛滥造成的恶果。新自由主义是古典自由主义的一个极端发展，主张完全市场化、去国家调控化，在凯恩斯主义失效后得势。其次，在31个低收入国家中，除了朝鲜，全部实行了资本主义，而且多数是非洲国家。资本主义国家所标榜的自身制度的所谓优越性，并没有在这些国家身上得到体现。相反，却说明了低收入资本主义国家也会存在严重的问题。以非洲国家为例，或多或少都与资本主义制度有关：如整体思想观念落后、政治不稳定、国内外冲突不断、粮食短缺、公共卫生事业缺乏、教育供给严重不足、就业问题突出，等等。第三，高收入没有进入陷阱吗？以美国为首的西方高收入国家已发生长达8年的金融危机、经济危机、财政危机，发生在前几年的"占领华尔街运动"所提出的"1%与99%人的对立"的贫富分化局面，发生频频向外进行经济政治军事霸权扩张的事件，这些均表明美国、欧盟和日本已进入高收入的陷阱。

　　当前，要真正落实五中全会强调的共享和共同富裕的新理念，关键之一在于壮大和完善按劳分配为主体的所有制基础，必须毫不动摇地巩固和发展公有制经济，包括国有经济和多种形式的集体经济、合作经济。公有经济是消灭剥削、消除两极分化、实现共同富裕的经济基础，是发展现代社会化生产力的市场主体，也是限制非公经济剥削、提高劳动财富和劳动收入的重要途径。多年来的事实表明，公有制和按劳分配的主体地位日渐削弱，劳动收入的占比不断下降，归根到底是由于公有经济的主体地位被旁落（被卖掉、被吞占）。要重点发展以公有制为主体和公有资本控股的混合所有制，这是具有全局性最重要的意义。关键之二在于构建国家主导型劳动者维权机制。目前我国大多数劳动者在非公企业就业，加不加工资主要由老板说了算，政府干预的空间很小。西方政府是站在雇主阶级的立场上主要靠事后调节来协调劳资关系。作为人民政府而非"中性政府"的社会主义政府应汲取西方的教训，应当站在雇员阶级的立场上，主要在事前采取主动、积极措施协调劳动关系或劳资关系。过去在西德企业董事会中的雇员比例制和收入共决机制下，工会依据企业劳动生产率提高来谈判雇员收入的合理增长；在日本，企业依据职工工龄的增加而提高收入等措施,都可以为我国政府借鉴和利用。如果政府严格检查落实法定劳动时间和劳动合同法,劳动者利益完全可以得到保障。我国政府至少应当像当年英国政府一样向企业派出工厂视察员,对于侵犯职工利益的行为直接进行起诉。这是主动协调劳资关系和维护社会稳定的积极措施。如果各级政府等候劳资冲突了,再事后去协调,那就陷于被动,也难以体现人民政府的劳动阶级性质,与从严全面依法治国的积极进取精神并不吻合。

新时代宏伟规划的若干思考

——学习党的十九大精神的体会

党的十八大以来，我国进入中国特色社会主义新时代，党的十九大报告确认了这一客观发展态势，并论及新时代宏伟的发展规划。本文谈几点学习体会。

一、新时代宏伟的发展规划

习近平新时代中国特色社会主义思想是对马克思列宁主义、毛泽东思想、邓小平理论、"三个代表"重要思想、科学发展观的继承和发展，它系统回答了在新时代坚持和发展什么样的中国特色社会主义、怎样坚持和发展中国特色社会主义的重大时代课题，也科学回答了在经济社会发展中国家规划的战略导向作用与市场配置一般资源的决定性作用的结合问题。作为执政党的中国共产党，与西方执政党在治国理政方面的最大区别在于：中国共产党基于以人民为中心的发展思想，基于社会主义制度的优越性，既能够充分"发挥国家发展规划的战略导向作用"，又能够充分利用市场配置一般资源的决定性作用（一般资源不包括教育、文化、卫生、社会保障、住房和地藏、交通运输等重要的非物质资源或物质资源）。

原载《学术研究》2017 年第 12 期。

(一)"两个一百年"的奋斗目标

鉴于资本主义市场经济存在"个别工厂中的生产的组织性和整个社会的生产的无政府状态之间的对立",习近平总书记认为,"在社会主义条件下发展市场经济,是我们党的一个伟大创举。我国经济发展获得巨大成功的一个关键因素,就是我们既发挥了市场经济的长处,又发挥了社会主义制度的优越性。我们是在中国共产党领导和社会主义制度的大前提下发展市场经济,什么时候都不能忘了'社会主义'这个定语。之所以说是社会主义市场经济,就是要坚持我们的制度优越性,有效防范资本主义市场经济的弊端。我们要坚持辩证法、两点论,继续在社会主义基本制度与市场经济的结合上下功夫,把两方面优势都发挥好,既要'有效的市场',也要'有为的政府',努力在实践中破解这道经济学上的世界性难题。"

社会主义市场经济的实践表明,基于社会主义制度的优越性,国家规划的战略导向作用与市场配置一般资源的决定性作用的成功结合,有效防范了资本主义市场经济的弊端,同时破解了"既要'有效的市场',也要'有为的政府'"这道经济发展上的世界性难题,实现市场和政府在功能上的"双强格局"。

具体来说,改革开放之后,我们党对我国社会主义现代化建设作出战略安排,提出"三步走"战略目标,使解决人民温饱问题和人民生活总体上达到小康水平这两个目标提前实现。在这个基础上,党的十八大确立了"两个一百年"奋斗目标,即到建党一百年时全面建成小康社会。然后再奋斗30年,到新中国成立一百年时,基本实现现代化,把我国建成为社会主义现代化国家。

为此,党的十九大报告提出,从现在到2020年,必须按照全面建成小康社会的各项要求,紧扣我国社会主要矛盾变化,统筹推进"五位一体"总体布局,协调推进"四个全面"战略布局,使全面建成小康社会得到人民认可、经得起历史检验。从2020年到本世纪中叶可以分两个阶段来安排:第一个阶段,从2020年到2035年,在全面建成小康社会的基础上,再奋斗15年,基本实现社会主义现代化。这就把党的十八大报告提出的基本实现现代化的时间表提前了15年。第二个阶段,从2035年到本世纪中叶，在基本实现现代化的基础上，再奋斗 15 年，把我国建成富强民主文明和谐美丽的社会主义现代化强国。

正是以上的这些中长期战略规划对社会主义市场经济的战略主导作用，既使市场经济的长处得到了充分的发挥，又使社会主义制度的优越性得到了充分的发挥，从而有效防范了资本主义市场经济中存在的企业生产的有组织性与整个社会经济的无政府或无秩序状态之间对立的弊端，实现了国家调节为主导和市场调节为基础互为条件、优势互补的双重有机结合，是社会主义有计划发展规律的客观要求和出色表现。

（二）创新驱动发展战略的顶层设计

习近平指出："实施创新驱动发展战略决定着中华民族前途命运。没有强大的科技，'两个翻番'、'两个一百年'的奋斗目标难以顺利达成，中国梦这篇大文章难以顺利写下去，我们也难以从大国走向强国。"而"实施创新驱动发展战略，不能'脚踩西瓜皮，滑到哪儿算哪儿'，要抓好顶层设计和任务落实"。习近平强调，"我们必须把创新作为引领发展的第一动力，把人才作为支撑发展的第一资源，把创新摆在国家发展全局的核心位置，不断推进理论创新、制度创新、科技创新、文化创新等各方面创新，让创新贯穿党和国家一切工作，让创新在全社会蔚然成风。"同时，在他看来，"在传统国际发展赛场上，规则别人都制定好了，我们可以加入，但必须按照已经设定的规则来赛，没有更多主动权。抓住新一轮科技革命和产业变革的重大机遇，就是要在新赛场建设之初就加入其中，甚至主导一些赛场建设，从而使我们成为新的竞赛规则的重要制定者、新的竞赛场地的重要主导者"，"我国能否在未来发展中后来居上、弯道超车，主要就看我们能否在创新驱动发展上迈出实实在在的步伐"。因此，我国提出《中国制造 2025》和《新一代人工智能发展规划》等，均是为了部署高新科技发展的先发优势，加快建设创新型国家和世界科技强国。

我国以往片面强调市场换技术和资源禀赋基础上的比较优势开放战略，导致自主创新特别是原创力不强，关键领域核心技术受制于人的格局没有从根本上改变，科技对经济增长的贡献率远低于发达国家水平的现况。历史事实表明，经济大国不等于经济强国。一个国家长期落后归根到底是由于技术落后，而不取决于经济规模大小。因此，"必须加快从要素驱动发展为主向创新驱动发展转变，发挥科技创新的支撑引领作用"，在这个转变过程中，"我们要注意一个问题，就是我国社会主义制度能够集中力量办大事是我们成就事业的重要法宝。我国很多重大科技成果都是依靠这个法宝搞出来的，千万不能丢了！"可见，新时代加速进入科技创新性国家的先进行列，必须在比较优势和综合竞争优势的基础上突出自主知识产权优势理论与战略，实行"国家主导、企事业主体、市场操作"的官产学一体化攻关，在智能科技、科技标准和世界名牌的创立方面发挥经济全球化和市场经济条件下新型举国体制的巨大优越性。从创新的基础性工作来说，实现创新驱动需要依靠智能型人才，创新驱动的实现需要中国在高等教育上进行智能教育改革，实现由培养技能型人才向培养智能型人才的跨越式发展。

（三）"一带一路"的谋篇布局

丝绸之路经济带和21世纪海上丝绸之路的倡议和实施，顺应了时代要求和各国加快发展的共同愿望，提供了一个包容性巨大的发展平台，具有深厚历史渊源和人文基础，能够把快速发展的中国经济同沿线国家的利益结合起来。"要集中力量办好这件大事"。

推进"一带一路"建设是我国扩大高层次对外开放的需要，是加强与亚欧非等世界各国互利共赢平等合作的需要。"一带一路"建设着眼欧亚大舞台、世界大棋局的重大谋篇布局，贯穿欧亚大陆，东边连接亚太经济圈，西边进入欧洲经济圈，与俄罗斯提出的欧亚经济联盟对接，大致涉及65个国家，总人口44亿，生产总值23万亿美元，分别占全球的62.5%、28.6%。通过"一带一路"建设把亚欧非等扩展的沿线国家团结起来，我们就可以在全球和地区大竞争中站稳脚跟、赢得主动。因此，"'一带一路'建设的定位是我国扩大对外开放的重大战略举措和经济外交的顶层设计，是我国今后相当长时期对外开放和对外合作的管总规划，也是我国推动全球治理体系变革的主动作为"。

目前，"一带一路"倡议正积极稳妥地实施。这包括在同各方充分沟通的基础上正在构建的陆上经济合作走廊和海上经济合作走廊。而推进

"一带一路"建设,"既要发挥政府把握方向、统筹协调作用,又要发挥市场作用","形成政府主导、企业参与、民间促进的立体格局";同时,"'一带一路'建设既要确立国家总体目标,也要发挥地方积极性。地方的规划和目标要符合国家总体目标,服从大局和全局"。可见,在"一带一路"的建设中,必须由政府主导而非市场主导,这既是一个原则性的总体发展方针,又是一个中国特色社会主义政治经济学的基本理论。

二、圆满实现宏伟规划的 两个基本理论问题

(一)必须处理好政府调节与市场调节的关系

政府的规划或计划包括年度短期规划、五年中期规划、十年以上长期规划、专项规划、部门规划、地区规划等多种形式。其目的在于通过人的自觉理性行为,合理分配和节约社会总劳动时间,以实现公平与效率的高水平协调发展,也就是马克思所说的按比例分配社会劳动这一人类社会共同的客观规律所要求的。社会主义比资本主义更多更好地通过各种社会规划来满足劳动时间节约规律、价值规律、市场调节规律、国家调节规律、有计划发展规律和按比例发展规律等规律系统的客观要求,因而总体上稳中有进地推动了国计民生的又好又快发展。

事实上,在当今世界,无论是资本主义市场经济,还是社会主义市场经济,都存在政府对经济活动的自觉调节和市场对经济活动的自发调节。所以邓小平说,计划经济不等于社会主义,资本主义也有计划,市场经济不等于资本主义,社会主义也有市场。过去我们比较多的用计划一词,现在我们则比较多的用规划一词。实际上两者是一个意思,即都是指政府对经济活动的自觉调节。在英文中,计划、规划和方案可以用 plan 或 project 表达。值得指出的是,虽然在美国有主导新产业即 IT 产业形成的"克林顿 NII 计划"的个案,但一般来说,资本主义的政治制度和经济制度决定了政府难以推行中长期计划或规划。而中国特色社会主义的政治制度和经

济制度的优越性，突出体现在政府能够推行中长期计划或规划，并有能力将国家规划的战略导向作用与市场配置一般资源的决定性作用有机地结合在一起。无怪乎英国《金融时报》专栏作家、顽固的新自由主义者吉迪恩·拉赫曼在党的十九大后不得不发出这样的感叹："与习近平为中国规划的宏图伟志相比，特朗普对美国的根本愿景如今看起来渺小而落后"。

我们引以为豪的是，新中国成立后，以毛泽东同志为核心的党的第一代中央领导集体带领人民，在被迫相对封闭和一穷二白的历史重负的特殊历史环境中，采取完全公有制和弱化市场作用的非常举措，建立了社会主义经济制度和行政指令性的计划体制。基于这种制度和体制，集中力量办大事，从而在战争的废墟上，在极其艰难困苦的环境中，"建立起独立的比较完整的工业体系和国民经济体系，独立研制出'两弹一星'，成为在世界上有重要影响的大国"。党的十九大报告在评价这段历史时指出，"我们党团结带领人民完成社会主义革命，确立社会主义基本制度，推进社会主义建设，完成了中华民族有史以来最为广泛而深刻的社会变革，为当代中国一切发展进步奠定了根本政治前提和制度基础，实现了中华民族由近代不断衰落到根本扭转命运、持续走向繁荣富强的伟大飞跃"。这就否定了那种认为毛泽东时代仅仅使我国站起来，所谓改革前后是国富民穷、割裂富与强关系等片面观点。改革前后的两个 30 年不能互相否定，我们不宜把毛泽东时代与邓小平时代割裂或对立起来，而是要发挥两个时代的优势和长处，克服其短处和失误，综合性、超越性和创造性地推进科学社会主义在中国社会主义初级阶段、中级阶段和高级阶段的逐步实现。

我们同样引以为豪的是，"我们党团结带领人民进行改革开放新的伟大革命，破除阻碍国家和民族发展的一切思想和体制障碍，开辟了中国特色社会主义道路，使中国大踏步赶上时代"。就政府与市场的关系来说，在新的历史环境中，需要在社会主义条件下发展市场经济，需要发挥市场经济的长处的同时，发挥社会主义制度的优越性。而将指令性计划转变为指导性计划或规划，则最能体现社会主义制度的优越性，从而有效防范资本主义市场经济的弊端。这是因为，我国国计民生获得巨大成功的一个关键因素，就是在经济社会发展中国家规划的战略导向作用与市场配置一般资源的决定性作用的有机结合。

客观地说，不同的具体历史环境，决定了政府作用和市场作用的不同范围，以及两者结合的不同方式。所谓政府作用和市场作用的静态"边界"，只存在于西方的教科书中。改革开放以来，党的文献对计划与市场关系的不同提法，反映了具体历史环境和认知的变化。如在党的十一届三中全会以后，提出在社会主义制度下，计划和市场可以结合；党的十二大提出"计划经济为主、市场调节为辅"；党的十二届三中全会提出"社会主义经济是有计划的商品经济"；党的十三大就不再讲计划经济为主，而是提出"社会主义有计划的商品经济体制应该是计划与市场内在统一的体制"；党的十四大提出我国经济体制改革的目标是建立社会主义市场经济体制，提出要使市场在国家宏观调控下对资源配置起基础性作用。①

从党的十四大以来的 20 多年间，对政府和市场关系，一直在根据实践拓展和认识深化中寻找新的科学定位。党的十五大提出"使市场在国家宏观调控下对资源配置起基础性作用"。党的十六大提出"在更大程度上发挥市场在资源配置中的基础性作用"。党的十七大提出"从制度上更好发挥市场在资源配置中的基础性作用"。党的十八大提出"更大程度更大范围发挥市场在资源配置中的基础性作用"。

党的十八届三中全会把市场在资源配置中的"基础性作用"修改为"决定性作用"，提出"使市场在资源配置中起决定性作用和更好发挥政府作用"。党的十九大仍提出"使市场在资源配置中起决定性作用，更好发挥政府作用"。

---

① 1992 年 4 月 30 日，中共中央召开政治局常委会议，提出十四大在计划与市场的关系上要前进一步，这是关系改革开放和现代化建设全局的一个重大问题。5 月 28 日的政治局常委会议正式决定，在十四大上要对计划与市场的关系作出新的论述，并决定在中共中央党校召开干部会议。之后，江泽民找经济学家刘国光谈了一次话。他说个人倾向于使用"社会主义市场经济"的提法，并问刘国光的意见。刘国光说赞成，但同时又说，不提"有计划"，这方面容易被人忽略，而"有计划"对于社会主义经济是非常重要的。江泽民说："有计划的商品经济也就是有计划的市场经济。社会主义经济从一开始就是有计划的，这在人们头脑里和认识上一直是很清楚的，不会因为提法上不出现'有计划'三个字，就发生了是不是取消了计划性的疑问。"参见魏礼群：《改革开放三十年见证与回顾》，中国言实出版社 2008 年版，第 74 页。

　　理论和实践都证明，无论对资本主义市场经济而言，还是对社会主义市场经济而言，市场决定资源配置是市场经济的一般规律，因为单从市场经济的意义上说，市场经济本质上就是市场决定资源配置的经济。因此，健全社会主义市场经济体制必须遵循这条规律，着力解决市场体系不完善、政府干预过多和监管不到位问题。同时，什么时候都不能忘了"我国实行的是社会主义市场经济体制，我们仍然要坚持发挥我国社会主义制度的优越性、发挥党和政府的积极性作用。市场在资源配置中起决定性作用，并不是起全部作用"。我们认为，市场在一般资源配置中起决定性作用，主要属于微观层次，而政府职能如行政审批等的缩减，也主要在微观领域。至于宏观层次上和重要资源的配置问题，政府要加强调控和规划，不能让市场这只"看不见的手"盲目操纵，自发"决定"。比如，实施创新驱动发展战略，不能由市场自发调到哪儿就算哪儿，必须由政府通过民主程序和集思广益地确定世界科技发展趋势，确定我国科技发展现状和应走的路径，把发展需要和现实能力、长远目标和近期工作统筹起来考虑，在顶层设计中制定切合实际的发展方向、目标、工作重点。因此，2015年，我国提出了制造强国战略第一个十年的行动纲领，即《中国制造2025》；2017年7月，提出了面向2030年我国新一代人工智能发展的指导思想、战略目标、重点任务和保障措施的《新一代人工智能发展规划》；"一带一路"建设也不能由市场自发调节，走到哪就算到哪，而必须服从更高层次对外合作和现代化经济体系的管总规划，主动引导全球治理体系变革和公正发展的经济全球化。

　　（二）必须处理好公有制与私有制的关系

　　党的十九大报告指出："必须坚持和完善我国社会主义基本经济制度和分配制度，毫不动摇巩固和发展公有制经济，毫不动摇鼓励、支持、引导非公有制经济发展"。要圆满实现新时代宏伟规划，还必须坚持初级阶段的社会主义基本经济和分配制度。政治经济学的原理之一，是生产不断社会化与资本主义私有制的基本矛盾，必然导致个别企业的生产经营有计划与整个社会生产和经济活动的无政府或无秩序状态之间的矛盾，导致社会生产经营的无限扩大与人民群众有支付能力的需求相对缩小之间的矛盾，导致生产和国民经济周期性地发生衰退和各种危机，以及贫富阶级对立和经济寡头垄断等一系列严重问题，从而妨碍资本主义国家各种规划的制定和实施。中国特色社会主义政治经济学必须坚持公有主体型的产权原则，从而为顺利实施国家宏伟规划奠定微观基础。它依据政治经济学的一般原理，强调初级社会主义由于生产力相对不发达，因而必须坚持公有制为主体、国有制为主导、多种所有制共同发展的基本经济制度，"在保证公有制经济质和量的发展的条件下，发展国内外私有制企业"；强调要毫不动摇巩固和发展公有制经济，毫不动摇鼓励、支持、引导非公有制经济发展，推动各种所有制取长补短、相互促进、共同发展，同时公有制主体地位不能动摇，国有经济主导作用不能动摇，这是保证中国各族人民共享发展成果的制度性保证，也是巩固党的执政地位、坚持中国社会主义制度的重要保证；强调这一基本经济制度有别于私有制为主体、多种所有制共同发展的当代资本主义基本经济制度，如果操作得法，公有制不仅可以与市场经济有机相融，而且可以比私有制实现更高的公平与效率。同时必须看到，在当今世界国家政权还是一种必须存在的历史时期，国家所有制仍是一种具有合理性的社会主义所有制形式。

　　目前，必须贯彻习近平新时代中国特色社会主义思想中关于国有企业是社会主义经济基础的支柱、发展混合所有制和改革的目的是为了做强做优做大国有企业等战略思维和方针，汲取过去国有企业改革形成暴富阶层的严重教训，重点发展公有资本控股的双向混合的混合所有制，同时大力发展农村村级集体层经济和合作经济，提升公有经济的活力、竞争力、控制力和抗风险力。应牢固确立关于发展私有制的目的是为发展公有制和社会主义经济服务的基本思想。对于中外私有经济，不仅要支持，更要引导和监管，以发挥其正能量，减少负效应。那种把私有制"老板"说成是高于工人阶级和劳动人民阶层的"老大"，是偏离以习近平同志为核心的党中央基本精神的。依据资本主义国家的先进经验和华为企业的某些超前做法，中国应鼓励和引导私营企业开展职工持股的改革，以推动劳资两利、共同富裕。

　　政治经济学的另一个重要原理，是生产关系中的所有制决定分配关系。资本主义私有制决定分配上必然是按资分配，雇佣劳动者只能凭借法律上的劳动力所有权获得劳动力的价值或作为其转化形式的广义工资。在这个大框架和前提下，雇佣劳动者在某一企业的具体工资与具体岗位和绩效挂钩，但这不属于社会主义经济性质的按劳分配。而某些企业、某些部门和全社会的雇佣阶级总体工资状况，则取决于与资产阶级的实际斗争及其成效。资本主义私有制范围内的分配，表象是按生产要素的贡献分配，其实质是按生产要素的产权分配。

中国特色社会主义政治经济学必须坚持劳动主体型的分配原则。它依据政治经济学的一般原理，强调初级社会主义由于生产力相对不发达，由于坚持公有制为主体、多种所有制共同发展的产权制度，因而必然实行按劳分配为主体，各种生产要素凭借产权的贡献参与分配这一基本分配制度；强调消灭剥削、消除两极分化，逐步实现共同富裕，这是社会主义的一个本质内容；强调共同富裕是中国特色社会主义的重要原则，要完善按劳分配为主体、多种分配方式并存的基本分配制度；强调要缩小收入差距，坚持居民收入增长和经济增长同步、劳动报酬提高和劳动生产率提高同步，健全科学的工资水平决定机制、正常增长机制、支付保障机制，完善最低工资增长机制，完善市场评价要素并按产权贡献分配的机制。

目前，要认真贯彻习近平新时代中国特色社会主义思想中关于共富共享发展的新理念，必须坚持以人民为中心的发展思想，坚持发展为了人民、发展依靠人民、发展成果由人民共享，作出更有效的制度安排和政策调整，使全体人民在共建共享发展中有更多获得感。要增强发展动力，就要增进人民团结，朝着共同富裕方向稳步前进。只有将资源配置的目标着眼于共同富裕，社会生产才能健康稳定地运行，才能显示社会主义制度的优越性。坚持共享发展，主要涉及民生和共同富裕的问题，其中分配问题当下最为突出。自20世纪90年代以来，随着国企大规模私有化，劳动力后备军的增加削弱了工人整体的力量，劳动力市场的分割也削弱了工人阶级的团结力，劳动者收入占GDP的比重已经显著下降。中国现在财产和收入的分配差距都比较大，基尼系数超过美国；1%最富家庭已拥有中国家庭财产的1/3，已与美国相同。要注意的是，贫富分化的第一指标不是收入。收入只是财富的流量,而关键是财富的存量,即家庭净资产。家庭净资产才是衡量贫富分化的首要指标。[①] 最近十几年来,有关文件一直强调要"缩小收入差距",十九大报告也说"收入分配差距依然较大",但在社会各界一直有争议,甚至有文章笼统地赞扬"富豪是经济引擎,也应是社会楷模"。一种极其流行的错误观点认为,目前贫富差距问题不是首要问题,不是非公经济的大规模发展导致的,而所谓"中等收入陷阱"才是需要担心的问题。事实上,正是发明"中等收入陷阱"一词的新自由主义导致拉美国家陷入所谓中等收入陷阱,导致高收入的美欧日国家陷入金融危机、财政危机和经济危机,导致低收入的非洲等国家陷入发展缓慢。"自从2002年以来,中国经济增长放缓,很多关于'中等收入陷阱'的研究都在关注中国能否在人均GDP上进入高收入国家行列。大多数研究将此归结于工资成本的提高,准确的说是单位劳动成本的增加,导致了国际竞争力的丧失。然而,由于单位劳动成本的增加看上去没有资本生产率的减少那么危险,这就需要用马克思主义的分析来更好的理解这一问题。"

可见,我国只有尽快落实邓小平多次强调在上一世纪末就要把解决贫富分化和共同富裕的问题提到议事日程上的战略思想,尽快落实十九大报告关于"坚持按劳分配原则,完善按要素分配的体制机制,促进收入分配更合理、更有序……缩小收入分配差距"的战略方针,遵照劳动主体型的分配原则来改革财富和收入的分配体制机制,才能真正使共享发展、共同富裕和共同幸福落到实处,使广大劳动人民满意。

三、结 语

最后须强调,在社会主义初级阶段,我们需要继续完善市场经济的改

---

① 据2015年10月17日《参考消息》报道,最新胡润财富报告说,中国亿万富翁人数已经超过美国。这份追踪财富状况的调查报告说,中国经济虽然放缓,但是2015年亿万富翁人数增加了242人,达到596人。相比之下,美国亿万富翁人数为537人。上述中国亿万富豪人数不包括港澳台地区。

革，但这个市场经济改革的方向和性质必须是社会主义的，而不是资本主义的。这个问题关系到我国改革的前途命运，也是现今经济领域里意识形态斗争的焦点。环绕这个问题的针锋相对的纷争，当然有理论是非问题，但是在更大程度上，这是当今中国社会不同利益阶层势力的对决。反对"市场经济"与"社会主义"相结合，主张私有化、非调控化和两极分化的声音，虽然有雄厚的财富和权力的实力背景，但毕竟只代表少数人的利益。而主张"市场经济"必须与"社会主义"相结合，以公有制为主体，以国家计划调控为导向和以共富共享共福为目的的声音，则代表了工人阶级和广大人民的希望。历史表明，以马克思主义为指导，以限制和发挥资本逻辑的方式全面发展社会主义生产力，是实现人民幸福和自由的必然选择。十九大报告提出："明确新时代我国社会主要矛盾是人民日益增长的美好生活需要和不平衡不充分的发展之间的矛盾，必须坚持以人民为中心的发展思想，不断促进人的全面发展、全体人民共同富裕"。这突出体现了习近平新时代中国特色社会主义思想的鲜明立场。中国经济改革的前景，不取决于争论双方一时的胜负，最终将取决于广大人民群众的意志。对此，我们仍满怀信心和激情，是因为习近平总书记一再强调，我们是在中国共产党领导和社会主义制度的大前提下发展市场经济，什么时候都不能忘了"社会主义"这个定语；强调要坚定马克思主义信仰、共产主义理想、中国特色社会主义信念，并把马列主义、毛泽东思想和中国特色社会主义理论（含习近平新时代中国特色社会主义思想）共同作为党的指导思想和行动指南，也指导新时代社会主义宏伟规划的顺利圆满推进。

我们坚信，只要正确理解和积极贯彻习近平新时代中国特色社会主义思想，坚定政治定力、理论定力和前进定力，科学统揽新时代的伟大斗争、伟大工程、伟大事业、伟大梦想，便必然会取得中国特色社会主义宏伟规划的一个个新成就新胜利！

参考文献

［1］习近平：《决胜全面建成小康社会夺取新时代中国特色社会主义伟大胜利》，《人民日报》2017 年 10 月 28 日。

［2］恩格斯：《反杜林论》，《马克思恩格斯选集》第 3 卷，人民出版社，1972 年，第 313 页。

［3］中共中央文献研究室编：《习近平关于社会主义经济建设论述摘要》，中央文献出版社，2017 年，第 66，128，22，134，126、125、136，255，276，271、272 页。

［4］钱津：《创新驱动：中国实现工业化的模式转换——基于企业与教育视角的探析》，《管理学刊》2017 年第 3 期。

［5］吉迪恩·拉赫曼：《自信的中国挑战西方》，《英国金融时报》2017 年 10 月 25 日。

［6］习近平：《在纪念毛泽东同志诞辰 120 周年座谈会上的讲话》，人民网，2013 年 12 月 26 日。

［7］习近平：《关于〈中共中央关于全面深化改革若干重大问题的决定〉的说明》，《人民日报》2013 年 11 月 16 日。

［8］Cheng Enfu, XinXiangyang, "Fundamental Elements of the China Model", International Critical Thought, vol. 1, no. 1, 2011, p. 5.

［9］Qi, Hao, "The Labor Share Question in China", Monthly Review, vol. 65, no. 8, 2014.

［10］Mylene Gaulard, "A Marxist Approach of the Middel-Income Trap in China", World Review of Political Economy, vol. 6, no. 3, 2015, p. 299.

［11］卫兴华：《中国特色社会主义经济理论的坚持、发展与创新问题》，《马克思主义研究》2015 年第 10 期。

［12］沈广明：《以人民为中心的政治经济学——从〈马克思主义与中国梦〉谈起》，《海派经济学》2017 年第 3 期。

［13］刘国光：《九十感恩》，《世界社会主义研究动态》2013 年第 102 期。

新时代将加速经济新常态下
的民富国强进程[*]

  "两个一百年"的战略规划将加速民富国强进程，推动新中国持续走向繁荣富强，而西方民富国强受阻的根本原因是资本主义各种对抗性矛盾，中国和西方国家出现两种不同的经济新常态。本文阐述中西民富国强的若干现状以及不同经济新常态的现实表现、制度特点和理论政策，并提出我国处于世界经济体系"中心—外围"中的"准中心"概念。

一、"两个一百年"的战略规划
加速民富国强进程

  新时代中国特色社会主义思想对马列主义及其中国化理论的继承和发展，最为突出地体现在经济社会发展中国家规划的战略导向作用与市场配置一般资源的决定性作用的结合方面。作为有长远战略规划的领导型执政党的中国共产党，与西方"二无型"（无党章、无党员）执政党在治国理政方面的最大区别在于：中国共产党基于以人民为中心来提升民富国强的发展思想，把社会主义制度与市场经济制度有机相结合，既充分"发挥国家发展规划的战略导向作用"，^① 又充分利用市场配置一般经济资源的决定

  * 原载《中央社会主义学院学报》2018 年第 1 期。

① 习近平：《决胜全面建成小康社会夺取新时代中国特色社会主义伟大胜利》，《人民日报》2017 年 10 月 28 日。

性作用（一般资源不包括教育、文化、卫生、社会保障、住房和地藏、交通运输等重要的非物质资源或物质资源）。这明显地体现在"两个一百年"的奋斗目标及其实施中。

具体来说，改革开放之后，我们党对我国社会主义现代化建设作出战略安排，提出"三步走"战略目标，使解决人民温饱问题和人民生活总体上达到小康水平这两个目标提前实现。在这个基础上，党的十八大确立了"两个一百年"奋斗目标，即到建党一百年时全面建成小康社会，然后再奋斗三十年，到新中国成立一百年时，基本实现现代化，把我国建成为社会主义现代化国家。

党的十九大报告又提出，从现在到 2020 年，必须按照全面建成小康社会的各项要求，紧扣我国社会主要矛盾变化，统筹推进"五位一体"总体布局，协调推进"四个全面"战略布局，使全面建成小康社会得到人民认可、经得起历史检验。从 2020 年到本世纪中叶可以分两个阶段来安排：第一个阶段，从 2020 年到 2035 年，在全面建成小康社会的基础上，再奋斗 15 年，基本实现社会主义现代化。这就把党的十八大报告提出的基本实现现代化的时间表提前了 15 年。第二个阶段，从 2035 年到本世纪中叶，在基本实现现代化的基础上，再奋斗 15 年，把我国建成富强民主文明和谐美丽的社会主义现代化强国。①

正是以上的这些关于民富国强的中长期战略规划对社会主义市场经济的战略主导作用，既使市场经济的长处得到了充分的发挥，又使社会主义制度的优越性得到了充分的发挥，从而有效防范了资本主义市场经济中存在的企业生产的有组织性与整个社会经济的无政府或无秩序状态之间对立的弊端，实现了国家调节为主导和市场调节为基础互为条件、优势互补的双重有机结合，是社会主义有计划发展规律的客观要求和出色表现。

因此，习近平总书记指出："在社会主义条件下发展市场经济，是我们党的一个伟大创举。我国经济发展获得巨大成功的一个关键因素，就是我们既发挥了市场经济的长处，又发挥了社会主义制度的优越性。我们是

---

① 习近平：《决胜全面建成小康社会夺取新时代中国特色社会主义伟大胜利》，《人民日报》，2017 年 10 月 28 日。

在中国共产党领导和社会主义制度的大前提下发展市场经济，什么时候都不能忘了'社会主义'这个定语。之所以说是社会主义市场经济，就是要坚持我们的制度优越性，有效防范资本主义市场经济的弊端。我们要坚持辩证法、两点论，继续在社会主义基本制度与市场经济的结合上下功夫，把两方面优势都发挥好，既要'有效的市场'，也要'有为的政府'，努力在实践中破解这道经济学上的世界性难题。"[1] 也就是说，中国特色社会主义市场经济的实践表明，鉴于资本主义市场经济存在"个别工厂中的生产的组织性和整个社会的生产的无政府状态之间的对立"，[2] 我们必须基于社会主义制度的优越性，使国家规划的战略导向作用与市场配置一般经济资源的决定性作用成功结合，便可有效防范资本主义市场经济的弊端，同时破解既要"有效的市场"，也要"有为的政府"这道经济发展上的世界性难题，实现市场和政府在功能上的"双强格局"，加速新时代在经济新常态下的民富国强进程。

二、关于新中国持续走向繁荣富强的问题

有舆论说，毛泽东使我们站起来、邓小平使我们富起来、习近平使我们强起来；也有舆论说，毛泽东社会主义 1.0 版本是一穷二白、邓小平社会主义 2.0 版本是富起来、十八大后社会主义 3.0 版本是强起来。这些表述均不准确。准确地说，解放前中国是一穷二白，但解放以来从毛泽东时代开始，我们不仅站起来了，而且逐步富强起来了，富强是一个后浪推前浪的持续更好的过程。新中国近 70 年民富国强的统计数据，并不支撑割裂民富与国强的论点，也不支撑毛泽东时代没有逐步富强起来的论点。习近平总书记关于不能把新中国以来的两个 30 年建设发展互相否定的政治底线和原则是十分正确的。

---

① 中共中央文献研究室编：《习近平关于社会主义经济建设论述摘要》，中央文献出版社 2017 年版，第 66 页。
② 恩格斯：《反杜林论》，《马克思恩格斯选集》第 3 卷，人民出版社 1975 年版，第 313 页。

　　众所周知，新中国的诞生，真正开启了中华民族伟大复兴的历史之门。新中国的建设，尽管经了种种挫折和干扰，仍然取得了世界历史上任何其他国家从未达到过的辉煌经济成就。我国在改革开放前1949—1978年的大约30年间完成了重化工业化，建立了一个门类初步齐全、依靠内循环可以基本自给自足的国民经济体系，实现了包括导弹、卫星、核武器在内的自我武装，经济发展速度赶上并超过了世界绝大多数国家，年均GNP约为6%多，可以跻身同期世界最快经济发展之列，社会生产力、综合国力、人民生活水平均比新中国成立前有较大提高，与主要发达国家的若干重要经济差距迅速缩小。因此，邓小平主持起草的《关于建国以来党的若干历史问题的决议》确认："在工业建设中取得重大成就，逐步建立了独立的比较完整的工业体系和国民经济体系""农业生产条件发生显著改变，生产水平有了很大提高……1980年同1952年相比，全国粮食增长近一倍，棉花增长一倍多。尽管人口增长过快，现在已近十亿，我们仍然依靠自己的力量基本上保证了人民吃饭穿衣的需要""城乡商业和对外贸易都有很大增长……1980年，全国城乡平均每人的消费水平，扣除物价因素，比1952年提高近一倍""教育、科学、文化、卫生、体育事业有很大发展。"

　　改革开放以来的40年间，中国国民经济更是高速腾飞，年均GDP增速约为9%，远远高于同时期世界经济平均3%左右的增长速度，达到同期世界第一，大大超过德、日、美等国在其崛起甚至"黄金时期"的增长速度。目前，国民经济总量和对外贸易总额已排名世界第二，外汇储备排名世界第一。"神州"系列载人宇宙飞船发射成功，"嫦娥"探月工程、高铁、天河计算机、北斗导航等一张张响亮的"中国名片"，成为"中国奇迹"的有力见证，标志着我国综合国力和国际地位也居于世界前列。我国人均国内生产总值已达8000多美元，人民生活接近由温饱到全面小康的历史性跨越。与此同时，我国在民主政治、文化、社会建设等方面也都取得显著成就。

　　改革开放前后两个时期都是社会主义新中国约70年历史的有机组成部分，都是作为一个整体的社会主义新中国历史。应当说改革开放前的发展为改革后的发展奠定了物质文化基础，改革后的发展是在这个基础上的大发展。但是，当今中国社会上有一些论著为了论证改革开放的必要性和伟大成就，对前30年发展采取历史虚无主义态度、或者片面地只讲失误和不足、甚至是用歪曲的手段进行基本否定，割裂、扭曲改革开放前后两个年代的继承和发展关系。这对于我们科学认识新中国年逐步富强的历史发展，从而客观总结历史经验教训、把握有关发展规律，是非常有害的。

对此，党的十九大报告作出准确的描述："中国特色社会主义进入新时代，意味着近代以来久经磨难的中华民族迎来了从站起来、富起来到强起来的伟大飞跃，迎来了实现中华民族伟大复兴的光明前景""我们党团结带领人民完成社会主义革命，确立社会主义基本制度，推进社会主义建设，完成了中华民族有史以来最为广泛而深刻的社会变革，为当代中国一切发展进步奠定了根本政治前提和制度基础，实现了中华民族由近代不断衰落到根本扭转命运、持续走向繁荣富强的伟大飞跃"。其中强调的是新中国以来"持续走向繁荣富强"！

三、民富国强若干数据与
世界经济"准中心"概念

前几年就有一种说法，认为新中国以来，特别是改革开放以来，中国是逐步富强起来了，但是叫"国强民穷"，当时有这么一个小小的流行思潮。著名经济学家、中国社科院原副院长刘国光教授曾在文章中专门批驳了这一错误观点。我们中国人喜欢比较，这是好事。我们工业要和美国、德国、日本比，我们的农业要和以色列、荷兰比，我们的军事要和美国比，我们的生态环境要和澳大利亚、新西兰比，我们的生活要和丹麦、挪威比，我们的足球还要和德国比，等等。这样一比较，好像我国什么都不是最先进的。其实，这样比较是可以的，但并不全面和科学。单项比较，有利于激励我们砥砺前行，但如果认为中国什么都不行或先进，那么这个结论就十分片面了。实际上，在民富国强方面，中国自我纵向比较，应对

1949 年前后的新旧中国进行全面比较；中国与他国的横向比较，应与独立前国情相似的印度进行全面比较，并与美国和瑞典等进行某些重要指标发展速度进行比较。其比较的结论显而易见。

一是按照购买力平价衡量的 GDP。世界银行数据库统计显示，2016 年我国的经济总量是 21.4 万亿，已经超过美国，美国只有 18.6 万亿，印度只有 8.7 万亿。按照购买力平价这个指标进行衡量和比较最科学。购买力平价是指两种货币之间的汇率决定于它们位货币购买力之间的比例。例如，购买相同数量和质量的一篮子商品，在我国需要 40 元人民币，在美国需要 10 美元，对于这篮子商品来说，人民币对美元的购买力平价是 4∶1，即 4 元人民币购买力相当于 1 美元。按照汇率比较，现在我国经济总量仅次于美国，是世界第二，但汇率变动较大，比较不是很客观。据国际货币基金组织 2016 年统计购买力平价人均 GDP 的结果，中国为15424 美元，印度为 6658 美元。我国人均 GDP 与发达或某些发展中国家相比还比较少，因为中国人口基数太大。如果中国人口总量开始下降，那就更能体现民富国强和经济社会发展的成就。

二是现代化指数。据何传启《2013 年世界现代化指数》一文（《科学与现代化》2016 第 2 期）提供的数据，综合 10 项指标排名，瑞典为 100，第 1 名；美国为 97.3，第 6 名；中国为 40.1，第 73 名；印度为 22.5，第99 名。

三是财富指数。2016 年，我国家庭人均财富为 16.9 万元，其中房产净值约占 66%（其中：城镇家庭，69%；农村家庭，55%）；动产中家用汽车占比较高（经济日报社中国经济趋势研究院：《中国家庭财富调查报告（2017）》）。另据瑞士信贷研究所发布《全球财富报告 2016》的数据，2016 年中国成年人平均财富为 22864 美元（15.8 万元人民币），属于中等偏低水平。

从前述各种数据可以看出（还有一些数字放在下面论述），中国的民富国强建国以来发展速度在全世界是较快的，改革以来更快。而国情和我国差不多的印度富强情况则相对大大落后。笔者去印度开会和考察过两次，也与印度经济学教授和共产党领导座谈了解情况，已得出如下的结论：如果印度共产党不能掌权而不搞社会主义的话，如果中国不搞资本主义的话，那么在这个地球上估计是赶不上中国了。现在外有些舆论认为印度是最大的民主国家，印度经济比中国弱小，可能若干年以后就赶上中国了。事实上，两国不同的发展路径依赖和制度决定这是不可能的，今后印度只有总人口可能超过我国。20 世纪 40 年代后期，中国和印度的人均GDP 差不多，而且它的自然地理条件比中国好，我国人均耕地不到印度的一半，但无论比较毛泽东时代还是改革开放时代的富强发展情况，印度都比中国差得多，总体上印度比中国要差 15 年到 20 年。

在党的十九大报告中，习近平总书记强调新时代"是我国日益走近世界舞台中央、不断为人类作出更大贡献的时代"，这与其关于我国比任何时候都更加接近世界舞台的中心的论断是一致的。我认为这在经济上最为突出。众所周知，世界著名左翼经济学家萨米尔·阿明在《世界规模的积累：欠发达理论批判》（1970 年）的力著中，提出和论证了世界经济体系中的"中心—外围理论"。阿根廷劳尔·普雷维什（1990 年）也出版《外围资本主义：危机与改造》一书。问题在于：当代中国还是依附于发达国家的外围国家吗？美国等七国集团是当代世界经济的中心，但我国又不依附它们，又不是外围国家，因而需要提出一个"准中心"国家的新概念。我国经济实力、科技实力，以及倡导的"一带一路"国际合作、金砖国家、亚投行、上合组织等，可以作为其中的重要标志之一。我们还要进一步从世界经济的"准中心"向绝对"中心"迈进，但是面对来自西方，甚至包括拉美国家一些舆论的质疑，指责中国在拉丁美洲、非洲的投资和能源等合作，怀疑中国也是在发展一种新的"中心—外围"之间依附关系，因而我们有必要声明，中国所迈向世界经济舞台的"中心"，不是重蹈西方中心国家的覆辙，不走它们利用领先的经济技术优势来剥削其他国家的劳动力和的老路。中国所追求的"中心"地位，实际上是在谋求自身发展基础上促进人类命运和利益共同体的完善。我国既要在经济和科技上追赶上传统的"中心"国家，以获得与发达国家平等合作的机会，又要和传统的"外围"国家进行平等和帮助性的合作，并为"外围"国家发展进步提供示范，同时还要更好地引领全球共同建立国际经济新秩序、引领共同塑造国际共同经济安全、引领共同推动公正的经济全球化。我国从现在的"准中心"向未来的"中心"转型发展，至少要确立下列理论和战略：一是确立知识产权优势理论和战略，加快提升创新型国家建设的科技体系（仅仅靠建立在比较优势理论基础上的新结构经济学思维和战略是不行的）。二是确立金融"脱虚向实"的理论和战略，加快提升人民币国际化的金融体系。三是确立提质增效的发展理论和战略，加快提升国内与国际经济高度协调的产业体系。四是确立引导公正经济全球化的理论和战略，加快提升国际经济新秩序和共同经济安全的制度体系。

四、西方民富国强受阻的根本原因是资本主义各种对抗性矛盾

西方各种经济危机和"经济新常态"导致真正符合人性和人类命运共同体的民富国强提升大大受阻，而这又是资本主义市场经济制度及其各类矛盾发展的必然结果。2008年西方国家爆发的金融和生产经营危机是十分严重的，其危害性不亚于20世纪30年代经济大危机。与马克思和列宁时代相比，当今世界资本主义经济的基本矛盾是经济不断社会化和全球化，与生产要素的私人所有、集体所有和国家所有的矛盾，与国民经济和世界经济的无政府状态或无秩序状态的矛盾。这个扩展了的全球基本经济矛盾，通过以下五种具体矛盾和中间环节导致西方国家的次贷危机、金融危机、生产经营危机、财政危机和持续不景气的"经济新常态"，并由此诱使经济社会和政治发展的种种制度痼疾发作。

第一，私有垄断制及其企业管理模式容易形成高级管理层为追求个人巨额收入极大化而追求短期利润极大化，日益采用风险较大的金融工具以及次贷方式，这与企业正常经营管理形成矛盾，从而在企业微观层面成为各种危机和"经济新常态"的基础。从实质上看，以法人资本所有制为基础的个人股权分散化的股权结构，是以法人股东形式存在的金融资本控制企业的微观基础。在这种股权结构中，企业具有法人股东和经理人两个层

面的代理人。其中，法人股东只不过是代表私人资本所有者从事资本经营活动的代理人，并不是资本的终极所有者。法人股东的最终所有者和最终委托者，仍然是私人资本所有者。而职业经理人则是企业经营管理活动的实际组织者和控制者。在现代资本主义大企业高度分散的股权结构中，法人股东和经理人两个层面的代理人局部利益与企业整体风险之间，均构成了既对立又统一的矛盾关系。代理人局部利益与企业整体风险之间的统一性，主要体现在企业的长期发展中，但属于矛盾的次要方面。从长期看，在整体风险较低的条件下，企业可获得较为稳定的持续发展效益。而包括法人股东和经理人在内的代理人，也能够从企业发展中获得较为稳定的收益。但是，由于企业个人股权的高度分散性，法人股东和经理人在内的代理人无法受到有效的监督和制约，更加倾向于追求短期利益最大化，从而忽视企业的长期利益和整体风险。

第二，私有垄断制结合市场经济容易形成生产相对过剩、实体经济与虚拟经济的比例失衡，从而在经济结构层面形成各种危机和"经济新常态"的格局。社会再生产与国民经济运行都必须遵循按比例分配社会劳动的规律（简称按比例规律）。这一规律要求，表现为人财物的社会总劳动要依据需要按比例地分配在社会生产和国民经济中。也就是说，社会生产在生产与需要的矛盾运动中，各种产出与需要在使用价值结构上要保持动态的综合平衡，以实现在既定条件下靠最小的劳动消耗来取得最大的生产成果；在整个国民经济中，要保持各种产业和经济领域的结构平衡。按比例规律是社会再生产与经济运行的普遍规律。在以美国为代表的当代资本主义市场经济中，由于主张放松国家经济调节与金融监管的新自由主义盛行，按比例规律主要通过市场调节规律（或价值规律）与私人剩余价值规律的共同作用来实现。例如，虚拟经济与实体经济之间的矛盾运动客观上要求，虚拟经济发展的速度和水平要与实体经济相适应。如果虚拟经济发展滞后于实体经济，就会阻碍实体经济的发展；如果虚拟经济发展过度超前于实体经济，就会使经济运行风险不断积累，在金融监管缺位的情况下最终将导致金融危机和经济危机。2008 年爆发的西方国家金融与经济危机，就是金融自由化条件下虚拟经济严重脱离实体经济的必然结果。

第三，私有垄断集团和金融寡头容易反对国家监管和调控，而资本主义国家又为私有垄断制经济基础服务，导致市场调节和国家调节双失灵，从而在资源配置或经济调节层面促成各种危机和"经济新常态"的窘况。国家调节规律（或计划规律）是按比例规律在受国家调节的社会化大生产和国民经济中的一种实现方式。① 马克思认为，在以共同生产为基础的社会中，"社会必须合理地分配自己的时间，才能实现符合社会全部需要的生产。因此，时间的节约，以及劳动时间在不同的生产部门之间有计划的分配，在共同生产的基础上仍然是首要的经济规律"②。但是，在国家垄断资本主义阶段和社会主义初级阶段，由于国家的存在，对社会生产和国民经济的总体规划和综合调节只能由国家来承担。国家调节规律（或计划规律）是商品经济的基本矛盾即私人劳动或局部劳动同社会劳动之间矛盾运动在受国家调节的社会化大生产中表现出的客观经济规律。这一规律的内涵是：国家运用经济、法律、行政、劝导等国家政权手段，自觉利用社会大生产发展的客观规律，根据社会生产和国民经济的实际运行状况和发展态势，预先制定社会生产和国民经济的总体规划，并科学合理地调节社会总劳动在各生产部门和整个国民经济的分配。而在国家调节规律（或计划规律）不能有效发挥作用的当代资本主义市场经济中，经济危机客观上成为按比例规律的实现方式了。

第四，私有垄断制结合市场经济容易形成社会财富和收入分配的贫富分化，导致生产经营的无限扩大与群众有支付能力的需求相对缩小的矛盾，群众被迫进行维持生计的含次贷在内的过度消费信贷和家庭负债累累，从而在分配消费层面酿成各种危机和"经济新常态"的态势。在资本主义市场经济中，私人剩余价值规律与市场调节规律（或价值规律）的共同作用加剧了贫富两极分化：占社会人口少数的私人资本所有者阶层占有大部分社会财富，而占社会人口绝大多数的劳动者及其家庭成员只占极少

---

① 著名经济学家刘国光近年重新倡导和阐述"有计划按比例发展规律"。这是十分必要和重要的。不过，按比例规律与计划规律是两个密切关联的不同规律。参见刘国光：《关于政府和市场在资源配置中的作用》，《当代经济研究》2014 年第 3 期；刘国光：《有计划，是社会主义市场经济的强板》，《光明日报》2009 年 3 月 17 日。
② 《马克思恩格斯全集》第 46 卷（上），人民出版社 1972 年版，第 120 页。

部分社会财富。在当代资本主义经济中，旨在寅吃卯粮的大众消费信贷及其金融衍生品的发展，不仅不能从根本上缓解生产经营无限扩大的趋势与劳动人民有支付能力的需求相对缩小之间的矛盾，而且加大经济运行的整体风险。为了缓解生产无限扩张趋势与广大劳动者有支付能力的需求相对缩小的矛盾，美国金融垄断资本致力于发展旨在寅吃卯粮的消费信贷及其金融衍生品，从而促进普通居民举债消费。而这种"债务经济模式"所包含的虚假需求泡沫一旦遇到利息率上升等经济事件，就会因债务违约而全面破灭，由此引发的金融支付危机与经济危机便不可避免。

第五，私有垄断制及其政府大幅度减少私人企业税收、大量增加军费、不减少政府日常开支、用公民纳税的钱救助私人大企业等，必然导致财政赤字和政府债务不断增大，以及缩减群众福利和政府教育等财政紧缩局面，从而在国家财政层面造成各种危机和"经济新常态"的困境。20世纪80年代里根政府上台之后，税率变化的趋势发生了逆转，最富有阶层享受到来自工资、股票期权、利息和资本所得等方面的更大幅度减税。此后，美国低收入阶层和中产阶层的联邦税率总体呈上升趋势，而最富有的5%人口的联邦税率从20世纪80年代开始明显下降，其中最有钱的0.01%人口的联邦税率1990年比1960年下降了一多半。2017年12月13日，美国议会通过最终版本的减税法案，公司税率将从35%降至21%，最高个人所得税率从39.6%降至37%。对此，美国不少经济学家和独立分析机构均指出，这次共和党主导的税改明显偏向于大企业和富人。据华盛顿智库税务政策中心的研究，无论是以绝对值计算还是以减税占收入的比例计算，高收入家庭都将从本次减税中获益最多。此外，根据国会预算办公室的测算，废除强制购买医疗保险可为联邦政府节约3000亿美元，从而为企业和富人减税融资，但这也将导致多达1300万美国人失去医疗保险。美国此次减税在推动经济增长方面很可能效果不彰，而很可能进一步扩大贫富差距，并恶化美国政府的财政状况。美国公开2017年军费开支预算为6045亿美元，约合4.2万亿人民币，增幅为10%，约占GDP的4%，而国会通过的2018年军费预算为7000亿美元，再次飙高。

面对上述各种矛盾和危机而导致西方主要国家的民富国强迟迟无法较

快提升的局面，西方不少专家学者纷纷使用"经济新常态"一词，来悲观地描述现状和展望未来经济。而我国在迅速应对危机影响和冲击后，化西方危机为中国机遇，主动进入朝气蓬勃发展的"经济新常态"。西方资本主义经济新常态与中国特色社会主义经济新常态有不同的现实表现、制度特点和政策理念。

五、两种经济新常态不同的现实表现、制度特点和理论政策

（一）两种经济新常态不同的现状

一是增长速度比较。世界银行 2008—2016 年数据显示（按不变价计算），美国 GDP 平均增长率为 1.3%（美国商务部经济分析局数据 2017 年第一季度 GDP 增长率为 1.4%）；日本 GDP 平均增长率为 0.4%；欧洲联盟 GDP 平均增长率为 0.6%。而我国在持续 30 多年的高速增长后，2013—2016 年的年均增长率为 7.2%，平稳地实现从高速增长转向中高速增长。联合国发布的《2018 年世界经济形势与展望》报告确认，中国2017 年对全球经济增长的贡献约占 1/3。

二是失业状况比较。根据国际货币基金组织数据，2008—2015 年美国平均失业率为 7.56%，2016 年的失业率估计值为 4.85%；2008—2015 年欧洲联盟平均失业率为 9.47%，2016 年的失业率估计值为 8.53%。而近几年我国城镇失业率只有约 4% 多，"就业"表现被瑞士洛桑国际管理学院发布的《2017 年度世界竞争力报告》列为全球 63 个主要经济体中首位，就业综合状况相对最佳。

三是政府债务比较。美国等资本主义国家用巨额财政资金救助亏损的私人垄断企业，使政府债务不断攀升。美国政府债务占国内生产总值的比重从 2006 年的 61.8% 上升到 2016 年的 106.1%，欧元区的这一比重从67.4% 上升到 89.3%，日本政府债务占 GDP 的比重 2016 年超过 250%。而截至 2016 年末，我国中央和地方政府债务余额为 27.3 万亿元，政府负

债率为 36.7%，大大低于美欧日等西方国家。

四是实体经济比较。根据经合组织数据，2008—2014 年美国农林牧渔业、工业（含能源工业）、建筑业、实体服务活动（分配贸易、维修，运输，住宿和食品）以及信息和通讯业等实体产业增加值之和占总增加值百分比的平均值为 44.5%；日本该指标为 53%；欧洲联盟该指标为 51.3%。而 2008—2013 年中国该指标（信息和通讯业增加值占总增加值百分比尚未被统计在内）的数值为 73.17%。金融资本体系掌控西方国家的经济命脉，过度金融化的"脱实向虚"，致使实体经济萎靡不振。

五是收入消费比较。根据经合组织数据，2008—2014 年美国家庭债务占可支配收入的平均比率为 130.18%；2008—2013 年日本家庭债务占可支配收入的平均比率为 122.5%。西方国家 1% 超级富豪的财富和收入急剧增加，普通家庭的债务普遍增加，阶级阶层固化。美国 1% 的最富家庭占有全国家庭净资产的 1/3，较富的 9% 的家庭又要占有 1/3；美国最富有的 1% 阶层的收入占全国总收入的比重，从 1978 年的 9% 上升到近年来的 20%。前几年波及到约 80 个资本主义国家的"占领华尔街"国际运动，就强烈要求改变"1% 与 99% 贫富对立"等不平等现象。这与近年我国限期精准扶贫、中等收入家庭增长较快、城乡居民大都有产权住房、户均资产大大超过美国等情况，是根本不同的。我国 2013 年、2014 年和 2015 年城镇居民人均消费支出占人均可支配收入的百分比分别为 69%、69% 和 70%；2013 年、2014 年和 2015 年农村居民人均消费支出占人均可支配收入的百分比分别为 81%、80% 和 79%，经济增长和发展同城乡居民的收入增长大体呈现同步态势。

六是福利保障比较。西方国家不同程度地削减劳动者的教育、医疗、养老等福利和保障。美国缩减公立大学教育经费，共和党医保议案是大幅减税、大幅削减联邦政府的医疗保健支出，势必使没有医保的国民增加。德国、葡萄牙、荷兰等国也相继减少医保投入。去年 3 月在法国巴黎爆发由修改劳动法引发的抗议示威活动，演变为全国 70 多个城市的"黑夜站立运动"，甚至蔓延到邻国和加拿大等非欧洲国家，中心就是反对降低社会保障和社会福利以及不利于劳动者的改革措施。这与近年我国大规模增加教育经费、不断提高最低工资和城乡医保水平，以及优惠老年人等现象，形成鲜明的对照。

（二）两种经济新常态不同的制度特点和理论政策

新自由主义的资本主义与中国特色社会主义存在经济制度、经济理论和政策思路的重要差异。

一是前者主张完全私有化，将公共设施、教育和涉及国计民生的国有企业私营化；而后者强调公有制为主体、国有制为主导、多种所有制共同发展的基本经济制度，在发展混合所有制过程中做强做优做大国有企业，积极发展集体经济和合作经济，同时引导和发挥非公经济、尤其是私人小微企业的重要作用，从而实现公私企业并进的双重经济绩效。可见，那种只重视非公经济的重要作用，而忽视或贬低国有经济和集体经济的主体作用的观点，是无益于提高全社会经济绩效和经济公平的。

二是前者主张完全市场化，过度放松对经济和金融的管制，政府不再对宏观经济进行积极的有效调控；而后者强调更好地发挥市场在一般资源配置中的决定作用，更好地发挥国家在宏观调控和微观规制中的重要作用，从而实现以提质增效为中心的市场与政府双重调节功能。可见，那种要求一切物质、文化、教育、科技、医疗、住房和服务等资源均由市场决定（即企业决定）的唯市场化和泛市场化的观点，是无益于统筹协调个人、企业与国家之间多种利益关系和经济社会发展规划目标的。

三是前者主张完全自由化，维护美元霸权为支点的经济全球化和自由化，反对建立国际经济新秩序；而后者强调构建人类命运共同体和各国利益共同体，引导国际社会共同塑造国际经济新秩序和国际经济共同安全，从而引领以"一带一路"为示范的合作共赢的新型经济全球化。可见，那种单纯经济融合和经济接轨的对外开放套路，是无益于贯彻参与全球经济治理、引领经济全球化和更好地接近世界经济舞台中心的新思想新战略的。

四是前者主张福利个人化，在大幅度减少私人垄断企业税收和增加军费的基础上压缩公民的社会福利，要求公民个人自己承担原有的部分社会福利；而后者强调以人民为中心的发展思想，不断提升全体人民的社会福利水平和生活质量，从而实现经济社会与收入福利同步增长的包容发展。那种不赞成逐步增加政府和企业承担的社会福利与社会保障的观点，是无益于逐渐建成高水平的社会福利制度和福利国家的。

五是前者主张贫富分化，通过垄断企业和政府共同削弱工会力量，促使资方完全控制劳方的收入增加，并减少垄断企业的税收等，不断扩大社会财富和收入的分配差距；而后者强调按劳分配为主体、多种分配方式并存的基本分配制度，积极推进脱贫致富、共同富裕和共享成果的新理念，从而实现改善民生就是发展的新谋略。那种偏离按劳分配为主体和先搞贫富两极分化、再搞共同富裕的观点，是无益于推进共同富裕、共同享受和共同幸福大方向的。

综上所述，即使不谈 1929—1933 年的资本主义大危机，二战以来或冷战结束以来，西方国家每过几年或十几年就会发生经济衰退或经济危机，包括 20 世纪 70 年代的"滞涨"、本世纪初源自美国的全球金融危机、财政危机和经济危机，以及由此引发的各种社会危机和政治危机，表明新自由主义经济和社会民主主义经济在符合国内外广大人民本质要求的民富国强 提升方面出现严重失灵。这更使中国特色社会主义经济作为一种人类经济文明新模式，在对比中散发出更加耀眼的理想光芒，而马列主义及其中国化政治经济学理论和政策高效有力地助推了我国符合以人民为 中心和人类利益共同体的民富国强！

当前中国宏观经济发展的评论与展望

——引领经济新常态的十大举措[*]

进入 2015 年以来，中国经济是以新常态运行的。这种新常态是近年来中国经济新呈现出来的稳定发展态势。当前和今后一个时期，我国经济发展需准确把握"认识新常态、适应新常态、引领新常态、探索新常态"这一经济发展的大逻辑。本文将结合 2015 年以来的经济运行状况，对近期宏观经济发展进行评论与展望。

一、必须继续确保 7% —7.5% 之间的中高速增长

我国经济新常态的基本特征是，经济以中高速增长。而经济向新常态的转变，是一个逐步渐进的过程。2002—2011 年，我国国内生产总值一直以每年 9% 以上的高速度增长[①]。其中，2002—2007 年和 2010 年等 6个年份国内生产总值的增长速度则高达在 10% 以上，而 2007 年国内生产总值增长速度最高，达 14.2%。但是，2012 年以来，国内生产总值一直以低于 8% 的中高速度增长。2012 年和 2013 年增长速度均为7.7%。2014 年的增长速度为 7.4%。经初步核算，2015 年的增长速度为 6.9%。

---

[*] 原载《外国经济学说与中国研究报告（2016）》2015 年 11 月。本文第一作者为高建昆。

[①] 本文引用的统计数据，如无特别说明，均来自于国家统计局网站 http://data.stats.gov.cn。

　　进入新常态后，虽然我国经济增长速度低于此前的高速阶段，但经济增长量仍然接近或超过高速阶段的水平。在经济发展的不同阶段，相同或接近的经济增长量代表的经济增长速度存在较大差异。在经济规模较小的阶段，同样的增长量代表较高的增长速度；而在经济规模较大的阶段，同样的增长量代表较低的增长速度。2007 年 GDP 总量为 268631 亿元，比 2006 年增加 51384.4 亿元，其增长速度已高达 14.2%；2014 年 GDP 总量为 634367.3 亿元，比 2013 年增加 51170.6 亿元，其增长速度却只有 7.4%。

　　除了经济增长速度的变化以外，我国新常态经济还包含 GDP 指标无法直接反映的质量指标和效益指标的常态性变化。一是经济发展方式从规模速度型粗放增长转向质量效率型集约增长。2011—2014 年期间年度单位国内生产总值能耗的下降幅度分别为 2.01%、3.6%、3.7% 和 4.8%。2015 年单位国内生产总值能耗的降幅则达到 5.6%。二是经济结构从增量扩能为主转向调整存量、做优增量并存的深度调整。在产业结构方面，2013 年第三产业增加值占国内生产总值的比重第一次超过第二产业；2014 年这一比重高于第二产业 5.6 个百分点；2015 年这一比重达到 50.5%，高于第二产业 10.0 个百分点。在需求结构方面，内需成为拉动经济增长的决定性力量。2011—2014 年，最终消费支出对国内生产总值增长贡献率分别为 56.5%、55.1% 和 50.0%；资本形成总额对国内生产总值增长贡献率分别为 87.6%、52.9%、47.7%、47.0% 和 54.4%。经初步核算，2015 年最终消费支出对国内生产总值增长的贡献率达到 66.4%。三是经济发展动力由要素驱动、投资驱动等传统增长点转向以创新驱动为代表的新增长点。我国国内发明专利申请授权量由 2004 年的 18241 项上升至 2014 年的 162680 项。在规模以上工业中，2014 年高技术产业增长 12.3%，所占比重为 10.6%。经初步核算，2015 年高技术产业增长 10.2%，在规模以上工业中所占比重达到 11.8%。

二、从实施自主知识产权战略来
加速创新型国家建设

在新常态下，科学技术的创新成为经济发展的第一驱动力。从广义上讲，生产关系领域或上层建筑领域的改革是促进生产力发展的重要动力。而科学技术本身就属于生产力中的渗透性要素。科学技术使人们能够在认识和掌握自然规律的基础上创造和开发新的生产力①。科学技术的创新是生产力发展的集中体现。正如习近平所指出的，创新是引领发展的第一动力②。

自主知识产权战略是以科技创新驱动经济发展的核心内容。首先，重要领域的核心技术创新是一个国家在国际竞争中占据发展先机的关键。历史上，一些国家凭借自身在一些重要领域掌握的核心技术占据发展先机而成为强国。而核心技术不可能通过国外技术转让而获取，只能依靠自主创新。其次，核心技术的自主创新既是企业获取合理商业利润的基础，也是国家安全的保障。例如，美国凭借对芯片核心技术的掌握而垄断了对现代社会具有重要影响的信息技术，不仅获得了自主创新带来的技术垄断利润，而且把握了信息安全的制高点和主动权。我国企业由于受制于美国对芯片核心技术的垄断，只能从事相关生产领域的外围产品生产。这些企业获取的利润在制成品总利润的份额极低。据统计，全球70%多的手机由中国制造，但只有不到3%的手机用的是中国芯片③。因此，只有在重要领域进行核心技术的自主创新，我国才能实现国家的富强和安全。正如习近平所指出的，实施创新驱动发展战略，根本在于增强自主创新能力④。

---

① 杨承训、承谕：《资源配置向"自觉化"演进：——学习恩格斯〈自然辩证法〉的再思考》，《海派经济学》2015 年第 5 期。
② 新华社：《当好改革开放排头兵创新发展先行者为构建开放型经济新体制探索新路》，《人民日报》2015 年 3 月 6 日。
③ 胡化凯：《把核心技术掌握在自己手中》，《人民日报》2015 年 8 月 2 日。
④ 新华社：《当好改革开放排头兵创新发展先行者为构建开放型经济新体制探索新路》，《人民日报》2015 年 3 月 6 日。

在经济新常态下，我国要以自主知识产权战略为重点加速推进创新型国家建设。一是全面实施以中国特色自主创新为核心的创新驱动战略。一方面，经济增长要通过更多依靠产业化创新将创新成果转化为实际产业活动，从而不断培育和形成新的增长点。另一方面，我国要通过完善科学技术创新相关的法律、法规和政策来保护和激励创新主体的创新活动，并培育市场化的创新机制，从而充分发挥政府、企业、科研单位、教育部门和劳动者个人在人力资本质量提高、科学技术进步等方面的积极作用。二是要根据每个产业的自主创新能力来具体确定该产业对外开放的程度和速度，从而为该产业提高自主创新能力营造较为宽松的环境。

三、加大产业结构合理化和高级化调整

新常态下产业结构的合理化和高级化，就是要在化解产能过剩的基础上促进产业之间在较高技术层次上的协调发展。

一是要推进生产能力过剩的化解。过去的大规模投资在很多行业形成了较为严重的过剩生产能力。一方面，这些过剩产能使相关企业由于产品滞销而出现效益下滑、亏损甚至破产。另一方面，这些过剩生产能力大多是以粗放型生产技术为载体，不仅会带来资源能源的低效率消耗，而且容易引起较为严重的环境污染。因此，化解过剩生产能力是新常态下经济提质增效的内在要求。一般而言，化解过剩产能的方式主要包括转产、兼并重组等。而化解过剩产能的具体方式应各地区、各行业的实际产业状况来确定①。

二是要推进产业之间的协调发展。自从产业分工出现以来，各产业并不是独立运行的，而是密切联系、相互支撑的。其中，农业是国民经济的基础，为其它产业的发展提供必需的生活资料和原材料；工业不仅能够创造和蓄积物质财富，而且是科技创新的实现载体和必备工具，为其它产业的发展提供必要的技术支撑；服务业，尤其是生产性服务业，为其它产业

---

① 张树俊：《转型升级：建构新型产业结构体系路径研究——以江苏省兴化市转变发展方式实践为样本》，《管理学刊》2015 年第 1 期。

生产效率的提高提供服务保障。因此，新常态的产业发展，不能片面发展某一产业，而应该促进各产业之间的协调与平衡。

三是要提高各产业的科学技术水平。其中，农业部门要通过推进农业科学技术的创新与推广、完善农业支持保护的政策体系、培养具有较高科技素质的新型职业农民、提升农业技术服务水平等措施，提高农业的生产效率和可持续性；工业部门要通过技术创新来改造现有生产能力和装备新增生产能力，从而推进工业生产从粗放型模式向以绿色化、精致化、高端化、信息化和服务化为主要内容的集约型模式转变；服务业部门要通过不断改进服务质量、提升服务能力，既服务于人民生活的改善，又服务于劳动生产率的提高。

四、从严保护生态环境和高效利用自然资源

保护生态环境和高效利用自然资源是新常态下经济发展的应有之义。新常态下经济发展以提高经济发展的质效和改善民生为中心。在进入新常态以前的较长时期内，我国以规模速度型粗放增长为主的经济发展方式，使得能源资源和生态环境的承载能力已经达到或接近上限。这种状况在局部地区情况尤为严重。它不仅是经济发展质量较差、效益较低的反映，而且直接破坏了人民的生存环境。在新常态下，只有从严保护生态环境和高效利用自然资源，这种状况才能从根本上得到缓解，从而既提高经济发展的质量和效益，又改善人民的生活环境。

在新常态下，从严保护生态环境和高效利用自然资源，就是要求经济发展遵循人与自然之间矛盾运动的客观发展规律，从而实现经济发展与生态环境保护的和谐统一。

一是在全社会范围内牢固树立人与自然和谐发展的生态文明理念。这就要求在认识和理解自然界规律的基础上辩证看待经济发展与生态环境保护之间的关系，从而使善待自然、顺应自然和保护自然的理念在全社会范围内深入人心。其中，不断深化对自然界发展规律的认识和理解是树立生

态文明理念的前提。正如恩格斯所强调的，"我们一天天地学会更加正确地理解自然规律，学会认识对自然界的惯常行程的干涉所引起的比较近或比较远的影响。"[1]。而辩证看待经济发展与生态环境保护之间的关系是树立生态文明理念的关键。经济发展与生态环境保护构成对立统一的矛盾关系。两者的统一性是矛盾的主要方面，主要表现为"保护生态环境就是保护生产力、改善生态环境就是发展生产力"[2]。两者的对立性是矛盾的次要方面，主要体现在，没有遵循自然规律而片面追求短期利益与局部利益的经济发展，将以生态环境的破坏为代价。

二是推进生态文明制度的完善与执行。首先，要完善和执行环境保护的相关法律法规。在《环境保护法》、《大气污染防治法》以及《污染防治行动计划》等相关的环境保护法律法规不断健全和完善的条件下，政府、企业、公众都要依法履行各自在生态环境保护方面的责任、权力（利）与义务。其次，建立健全包括生态环境评价在内的各级政府行政绩效考核制度。这种行政绩效评价体系，不仅要考核经济发展的速度，更要考核资源消耗、环境损害、生态效益等经济发展的质量指标与效益指标。

五、加速区域经济的协调发展

区域经济的协调发展，是新常态下整体性、结构性提高经济发展质量的内在要求。经济的区域结构是产业结构、对外开放、生态环境、资本、劳动力、居民生活等经济变量在空间上的展开。因此，区域经济的协调发展，对于顺利实现产业结构升级、对外开放层次提升、环境保护、资本与劳动力的合理流动、人民生活水平提高等新常态下经济发展的质量目标与效益目标，具有全局性战略意义。

区域经济的协调发展，就是要从全局角度统筹协调各区域的经济发展

---

[1]　恩格斯：《自然辩证法》，人民出版社1971年版，第521页。

[2]　新华社：《坚持节约资源和保护环境基本国策努力走向社会主义生态文明新时代》，《人民日报》2013年5月25日。

战略。目前，我国已启动实施"一带一路"、京津冀协同发展、长江经济带、西部大开发、东北老工业基地振兴等一批重点区域发展战略。新常态下的经济发展要从全局角度促进这些战略的有机融合，推进经济区之间的优势互补与良性互动。一是推进区域间基础设施的互联互通。由于我国是幅员辽阔的大国，各区域的自然禀赋、人文环境、人口的数量与质量等条件差异较大。区域经济发展战略的有机融合，离不开区域之间商品、资金、人员、信息等的有序流动。这就需要通过交通、金融、通讯、物流等基础设施在区域之间的互联互通来构建覆盖全国、迅捷高效的立体式基础设施网络体系。二是推进区域间经济管理制度的衔接与协调。区域经济发展战略的有机融合，离不开生产要素在区域间的自由流动。这就需要通过全局性的统筹协调与改革来推进区域之间财税制度、户籍制度、公共服务供给制度、社会保障制度等经济管理制度的衔接与协调，从而逐渐消除区域间要素流动的体制机制障碍。三是推进区域间生态环境保护的统筹协调。我国根据开发方式，将国土空间分为优化开发、重点开发、限制开发和禁止开发等四类主体功能区[1]。区域经济发展战略的有机融合，需要根据我国主体功能区规划统筹协调、分类指导各区域国土空间的开发。新常态下的经济发展要依据各经济区域的主体功能区定位，推进当地经济发展与人口调节和国土空间开发的有机结合，从而实现区域经济的可持续发展。四是推进区域间对外开放战略的统筹协调。我国各区域的发展战略都在不同程度上包含了对外开放的内容。区域经济发展战略的有机融合，要求各区域根据国家的总体发展战略部署以及本区域的区位优势，在突出区域特色的基础上确定本区域对外开放的重点领域、范围、速度和程度。

六、从改善民生就是发展的
战略高度来谋划六大领域发展

从改善民生就是发展的战略高度来谋划财富和收入分配、就业、医

---

[1]　张汉飞：《打造空间经济新格局》，《人民日报》2015 年 4 月 20 日。

疗、住房、教育、社会保障等六大领域的发展，是新常态下经济发展的根本价值导向。社会主义经济发展的最终目标是以共同富裕为基础的生活质量持续提高。而财富和收入分配、就业、医疗、住房、教育、社会保障等六大领域是人民生活质量的最直接体现。"改善民生就是发展"的价值导向，与社会主义经济发展的根本目的是内在统一的。

提升经济新常态，从改善民生就是发展的战略高度来谋划六大领域发展，必须加速健全和完善相应的体制机制。其中，最为关键的是两大体制机制。

一是按劳分配为主体的分配制度体系。首先，坚持和完善公有制经济中的按劳分配制度。公有制生产单位要通过分配制度的完善，来确定积累与消费之间较为适当的比例，以确保劳动报酬在初次分配中的合理比重，促进劳动报酬增长与劳动生产率等提高同步。其次，坚持和完善政府对财富和收入的调节制度。在初次分配领域，政府要通过对收入分配的相关法律法规的完善和执行，科学调节收入和财富的分配。在再分配领域，政府通过完善税收制度来调节高收入群体的过高收入，通过完善转移支付制度来提高低收入群体的收入，并通过完善法律制度来取缔非法收入。在收入分配结构方面，城乡居民收入差距已有缩小的新气象。2014 年城乡居民人均可支配收入倍差 2.75，比上年缩小 0.06；2015 年城乡居民人均收入倍差 2.73，比上年缩小 0.02。但是，我国总体收入差距仍然较大。2015年全国居民收入基尼系数仍高达 0.462。

二是在就业、医疗、住房、教育、社会保障等领域提供底线保障的基本公共服务体系。这些领域的基本公共服务要以服务均等化为主要目标。这一目标的核心是机会均等。这种机会均等既包括区域之间的机会均等，也包括群体之间的机会均等。

七、重点发展公有资本控股的混合所有制

重点发展公有资本控股的混合所有制，是新常态下"做强做优做大国

有企业"（习近平语）的根本途径。一方面，公有资本控股的混合所有制，能够在公有制为主体的前提下在企业内部形成公有股份与非公有股份相互监督、相互激励、有机融合的利益共同体，从而激发企业的活力，并提高企业的生产效率。另一方面，公有资本控股的混合所有制，能够通过降低私人剩余价值规律的负面作用而有效缓解经济发展的剧烈波动[①]。

新常态要求重点发展公有资本控股的混合所有制，需努力做好以下几方面工作。一是要防止国有资产流失。中央通过专项巡视发现，一些国有企业的干部以改革为名，打着建立现代企业制度的旗号，通过贱卖贵买、予取予求来侵吞国有资产。防止发展混合所有制过程中的国有资产流失，要通过人大立法来强化包括企业内部监督、出资人监督和审计、纪检巡视监督以及社会监督在内的全面覆盖、分工明确、协同配合、制约有力的国有资产监督制度体系。二是通过双向参股或控股来发展公有资本控股的混合所有制。公有资本控股的混合所有制，既可以通过非公资本参股国有资本来实现，也可以通过国有资本等公有资本控股非公资本来实现。具体实现方式可根据各地区各行业的实际状况来确定。三是要与科技发展趋势紧密结合。发展公有资本控股的混合所有制，不能局限于传统的投资领域。在经济新常态下，无论是亟待优化升级的传统产业，还是新兴产业和服务业，都要坚持发展公有资本控股制为主体的混合所有制，以便贯彻落实习近平关于国有企业改革的"三个有利于"，即要有利于国有资本保值增值，有利于提高国有经济竞争力，有利于放大国有资本功能。

八、金融发展要确立服务实体经济和民富国强的思路

金融发展服务于实体经济和民富国强，是新常态下经济平稳运行的前提条件。服务于实体经济是金融的基本职能。这一职能正常发挥作用的条

---

① 高建昆、程恩富：《论中国经济新常态下的价值导向》，《探索》2015 年第 1 期。

件是金融发展的速度和水平与实体经济相适应。金融业发展滞后于实体经济，就不能为实体经济发展提供足够的资金支持，从而会阻碍实体经济的发展；金融业发展超前于实体经济，则会使金融风险不断积累，在金融监管缺位的情况下最终将导致金融危机和经济危机①。

新常态下金融发展服务于实体经济和民富国强，需重点做好以下几方面工作。一是要防止外国资本在中国形成金融垄断。外国资本在中国的金融垄断，不仅会攫取大量的金融垄断利润，而且使中国失去经济自主权和国家安全的屏障。新常态下防止外资的金融垄断，要求我国在发展混合所有制的过程中，通过法律手段严格限定外国资本在商业金融机构的参股比例和参股条件。二是要谨慎对待并充分论证资本项目开放的问题。资本项目管制是防止国家资本严重冲击国内经济发展的有效手段。资本项目开放的程度和速度要与国内资本市场的抗风险能力和金融监管部门的监管能力相适应。三是加快金融市场的事先、事中和事后全过程监管，特别是加强以有效治理股灾为重点的股市监管法制和能力建设。一方面，人大要完善金融市场监管的法律制度体系，使法制建设与金融市场发展实践相适应；另一方面，金融监管部门要在监管人员素质、监管技术、监管机制等方面不断提高监管能力。

九、协同发挥好市场和政府的
双重调节作用

协同发挥好市场和政府的双重调节作用，是新常态下经济高效运行的基本机制。在资源配置中，政府与市场能够实现功能上的良性互补、效应上的协同、机制上的背反。其中，机制上的背反，指的是市场通过价值规律来自发调节配置资源而实现短期利益和局部利益，而政府通过专业职能

---

① 张明：《警惕金融业过度发展》，《人民日报》2015 年 5 月 28 日。

机构来主动规划配置资源以实现长远利益和整体利益①。新常态下的经济发展，需要坚持将市场在一般资源配置中的决定性作用与政府在重要资源配置中的导向性作用有机结合起来。

一是要充分发挥市场在一般资源配置中的决定性作用。市场通过商品价格的波动而调节商品的供给和需求，进而影响商品生产者和消费者的经济行为，从而实现对生产资源和消费资源的配置。市场调节资源配置的功能具有两面性。市场的功能强点主要包括资源短期配置功能、微观均衡功能、信号传递功能、技术创新功能和局部利益驱动功能。而这些功能强点同时构成了市场的调节目标偏差、调节速度缓慢、调节成本昂贵、调节程度有限、技术垄断、负外部效应等功能弱点。在一般资源的短期调节领域和局部调节领域，市场调节资源配置的功能强点处于支配地位，从而使市场能够有效发挥配置资源的作用；在一些重要特殊资源的长期调节领域与全局调节领域，市场调节资源配置的功能弱点处于支配地位，从而使市场配置资源的作用处于失灵状态。在市场能够有效发挥作用的领域，市场调节规律对资源配置的自发调节而实现商品生产者之间的短期利益和局部利益。在这些领域，政府要通过简政放权来充分发挥市场在一般资源配置中的决定性作用，从而激发各类市场主体的活力、增强创新驱动的动力、构建现代产业体系以及培育开放型经济发展新优势。

二是要充分发挥政府在重要特殊资源配置中的导向性作用。政府运用经济、法律、行政、劝导等国家政权手段，自觉利用社会大生产发展的客观规律，根据社会生产的实际运行状况和发展态势，预先制定社会生产的总体规划，并科学合理地调节社会总劳动在各生产部门的分配。政府调节资源配置的功能也具有两面性。政府的功能强点主要包括宏观制衡功能、结构协调功能、竞争保护功能、效益优化功能和收入再分功能等；政府调节可能出现的功能弱点主要有调节偏好主观、调节转换迟钝、调节政策内耗、调节动力匮乏等。政府能够有效发挥调节作用的领域，恰恰是市场失灵状况较为严重的领域。这些领域主要包括：宏观调控、微观规制以及公

① 程恩富：《构建以市场调节为基础、以国家调节为主导的新型调节机制》，《财经研究》1990年第12期。

共产品供给等直接矫正市场失灵的领域；地藏资源等特殊资源的直接配置领域以及许多一般资源的长期配置领域；教育、文化等非物质资源的配置领域；财富和收入的再分配领域。在这些领域，政府能够通过专业职能机构主动规划配置资源以实现整个社会的长远利益和整体利益。因此，政府要充分发挥自身对资源的长远性、整体性规划配置作用，以化解新常态下的各类经济风险，促进国民经济的稳中求进良性发展。

总之，进入 2015 年以来的中国经济运行，初步表现出新常态经济提质增效的实质特征。当前和今后一个时期，只要准确把握经济发展的大逻辑，努力做好以上几方面工作，我国经济就能既继续保持 7% 字当头的中高速增长，又不断提高经济发展的整体质量和效益。

十、论按比例规律与市场调节规律、国家调节规律之间的关系

（一）国家调节规律（或计划规律）的内涵

国家调节规律（或计划规律）是商品经济的基本矛盾即私人劳动或局部劳动同社会劳动之间矛盾运动在受国家调节的社会化大生产中表现出的客观经济规律。

国家调节规律（或计划规律）的内涵是：国家运用经济、法律、行政、劝导等国家政权手段，自觉利用社会大生产发展的客观规律，根据社会生产和国民经济的实际运行状况和发展态势，预先制定社会生产和国民经济的总体规划，并科学合理地调节社会总劳动在各生产部门和整个国民经济的分配。可见，国家调节规律（或计划规律）的内涵包含如下要点：

首先，国家对社会生产和国民经济的规划和调节是社会化大生产的必然要求。在垄断资本主义初期的社会化生产中，生产相对过剩的经济危机的猛烈爆发所造成社会资源的巨大浪费，使人们意识到，只有国家从整体上调节社会生产和国民经济，才能矫正价值规律的盲目自发作用，从而实现按比例规律。正如马克思所科学预言的："只有在生产受到社会实际的

预定的控制的地方，社会才会在用来生产某种物品的社会劳动时间的数量，和要由这种物品来满足的社会需要的规模之间，建立起联系。"①

其次，国家对社会生产和国民经济的规划和调节，建立在科学认识和准确把握社会化大生产和国民经济发展的相关客观规律的基础之上。国家规划与调节社会生产和国民经济需要以对经济规律系统、自然发展规律系统、社会发展规律系统、科技发展规律系统等的科学认知为指导。凡是有人参与的活动，均具有主观性和客观性的双重性。不能因为国家规划、计划和调节是有人参与的，就否认其中包含客观性，进而认为"国家调节规律"、"计划规律"等概念不成立。照此逻辑推论，市场活动也是有人参与的，其主体就是人，那也就不存在"市场调节规律"、"价值规律"等相似的概念。市场调节说到底，是经济活动的自然人和法人的行为变动，也可以说就是企业的行为或调节，如产品、价格和竞争等方面的所作所为。因此，市场调节规律和国家调节规律都是在形式上具有人的活动主观性，在内容上具有人的活动客观性；良性而有效的微观和宏观经济活动，要求在企业和政府工作的所有人，均应努力使人的主观能动性符合经济活动的客观规律性，以便实现主客观的有效统一。

最后，国家对社会生产和国民经济的规划和调节是由调节目标、调节手段和调节机制这三部分构成的有机系统。国家规划和调节社会生产，首先需要规划和制定科学的调节目标，并以合理的调节机制为依据，综合运用有效的调节手段来实现调节目标。因此，调节目标、调节手段和调节机制构成相互联系、不可分割的有机整体。

（二）与按比例规律的关系

我国著名经济学家刘国光近年重新倡导和阐述"有计划按比例发展规律"②，这是十分必要和重要的。不过，按比例规律与计划规律是有密切关联的两个规律，国家调节规律（或计划规律）是按比例规律在受国家调节的社会化大生产和国民经济中的一种实现方式。马克思认为，在以共同生

① 《马克思恩格斯全集》第25卷（上），人民出版社1972年版，第209页。
② 刘国光：《关于政府和市场在资源配置中的作用》，《当代经济研究》2014年第3期；刘国光：《有计划，是社会主义市场经济的强板》，《光明日报》2009年3月17日。

产为基础的社会中，"社会必须合理地分配自己的时间，才能实现符合社会全部需要的生产。因此，时间的节约，以及劳动时间在不同的生产部门之间有计划的分配，在共同生产的基础上仍然是首要的经济规律"。[①] 但是，在国家垄断资本主义阶段和社会主义初级阶段，由于国家的存在，对社会生产和国民经济的总体规划和综合调节只能由国家来承担。通过国家调节规律（或计划规律）实现按比例规律的作用，在不同社会和同一社会的不同发展阶段差别很大。

1. 在国家垄断资本主义经济中的作用

国家垄断资本主义产生于第一次世界大战期间主要参战国的战时国民经济管理，1929—1933 年经济危机后逐渐在主要资本主义国家的经济中占主导地位。为实现按比例规律，国家垄断资本主义对市场调节规律（或价值规律）的消极作用加以矫正和调节。国家垄断资本主义调节经济的指导思想主要有两大理论流派，即各种凯恩斯主义思想和各种新自由主义思想。凯恩斯主义思想于实践中的运用在一定程度上有利于按比例规律的实现，但具有很大的局限性。凯恩斯主义的核心内容是：为实现充分就业（其实质是按比例规律），政府可运用主要是财政政策以及货币政策来弥补私人投资的不足。这一思想流派的各种理论在社会化大生产实践中的运用，的确在一定程度上减轻了市场调节规律（或价值规律）的消极作用，缓解了经济危机的破坏性，使得主要资本主义国家的经济在第二次世界大战后的 20 多年中保持了相对稳定的增长。但是，由于仍然坚持生产资料资本主义私有制的主体地位，凯恩斯主义思想指导下国家对社会生产的规划和调节在调节范围、调节程度和调节效果上都具有很大的局限性。此外，凯恩斯主义思想的政策主张在具体实施过程中的扩张性，导致了 20 世纪 70 年代的滞胀现象。新自由主义思想在实践中的运用为金融危机和经济危机的频繁发生埋下了祸根。新自由主义的核心是：在长期，市场调节规律（或价值规律）的自发作用可使一国实际就业率趋向于与由该国技术水平、文化风俗和自然资源等因素决定的自然就业率相等（即实现按比

---

① 《马克思恩格斯全集》第 46 卷（上），人民出版社 1972 年版，第 120 页。

例规律），而国家对社会经济的规划和调节对于实现自然就业率是无效
的。[1] 20 世纪 70 年代中期以后，由于凯恩斯主义对滞胀问题的束手无策，
新自由主义思想流派的政策主张在主要发达资本主义国家得到不同程度的
实施。新自由主义流派代表人物弗里德曼关于控制货币供给量的货币政策
主张在实践中的运用，对于抑制通货膨胀，从而使经济摆脱滞胀，确实发
挥了一定的积极作用。但是，新自由主义对市场调节规律（或价值规律）
总体上的自由放任，必然造成资本主义基本矛盾更加突出、贫富两极分
化、金融危机和经济危机频繁发生等严重的消极后果。[2]

2．在传统的社会主义计划经济中的作用

各社会主义国家在成立初期，在生产资料公有制的基础上都建立了高
度集中的传统计划经济体制。尽管社会生产组织形式在不同历史时期存在
一定差异，但各社会主义国家都对整个社会生产进行了统一、集中的组织
和管理，从而使国家调节规律（或计划规律）在按比例规律实现中取得了
支配地位，而市场调节规律（或价值规律）处于辅助和从属地位。传统计
划经济体制由于以生产资料公有制为基础，从根本上消除了经济危机产生
的根源，即生产社会化与生产资料资本主义私人占有之间的矛盾，对于按
比例规律的实现发挥着重要作用，从而促进了生产力的大发展。但与此同
时，这种经济体制暴露出国家调节偏好主观、国家调节动力匮乏等国家调
节规律（或计划规律）的弊端。[3] 为了克服这些弊端，包括中国在内的一
些社会主义国家实行"计划经济功成身退、市场经济继往开来"的市场取
向经济改革。[4]

3．在社会主义市场经济中的作用

在我国社会主义市场经济中，国家规划和调节社会生产的指导思想或
核心观点是：国家调节规律（或计划规律）通过与市场调节规律（或价值

[1] 高鸿业：《20 世纪西方微观和宏观经济学的发展》，《中国人民大学学报》2000 年第 1 期。
[2] 张作云：《我国改革发展两种不同思路评析》，《管理学刊》2014 年第 1 期。
[3] 程恩富：《构建以市场调节为基础、以国家调节为主导的新型调节机制》，《财经研究》1990 年第 12 期。
[4] 舒展、崔园园：《"诺斯悖论"消解：政府与市场两种决定作用的耦合》，《海派经济学》2015 年第 1 期。

规律）的有机结合来实现按比例规律。

国家调节规律（或计划规律）在实现按比例规律中的作用主要有以下几个方面：

一是通过宏观调控和微观规制共同矫正市场调节规律（或价值规律）的消极作用，即弥补市场失灵。宏观调控主要是根据经济运行状况，通过财政、货币、产业、分配等经济手段和政策，以及法律和必要的行政手段，对投资、消费、外贸、就业和科技等市场活动进行调节，从而保持宏观经济稳定，实现就业充分、物价基本稳定、产业结构合理、国际收支平衡、分配公平等宏观经济目标。微观规制主要是综合运用经济、法律、行政等手段对微观经济主体的行为进行监管，以及加强和优化公共服务，以维护公平的市场竞争秩序、推动科技创新、促进社会和谐以及保持生态良好，从而实现经济、政治、社会、文化和生态全面协调与可持续发展。

二是对一般资源的长期配置和对地藏资源等特殊资源起决定性作用或直接配置。在一般资源的长期配置中，政府通过统筹短期利益与长远利益来实现规划配置。而由于地藏资源等特殊资源的不可再生性，政府则通过统筹短期利益与长远利益、局部利益与整体利益来实现这些资源的直接配置。航空、江河、铁路、公路和管道及邮电等交通运输方面的物质资源配置，基本上都是由国家决定，然后才进行部分市场化操作，而非直接由市场（企业）决定这些重要物质资源的配置。

三是在教育、医疗、文化等非物质资源配置中发挥决定性或主导性作用。教育、医疗和文化中的许多项目对经济社会发展具有全局性、长期性、公益性和民生性的特点。如果这些服务领域搞唯市场化和市府通过税收等制度来调节高收入群体的过高收入，通过转移支付手段来提高低收入群体的收入，并通过法律手段来取缔非法收入。①

综上所述，当前我们在认识、适应、引领和探索经济新常态过程中，提出市场调节规律、国家调节规律和按比例发展规律及其相互关系，具有极其重要的学术价值和政策内涵。按比例规律是人类社会生产和国民经济

---

① 程恩富、高建昆：《论市场在资源配置中的决定性作用——兼论中国特色社会主义的双重调节论》，《中国特色社会主义研究》2014 年第 1 期。

的普遍规律。市场调节规律（或价值规律）是商品经济中按比例规律的重要实现方式，并在简单商品经济转化为资本主义商品经济以来，在按比例规律实现中发挥决定性作用。国家调节规律（或计划规律）是按比例规律在受国家调节的社会化大生产和国民经济中的一种实现方式。在我国社会主义市场经济中，国家调节规律（或计划规律）与市场调节规律（或价值规律）结合成在功能上良性互补、效应上协同的有机整体来实现按比例发展规律，消除各种比例失调的经济旧常态，从而"以尽可能少的资源投入生产尽可能多的产品，获得尽可能大的效益"。[1]

---

[1]　习近平：《关于〈中共中央关于全面深化改革若干重大问题的决定〉的说明》，《人民日报》2013 年 11 月 16 日。

现代化经济体系：
基本框架与实现战略[*]

改革开放以来，我国经济社会取得了前所未有的全面发展，成就举世瞩目。党的十九大立足于党和社会各项事业的实际发展情况，作出中国特色社会主义进入新时代的论断，提出"贯彻新发展理念，建设现代化经济体系"，这是我们党依据新时代的新特点、主要矛盾和国家未来的发展目标而做出的重大战略部署。2018 年 1 月 30 日，中共中央政治局进行了第三次集体学习会，把学习主题定为"建设现代化经济体系"，习近平总书记在会上提出了现代化经济体系建设的目标、内容和重点，指出建设现代化经济体系是一项重要而艰巨的任务。本文学习习近平有关讲话精神，结合党的党的十九大报告，阐发建设现代化经济体系的重要性、基本框架和战略举措。

一、建设现代化经济体系的极端重要性

建设现代化经济体系，是实现"两个一百年"奋斗目标的重要部署。党的十九大报告根据中国特色社会主义已进入新时代的国情，重新定义了"两个一百年"的奋斗目标，即在决胜全面建成小康社会之后，从 2020 年到 2035 年，在全面建成小康社会的基础上再奋斗 15 年，基本实现社会主

* 原载《经济研究参考》2018 年第 7 期，第二作者为柴巧燕。

义现代化；从 2035 年到本世纪中叶，再奋斗 15 年，把我国建成富强民主文明和谐美丽的社会主义现代化强国。要实现这些宏伟目标，各项事业的全面发展是前提，其中经济的发展是重中之重，构成了各项发展的物质基础。可见，建设符合新时代新要求的现代化经济体系，是经济社会够行稳致远和实现伟大目标的有力保证。

建设现代化经济体系，是在我国社会主要矛盾发生变化的情况下的必然选择。党的十九大报告指出，我国社会的主要矛盾已经转化为人民日益增长的美好生活需要和不平衡不充分的发展之间的矛盾。未来，中国经济社会的发展方向必将随着主要矛盾的变化而发生重大变化。经济发展不平衡不充分问题已经制约了人民日益增长的对美好生活的需要，只有认真落实党的十九大关于建设现代化经济体系的部署，才能从根本上解决新时期我国社会的主要矛盾。而遵循创新、协调、绿色、开放、共享的发展理念和政策思路，从产业体系、市场体系、收入分配体系、城乡区域发展体系、绿色发展体系、全面开放体系和双重调节体制等方面塑造现代化经济体系，其中包括大力发展实体经济，深化供给侧结构性改革，优化产业结构，强化创新的引领作用，完善社会主义市场经济体制等，均可从增强国民经济的平衡发展和充分发展，最大限度地满足人民日益增长的美好生活需要，必将有力解决我国新时期的主要社会矛盾。

建设现代化经济体系，是满足国民经济高质量发展新要求的必由之路。中国特色社会主义进入新时代的基本国情对我国经济发展提出了新要求，要求我国经济由过去追求速度和规模的粗放型发展方式转向未来的追求高质量和高效益的集约型发展阶段。只有跨越发展方式转变、经济结构优化、发展动力转换这三大关口，才能解决过去经济体系中存在的深层次的结构性问题，进一步提高经济社会中各种要素的生产率。在此基础上，进一步保护好生态环境，解决民生领域的短板，充分激发全社会的创造力和发展活力，全面释放社会主义方向的改革红利，推动中国经济实现更高质量、更大效益、更加公平的可持续发展。可见，加速建立现代化的经济体系，必将有力促进经济发展方式的转变，推动我国经济不断提质增效，满足新时代经济发展的新要求。

　　建设现代化经济体系，是我国在国际竞争中赢得主动的有力支撑。西方金融危机的影响至今仍在，全球经济在曲折中复苏乏力，而社会主义中国的经济发展速度和成就全球有目共睹，对整个世界经济的影响力也日益提高。根据联合国发布的《2018 年世界经济形势与展望》的报告，2017年全球经济增长有 1/3 来自中国，中国经济总量占全球的比重达到 15%，近 5 年来中国对世界经济增长的年均贡献率达到 30.2%。① 但是我们必须看到，随着欧美日等发达国家的"再工业化"政策和新兴市场经济国家"快速工业化"政策的双重压力，随着特朗普政府"美国优先"的狭隘保护主义实施，我国经济在国际市场上势必面临更为激烈的竞争。可见，我国要顺应和引领一个日益公正的经济全球化潮流，赢得国际竞争的主动，就必须尽快建设由高端产业体系、有序市场体系、协调城乡区域体系、绿色发展体系、自主开放体系和高效调节体系等构成的现代化经济体系。

二、现代化经济体系的基本框架

　　党的十九大报告中提出建设现代化经济体系后，2018 年 1 月 30 日习近平讲话中明确了现代化经济体系的内涵和基本框架，其中包括"六个体系、一个体制"。② 这七个组成部分既有各自的分工与作用，又有相互联系，是一个有机的统一整体，是未来中国经济建设的一个总纲领。我们对此进行进一步详细的阐发。

　　（一）创新引领、协同发展的产业体系

　　党的十九大报告中明确提出："创新是引领发展的第一动力，是建设现代化经济体系的战略支撑"，要"着力加快建设实体经济、科技创新、

---

① World Economic Situation and Prospects 2018［EB/OL］. UN Report. https：//www.un.org/development/desa/dpad/document_gem/global-economic-monitoring-unit/world-economic-situation-and-prospects-wesp-report/, 11, Dec. 2017.

② 新华，我国亮出建设现代化经济体系"路线图"［EB/OL］, http：//www.gov.cn/xinwen/2018 - 02/01/content_5263002.htm, 2018 - 02 - 01.

现代金融、人力资源协同发展的产业体系"。① 习近平进一步指出"要建设创新引领、协同发展的产业体系，实现实体经济、科技创新、现代金融、人力资源协同发展，使科技创新在实体经济发展中的贡献份额不断提高，现代金融服务实体经济的能力不断增强，人力资源支撑实体经济发展的作用不断优化。"②

目前，我国产业体系创新短缺、协同不够的问题较为普遍，主要表现在：一是制造业作为实体经济的主要部分，在国际上缺乏竞争力，处于国际产业链和价值链的中低端，缺乏核心竞争力，产品科技含量低。二是创新短缺，研发投入和创新人才不足，科技创新成果转化难、转化率低，不能对实体经济形成有力支撑。三是金融"脱实向虚"情况严重，金融资源错配，服务实体经济能力不强，实体经济的筹资方式少、贷款难、杠杆率高等现象普遍存在，发展实体经济的金融安全基础薄弱。四是人才供求存在结构性矛盾，特别是实体经济缺乏各类创新创业人才，研发领域科技人才不足，制造领域熟练技工不足，营销领域经营人才缺乏。

要加快建设创新引领、协同发展的产业体系，必须着力抓好若干重点工作：第一，以供给侧结构性改革调整现有产业体系。其中包括统筹产业布局，促进传统产业转型升级，切实解决实体经济中供给结构与需求结构不相适应的地方，减少低质无效供给，把经济发展从数量规模扩张转向高质量高效益发展。紧紧把握未来产业发展的趋势和市场需求的变化，加快发展先进制造业、特别是高端制造业，培养发展战略性行业，夯实实体经济的基础；拓宽中高端消费、现代供应链、人力资源服务等领域，形成新的经济增长点和新的动能，抢占全球产业链和价值链未来发展的先机。

第二，发挥创新引领产业体系的高端化发展。其中包括要为创新提供高效的政策支持体系，完善知识产权保护的相关法律法规，制定能够引导企业、个人投入研发创新的激励机制，形成市场、企业和科研院所深度融

---

① 《习近平在中国共产党第十九次全国代表大会上的报告》，中国共产党第十九次全国代表大会，2017 年。

② 《习近平主持中共中央政治局第三次集体学习》，人民日报 2018 年 2 月 1 日第 1 版。以下习近平论述的引文，没有专门标注的，均来自该讲话，不再另外注释。

合的创新体系，要加大对创新资金和创新人才培养的投入力度，对于应用基础型研究，特别是前沿技术、关键共性技术、颠覆性创新技术，由国家牵头组织投入；要鼓励企业和个人投入创新领域，拓宽创新平台和载体，为创新研发提供各种精准服务，整合和共享创新研发信息。

第三，增强金融服务产业体系和实体经济的水平。要积极加快金融体系改革，鼓励金融与实体经济的融合，引导金融资本向有发展潜力的实体经济集中；通过不断拓宽实体经济融资渠道、创新实体经济融资方式、拓展多种业务等方式切实解决实体经济筹资难的问题；提升金融服务实体经济的水平，通过创新信用评价方式、创新信用担保体系、创新抵押贷款方式等加大对各类企业的支持力度。

第四，强化人力资源作为第一资源促进产业体系的作用。通过深化教育改革，建立科研教育、职业教育、培训教育体系，使教育既能培养出基础研究、高精尖研究需要的人才，又能培养适用性强、针对性强的应用技术性人才，为现代化产业体系建设提供优秀的人力资源；通过分配制度改革等调节不同行业、不同区域之间的差距，为整个产业体系和实体经济留住更多优秀人才。

（二）统一开放、竞争有序的市场体系

党的十九大报告中提出"经济体制改革必须以完善产权制度和要素市场化配置为重点，实现产权有效激励、要素自由流动、价格反应灵活、竞争公平有序、企业优胜劣汰。"[①] 习近平进一步强调要"建设统一开放、竞争有序的市场体系"。

目前，我国市场体系尚不完善，在资源配置中仍然受制于政府垄断、行政审批和价格管制等因素影响，还存在一些不足。具体来说，问题主要集中在三个方面。一是市场体系不够透明，存在如定价机制不完善、信息披露法规不健全、市场监管规则设置不清晰等问题，导致存在一定的权力寻租空间，使得市场交易成本过高。二是价格形成机制不健全，由于政府

---

① 《习近平在中国共产党第十九次全国代表大会上的报告》，中国共产党第十九次全国代表大会，2017 年。

垄断、价格管制或其它的政府干预市场行为，使得部分产品或服务的价格传导机制不健全，导致市场规则在要素配置中不能起决定性作用，价格不能充分反映供求状况和资源的稀缺程度。三是缺乏市场准入和退出政策，一些妨碍统一市场和公平竞争的潜规则和土政策仍然存在，导致部分同等的市场主体难以获得同等便利的市场准入；缺乏优胜劣汰的市场退出机制，企业破产制度不完善，市场不能决定企业是否退出。

要想建立统一开放、竞争有序的市场体系，必须采取多种措施：

一是提高市场体系的透明度和公平性，通过建立健全完善的市场法律法规，为商品或服务的快捷、顺畅的流通提供保障，消除地区封锁、市场分割等现象，打破城乡区域之间的不平衡，规范交易行为，建立透明、公平、高效的市场秩序，降低交易成本；在某些容易滋生腐败的领域，明确竞争规则，提高程序透明度，加强信息披露的法律法规建设，大力提高市场体系的透明度，推进市场信息化建设，保护市场参与者的正当权益；加强市场监管制度建设，明确市场参与者的权责，规范执法者的权力，避免因监管规则设置不明确导致的权力寻租或市场交易成本过高的问题。

二是进一步完善各种商品、特别是资源型商品的价格形成机制，使价格能够商品的供求状况，能够反映资源的稀缺程度，进而充分发挥市场调节机制，促进商品的自由流通；进一步完善市场交易制度，调整政府宏观调控的方式，尽量通过温和的方式借助市场实现调节目标，建立完善的市场交易制度，放开负面清单之外的商品和服务，给予企业自主定价权，让价值规律、供求规律和竞争规律共同作用来决定商品或服务的价格，保证价格传导机制畅通无阻，保证价格能够反映企业真实的生产经营成本和效率状况。

三是建立统一的市场准入标准和退出政策，首先是开放行业准入，凡是在政府限制或禁止的领域和行业清单之外的，符合法律规定的，都应向民间资本开放，实行同一区域同一准入标准，打破市场封锁、地方保护主义和行政性垄断；尽快完善各类法律法规，实现国有资本和民营资本平等使用生产要素和各类资源，公开公平公正地参与各类市场竞争，并为其提供一视同仁的监管和法律保护；加快市场化改革，废除影响建立统一市场的各种障碍，制定促进公平竞争的法律法规，激发各类市场参与者体的积极性和活力。其次要健全市场退出机制，完善企业破产制度，坚持企业自主原则，企业的优胜劣汰应由市场竞争决定。

（三）体现效率、促进公平的收入分配体系

收入分配关系到亿万民众的切身利益，关系到个人工作的积极性，不合理的收入分配体系是导致诸多社会问题的根源。习近平指出："要建设体现效率、促进公平的收入分配体系，实现收入分配合理、社会公平正义、全体人民共同富裕，推进基本公共服务均等化，逐步缩小收入分配差距。"①党的十九大给出了建立收入分配体系的重要原则，即"坚持按劳分配原则，完善按要素分配的体制机制，促进收入分配更合理、更有序。鼓励勤劳守法致富，扩大中等收入群体，增加低收入者收入，调节过高收入，取缔非法收入"。②

目前，由于非公经济的大规模发展、政府对各种收入分配的不合理现象没有及时调节、社会保障机制不健全和结构性失业等多种因素的共同作用，使得收入差距逐渐增多，导致了不少问题的出现。一是城乡区域发展差距和居民收入分配差距依然较大，城乡居民收入增长与经济增长仍不能同步，特别是乡村居民的收入增长速度过慢，不能充分参与分享经济发展的红利。二是收入分配法律法规不健全，一些隐性收入和非法收入问题比较突出，收入分配无法充分形成良性激励机制，分配公平与经济效率之间的同向互动不足。三是收入分配制度改革推进缓慢，底层群众生活比较困难，出现需要消费而无能力消费的情况，高收入者边际消费倾向过低，即使有能力消费，但是对需求拉动型经济增长的推动作用有限。

要完善体现效率与公平同向互促关系的收入分配体系，必须从以下几个方面着手：一是依法建立起统一开放、竞争有序的市场体系，必须重视市场和政府在收入分配中的不同作用，为城乡劳动力提供平等的公共服

---

① 《习近平在中国共产党第十九次全国代表大会上的报告》，中国共产党第十九次全国代表大会，2017 年。

② 《习近平在中国共产党第十九次全国代表大会上的报告》，中国共产党第十九次全国代表大会，2017 年。

务，确保分配规则均等、机会均等，减少城乡、行业、领域之间的收入分配壁垒，实现同工同酬，为城乡劳动力提供一个公平公正的平台；对于因为个人才能和禀赋不同而导致的收入差距，市场应予以承认；对于因为要素占有的数量、状态、水平不同以及机遇不同而形成的收入差异，可以通过制定相关的税收、财政政策进行适度调节，进一步完善转移支付制度，促使不同的劳动者能够获得均等化的基本公共服务。

二是对于因体制不合理、规则不健全而造成的收入差异，应通过深化改革和制度建设，建立合理、规范的政策体系，避免灰色收入的形成，对于已经形成的灰色收入，可以通过建立合理的再分配制度进行调节；对于黑色收入，必须大力加强法治建设，从源头上消灭其产生的土壤与条件，一旦发现，坚决依法取缔、严厉打击。

三是大力推动收入分配制度改革，通过运用税收、财政支出等方式在再分配环节调节初次分配的结果，税收和财政调节应服务于共同富裕的目标；进一步完善个人所得税制度，应同时考虑横向公平和纵向公平，确保税收能够有利于低收入者而又不损害高收入者的积极性；推进消费税的改革，调整消费税的征税环节及幅度，能够充分降低底层收入者的税负；推进与财产有关的税收改革，加大财产类税收的调节力度；借鉴国外经验，尽快实行退出税。

（四）彰显优势、协调联动的城乡区域发展体系

党的十九大报告明确提出"实施乡村振兴战略，实施区域协调发展"。① 习近平指出："要积极推动城乡区域协调发展，优化现代化经济体系的空间布局"，"建立彰显优势、协调联动的城乡区域发展体系"。② 只有逐步缩小城乡区域间的发展差距，人口、经济、资源、环境之间获得均衡发展，经济社会各组成要素才能进行良性互动，城乡之间实现融合发展，促进我国经济发展的平衡和总体走强。

我国目前城乡区域差距依然巨大，城乡区域协调发展程度不高，城乡

① 《习近平在中国共产党第十九次全国代表大会上的报告》，中国共产党第十九次全国代表大会，2017 年。

② 《习近平主持中共中央政治局第三次集体学习》，人民日报，2018 年 2 月 1 日第 1 版。

区域协调发展还存在不少问题。一是受制于自然条件、人口、历史等因素影响，现代化经济体系的空间布局不合理，京津冀、长江经济带、粤港澳大湾区都是人口密集、面积小但是在全国经济中占比重大的地区，如京津冀地区以 2.3% 的面积贡献了 8% 的 GNP，长江经济带以 21% 的面积贡献了 40% 的 GNP。二是城乡差距依然较大，城乡联动不足，区域发展不够协调。实施乡村振兴的制度供给不足，支撑乡村振兴的人力资源不足，乡村振兴所需资金仍然由缺口；一些深度贫困地区自然条件恶劣导致了经济条件和社会条件极其恶化，难以脱贫；大部分农村地区的经济基础薄弱、基础设施和基本公共服务欠缺，这给乡村振兴带来了巨大的困难；城乡区域联动发展的平台缺乏，难以通过发展平台的带动作用扩大发展范围。

要建立彰显优势、协调联动的城乡区域发展体系，必须重点抓好下列工作：一是积极优化现代化经济体系的空间布局，建立彰显优势的发展体系。对于京津冀地区，可以通过宏观规划，不断探索培养创新发展新动能，使得城市的布局和空间结构更合理，以京津冀协同发展来推动整个地区的发展，进而出现一批具有雄厚实力的世界级城市群；推动长江经济带发展，促进经济增长空间从东部沿海地区向中西部地区拓展，推动经济要素沿黄金水道有序流动；推动粤港澳大湾区的发展，把该地区培养成中国区域经济发展重要引擎和引领科技创新的领头羊，以此形成大范围的城市带，引领全球经济发展。

二是通过顶层设计加快实现乡村振兴，以乡村振兴战略为着力点来推动城乡联动发展，以构建城乡融合发展体制机制和政策体系来促进城乡协调发展。建立彰显优势、协调联动的城乡区域发展体系，可以通过实施乡村振兴战略、完善产权制度和要素市场化配置，进而强化乡村振兴制度性供给；可以通过人力资本配套政策，充分发挥市场在资源配置中的决定性作用，使人才、技术等充分流动，进而解决乡村振兴人才支撑不足的问题；可以通过财政政策、金融政策、社会多元参与政策等方式，引入多元资金参与乡村振兴，解决乡村振兴的资金缺口问题，进而打破现存的城乡二元结构。区域协调发展可以通过推进落后地区经济发展的战略和政策，缩小落后地区与发达地区的差距，促进各经济要素在全国范围内的流动，实现人口、经济和资源、环境的空间均衡，进而推动我国经济不断取得新进展。总之，从全局出发建立连贯统一、层次明晰、功能精准的区域政策与城乡发展政策，来强化城乡发展与区域发展的协同；通过进一步完善包括城乡及区域定位与合作机制、成果共享机制、生态保护机制、利益补偿机制在内的区域城乡协调发展的机制，来实现城乡统筹和区域发展、合作；通过培育试验区、示范区等平台来培育区域经济发展的新动能，进一步完善各类发展平台。

（五）资源节约、环境友好的绿色发展体系

党的十九大报告明确指出"加快建立绿色生产和消费的法律制度和政策导向，建立健全绿色低碳循环发展的经济体系。"[①] 习近平同志提出"要建设资源节约、环境友好的绿色发展体系，实现绿色循环低碳发展、人与自然和谐共生，牢固树立和践行绿水青山就是金山银山理念，形成人与自然和谐发展的现代化建设新格局。"[②] 绿色发展体系是社会主义生态文明的体系，绿色发展是高效、持续、和谐的发展方式，与中国特色社会主义进入新时代的发展特征紧密联系，只有践行绿色发展才能突破资源环境因素制约，才能在国际社会竞争中长远地占据主动和有利地位。

目前，我国要建立资源节约、环境友好的绿色发展体系面临不少挑战。一是对节约资源、保护环境不够重视。在个人消费方面，存在铺张浪费现象，绿色生活方式并没有形成社会共识。二是缺乏相应的体制机制保障绿色发展体系建设。从顶层设计来看，缺乏有力的价值取向和相应的制度保护资源环境，保护生态的法律法规体系不完善；环境评价体系不健全，党政部门的绩效考核体系中，又往往忽视或者缺乏对绿色发展的评价。三是快速的城镇化和工业化必然会消耗大量资源，传统的产业结构和经济发展方式往往遵循"高投入、高能耗、高污染、低收益"的发展老路，势必造成资源的浪费和对环境的损害。

---

① 《习近平在中国共产党第十九次全国代表大会上的报告》，中国共产党第十九次全国代表大会，2017 年。

② 《习近平在中国共产党第十九次全国代表大会上的报告》，中国共产党第十九次全国代表大会，2017 年。

要建立资源节约、环境友好的绿色发展体系，必须采取下面的措施：

一是引导人们从观念上重视节约资源、保护环境，全面树立节约资源、热爱自然环境、尊重自然规律的生态文明理念，树立勤俭节约的社会风尚和合理、高效利用资源的意识，做好节约资源、保护环境的宣传和科普，增强全社会的勤俭节约和保护环境的观念；积极宣传推广绿色和低碳的生活理念，倡导发展绿色生活方式，引导鼓励低碳消费模式，尽量减少个人行为对资源的浪费和对环境的不良影响，形成人与自然和谐共处的永续发展新格局；广泛宣传绿色发展体系，将生态教育纳入国民教育体系，使社会各界人士特别是各级政府和领导意识到生态环境工作的重要性，使绿色发展观念成为全社会的共同追求和自觉行为。

二是不断完善建设绿色发展体系的体制机制。从顶层设计上来看，要充分完善相应的法律制度，完善的制度和法律既能解决资源和环境方面的问题，又能对对涉及资源和环境行为进行有力的规制；不断健全绿色发展的评价体系，避免在发展过程中出现以牺牲生态环境换取经济利益的现象，要把经济发展与生态发展挂钩；特别是完善对政府部门的绩效考核体系，在对政府领导干部绩效进行考核时，把绿色发展、生态环境也作为其重要的综合评价指标进行考察，建立终身问责制度，以确保政府领导在考虑经济发展的时候能够充分意识到节约资源、保护环境的重要性。

三是深化供给侧改革，任何经济行为都要以保护环境和生态健康为前提，要把原来产业发展过程中科技含量低、资源消耗多、环境污染大、不可持续发展的实体经济改造为节约资源、环境友好型的产业，使产业的发展具有良好的生态环境效益，充分依靠科技创新和技术进步来提高资源的产出效率，降低生产领域和流通领域的资源消耗量，提倡在生产领域和消费领域实行生产资料和生活资料的循环再利用；鼓励发展环保经济、低碳经济、循环经济，从节约资源、保护环境的产业活动中获取经济效益，将环保活动或者环保产业发展为新的经济增长点，创造出新的经济利润，使环保能够产生经济效益，吸引更多的企业和个人从事环保事业。

（六）多元平衡、安全高效的全面开放体系

党的十九大报告明确提出要"推动形成全面开放新格局"，习近平提出"要着力发展开放型经济，提高现代化经济体系的国际竞争力，更好利用全球资源和市场，继续积极推进'一带一路'框架下的国际交流合作。"这些重要论述和战略部署准确地把握了我国进入新时代的新情况，反映出经济全球化对生产力发展和科技进步的迫切要求，是实现经济繁荣昌盛的必由之路，为推动全面开放指明了方向、目标和途径。

我国目前还未形成多元平衡、安全高效的全面开放体系，其问题在于：一是对外开放的形式与结构较为单一，对外贸易大部分集中在具有低端要素优势的产业上。目前我国对外贸易结构相对单一，传统的生产方式已经不能适应国际竞争的新形势，我国虽然是一个贸易大国，但是出口产品仍然以初级产品或低加工产品为主，在国际市场上的定价能力较弱。随着要素成本和环保成本的上升，传统的生产方式已经越来越不能适应国际竞争新形势，这已经威胁到了实体经济的发展。二是缺乏完善的经济体制保障全面开放的稳定性和安全性。随着我国对外开放的深入，一些既有的体制机制在保障宏观经济顺畅运行和稳定金融市场方面乏力；已有的对外贸易模式容易加大国内经济发展的不平衡；外资进入门槛不一，境外投资经验不足，海外投资利益保护不够，贸易摩擦和争端时有发生，处理结果差强人意。

为了确保建立多元平衡、安全高效的全面开放体系，必须采取有力举措：一是不断优化贸易结构升级，紧紧把握供给侧结构性改革这条主线，大力发展高质量、高效益的产业，把质量优势和新兴产业培养成我国对外贸易的新优势，确保已有的对外贸易市场份额，不断拓展以装备制造等为代表的科技含量高的产业作为出口主导产业，实现从传统制造业向先进制造业和高新技术产业的转型升级，提高在全球产业链和价值链中的地位。

二是不断完善对外贸易布局，培育贸易新模式，对外贸易产业布局中重视并鼓励加入技术、知识、信息和智能等高端生产要素，巩固我国已有的信息产业优势，争取成为对外贸易规则的制定者；通过提高对外贸易产业的要素成本优势，加大科技创新成果比例，为传统产业提供新的需求点和增长点，进而提升我国产业在国际竞争中的地位，夯实现代化经济体系的基础。

三是不断调整对外经济体制机制，破除体制机制的各种弊端，为全面开放提供稳定的经济环境，为国内外企业提供公平竞争的营商环境。进一步健全境外投资管理，为境外投资提供良好的政策机制，积极引导、鼓励企业对外高效投资，确保投资收益性。

（七）充分发挥市场作用、更好发挥政府作用的经济体制

党的十九大报告提出"着力构建市场机制有效、微观主体有活力、宏观调控有度的经济体制"，习近平提出要建立"充分发挥市场作用、更好发挥政府作用的经济体制"。通过完善市场调节和政府调节的双重调节体系，有助于释放体制改革红利，促进整个现代化经济体系的建设。我国虽然已经建立起了社会主义市场经济体制，但在处理政府与市场关系方面依然存在两种极端。

一是过分追求市场化，造成政府的缺位，弱化了政府这只"有形之手"对宏观微观经济的调节作用，而完全的自由市场竞争容易导致市场失灵等低效率的经济现象；过度强调市场竞争，市场更关注短期效率，具有良好才能和禀赋的人依靠自己的资源优势获取越来越多的财富和收入，而弱势群体人则越来越无力改变这种现状，导致了财富和收入差距扩大；完全的市场竞争往往导致投资和消费或者严重不足或者严重过度的结构失衡和周期性特点。

二是政府调控不民主而导致失当，"一把手说了算"、官僚主义、形式主义、面子工程和虚报政绩等现象普遍存在。正如美国著名经济学家斯蒂格利茨点评所说的，中国环境污染、食品安全等问题较为严重，说明政府的作用还没有很好地发挥。为了深一步改革市场与政府关系的体制机制，必须抓好以下工作：首先要坚持社会主义性质和类型的市场经济改革方向不动摇，有机统一社会主义基本经济制度与双重调节的资源配置制度，完善市场机制趋利避害的有效性、微观主体活而不乱的创新性、政府主体及时调节的高效性三者结合的市场经济制度。其次要充分完善产权制度和一般要素市场化配置，破除制约发展活力和动力的体制机制障碍。在坚持公有制为主体、国有制为主导、多种所有制共同发展的基础上，充分发挥"看不见的手"在一般资源配置中的决定性作用，充分发挥各级政府在宏

观和中观调控、微观规制中的主导作用，精简政府机构和人员，转变政府职能，做好公共服务，加强市场监管，维护市场秩序，营造公平竞争的市场环境和制度环境。

三是要统一开放的一体化市场体系，革除某些行政或制度上的不合理分割，革除法律法规以外的歧视与各种不平等待遇以及不正当竞争的现象，使市场准入畅通，企业之间竞争充分，并使消费者在市场上具有自由选择权、能够自主进行消费。

四是要重视各级人大的经济立法和经济督察的功能，实现市场"看不见的手"的自发调节功能、政府（广义政府含人大）"看得见的手"的自觉调节功能，同伦理"看不见的手"的内在自律功能（市场主体内含经济伦理和诚信）、产权"首要的手"的基本制度功能（因为产权配置资源是决定社会经济性质的）的有机融合，促进经济社会高质量和高绩效地全面协调发展。

三、建设现代化经济体系
需实施若干战略举措

（一）坚决实施以人民为中心的发展战略思想

"以人民为中心的发展思想"是中国特色社会主义发展观与西方发展观的根本区别，是建设社会主义现代化经济体系的根本立场，也是习近平新时代中国特色社会主义经济思想的特征和战略定力所在。

不过，有舆论认为"以人民为中心的发展思想"太抽象，无法把握和落实，往往还在片面追求 GDP 和政绩。这就会偏离共产党人的本源和初心，偏离了党执政为民的根本宗旨，就不能满足人民群众对美好生活的向往，就不能实现社会主义现代经济体系建设的胜利。在党的十九大报告中，贯穿始终的指导思想就是"以人民为中心的发展思想"，这充分体现了中国共产党始终牢记人民、一切以人民为中心的执政理念，这是中国共产党面向新时代解决社会主义主要矛盾、实现经济社会创新发展的根本方针。现代化经济体系的建设，是为了解决人民日益增长的美好生活需求和不平衡不充分发展之间的矛盾，到达社会物质文明和精神文明的更大丰富，实现全体人民的共同富裕和共同享受。现代化经济体系建设主题的表象是物质和经济，但实质是人民，服务的对象还是人民，归根到底是人的现代化。只有始终把"以人民为中心的发展思想"作为党一切工作的出发点和落脚点，并贯穿在"创新、协调、绿色、开放、共享"发展新理念和政策之中，才能实现全面小康社会和强国目标。

（二）继续实施深化供给侧结构性改革的发展战略

建设现代化经济体系，必须紧紧抓住供给侧结构性改革这条主线。随着我国经济发展进入新常态，传统人口红利弱化、发展动能衰减、资源环境约束加剧，消费结构、产品结构、企业组织结构和生产要素结构却发生了巨大的变化，这种结构性问题导致我国经济下行压力巨大，单纯依靠扩张总需求的办法不能解决问题，而必须适应新形势的需求，从供给侧方面进行改革，解决结构性矛盾和制度障碍，进一步解放和发展生产力，重构经济新常态下的各类平衡。供给侧结构性改革的根本路径是深化改革，以改革的办法推进供给结构调整，改革生产要素、企业和产品的数量、质量和结构，提高供给体系的质量和效率；改革一直供给结构升级的体制机制，充分调动广大人民群众的积极性和创造性，增强微观主体内生动力，不断推动产业结构升级，更好地满足需求，促进经济社会持续健康发展。

有舆论认为供给侧结构性改革已基本完成，不需要深化进行了。而根据 2017 年 12 月 20 日中央经济工作会议精神，供给侧结构性改革任务还需在"破""立""降"上下功夫。"破"就是破除无效供给，破除"僵尸企业"，推动化解过剩产能；"立"就是大力培育新动能，强化科技创新，推动传统产业优化升级，培育一批具有创新能力的排头兵企业，积极推进军民融合深度发展；"降"就是大力降低实体经济成本，降低制度性交易成本，继续清理涉企收费，加大对乱收费的查处和整治力度，深化电力、石油天然气、铁路等行业改革，降低用能、物流成本。

深化供给侧结构性改革，要进一步减少低端、无效供给，深化去产能、去库存、去杠杆，扩大中高端、有效供给，补短板、惠民生，加快发展新技术、新产品、新产业，为经济增长培育新动力；要进一步把供给侧和需求侧管理结合起来，既要深化供给侧改革，适应需求的新变化，又要配合宏观经济政策，拉动需求对经济的推动作用。

（三）大力实施做强实体经济的发展战略

中央明确提出建设现代化经济体系，就必须抓住发展实体经济这个"牛鼻子"，并把大力发展实体经济放在工作重点之中。实体经济是一国经济的根基所在，是现代化经济体系的坚实基础，承载着国家未来的核心竞争力，决定着国家未来的经济增长。因此，必须大力夯实实体经济基础。

不过，有舆论认为虚拟经济赚钱容易，GDP上得快，而实体经济难以立竿见影地抓出好政绩。这是必须消除的明显缺乏实干精神的误论。目前，当务之急就是要大力发展实体经济。为此，第一要制定相关政策，围绕创造实体经济的良好体制环境破题发力，推动资源要素向实体经济集聚、政策措施向实体经济倾斜，正确引导实体经济发展，为其创造良好的政策环境。第二，要把提高供给体系质量作为发展实体经济的主攻方向，结合供给侧结构性改革，加快优化供给结构，大力淘汰落后产能，通过培育潜在市场消化过剩产能，通过深度加入全球化输出过剩资本，大力增强我国经济质量优势。第三，强化创新引领作用，加强基础研究和应用研究，引领创新型研究、前瞻性研究，培育更多的原创性、颠覆性技术革新，促进实体经济与科技创新及人力资源协同发展，以科技创新引领实体经济的发展。第四，引导资金投入实体经济，加快市场化改革，保护和激发企业家精神，引导更多社会资本投身到实体经济中。第五，做好虚拟经济和实体经济之间的平衡，一方面要避免金融资本"脱实向虚"，通过金融财政的杠杆作用推进实体经济的持续发展，保证金融资本服务于实体经济，另一方面也要发展多层次的资本市场，推进金融强国建设。

（四）加快实施科技创新驱动的发展战略

加快实施创新驱动发展战略，就是要加强国家创新体系建设，强化战略科技力量，推动科技创新和经济社会发展深度融合，强化创新驱动、创新引领的发展方式。有舆论认为生产关系和制度改革始终重于生产力和技术变革，以为制度搞好了，生产力和科技创新自动会搞好的。这是曲解经济辩证法的误论，因为生产关系与生产力、制度与技术，均是具有作用与反作用的独立变量，根本不是一成不变的自动变量。

事实上，要建设现代化经济体系，第一，必须以创新来推动供给侧结构性改革，夯实实体经济基础，通过技术创新突破现有的技术应用以提高生产率，通过创新来降低企业成本，促进产业转型升级，提升企业发展水平和素质，提供要素质量和配置效率。第二，大力推进创新创业，通过创新创业推动新的产业的出现，创造新的就业机会，由此振兴实体经济、提升国际分工的地位、破解资源环境约束，最终能够实现经济社会的持续发展。第三，加强国际创新体系建设，对于投资周期长、风险大、具有颠覆性的基础研究、应用基础研究和战略科技创新研究，要制订相关政策，引导人才、资金向这些方向倾斜，实现重大项目的突破。第四，要建立完善的创新引导政策体系，充分发挥市场的导向作用，以市场的需求引导创新研究，鼓励支持企业主导的创新，鼓励产学研深度融合的创新，鼓励引导创新成果的转化。第五，要实施更加积极、更加开放、更加有效的人才政策和创新文化政策，鼓励大众创业、万众创新，强化知识产权保护政策，培养和造就一大批具有国际水平的创新人才和高水平创新团队。第六，通过观念创新、政策创新、制度创新，打破原有的不利于经济快速发展的观念、政策、制度，使观念、政策、制度与实践结合，更符合实践发展趋势，促进经济发展更顺畅、更迅速、更有效。

（五）大力推进城乡区域军民协调的发展战略

现代化经济体系是一个有机整体，乡村振兴是实现我国经济体系现代化的前提，通过实现区域协调发展来优化现代化经济体系的空间布局，为现代化经济体系建设提供重要支撑。城乡区域协调发展应以乡村振兴战略为着力点，以构建新机制导向促进区域协调发展。有舆论认为，乡村落后于城市，区域发展不平衡，军民经济难以融合，这是现代任何社会都存在的现象，不必急于改变。这是脱离国情的误论，因为我国在城乡和区域领域的经济差距太大，而军民经济融合度不高，亟须及时整合和协调发展。

大力实施城乡区域协调发展战略，首先要实现乡村振兴，这是补经济发展的短板，也是切实解决"三农"问题的根本方法。首先，实施乡村振兴关键在党，要坚持和完善党对"三农"工作的领导，健全党委统一领导、政府负责、党委农村工作部门统筹协调的农村工作领导体制，完善相关配套制度建设，把制度建设贯穿在乡村振兴的始终，不断完善产权制度，不断完善要素市场化配置，通过推进各种体制机制创新，为乡村振兴提供制度性支撑。其次，把人力资本放在乡村振兴各因素中的首要位置，汇聚全社会力量，制订相关政策，把人才往乡村吸引，强化乡村振兴的人才支撑战略，把人才作为引领乡村振兴的根本性因素。再次，以产业兴旺为重点，提升农业发展质量，培育乡村发展新动能，并形成财政优先保证、金融重点倾斜、社会积极参与三位一体的投入格局，为乡村振兴资金投入提供保障。

城乡区域协调发展战略是一个庞大复杂的社会系统工程，通过城乡区域协调发展优化现代化经济体系的空间布局，实施好区域协调发展战略，推动京津冀协同发展和长江经济带发展，加快推进中西部地区以及其他落后地区经济发展的战略和政策，协调推进粤港澳大湾区发展，逐渐缩小各个区域之间的经济发展差距，建设彰显优势、协调联动的城乡区域发展体系。通过推进城乡区域协调发展战略，缩小城乡区域发展差距，推动全国范围内实现经济社会各构成要素的良性互动，促进人口、经济和资源、环境的空间均衡，进而推动我国经济在实现高质量发展上不断取得新进展。

要准确把握军民融合发展战略任务，推进基础设施统筹建设和资源共享、国防科技工业和武器装备发展、军民科技协同创新、军地人才双向培养交流使用、社会服务和军事后勤统筹发展、国防动员现代化建设、新兴领域军民深度融合。为此，要借鉴国外有益经验，加快形成军民融合发展组织管理体系、工作运行体系、政策制度体系，推动重点领域军民融合发展取得实质性进展，形成全要素、多领域、高效益的军民融合深度发展格局，初步构建一体化的国家战略体系和能力。[1]

（六）积极实施引领经济全球化的发展战略

现代化经济体系在本质上就是一个开放的经济体系，适应我国国情的

_____

[1]　详见：《习近平主持十九届中央军民融合发展委员会会议》，《人民日报》2018 年 3 月 3 日。

全方位开放体系，并积极实施引领经济全球化的战略举措，是塑造现代化经济体系的应有之义。有舆论认为我国不属于世界经济体系的"中心"，还处于"外围"或"依附"地位，因而只能参与、接受和服从一切国际规则和惯例。这是没有认清世情和国情的过时观点。殊不知，在整个世界经济体系中，40年来我国已呈现出逐步从"外围"向"中心"较快发展的壮丽画面，现在比以往任何时候都更加接近世界经济舞台的中心，可以说正施展着"准中心"的地位和作用。这至少表现在我国经济快速增长，经济总量按汇率计算已属世界第二，按购买力平价计算已属世界第一，进出口贸易量在全球数一数二，是世界经济增长的第一引擎和主要贡献者，人民币成为国际储备货币，等等。

今后必须通过积极引领全球经济发展来促进现代化经济体系的构建。其一，我国要继续实行引进来与走出去并重的双向开放，不断增加对外投资流量，尤其是对拉美非洲的援助投资、对美欧等发达国家的实体并购，并有效运用"一带一路"国际合作、金砖五国开发银行和亚投行等金融机构来引领全球经济发展，打造各国利益共同体和人类命运共同体。其二，推动全面开放新格局，就要拓宽开放范围，扩大开放规模，提高开放质量，在参与中高端国际竞争中最终打造一个具有多元平衡和安全高效的经济体系。多元平衡是指进口、出口、投资来源等的多元化与平衡，经营主体、商品和服务的多元化和平衡，这是开放型经济体系的内在要求。安全高效是指要把握我国经济发展的主动权，适应经济全球化和对外开放的新形势，避免开放带来的重大风险；同时要积极利用好开放市场，促进生产及市场从低端要素优势向高端要素新优势转型。多元平衡、安全高效的全面开放体系，能够使中国获得更多的国际资源和市场，拓展更广阔的国际空间，增强中国经济的体外循环，为包括中国在内的广大发展中国家在未来经济全球化中争取到更多话语权，改变现存经济全球化某些不合理和不公正的发展规则。简言之，不断提升我国在全球经济治理中的地位和话语权，在全球经济治理中自觉地由过去的旁观者、跟随者逐渐转变为参与者、引领者，由经济全球化的配角转变为一个负责任的主角，是适应构建现代化经济体系的战略之举，必须稳妥地积极推进。

参考文献

［1］刘志斌．建设现代化经济体系：新时代经济建设的总纲领［J］．山东大学学报（哲学社会科学版），2018（1）．

［2］武国友．建设现代化经济体系—党的党的十九大报告关于转变经济发展方式的新思路与新亮点［J］．北京交通大学学报（社会科学版），2018（1）．

［3］刘伟．现代化经济体系是发展、改革、开放的有机统一［J］．经济研究，2017（11）．

［4］迟福林．从三个维度看现代化经济体系建设［J］．中国经济报告，2017（12）．

［5］王晓东．建设统一开放、竞争有序的市场体系［EB/OL］．http：//www. so-hu. com/a/221042118_118570，2018 - 02 - 05.

［6］石建勋．建设现代化经济体系应当怎样布局［EB/OL］．

论文化与市场经济的共生互动效应[*]

一、文化建设对社会主义市场经济发展的效应

社会主义文化活动主要属于非物质生产领域，包括文学艺术、新闻出版、广播电视、图书馆、博物馆、文化展览馆、宗教、教育、科技、建筑园林、体育和旅游等内容。

马克思指出："要研究精神生产与物质生产之间的联系，首先必须把这种物质生产本身不是当作一般范畴来考察，而是从一定的历史的形式来考察。例如，与资本主义生产方式相适应的精神生产，就和与中世纪生产方式相适应的精神生产不同。如果物质生产本身不从它的特殊的历史的形式来看，那就不可能理解与它相适应的精神生产的特征以及这两种生产的相互作用。……从物质生产的一定形式产生：第一，一定的社会结构；第二，人对自然的一定关系。人们的国家制度和人们的精神方式由这两者决定，因而人们的精神生产的性质也由这两者决定。"① 这里，马克思揭示了两点：其一，精神生产的性质和方式是由特定社会的生产力和由此而产生的物质生产的性质和方式所决定的，不同的社会生产方式有与它相适应的精神生产；其二，精神生产与物质生产存在相互作用的关系。我认为，文化生产（精神生产）与物质生产的共生互动效应在一切社会都是存在的，

---

* 原载《复旦学报》（社会科学版）1994 年第 3 期。

① 《马克思恩格斯全集》第 26 卷，第 1 分册，第 296 页。

而在社会主义社会表现得尤其突出。

在当今社会主义条件下，文化建设对市场经济发展有着积极的效应。它主要表现在以下三个方面：

1. 文化建设能有力地推动社会主义经济增长

从现代经济增长与教育训练、科学技术等文化事业发展的关系来看，后者对前者具有日益增大的正效应。近代传统经济理论较为重视资本和就业人数投入对经济增长的影响，把它们看成是社会经济增长的决定性因素。而现代经济理论一致主张，教育训练和科学技术是一国经济增长的主要源泉。其原因在于：首先，教育训练和科学技术是提高劳动生产率的基本手段。教育训练能够直接提高劳动者的技术水平和管理水平。科学技术的进步意味着人们在社会生产中不断采用新技术、新工艺、新材料，意味着生产的机械化、自动化和现代化，使每个劳动者能够掌握数量更多、效能更高的生产资料，大幅度增大生产经营效益。据估算，一些发达国家因采用新的科学技术成果而提高的劳动生产率占70%以上。其次，科学技术是影响经济增长阶段和周期的重要因素。科学技术发展是渐增与突增交替进行的，呈现出一种波浪式和周期性的态势。这一特征客观上会制约经济增长阶段的演化和周期的形成。科学技术进步不仅通过科学技术的日常推广和应用影响经济增长的较短周期，而且通过科学技术革命影响经济增长的较长周期，推进国民经济从增长的低级阶段向高级阶段飞跃。第三，教育训练和科学技术成果的商品化，与教育训练和科学技术应用有关的各种服务业的发展，直接增加了国民生产总值。在社会主义市场经济中，各种文化产业创造的价值必定会反映在国民生产总值的指标上。据有关统计资料显示，我国科学技术进步对经济增长作用的比重，1952—1957年为27.8%，1957—1965年为8.2%，1965—1976年为4.1%，1978—1980年为31.5%；另据计算，1952—1986年，科学技术进步对实际国民收入增长的贡献份额为12%，其余为资金和劳动者的贡献。与国外相比，1950—1962年美国为42%，西欧8国为64%[①]。可见，文化建设对于社

---

① 参阅：《科学学与科学技术管理》1983年第1期。

会主义经济增长的作用是举足轻重的，为了加快我国经济增长速度和经济效益，必须下大气力尽快提高教育训练和科学技术要素的生产率，换句话说，必须切实抓好教育、科学技术等文化事业的发展。

2. 文化建设能积极促进社会主义产业结构合理化和高度化

按照我国现行的产业分类方法，广播电视、教育、文艺、科学研究等部门属于第三产业中的第三层次，即为提高科学文化水平和居民素质服务的部门。略去个别部门不谈，这大体相当于我们所说的文化部门或文化产业。文化建设对于社会主义产业结构合理化和高度化的正效应表现如下。

首先，文化建设的发展有助于物质产业与文化产业保持良好的比例，促进整个产业结构的合理化。从整体上观察，尽管改革开放政策有力地推动了文化产业的崛起，但我国目前文化产业明显落后于物质产业的发展，呈滞后状态。这种比例失调在相当程度上妨碍了物质产业的迅速发展。例如，实施发展外向型经济战略，除了专业经济情报之外，产品供、求国的政局、时尚、舆论、气候以及文化、历史、地理、交通等与经济活动相关的社会情报也极为重要，只要略加重视和资助，文化单位便可在收集和传递各种社会情报方面大显身手。然而，眼下我国在上述诸方面的情报系统工作尚十分薄弱，不适应发展外向型经济和大幅度提高国际竞争力的需要。又如，文化事业在改善外商投资环境也有不容忽视的作用和地位，优惠的经济政策和市政建设固然是吸引外商投资的必要条件，可是文化生活对于外商及家属、子女来说，并非一桩小事。现在不少外商和旅游者不愿在一些重要的工商业城市久住的原因之一，就是娱乐、体育等文化活动太单调，缺乏必要的文化设施和文化环境。所以，大力发展民族传统文化、现代文化娱乐与艺术等设施和活动，对于改善国内投资环境，促进物质产业的发展是大有裨益的。

其次，文化建设的发展有助于产业结构的逐步高度化。作为创造精神产品的文化劳动要想得到物化，客观上需要适合这种文化劳动的物质资料，也就是说，文化生产的不断进步必然引起物质产业结构的巨大变化。广播、电视、电影、书刊等文化生产和消费的迅速普及，促使通讯卫星、广播器材、电视机、录像机、录音机、摄影机、纸张、印刷等物质生产的急剧发展，导致这些与文化生产有关的物质生产部门在整个产业结构中所占的比重明显增加，从而推动物质产业部门内部生产技术结构的日益优化和高度化。

3. 文化建设能改变社会消费结构和提高劳动力素质

文化生活消费是消费结构的重要组成部分，随着文化事业的发展，它在整个社会消费结构中的比重会有所增大。与物质生活消费一样，文化生活消费不单纯是个人的私事，而是关系到劳动力再生产的重要经济问题。马克思说"消费也直接是生产，正如自然界中的元素和化学物质的消费是植物的生产一样。例如，在吃喝这一种消费形式中，人生产自己的身体，这是明显的事。而对于以这种或那种形式从某一方面来生产人的其他任何消费渗式也都可以这样说。"① 读书看报、家庭视听娱乐、公共场所消遣性娱乐等文化生活消费，就是从精神角度生产出人。其中，接受教育培训的文化生活消费，是为了再生产出具有一定文化和科学技术水平的劳动力；从事文学艺术娱乐活动的文化生活消费，是为了紧张工作之后，通过这种鉴赏娱乐性的积极休息，解除人的疲劳，以再生产出精力充沛的劳动力。物质生活消费固然是重要的，但文化生活消费是人自身的内含式扩大再生产的主要原因，它能提高全体劳动者的科学文化和技术素质，最终为生产力和整个社会主义市场经济的发展源源不断地提供高质量的劳动力和各类人才。综观世界，当代经济竞争的实质是以教育和科学发展为核心的文化竞争，社会主义文化建设就是从根本上奠定国际经济竞争的扎实基础。

此外，文化因素势必日益渗透到市场经济活动中，致使物质生产的产品和服务逐渐艺术化。如服装、家具、建筑、日用品、食品、旅游、商业等产品和服务，越来越受到古典文化和现代文化的感染和支配，在包装、设计、装演、广告宣传等诸经济环节表现得非常明晰。

---

① 《马克思恩格斯全集》第 46 卷，第 27—28 页。

二、市场经济发展对社会主义文化建设的效应

在充分肯定文化建设对市场经济发展具有积极意义的同时，也必须看到古场经济发展对社会主义文化建设的巨大效应。这种促进效应集中表现在两个方面：

1. 公有制市场经济发展的要求从根本上规定着文化生产的性质和方向

由于"支配着物质生产资料的阶级，同时也支配着精神生产的资料"①，因而一国物经济基础及其发展的要求不同，文化生产的性质和目的也就不同。恩格斯曾说："人们首先必须吃、喝、住、穿，然后才能从事政治、科学、艺术、宗教等等；所以，直接的物质的生活资料的生产，因而一个民族或一个时代的一定的经济发展阶段、便构成为基础。人们的国家制度、法的观点、艺术以至宗教观念，就是从这个基础上发展起来的，因而，也必须由这个基础来解释。"② 运用马克思、恩格斯创立的这个历史唯物主义观点来观察经济与文化的内在关系，我们可以看到，在资本主义社会，一切文化生产和流通活动都从属于资本家追求剩余价值或利润的目的，文化的教育功能和审美价值相对于资本价值增殖这一首要目的来说是第二位的，整个文化事业是为私有制主体型经济基础及其市场经济发展服务的。正如马克思指出的：在学校中，教师对于学校老板，可以是纯粹的雇佣劳动者，这种教育工厂在英国多得很。这些教师对学生来说虽然不是生产工人，但是对雇佣他们的老板来说却是生产工人。老板用他的资本交换教师的劳动能力，通过这个过程使自己发财。戏院、娱乐场所等的老板也是用这种办法发财致富。马克思认为，这种现象属干非物质领域中的资本主义表现，并从这个意义上说，资本主义生产对某些精神生产部门如艺术和诗歌就是敌对的。

在现今社会主义条件下，市场经济发展和公有制主体型经济基础的内

① 《马克思恩格斯全集》第 3 卷，第 52 页。
② 《马克思恩格斯选集》第 3 卷，第 574 页。

在要求，对于社会主义文化生产和建设的规定是：

首先，它规定新型的社会主义文化必须建立在生产资料公有制和市场经济的基础上，并为之服务。列宁说得对：与资产阶级的习气相反，与资产阶级营利的商业性的出版业相反，与资产阶级文学上的名位主义和个人主义、"老爷式的无政府主义"和唯利是图相反，社会主义应当提出党的文学的原则。"这个党的文学的原则是什么呢？这不只是说，对于社会主义无产阶级，文学事业不能是个人或集团的赚钱工具，而且根本不能是与无产阶级总的事业无关的个人事业。"[1] 从经济决定文化的观点来认识，物质生产资料的公有制决定了文化生产资料也要实行公有制，物质生产的市场调节与计划调节相结合，决定了文化生产也要纳入有国家宏观调控的市场经济轨道；并且，竖立在物质经济基础之上的文化上层建筑，归根结底要为自己的现实基础服务，保护和促进无产阶级领导的市场经济建设事业的发展。

其次，它规定新型的社会主义文化必须把社会效益放在首位，为人的全面自由的发展创造社会精神环境。尽管现阶段要大力发展市场经济，绝大多数文化产品属于商品，但公有制主体型市场经济与私有制主体型市场经济不同，前者客观上要求正确处理文化生产的社会效益与经济效益的相互关系，在坚持提高社会效益的前提下，积极运用商品货币形式来推动社会主义文化的发展。发展社会主义文化的宗旨在于不断创造和改善社会精神环境，培养全面的、自由发展的社会主义新人，而这一点恰恰又是公有制市场经济发展内在的规定。如同恩格斯说的："用整个社会力量来共同经营生产和由此而引起的生产的新发展，也需要一种全新的人，并将创造出这种新人来。"[2]

再次，它规定新型的社会主义文化必须体现生产者与享受者一致的原则。在实行物质和文化的生产资料公有制和按劳分配的范围内，文化生产者同时又是文化成果的享受者，"社会上的一部分人靠牺牲另一部分人来强制和垄断社会发展（包括这种发展的物质方面和精神方面的利益）的现

---

[1] 《列宁全集》第 10 卷，第 24 页
[2] 《马克思恩格斯选集》第 1 卷，第 222 页。

象将会消灭。"①"几千年来的文明发展的成果，不被一小撮人用来升官发财，而是为劳动人民服务。"② 社会主义文化生产者既要批判地继承人类社会一切优秀精神成果，又要不断地创新，重构合乎现阶段市场经济发展要求的新文化，并在文化创造中充分享用这些成果。

2. 市场经济发展的水平从总体上制约着文化建设的状况

毛泽东曾经预言："随着经济建设高潮的到来，不可避免地将要出现一个文化建设的高潮。"③ 确实，经济建设对文化建设是有着巨大的推动作用的，但又有不可否认的约束作用。目前，市场经济发展水平既推动、又约束文化建设发展状况表现为下述三点：

首先，市场经济发展水平决定了文化建设的发展规模。众所周知，倘若文化建设的规模太小，就不能适应市场经济发展的需要，不能满足社会成员日益增长的文化生活消费的欲望；反之，倘若文化建设的规模太大，超过了国民经济所能负担的人、财、物方面的承受能力，或者超过了社会成员有货币支付能力的消费力，又势必造成文化建设战线过长和文化产品的积压性浪费，影响文化生产的质量和整个国民经济的稳定协调发展。过去"大跃进"年代大放"文艺创作卫星"，现时改革年代出现的"武侠书刊"、"言情书刊"等生产浪潮，就属此种情况。应当看到，市场经济发展在促进文化建设规模不断扩大的同时，客观上也制约其扩大的速度、内容和总规模。

其次，市场经济发展水平决定了文化生产的效率和结构。显而易见，市场经济和技术水平越高，文化生产和交换的效率及文化服务的质量就越高，文化生产和服务的内在结构就越丰富和高级；相反，市场经济和技术水平越低，文化生产和交换的效率及文化服务的质量就越低，文化生产和服务的内在结构就越单调和低级。例如，与发达国家相比，由于我国总体经济发展水平不高，导致文化方面的博物馆、展览馆等比较少。又如，当电脑激光技术普遍应用于印刷业和视听器材制造业时，就明显地提高了书

① 《马克思恩格斯选集》第 25 卷，第 926 页。
② 《列宁全集》第 29 卷，第 52 页。
③ 《毛泽东选集》第 5 卷，第 6 页。

刊印刷以及视听器材生产的质量和效率。

再次，市场经济发展水平决定了文化普及的方式和程度。实践表明，伴随着科学技术和市场经济的飞跃发展，社会文化的传播媒介增多，传递的速度和质量提高，尤其是广播、电视、电影、电报、电话、火车、航空、卫星等现代通讯系统和运输系统的不断改进，已从时间和空间上大大突破了文化传播的限制，引致社会文化普及的方式多样化，普及的程度广泛化，普及的速度敏捷化。

综上所述，文化建设与市场经济发展之间存在共生互动效应，它们有互渗性和互制性。① 其特点正如恩格斯所概括的："政治、法律、哲学、宗教、文学、艺术等的发展是以经济发展为基础的。但是，它们又都互相影响并对经济基础发生影响。并不是只有经济状况才是原因，才是积极的，而其余一切都不过是消极的结果。这是在归根到底不断为自己开辟道路的经济必然性的基础上的互相作用。"②

最后应当指出，马克思在《〈政治经济学批判〉导言》中曾经批判了当时资产阶级经济学家关于物质生产与艺术生产"绝对平衡论"的时髦观点。他写道："关于艺术，大家知道，它的一定的繁盛时期决不是同社会的一般发展成比例的，因而也决不是同是社会组织的骨骼的物质基础的一般发展成比例的。例如，拿希腊人或莎士比亚同现代人相比。……在艺术本身的领域内，某些有重大意义的艺术形式只有在艺术发展的不发达阶段才是可能的。如果说在艺术本身的领域内部的不同艺术种类的关系中有这种情形，就不足为奇了。"③ 马克思在这里揭示的关于"物质生产的发展例如同艺术生产的不平衡关系"④ 的规律，在社会主义市场经济条件下同样存在。这种不平衡规律说明，文化与经济（物质生产）是两个社会系统，它们各自发展有其内在动因和独立性，正是这种相对独立性导致文化生产与经济发展存在一定的不平衡现象。比如，社会主义经济发展初期在

---

① 参阅孙长宁等：《试论社会主义精神生产》，《经济研究》1980 年第 6 期。
② 《马克思恩格斯选集》第 4 卷，第 506—507 页。
③ 《马克思恩格斯选集》第 2 卷，第 112—113 页。
④ 《马克思恩格斯选集》第 2 卷，第 112—113 页。

某一文化领域出现了若干伟大文化作品和文化伟人，而近几年却没有出现或数量没有超过以前在市场经济较为落后的地区在某一文化领域出现了若干伟大文化作品和文化伟人，而在市场经济较为发达的地区却没有出现或数量没有超过落后地区。引起文化生产与经济发展不平衡现象的原因是众多的，对此作详细剖析已超出本文的论述范围。此外，我们还应当重视恩格斯的这一段话："我们所研究的领域愈是远离经济领域，愈是接近于纯粹抽象的思想领域，我们在它的发展中看到的偶然性就愈多，它的曲线就愈是曲折。如果您划出曲折的中轴线，您就会发觉，研究的时期愈长，研究的范围愈广，这个曲线就愈接近经济发展的轴线，就愈是跟后者平行而进。"① 这清楚地表明，文化生产与市场经济发展不平衡演化的现象，并不否定它们在相互作用中大步前进。

---

① 《马克思恩格斯选集》第 4 卷，第 506—507 页。

专题三
经济改革

大力发展公有资本为主体的
混合所有制经济[*]

　　党的十八届三中全会《中共中央关于全面深化改革若干重大问题的决定》中提出：要"积极发展混合所有制经济"，并将"国有资本、集体资本、非公有资本等交叉持股、相互融合的混合所有制经济"作为"基本经济制度的重要实现形式"。"混合所有制经济"这一词并不是第一次出现在中央文件中。早在11年前的十六届三中全会《中共中央关于完善社会主义市场经济体制若干问题的决定》中就提到，"坚持公有制的主体地位，发挥国有经济的主导作用。积极推行公有制的多种有效实现形式，加快调整国有经济布局和结构。要适应经济市场化不断发展的趋势，进一步增强公有制经济的活力，大力发展国有资本、集体资本和非公有资本等参股的混合所有制经济，实现投资主体多元化，使股份制成为公有制的主要实现形式。"2007年党的十七大报告也曾强调"以现代产权制度为基础，发展混合所有制经济。"此次中央再次提出发展"混合所有制经济"，有其现实和深远意义。是大力发展公有资本控股和为主体的混合所有制经济，巩固和加强我们党执政和我国社会主义国家政权的经济支柱，还是大力发展非公资本控股和为主体的混合所有制经济，对公有企业实行资本主义私有化和股份化改造？这已成为理论界和党政部门关注和论争的聚焦点。

---

* 原载《政治经济学评论》2015年第6卷第1期。本文第二作者为董宇坤。

一、混合所有制经济与混合经济释义

谈到"混合所有制经济",有人认为它是资本主义特有的经济形式,将发展混合所有制经济等同于发展资本主义;有人认为它是股份制的另一种表述,二者本质上是一样的;有人认为它是社会范畴内公有资本与非公有资本的共存,这两种不同性质的资本各自发展,彼此独立;有人认为混合所有制经济就是计划与市场的混合,是两种资源配置方式的互相配合;维基百科认为,所谓混合所有制经济,就是私人部门和政府相混合的经济。在市场中除了生产者和消费者外,还有政府参与经济活动,对经济总量进行控制。混合所有制经济具有市场经济与计划经济的共同特征。此外,混合所有制经济中还有一些政府运行的企业以及政府提供公共产品。人们对混合所有制经济的解释众说纷纭,莫衷一是,因而有必要继续对什么是混合所有制经济进行科学抽象和界定。

我们认为,混合经济的含义比混合所有制宽泛,既包括私有与国有等所有制结构,又包括市场调节与政府调节的调节结构,二者自然有密切关联。

混合所有制是财产权属于两个以上不同性质的所有者构成的一种所有制。从单体或微观层面来看,混合所有制经济是不同所有制性质的投资主体共同出资建立的企业,因而国有、集体、合作、个体、私营、外资等所有制的各种混合,均可视为混合所有制,而并非只有公有制与非公有制的资本混合才算混合所有制。例如,国有资本与集体资本的混合、集体资本与个体资本的混合、国有资本与私人资本的混合、国有资本与外国资本的混合等,均可称为混合所有制企业或混合所有制经济。从社会或宏观层面来看,混合所有制经济是指在一个国家或地区的所有制结构中,包含国有、集体、合作、个体、私营、外资等多种所有制形式及其经济。可见,混合所有制经济是各种所有制经济相结合的经济形式,是多成分、多形式的混合统一体,其重要实现形式就是现代股份制经济。不过,它与单一的所有制形式一样，都是有利有弊的，关键是要发挥不同的资本、资源、技术、人才、管理等各自的优势，实行合作博弈，优势互补，更好地适应现代市场经济的国内外激烈竞争。

混合经济的另一层含义，是市场与政府共同发挥重要作用的国民经济。实践证明，市场作为资源配置的手段，在特定情况下具有高效率，但也存在自身无法克服的缺陷——凯恩斯在《就业、货币和利息通论》中强调，单纯的市场制度不可能创造出足以达到充分就业的有效需求，而有效需求不足是市场无法克服的顽疾。萨缪尔森进一步认为，市场存在两个实质性的缺陷——不完全竞争和外部性；美国马萨诸塞州工学院的费舍尔等学者则认为，市场具有三大缺陷——垄断权力、外在因素和不完备的信息；美国联邦储备委员会货币信贷政策部副主任利德谢和著名学者多兰指出，即使是最积极的市场拥护者也得承认，市场远不能总是完美地发挥职能作用。这就要求政府必须参与到市场的运行中，对市场的弊端进行调节、干预和管理。萨缪尔森认为，在混合经济中，市场和政府可以共同进行资源配置，这样既可以充分发挥市场活力，又可以克服市场的盲目性。"我们的混合所有制经济具有财政和货币方面的武器，并有政治上的决心来使用它们，以便消除长期的萧条和奔腾式的通货膨胀。这使人们不再惧怕生产过剩和消费不足，也排除了以军事或帝国主义的计划来增加购买力的必要性。"① 因此，现代资本主义都是程度不同的混合经济体制。

现代西方国家就是借助于混合经济，以政府调控弥补市场手段的不足，以社会目标弥补私人目标。而国家所有制、国家控股和参股的混合所有制企业，都成为必须听从国家调节的微观基础，所以，私营与国营，市场与国家，两组的作用是紧密相连地相互补充、共同释放的，它比完全私有化和唯市场化的自由资本主义经济具有"杂交优势"。但理论地位相当于马克思所说的"庸俗经济学"的现代新自由主义，主张更多地私有化和唯市场化；而相当于马克思所说的"古典经济学"的新老凯恩斯主义，则主张更多地国有制和国家干预。后者可以成为现代马克思主义经济学的理论来源之一。

---

① ［美］萨缪尔森：《经济学》，华夏出版社 1999 年版，第 493 页。

二、西方混合所有制经济的
发展模式及其借鉴

混合所有制经济最早出现在西方社会，资本经历了自由竞争阶段的积累与发展，逐步走向垄断。随着生产和经济社会化的深入发展，商品、服务和资本的大量过剩日常化和严重化。在每个私人资本都在疯狂地争取私人利润最大化的进程中，社会总体的无秩序或无政府状态是不可避免的。19 世纪 20 年代英国首次爆发经济危机，19 世纪 50 年代首次爆发世界性经济大危机以来的众多经济危机、金融危机等，便是鲜明的例证。为了应对，资本主义国家开始逐步作为一个重要的经济主体参与到经济运行当中，成为协调各大垄断企业利益的机构，国家调控日渐成为市场经济的重要内容。作为国家调控的重要形式，国有与私有混合在一起发展，混合所有制经济也应运而生。不过，在不同的西方国家，混合所有制经济的发展情况不尽一致。

美国的混合所有制经济。在 20 世纪 30 年代的大危机中，美国罗斯福总统率先采用国家直接投资等一系列措施以刺激经济发展，开创了政府大规模调节国民经济的先河，从而使美国较早摆脱了危机。此后的几十年间，凯恩斯主义和霸权主义盛行，美国经济实力增强较快，这很大程度上得益于美国政府对经济的干预政策。美国政府并不直接将私人工业国有化，而是通过增加政府开支的方式，为私人资本的发展创造良好的社会环境和经济环境。政府投资于新兴行业、公共事业、基础设施等投资数额大、生产周期长、利润率低的部门，由此建立了一批国营企业。尽管如此，美国本质上还是自由市场的国家，当政府建立的这些国营企业发展成熟后，政府更多地会将这些开始盈利的企业租给私人垄断资本。近几年，美国政府在解救金融和经济危机中，再次利用广大民众的纳税收入，以国家投资的方式去解救大垄断资本家的亏损和危难，并强调一旦经营正常和盈利，国有资本将逐步退出，而不与垄断资本家争利（美其名曰"不与民争利")。这种阶段性发展混合所有制的措施表明，美国政府发展混合所有制和经济调节的目的，是为垄断资产阶级长远和整体利益服务的。

英国的混合所有制经济。英国是一个老牌资本主义国家，在泛左翼力量的影响下，国家的作用比美国大。"二战"后，英国政坛由保守党和工党轮流执政，资产阶级两党对于政府和国有经济的作用认识比较对立。工党早在1945—1951年执政期间，就将英国推向议会社会主义和现代福利国家的新阶段。工党政府坚信国家的基础产业部门不能被置于资本主义的无计划、无秩序状态下，为此，对英格兰银行、煤矿、电力和燃气、钢铁以及其他经济部门实施国有化。由于全部产业的4/5仍然为私人所有，所以，国有化后出现的是一个混合型经济体。政见不同的两个政党交替执政，就形成了英国混合所有制和混合经济或上或下发展的奇特道路。在工党执政期间，国有经济比重增加；在保守党执政期间，又会将国有企业变卖给私人资本。近40年来，以撒切尔夫人为代表的保守党信奉新自由主义，强调完全私有化、市场万能论、完全自由化和反福利政策，因而大大缩小混合所有制经济的范围；而以布莱尔为代表的右翼化工党执政时期，也没有改变撒切尔夫人执政以来某些新自由主义措施。

法国的混合所有制经济。由于泛左翼力量的制约，法国经济中的政府色彩历来都比较浓厚。法国政府除了在经济发展进程中承担规则制定者、宏观调控者的职能外，还作为市场主体参与到经济的运行中来。据法国国营企业唯一的官方企业名册《法国国家企业一览表（1993年）》中显示，国家参股比重超过30%的企业有600—700家，法国公共企业（是法国国家所有制和混合所有制企业的总称）则有数千家之多。以法国航空公司为例，法国航空公司是典型的混合所有制企业，在这家航空公司行政管理委员会的16名委员中，国家的代表就占了10名。公司的很多决策，如企业总发展纲要、预算和计划结算、借贷、不动产业务、聘用和解聘经理等，通常只是在形式上由行政管理委员会批准。原因在于行政管理委员会通常没有自己的业务分析部门，他们在做决策之前，往往需要由企业管理部门熟悉业务的代表和相关部门对技术、经济、法律等方面进行深入细致的研究。因此，在绝大多数情况下，行政管理委员会是迫不得已批准这些决定。在法国航空公司这个国家拥有控股权的企业中，股东大会只是形式上存在而已，其存在的必要性在于不破坏有关股份公司的法规。从本质上来说，法航这个混合所有制企业虽然从行政管理委员会看国有化程度很高，但真实的决策权却在实际的总经理和董事长手中。①

通过对某些西方国家混合所有制经济发展的研究，我们可以从中得到一些启示。

其一，从历史发展来看，混合所有制经济是国家垄断资本发展的必然产物。私人资本经历了多年的自由发展后，资本的矛盾日益累积和暴露，私人垄断资本的出现更是加剧了资本矛盾。20 世纪的大危机无疑就是资本矛盾的总爆发。资本要想继续生存和发展下去，必须做出改变，需要一个不同于任何私人垄断资本的新组织出现，来协调私人垄断资本间的矛盾，扭转社会经济无政府的混乱状态。随后的两次世界大战，使得这种需要日益迫切，国家垄断资本应运而生。国家垄断资本的出现，带来了混合所有制经济，国家资本与私人资本在经济领域多层次、多角度地融合在一起。比如，政府对整个社会经济活动进行总量的干预与调节；国家资本与私人资本联合建立股份公司；国家还可以代表垄断资本家总体直接掌握和经营资本，即运用国有财政资本对私人资本进行投资或者建立独资国有企业。由此可见，西方各国盛行的混合所有制经济主要并不是资本主义所有制与社会主义所有制的混合，而是在资本主义制度大框架内，资本主义所有制结构的表现形式发生了重要变化。也就是说，以私人所有制为主体的混合所有制是资本主义基本经济制度的表现形式，构成资本主义生产方式基础的私有制与雇佣劳动没有根本动摇。私有资本与国有资本的"混合"，也不过只是变换了资本主义私有制的"实现形式"或"组织方式"，并没有根本改变资本主义基本经济制度的性质。

其二，通过发展混合所有制经济，让国有资本为私有资本服务。混合所有制经济与国家垄断资本主义密切相关。这种理论强调，国家不应当成为私人资本的竞争者，其任务是"填空补缺"，做私人企业所不愿做或不

---

① ［俄］阿·奥季佐娃：《法国对国有企业和混合所有制企业的管理》，《经济译文》1994 年第 6 期。

能做的事情。"国有制"的存在无非是为了帮助"私有制"更好地发展和更多地赚钱。其"混合"的实质是：国家对基础设施的投资，是为垄断企业创造赢利的最好条件；国家拨付巨额预算资金，可使垄断组织用以获得大量利润；对科学研究的支出，使垄断组织无需支付应有的耗费而利用科学技术成果；国家订货为私人垄断资本创造稳定的高额垄断利润；当私人垄断企业濒于破产时，国家用广大民众的纳税款出资进行收购。在英法等国，曾经收归国有的尽是些最赔钱的部门（如煤炭工业和铁路运输），以及对整个资产阶级及其国家具有重要意义的一些部门（如电力生产、电站、煤气厂等）。在这些亏损企业实行国有化时，垄断资本家获得了巨额补偿金，在企业里占统治地位的依然是垄断资本家或金融寡头的代表；当国有企业或国有股份需要让私人垄断资本经营更有利时，低价出卖甚至是拱手送给私人资本；在国际竞争中，政府是私有资本的坚强后盾，是私有企业的"服务员"。资产阶级经济学家在谈到国家的作用时，也并没有把国家和私人资本的利益对立起来，恰好相反，而是把它看成私人资本的必要补充。

其三，通过发展混合所有制，为私人资本发展提供充足的资本动力。从微观企业运行的角度来看，混合所有制经济是微观层次的不同形式资本的混合，是私人资本向社会多途径集资的"社会资本"转变。"那种本身建立在社会生产方式的基础上并以生产资料和劳动力的社会集中为前提的资本，在这里直接取得了社会资本（即那些直接联合起来的个人的资本）的形式，而与私人资本相对立，并且它的企业也表现为社会企业，而与私人企业相对立。这是作为私人财产的资本在资本主义生产方式本身范围内的扬弃。"[①] 可见，在马克思看来，所谓社会企业，就是向社会私人集资的私有企业或私人股份制或私人混合所有制，这与个人业主制的私人企业有不同，但属于资本主义的私人财产关系和生产方式本身范围内的一种消极扬弃，与劳动者的合作所有制或集体所有制的积极扬弃有本质区别。其产生的原因在于，生产经营规模不断扩大，个人业主制和私人合伙制的古典

---

① 马克思：《资本论》第 3 卷，人民出版社 1975 年版。

私有制企业已经无法满足企业发展的需要，从而产生对私人股份制和私人资本"混合"的需求。现代分散私人股份控股的股份制公司，就是混合所有制经济的一种重要形式。在私有股份公司内，不同形式的资本脱掉了"质"的外衣，变成了只有量的差别的同质的东西。资本似乎不再是经济关系的代表，而化身为可度量的货币，从而掩盖了混合所有制经济的私人资本本质。

总之，在资本主义生产方式下，大多数混合所有制经济主要是为私人资本增值服务的产权方式和工具。我国实行社会主义市场经济可以采用混合所有制经济，但目的和形式应有所不同。

三、发展以公有资本为主体的
混合所有制经济

党的十八届三中全会《决定》中明确指出："坚持和完善公有制为主体、多种所有制经济共同发展的基本经济制度，关系巩固和发展中国特色社会主义制度的重要支柱。"这就决定了我国发展的混合所有制经济必须以公有资本为主体。

（一）发展以公有资本为主体的混合所有制经济的必要性

第一，以公有资本为主体的混合所有制经济是社会主义性质的保证。马克思主义认为，生产资料所有制是一个社会经济和政治制度的基础，在社会制度体系中处于核心地位。我国宪法规定，"社会主义制度是中华人民共和国的根本制度"。社会主义制度、社会主义生产方式的基础是生产资料的公有制。宪法还规定，"中华人民共和国的社会主义经济制度的基础是生产资料的社会主义公有制，即全民所有制和劳动群众集体所有制"，"国家在社会主义初级阶段，坚持公有制为主体、多种所有制经济共同发展的基本经济制度"。生产资料公有制是社会主义生产方式的基础，也是社会主义制度的基础。改革开放以来，我国的所有制结构逐步调整，公有制经济和非公有制经济在发展经济、促进就业等方面的比重不断变化，增强了经济社会发展活力，但也带来了贫富分化和就业困难的不少严重问题。当前，为了多层次地去发展社会生产力，除大力发展公有制经济外，还必须允许个体经济、中外合资经济、独资经济的存在和发展。但无论如何，都应该毫不动摇地巩固和发展公有制经济，坚持公有制主体地位，发挥国有经济主导作用，不断增强国有经济活力、控制力、影响力和竞争力。① 这是保证社会主义制度不变的有效途径和必然选择。

第二，以公有资本为主体的混合所有制经济是完善社会主义市场经济的必要要求。自 1992 年我国开始建立和发展社会主义市场经济以来，很多领域都引入了市场机制。新的市场机制的引入给经济发展带来活力的同时，也带来了一些市场机制所必有的问题：过于注重对短期利益的追逐，忽视了长期和可持续发展；为了追求经济利润，不惜以破坏环境和生态平衡为代价；市场的盲目性导致资源配置的重复与浪费；社会财富和收入两极分化，等等。这些问题是与市场机制共生的。坚持发展和壮大公有资本这一国民经济的主体地位，便可以在很大程度上缓解这些问题。② 公有资本可以兼顾短期利益和长期利益，以可持续发展为目标；公有资本秉承以人为本的理念，从根本上主张人与自然和谐相处，有利于环境和谐发展；公有资本更加强调经济发展的计划性，可以缓解市场盲目性带来的资源浪费；公有资本可以使重要资源不被少数私人占有，有利于解决两极分化问题，实现共同富裕。混合所有制经济的大发展只有以公有资本为主体，才能真正起到完善社会主义市场经济的作用；反之则相反。

第三，以公有资本为主体的混合所有制经济是维护国家经济安全的重要保障。在经济全球化日益深入的今天，我国身处西方跨国公司的资本全球化环境之中，经济安全形势十分严峻。大量外国资本在我国重要产业领域处于支配和垄断地位。有关资料披露，在中国 28 个主要行业中，外国直接投资占多数资产控制权的已经达到 21 个，每个已经开放产业的前五名几乎都是由外资所控制。③ 外资在纺织服装、轻工类、电器设备等行业

① 吴宣恭：《所有制改革应保证公有制的主体地位》，《管理学刊》2011 年第 5 期。
② 刘国光：《壮大国有经济，制止两极分化》，《海派经济学》2011 年第 4 期。
③ 贾根良：《国际大循环经济发展战略的致命弊端》，《马克思主义研究》2010 年第 12 期。

占销售额 30% —40%，一般装备制造业占 40% —50%（59 个小行业中的前 3 位企业都是外资合资），电子通讯、仪器仪表占 70% —80%。轮胎（橡胶）、水泥、玻璃、电梯等前几大企业均为外资；在电机、工程机械、工业锅炉、工业汽轮机、低压电器等行业的重点企业，都有被外资"斩首并购"的情况。外资在轻工业领域占据主导权的，典型者有制药、日用化学品、一般金属制品、饮料、肉制品、粮油加工等。① 信息产业巨头也不是中国的民营企业。中国 B2B 研究中心 2009 年发布的《中国互联网外资控制调查报告》中认为："我们不得不正视一个现实：即当前几乎整个中国互联网产业，基本上都是外资控制的"，"互联网产业的安全、健康发展已是我国国家信息化战略的重要组成部分"。《中国外资背景互联网企业榜单》中，汽车服务领域被外资风投控制的互联网公司有 10 家（其中包括中国汽车网、易车网、汽车之家等大型网站）；医疗健康服务领域被外资控制的互联网公司有 4 家；电子商务服务领域则有 20 家由国外资本控制，阿里巴巴、淘宝、当当、卓越、京东等我国最主要的电商悉数在列；此外，外资还渗透到房地产服务、IT 传媒服务、人才招聘服务、旅游机票酒店服务、时尚资讯服务、博客服务、在线视频服务等诸多领域。从上述数据中不难看出，当前我国的互联网产业在看似一片繁荣的景象之下，社会、经济、文化、舆论、商务等各个领域已经潜伏着危机。我国的农产品市场也是以美国为首的外国资本控制的战略目标，以低价农产品直接抢占市场份额，打垮本土种植业；与金融资本联合，全面渗透农产品流通领域；以转基因为武器，逐步控制我国农产品市场。面对如此严峻的国内市场形势，对我国经济安全能真正起到中流砥柱作用的恰恰是大型国有企业。事实上，发达国家的现代市场经济均属寡头垄断型与垄断竞争型相结合的市场格局，因而我国不是国有企业垄断，就是西方跨国公司垄断！也可以说，不是代表人民利益的国有资本垄断，就是代表私人利益的中外私有资本垄断！不是国资或公资"一股独大"，就是外资或私资"一股独大"！凡是国有企业退出的盈利领域，西方跨国公司迅速占据大头，民营

---

① 高梁：《当前我国工业面临的若干重要问题》，《马克思主义研究》2014 年第 5 期。

企业只不过获得盈利的小头，结果本属于人民的盈利和财富主要送给了外国人手中。诚然，中外现有文献所说的垄断是中性概念，都是指资本和市场份额的占有状态，而不是指非法的价格联盟的垄断行为。可见，只有大力发展国有资本主导的混合所有制，才能真正促进我国的经济稳定、经济安全和国民福利。

（二）增强混合所有制经济中公有资本的控制力和影响力

发展混合所有制经济的终极目标是更好地发展生产资料公有制，更好地发展社会主义生产方式，更好地发展社会主义。在这一目标指引下，我们就能始终保持公有资本的活力、控制力、影响力和竞争力。

第一，我国国有经济的比重越来越低，已低于不少资本主义国家，因而亟须通过主动参股和控股非公经济来推进国有资本控股的混合所有制经济。根据世界贸易组织 2013 年公布的信息数据，国有化经济在世界各国均以不同形式存在着，但程度却又存在着不同，特别是在社会主义国家和资本主义国家中区别明显。需要说明的是，在世界贸易组织统计指标体系中，"国营企业"实际上被解构为所谓"国家资本""集体所有人资本"以及"国家控股资本成分"。根据世界贸易组织数据库统计，国有化程度各国国有化情况如下：极端国有化有朝鲜（97%）、古巴（93%）；高度国有化挪威（72%）、瑞典（68%）、津巴布韦（66%）、阿曼（63%）、委内瑞拉（61%）、芬兰（56%）、卢森堡（54%）、冰岛（52%）、伊朗（51%）；较高度国有化有沙特（47%）、科威特（47%）、卡塔尔（45%）、阿联酋（42%）、安哥拉（41%）、老挝（40%）、尼日利亚（38%）、文莱（38%）、印度（36%）、中国（33%）、俄罗斯（31%）、越南（31%）、法国（31%）。[①]

可见，公有资本在关系国家安全、国民经济命脉的重要行业和关键领域居于主导地位，在世界范围内是一种常态。世界各国政府都会在国防、水务、电力、石油石化、煤炭、运输等特殊领域拥有较强的管理权，我国也不能例外。公有资本一定要在这些领域占据主导地位，而且是绝对控制

———

① 括号内为各国国有企业产值占经济总量的百分比值。

地位，这样才能保证我国的国家安全和经济独立。目前，有些地方的这类重点部门丧失了公有资本的主体地位，造成了严重后果。① 因此，在重要的竞争性领域，发展混合所有制必须由公有资本控股。

第二，公有资本在公共政策性企业拥有控制权的前提下，也可以采取多种方式吸引非公有资本发展混合所有制经济。如医疗卫生、社会养老等，都是一个极具潜力的市场，完全可以由政府牵头，以公有资本为主导，吸纳非公有资本，通过混合所有制经济来加快发展。

第三，正如党的十八届三中全会《决定》中所说的，"允许混合所有制经济实行企业员工持股，形成资本所有者和劳动者利益共同体"。按照《决定》精神，是允许更多国有经济和其他所有制经济发展成为混合所有制经济。这就是说，发展混合所有制是各类不同性质的资本互相参股或控股，既包括非公资本参股或个别控股国有资本等公有资本，也包括国有资本等公有资本参股或个别控股非公资本。目前，有些政府部门和省市只强调前者而否定后者，这是极其错误的。西方不少国家都在非公企业中积极倡导职工持股，实行"劳资两利"的利润分享制度。中国特色社会主义更应大力推行这一社会主义方向的改革，让人民群众在参与混合所有制经济的改革中分享成果。

第四，对于现有的大型国有企业而言，并不存在资金匮乏的问题，改革应该更多地从企业经营管理方式入手。当前，社会对于国企有很多偏见，国企似乎变成了低效率的代名词。可事实是，国有企业是公有制最重要的实现形式，本身就是先进生产力发展要求的代表，是更有效率的企业组织方式。国有企业长远、整体、综合和合法的高绩效是源于国家的科学调控、无剥削的产权关系和干部职工的主人翁意识。只有在生产资料公有的前提下，劳动者才能摆脱"异化劳动"及其负面影响，真正具有自主性的联合劳动热情，并自觉配合国家的调控目标。所以，公有制比私有制更适合市场经济，操作得法，便能释放更高的绩效和公平。大中型国有企业的改革不应是化公为私，对社会主义企业进行资本主义的私有化改造或私

---

① 程言君、王鑫：《坚持和完善"公主私辅型"基本经济制度的时代内涵》，《管理学刊》2012年第 4 期。

有股份化改制，而是要做优、做强、做大国有企业，增强公有资本的活力、控制力、影响力和竞争力，更好地为国家发展战略和国计民生服务。

以兰州水务为例，兰州自来水由兰州威立雅水务（集团）有限责任公司承担。该公司是 2007 年 8 月由原兰州供水集团有限公司与法国威立雅水务投资有限公司组建成立的中外合资企业，通过国际招标，威立雅以171 亿元的价格收购兰州供水集团的 45% 股权。威立雅公司来了之后，没有改进设备，没有管网改造，首先做的事就是上调水价，随后又出现了水苯超标、污染等问题，给当地居民的生产生活造成了极大影响。①

最后必须指出，当前各级党政领导和学者都必须高度重视和真正落实习近平总书记关于混合所有制和国有企业的多次重要讲话。2014 年 3 月 5 日，他在参加"两会"上海代表团会议时强调，国企不仅不能削弱，而且要加强；3 月 9 日，他又在安徽代表团参加审议时指出："发展混合所有制经济，成败在细则。要吸取过去国企改革经验和教训，不能在一片改革声浪中把国有资产变成谋取暴利的机会。"② 2014 年 8 月 18 日，习近平在主持召开中央全面深化改革领导小组第四次会议时发表重要讲话时又指出："国有企业特别是中央管理企业，在关系国家安全和国民经济命脉的主要行业和关键领域占据支配地位，是国民经济的重要支柱，在我们党执政和我国社会主义国家政权的经济基础中也是起支柱作用的，必须搞好。……中央企业负责同志肩负着搞好国有企业、壮大国有经济的使命，要强化担当意识、责任意识、奉献意识，正确对待、积极支持这项改革。"③ 这是当前防止混合所有制发展和改革中的片面性和企业改革再次失误，真正全面深化社会主义改革的重要方针！可见，那种主张把高盈利、易盈利的产业和产品都让中外私有混合所有制企业或私人企业经营，而让国有混合所有制企业或国有企业拾遗补缺地从事不盈利、难盈利的生产经营，这等于是把盈利和财富让给私人，而把亏损和问题交给代表广大人民

---

① 高凌云、游曼丹：《威立雅水务深陷"兰州污染门"》，《南方都市报》2014 年 4 月 15 日。

② 《混合所有制要义在"混"得公平透明》，2014 年 3 月 10 日，http：//cpc. people. com. cn/n/2014/0310/c64094 - 24583612. html

③ 习近平：《共同为改革想招，一起为改革发力》，2014 年 8 月 18 日，http：//theory. people. com. cn/n/2014/0821/c239644 - 25511590. html

的全民所有制企业即国有企业，这是典型的资本主义国家的体制机制，是资产阶级政党和非人民政府执政的标识和通病，是与习近平总书记讲话精神和真正的中国特色社会主义相悖的！

建设社会主义新农村要倡导集体经济和合作经济模式多样化[*]

关于我国农村改革与发展的目标，邓小平早在 1990 年就曾做过高屋建瓴的描述。他说："中国社会主义农业的改革与发展，从长远的观点看，要有两个飞跃。第一个飞跃，是废除人民公社，实行家庭联产承包为主的责任制，这是一个很大的前进，要长期坚持不变。第二个飞跃，是适应科学种田和生产社会化的需要，发展适度规模经营，发展集体经济。这是又一个很大的前进，当然这是很长的过程"。当前，我国进入社会主义新农村建设时期，需倡导农村集体经济和合作经济发展的多样化模式。本文主张，遵循邓小平关于"社会主义农业改革和发展的两个飞跃"的思想和科学发展观的精神，在建设社会主义新农村进程中，应在以家庭联产承包为基础的双层经营体制下，切实发展统分结合的集体层经营，积极壮大农村集体所有制经济，强化多种模式的合作经济发展，切实做到农村各类集体企业和合作企业同市场经济的充分衔接和融合，从所有制和产权制度上促进"三农"难题的缓解。

一、切实发展统分结合的集体层经营

20 多年来，我国实行以家庭联产承包为基础的统分结合的双层经营体

* 原载《经济纵横》2006 年第 11 期。本文第二作者为陆夏，第三作者为徐惠平。

制取得了一定成效，但也遇到一些问题。主要是统分结合的双层经营体制不健全、不完善，较为普遍的存在着重家庭经营、轻双层经营的倾向。关于双层经营中的集体层经营有认识上的误区，从而给农业长远发展造成不利影响。因此，扫清这些误区，求真务实地发展统分结合的集体层经营，应是保证农村经济健康发展的重要途径。

（一）统分结合的双层经营体制的原本含义

1991 年中共中央关于进一步加强农业和农村工作的决定中曾指出："完善双层经营体制，包括完善家庭承包经营和集体统一经营。家庭承包经营不是'分田单干'，集体统一经营也不是'归大堆'。这两个经营层次相互依存、相互补充、相互促进，忽视任何一个方面，都不利于农村经济的发展。""统分结合，双层经营"的核心是土地所有权和使用权的分离，集体以所有权为基础，发展各类集体层生产经营，尤其是公共服务型经济，使一家一户的分散经营同大市场实现对接。即农户分户耕作，集体统一服务，"统"与"分"有机结合于社会主义市场经济条件下的农业生产经营之中。具体从组织和职能两个方面看，家庭层次或分散层次是以无土地所有权家庭为基本经营单位，以相对独立的商品生产者的身份，通过承包合同，使用承包土地和生产资料进行生产，获取生产收益。农户拥有生产自主权、产品出售权、收益支配权。集体层次或统一层次的组织主体为土地集体所有者，是出让土地使用权的发包单位。其职能包括对土地发包和承包规定统一的行为规则，对重大问题做出统一决策，对基础层次各经营单位进行必要的协调、管理和服务，建立合作经济组织，与其他社会组织和政府进行沟通和协调等。因此，集体不仅保持了土地等基本生产资料的所有权，而且还具有生产服务、协调管理、资源开发、兴办企业、资产积累等统一经营职能；农户对集体是承包关系，家庭承包经营是集体经济内部的一个经营层次，是集体经济的组成部分。

（二）当前双层经营体制中存在的问题和原因

经过 20 多年的实践，以家庭联产承包为基础的统分结合的双层经营体制涌现出了多种模式。然而，为数较多的是以分为主的统分结合或有分无统的类型，其共同点是集体积累较少，力量薄弱，因而在实践中农村双层经营体制一直存在着矛盾。一方面，家庭承包经营在大多数地区往往成了以户为单位的个体经济，这与农村生产社会化、专业化、商品化趋势不相适应。具体表现为：农户经营规模过小，经营方式过于分散，生产经营信息不灵通，土地难以合理集中，农业适度规模经营不易推行，农业集约化程度非常低。另一方面，集体统一经营和家庭分散经营两个层次发展失衡，存在只"分"无"统"的不良倾向，"统"层的功能弱化甚至缺失。多数地方的集体层次经营有名无实，明显落后于家庭分散层次。主要表现在：一是集体财产权归属不清，缺乏规范；二是集体统一经营抓不起来，流于口号和形式，农村集体经济组织的组织制度不科学，缺乏科学的管理约束机制；三是集体经济没有实力，集体资产流失，自有资金拮据，无力组织农村基础设施建设，无力为农户提供产前、产中、产后等各种形式的配套服务，处于"空壳"状态，这也是造成各地随意向农民乱摊派、乱收费和农民负担重的重要原因。出现这些问题的原因既包括农村经济制度上的缺陷，更重要的是对统分结合的双层经营体制存在认识上的误区和实施上的错位。在很多地区建立家庭联产承包制度之初，认为包干到户后没有必要留存公共积累，所以集体资产被全部作价按人口分给了农民，使集体经济发展失去物质基础。由于人民公社时期的错误，人们对集体经济缺乏信心，只重视家庭经营而忽视发展集体经济，导致执行中的偏离，其结果是只有家庭单一经营，而没有双层经营，农村集体经济组织失去了应有的经济功能。

（三）切实发展统分结合的集体层经营的适时性和具体措施

党的十六大报告指出，要"长期稳定并不断完善以家庭承包经营为基础、统分结合的双层经营体制。"目前，我国大部分农民没有社会保障，土地仍是其重要的生产和生活保障，加上我国人多地少的国情，决定这种双层经营体制是适应现阶段我国农村生产力的发展现状的。在建设社会主义新农村进程中，切实发展统分结合的集体层经营的适时性和优越性已充分显示。

第一，可改善农业发展缺乏集体服务和某些萎缩状况。农业集自然生产与经济再生产为一体，一方面受自然条件的影响，生产条件复杂多变，需要生产经营者灵活应变，及时做出决策；另一方面，农业的再生产要求生产中一系列带共性的重要项目和内容，如农业基础设施、农田灌溉设施、抗御灾害、农业生产技术服务、农业市场化服务等，都需要集体经济组织来解决。但目前我国农村中集体层经营上的缺失，使农业经济再生产在某些地区处于停顿状态，集体服务和支持流于形式，农业生产和收益受到影响。因此，切实发展统分结合的集体层经营，可改进农民对农业生产的长期投入降低，甚至在许多地区出现不同程度的"撂荒"现象，以便逐步消除农业用地的浪费和农业生产的某些萎缩，也有利于提高农民收入，克服消费需求的不足。

第二，可改善农民的市场交易地位和状况。农民在市场经济体制下的小生产模式与千变万化的社会大市场存在矛盾，作为市场主体同高度组织化的企业主体是不平等的，农民在交易中处于被动和弱势地位。由于生产的专业化水平低，难以提高产品附加值，"个体农民"在市场竞争中处于劣势地位。目前，改变农民弱势地位的重要方面之一，是必须加强农村集体经济的市场交易力量，增强作为经济整体的"集体农民"的地位。

第三，可改善农村精神文明建设状况。社会主义制度的优越性在一定程度上需要通过集体经济的优越性体现出来。由于一些地方集体经济相当薄弱，过去已消失的封建迷信活动、赌博等活动又开始盛行，社会治安混乱，儿童失学辍学问题严重。而集体经济力量雄厚的乡村则恰恰相反，农民群众的物质和精神文明程度都提高较快，体现了社会主义新农村的面貌。

当前，当务之急就是要大力发展统分结合的集体层经营，改变"统""分"失衡的现状。一是集体层经营的具体形式可以多样，不要一刀切。集体层的经济实力关系到农民负担的轻重和实现共同富裕的进程，但大力发展集体层经营要因地制宜，充分发挥"统"的优势，尤其是在推动农业适度规模经营、产业化等方面发挥主导作用。可以实行集体独资模式，可以搞股份合作制，也可以引进外国资本和技术来发展集体产业。二是要以增强集体层的经济实力为目标。既要加强农村现有集体资产的管理，清产核资，确保集体资产保值增值，又需要在财力和物力上增强集体经济自我积累的功能，同时要杜绝各种乱收费、乱摊派现象，精简干部，减少开支。三是集体层经营需要从组织和产业两个方面进行重新定位。统一经营不应再仅限于村、乡等行政区域，而应逐步扩展到各种层次的合作经济组织和服务联合体。目前，农业经营打破了过去单一的粮食、畜禽生产模式，各种养殖业、非农产业蓬勃发展。因此，统一经营的产业范围也需要进行相应的扩展。四是各级政府及政策要积极引导。应在银行贷款、税收、技术支持、产业项目、人员培训、干部考核等多方面，鼓励集体层经营。对通过集体层经营而共同致富的先进基层单位要大力宣传表扬，以不断营造良好的舆论和制度环境。

二、积极壮大农村集体所有制经济

（一）充分肯定和壮大"完全集体所有制"

经济学完全或纯粹意义上的农村集体所有制经济，是指生产资料归农村部分劳动者集体所有的一种公有制形式，并在分配上实行多种形式按劳分配。其严格的经济本质规定性是"整体所有、自主决策、联合劳动、按劳分配"。农村集体所有制经济包括两方面：一是农业中的集体所有制；二是农村中的乡办集体企业和村办集体企业。目前，与市场经济结合和管理水平很高的集体经济模式，如南街村、刘庄、竹林、华西村等都是走"集体经济，共同富裕"的典范。当然，这些实行集体所有制较好的地区都有其特定的主客观条件。首先，当地的集体经济具有一定的基础，且集体经济的优越性很快得以体现出来，足以吸引个体、私营经济的加入。其次，这些村集体都有强有力的带头人和领导班子。不可否认的是，它们的存在和发展充分体现了集体经济在使人民群众走上共同富裕道路上的不可比拟的优势。不论是南街村，还是刘庄等，其人均纯收入、社会保障制度、居民生活环境、精神文化生活等早在20世纪90年代中期就已达到甚至超过小康水平。而且它们现在已具备了很强的经济实力和发展后劲，正在向更高层次的共同富裕迈进。因此，我们应鼓励在条件合适的地区继续发展、壮大"完全集体经济模式",促进农村经济的长远发展。

（二）适度推动农业的"集体化和集约化"进程

改革开放以来,邓小平多次反复强调"社会主义农业的改革和发展第二个飞跃"的思想。1992 年 7 月,他在审阅中共十四大报告稿时再次强调和阐发了"两个飞跃"的重要思想。邓小平指出:"农业的改革和发展会有两个飞跃,第一个飞跃是废除人民公社,实行家庭联产承包为主的责任制,第二个飞跃就是发展集体经济。"农村改革以后,我国绝大多数原有"完全集体所有制"经济都改建为以家庭联产承包为基础的统分结合的双层经营体制。这种体制坚持了基本农业生产资料（土地）的集体所有制的根本性质,同时其落实到每户的土地承包形式体现了在所有权面前的平等性,并明确了一定的产权、责任和利益分配关系,使集体利益与个人利益采取了新的结合形式,调动了农民生产的积极性,总的来说是促进了我国农业的发展。在这一体制下,农村"完全集体所有制"经济在内涵和外延上都有较大改变。例如,土地长期承包基础上的集体所有制与其他日渐增多的生产资料私人所有制相结合,或集体资产量化为私人所有,按劳分配和按生产要素产权分配相结合。各种混合型的"准集体所有制"、"半集体所有制"、"集体合作所有制"、"股份合作所有制"或"合作股份私有制"经济呈现多样化模式。

进入 21 世纪以来,面对经济全球化和国外农业的激烈竞争,带有小农分散生产方式特点的家庭联产承包责任制,与集约和规模经营的现代化生产方式要求相差甚远,其能量和潜力有限。按照邓小平关于"两个飞跃"思想,社会主义农业改革和发展的第一个飞跃是通过改革确立适应农业生产特点的家庭经营这一基本制度,使农户拥有自主经营权,能更好地发挥生产主动性,这是农业微观经济组织的一次大调整;第二个飞跃是在第一个飞跃取得重大成果基础上,发展适度规模经营,发展集体经济。"两个飞跃"都是以适应生产力发展的要求为出发点和落脚点。建设社会主义新农村应当遵照邓小平的战略思想和方针,探讨如何适时适度发展农村"集体化和集约化"问题,逐步实现农村经济的"第二次飞跃"。

（三）提倡和发展集体经济联合体

我国的行政单位村受自然条件和经济发展水平影响，规模都比较小，且村落分散。2005 年全国乡镇数量为 35509 个，行政村 640139 个。由此造成的突出问题是增加村级管理成本，加重农民负担，制约集体经济发展。因此，以村为单位的集体经济普遍存在集体经济实力薄弱的问题。与我国不同，西方发达国家农业生产的基本单位是资本主义私人农场。"二战"后，随着农业机械化在发达国家的逐步实现及在政府的引导和各种农民组织的帮助下，通过租赁、转让、合并等形式，许多专业化、机械化、商品化程度很高的大农场逐渐发展起来。我国已加入世界贸易组织，农业逐渐面临国外大农场的激烈竞争，如何增强我国农业的竞争力成为日益紧迫的问题。但这并不意味着我国就应主要发展国外大农场模式的集体经济。第一，人多地少的基本国情决定了我国的土地制度适宜土地的集体所有制模式。国外大农场意味着少数人占有大量土地，这不符合我国国情。我国农村土地要想形成类似国外大农场的规模，先要以农村大量剩余劳动力的转移为前提。第二，扩大农业生产规模可提高机械化水平、降低生产成本，但并不一定能增强自身的综合实力。我国农业与国外发达国家进行竞争，不可能单纯靠增大规模来实现，而要提倡和发展集体经济联合体，增强综合竞争能力和整体竞争能力，提高科技含量和生产经营效率。第三，我国集体经济"小而弱"的分割是造成集体经济薄弱的重要原因。提高集体经济综合竞争实力，依赖于多种因素的共同作用，而不是主要靠把土地合并起来就可以实现。

三、强化多种模式的合作经济

农村改革和发展的第二次飞跃也离不开合作经济的广泛发展。目前，全国人大正在起草和修改有关农村合作经济法，这是非常必要的。本文说的合作经济，主要包括农户之间的合作（横向一体化）和在此基础上的农村合作组织加公司这样的合作（纵向一体化）及作为混合经济模式的合作农场。

（一）合作化经营及其优越性

合作化经营是广大农户联合起来从事经济活动的经营形式，是解决小农户与大市场矛盾的最佳途径，是市场经济实践的产物。从 20 世纪 90 年代以来，随着市场经济在我国农村的发展，以家庭联产承包为基础的统分结合的双层经营体制在"统"的层次上发生了变化，呈现出多元化的格局；许多专业合作经济组织在农民自愿互利的基础上，突破原有社区的界限和地缘、亲缘关系，围绕某一生产经营或服务项目而组成。集体层经营职能一般以村、乡（或镇）为行政单位对本区域的家庭经营提供服务，统筹区域范围内的各项工作，缺乏专业能力。专业合作经济组织是农户自己的组织，已成为国外农业发达国家最普遍的农业合作组织形式。从国外经验看，以家庭农场为主的农场，随着商品化程度的提高，农民以合作制方式组织起来适应竞争日趋激烈的现代市场经济，成为一种趋势。如，法国现有 1.3 万个农业合作社，90% 的农民都参加合作社；意大利有 4.3 万多家农业合作社，被称作意大利的第三种经济力量。实行合作化经营的优越性表现在以下几个方面：第一，合作化经营可提高农户经营的比较效益，保护农民利益。第二，合作化可降低农户的市场交易费用。第三，合作化可降低农户参与市场的风险。第四，合作化可提高农民对经济的参与程度、关心程度和监督力度。实行合作化经营体现出的优越性决定当前我国应进一步增强农业合作经济的发展，鼓励农户之间的广泛合作。具体形式上，各地可根据地区特点选择不同的合作经济模式，如邯郸模式、莱阳模式、宁津模式、安岳模式、江山模式等。

（二）强化农户之间的合作及在此基础上的农村合作组织加公司的合作

一段时期以来，"公司 + 农户"的形式被认为是带动农业发展的重要组织形式，这种模式虽然在一定程度上可解决农产品销售困难问题，但实践证明这一模式还存在诸多问题。根本原因在于：企业和农户是各自独立的利益主体，企业难以自觉地让农民分享其利润，绝大多数与农民只是一种"买断"关系，一旦出现市场波动，就会导致双方利益受损。在农产品附加值的分配上，农民除可获得部分加工劳务收入外，其他收益几乎全部被公司独占。因此，在"公司＋农产"的模式中，农民仍处于一种弱势地位，农民的权益难以有效保护。因此，我国在积极鼓励发展农村合作经济组织（合作社、协会等）的基础上，可推广"农户＋合作经济组织＋公司"的合作经济纵向一体化模式。农民合作经济组织既可把分散的农民组织起来，与"龙头"企业对接，又可自办农产品加工企业，一方面，可依靠龙头企业的品牌优势、信息优势和销售渠道，提高农民合作组织进入市场的能力；另一方面，合作社与农民社员之间的关系是一种不以营利为目的、为共同利益形成的合作与联合的关系。农民社员通过合作社不仅能稳定地实现农业生产的价值，优先进入农产品加工企业获得劳务收入，还可获得股利和按交易额进行的二次返利。

（三）发展混合经济模式的合作农场

合作农场是集体经济与合作经济混合而成的一种农村经济新形态，也有利于农村改革和发展的第二次飞跃。它往往是采用土地股权合作制方式。这种形式是以家庭承包经营责任制为基础，鼓励农民所承包的耕地、山地、山林、水面等土地资源进行作价入股，明确其农民集体所有的性质，农户在土地股份合作制中拥有的土地资源股份不能买卖、转让或抵押，户籍迁出社区时则由集体收回股份，以保护本地区农民生存所需要的物质条件。诚然，在推行土地使用权入股过程中，要充分考虑条件是否具备，坚持入股自愿。但尊重农民意愿不等于放任自流，无所作为。政府有关部门要积极引导农民走股权合作化道路，以促进农业合作化和集体化的发展。

近年来，上海松江地区就采取了一种"合作农场"的模式。他们大胆探索土地使用权有偿流转的新机制，采用"两权分离、价值显化、市场运作、利益共享"的原则，允许农民通过转包、转让、互换、入股等方式，出让承包权，让全区近 20 万亩耕地"活"起来，逐步向合作农场等集中。上海松江合作农场模式是与当地的农业产业结构调整、自然条件和经济社会发展特点相联系的。首先，20 世纪 90 年代以来，随着大市场、大流通的形成，外省市"米袋子""菜篮子"产品滚滚进入上海，松江农业面临严峻挑战，迫切需要进行农业结构调整。因此，松江区在鼓励农民发挥聪明才智的同时，积极引导农民以市场为导向，根据当地实际，发展具有区域特色的高效农业。高效农业具有精准农业的特点，是科技密集、设施先进、品质优良、有市场潜力、能维护生态环境的新型农业。其次，规模经济可提高农业的生产效益。松江农民看到，家家生产一点、户户提篮小卖的小农经济的产销方式形成不了大气候。松江区将产业布局规划为四大区域：地处黄浦江上游的浦南地区重点发展绿色农业；东北部地区突出发展观赏农业；毗邻佘山度假区的西北部地区主要开发与旅游相关的农产品；中部环城地区大力建设与松江新城区相匹配的绿化覆盖型农业。在四大区域的基础上发展合作农场成为实现规模经济的有效手段。目前，松江的四大产业区初具规模，共有 20 多个特大型农产品生产基地、50 多家规模型农产品营销公司和配送中心、30 余家超级农产品批发交易市场，这些基地和单位的农产品生产、营销量分别占全区农产品总量的 50% 和 70% 以上。

合作农场是合作社的一种特殊形式。在我国台湾地区，合作农场一般具有综合经营的性质，以不改变土地所有权为原则，通过扩大经营规模来提高生产经营效益。在国外，合作农场性质差异较大。上海松江地区，还有宝山地）区等的合作农场模式是在我国土地集体所有制前提条件下，对土地承包经营权的再出让。因此，既不同于国外和我国台湾地区的合作农场，也不是标准的集体经济模式，但这种集体经济和合作经济的混合模式具有特殊的优势和强大的生命力，应鼓励其发展。

参考文献

［1］邓小平. 邓小平文选（第 3 卷）［M］. 北京：人民出版社，1993.

［2］程恩富等. 企业学说与企业变革［M］. 北京：上海财经大学出版社，2001.

［3］侯恒等. 农村共同富裕之路研究［J］. 经济经纬，1997.

壮大集体经济、实施乡村振兴战略的原则与路径[*]

——从邓小平"第二次飞跃"论到习近平"统"的思想

邓小平"第二次飞跃"论与习近平"统"的思想具有密切的关联，对新时代集体经济的壮大和发展起着至关重要的作用，但理论界对两者之间关系的研究显然远远不够。一方面，"第二次飞跃"论的新时代意义需要被重视。邓小平给党和国家留下了重要的思想和政治遗产——邓小平理论。但邓小平关于中国社会主义农业改革与发展的重要理论——"第二次飞跃"论，即从长远的观点看在实现家庭联产承包责任制的第一次飞跃之后还要实现发展集体经济、集约经济的第二次飞跃，至今仍没有受到应有的重视。而习近平明确指出："我们纪念邓小平同志，就要学习他高瞻远瞩的战略思维。"①

另一方面，习近平关于壮大集体经济"统"的思想需要进一步总结与研究。早在 1990 年，习近平就在《扶贫要注意增强乡村两级集体经济实力》一文中谈到，对农村的深入调查有喜有忧，"喜的是广大农民开始脱贫致富了，忧的是乡村两级集体经济实力出现了弱化的现象"②。进而，他尖锐地指出集体经济弱化的原因，就是一些农村没有把壮大集体经济放在应有的位置，摒弃了"统"的思想，造成从"原有的'大一统'变成了

* 原载《现代哲学》2018 年第 1 期。本文第一作者为张杨。

① 《习近平谈治国理政》第 2 卷，外文出版社 2017 年版，第 9 页。
② 习近平：《摆脱贫困》，福建人民出版社，1992 年版，第 191 页。

'分光吃光'，从一个极端走向另一个极端"①。习近平治国理政以来，更是旗帜鲜明地指出我国"统分结合，双层经营"的实践的结果是"'分'的积极性充分体现了，但'统'怎么适应市场经济、规模经济，始终没有得到很好的解决"②。2017年底，中央农村工作会议强调："走中国特色社会主义乡村振兴道路必须巩固和完善农村基本经营制度，走共同富裕之路。要坚持农村土地集体所有，坚持家庭经营基础性地位，坚持稳定土地承包关系，壮大集体经济，建立符合市场经济要求的集体经济运行机制，确保集体资产保值增值，确保农民受益。"③ 可见，习近平"统"的思想绝不是走指令性集体经济道路，而是以共同富裕为目标，走更高质量、更有效益、更加公平、更可持续且符合市场经济要求的农村新型集体化、集约化发展道路。

一、邓小平"第二次飞跃"论在新时代的意义

（一）邓小平"第二次飞跃"论的产生

邓小平所实施的农村改革是从突破"一大二公"模式转到实行包产到户开始的。包产到户是家庭联产承包责任制的最初叫法，其具有责任明确、利益直接、方便简便的特点，与实行工分分配制的集体劳动相对立。邓小平改革的主要目的是把家庭经营引入集体经济，解决集体劳动可能出工不出力的问题。不过，对邓小平关于农村改革的理论研究不能仅仅停留在从"统"到"分"的层面。一些论著夸大了家庭经营模式的历史作用。如"当代世界上真正实现农业现代化的国家，农业生产无不采用家庭经营这一组织形式。迄今为止的农业史证明，无论是集体农庄、企业式农场、

① 习近平：《摆脱贫困》，福建人民出版社1992年版，第193页。
② "习近平总书记参加江苏代表团审议侧记"，中国江苏网，2013年3月9日。http://jsnews2.jschina.com.cn/system/2013/03/09/016496394_01.shtml
③ 《中央农村工作会议在北京举行》，《人民日报》2017年12月30日。

还是人民公社，这一类'工厂式'农业经营组织没有一种能真正解决好农业问题的……可以相信中国会以联产承包的家庭经营为基础而走向现代化。"① 类似观点在学界很盛行，只看从"统"到"分"、而忽略从"分"到"统"的时代意义，带有孤立、静止、片面的形而上学性质，具有明显的历史局限性。1958 年开始在全国推广的人民公社，从经济水平低下、百废待兴的实际国情出发，通过走组织化的合作道路最大程度解决温饱问题，防止贫富两极分化的产生，使农民享受到基础性教育和医疗服务等社会福利，蕴含着"毛泽东关于农民合作的丰富思想是基于对中国农村实际情况的理解和对于中国农民所创造的经验的一种概括和提升"②，不能全盘否定。实际上，邓小平高度重视集体经济的作用，把集体经济看作实现农业现代化的根本保障，反复强调："如果老是仅仅靠双手劳动，仅仅是一家一户地耕作，将来也不向集体化发展，农业现代化就不可能实现。"③

在 20 世纪 80 年代到 90 年代初，邓小平针对中国农村的改革与发展有着高瞻远瞩的规划。他把马克思主义与中国实际相结合，划时代地上升到"第二次飞跃"论的高度，继承和丰富了马克思、列宁和毛泽东关于农业合作化的思想。1980 年 5 月 31 日，邓小平同中央负责工作人员谈话时就指出"只要生产发展了，农村的社会分工和商品经济发展了，低水平的集体化就会发展到高水平的集体化，集体经济不巩固的也会巩固起来。关键是发展生产力，要在这方面为集体化的进一步发展创造条件。具体说来，要实现以下四个条件：第一，机械化水平提高了（这是说广义的机械化，不限于耕种收割的机械化），在一定程度上实现了适合当地自然条件和经济情况的、受到人们欢迎的机械化。第二，管理水平提高了，积累了经验，有了一批具备相当管理能力的干部。第三，多种经营发展了，并随之而来成立了各种专业组或专业队，从而使农村的

---

① 赵一明：《邓小平现代化建设思想研究》，国防大学出版社 1991 年版，第 95、96 页。
② 徐俊忠：《农民合作思想与实践：毛泽东时期的一份重要遗产》，《马克思主义与现实》，2013 年第 2 期，第 158 页。
③ 《邓小平年谱（1975—1997）（下）》，中央文献出版社 2004 年版，第 1350 页。

商品经济大大发展起来。第四，集体收入增加而且在整个收入中的比重提高了。具备了这四个条件，目前搞包产到户的地方，形式就会有发展变化。"① 概括起来就是低水平的集体化可以发展到高水平的集体化，但有四个条件，即生产力水平、管理水平、多元化经营水平、集体经济水平的提高。1990 年 3 月 3 日，邓小平在与江泽民等领导人谈话时，指出"中国社会主义农业的改革和发展，从长远的观点看，要有两个飞跃。第一个飞跃，是废除人民公社，实行家庭联产承包为主的责任制。这是一个很大的前进，要长期坚持不变。第二个飞跃，是适应科学种田和生产社会化的需要，发展适度规模经营，发展集体经济。这是又一个很大的前进，当然这是很长的过程。"② 概括起来就是：在坚持家庭联产承包责任制长期不变的基础上，为适应社会化生产需要，要逐步发展统一经营的集体所有制经济。1992 年 7 月 23—24 日，邓小平在审阅中共十四大报告稿时，再次指出："我讲过，农业的改革和发展会有两个飞跃，第一个飞跃是废除人民公社，实行家庭联产承包为主的责任制，第二个飞跃就是发展集体经济。社会主义经济以公有制为主体，农业也一样，最终要以公有制为主体。"③

现今，邓小平所提出的实现"第二次飞跃"的四个条件逐渐成熟，必须要探索再次壮大集体经济的新路子。正如江泽民 1998 年 9 月 25 日在农村改革 20 周年视察安徽省考察工作时的讲话："壮大集体经济实力，要探索新的形式和路子，……少数确实具备条件的地方，可以在提高农业集约化程度的基础上，发展多种形式的土地适度规模经营。"④

（二）邓小平"第二次飞跃"论的新时代意义

至今为止，理论和实践层面都"没有很好地理解统一经营和'归大堆'的区别"⑤，造成了从一个极端到另一个极端的严重后果。特别是受

① 《邓小平文选》第 2 卷，人民出版社 1983 年版，第 315—316 页。
② 《邓小平年谱（1975—1997）（下）》，中央文献出版社 2004 年版，第 1310—1311 页。
③ 《邓小平年谱（1975—1997）（下）》，中央文献出版社 2004 年版，第 1349—1350 页。
④ 《江泽民文选》第 2 卷，人民出版社 2006 年版，第 213 页。
⑤ 习近平：《摆脱贫困》，福建人民出版社 1992 年版，第 192 页。

到西方经济学和全球新自由主义蔓延的干扰，唯私有化或唯民营化的言论甚嚣尘上，私人家庭农场、私人专业大户、私营企业等私有化倾向的组织也日益壮大，少数别有用心的学者把邓小平、江泽民和习近平讲的发展壮大集体经济与人民公社完全等同起来，有意夸大以人民公社、生产大队、生产队为基础的政经合一的完全土地集体所有制所存在的问题，根本否定集体经济发展而主张农业和农村逐步私有化。实际上，"西方经济学利己经济人假设把利己与利他分离，所蕴含的是西方哲学'主客二分'、'天人对立'哲学观念，内含的是'分'的价值观"①。新时代不能把集体经济理解为"归大堆"，更不能把集体经济变得"分光卖光"，那样就是走改旗易帜的邪路。

在此基础上，理解"第二次飞跃"论不能割裂三个重要元素，即人民公社、家庭联产承包制、集体经济的内在逻辑。所谓"时代是思想之母，实践是理论之源"②，人民公社和家庭联产承包制的实施都有其时代背景和实践基础。发展壮大集体经济，不是完全回归人民公社的老路，但其部分制度遗产可以作为历史经验被吸收；也不是否定较长时间内的土地承包关系，但其小农经营的弊端也应充分看到。正如习近平关于发展集体经济的"两个绝不是"重要论断所指出的："发展集体经济实力，绝不是复归'归大堆'式的人民公社，而是纠正大包干中忽视统一经营所造成的偏差；绝不是对家庭联产承包制的否定，而是对这种责任制的进一步完善和发展"③。

综上所述，新时代"第二次飞跃"论的理论意义是：①指导中国农村改革与发展的集体经济实践；②融通中国农村改革领域的两个30年，明确人民公社、家庭联产承包制、集体经济的内在逻辑；③应运而出的习近平"统"的思想，是壮大集体经济更为具体的方略。

---

① 卢根源：《马克思主义经济学利己和利他经纪人假设的证明及其现实意义》，《海派经济学》，2016年第3期，第9页。
② 《习近平谈治国理政》第2卷，外文出版社2017年版，第34页。
③ 习近平：《摆脱贫困》，福建人民出版社1992年版，第196页。

二、习近平"统"的思想发展三阶段和五大内涵

（一）习近平"统"的思想的产生标志——《摆脱贫困》

《摆脱贫困》一书收录了习近平担任宁德地委书记期间（1988 年 9 月至 1990 年 5 月）的重要讲话、文章，是习近平理政思想的开端，标志着习近平"统"的思想的产生。从《摆脱贫困》中关于"统"的思想发展脉络出发，可以分为"经济大合唱"思想、"大农业"思想、"统"与"分"辩证思想三个有机组成部分："经济大合唱"是思想统领，"我们应提倡'经济大合唱'。'经济大合唱'得有总指挥，要讲协调，讲配合。"①；"大农业"是思想主线，"小农经济是富不起来的，小农业也是没有多大前途的。我们要的是抓大农业。"②；"统"与"分"的辩证法是思想精华，"'统'与'分'是相互关系的，不是相互排斥的。不能一说'分'，就排斥任何形式的'统'；一说'统'，又不分青红皂白地否定'分'。"③

（二）习近平"统"的思想的发展——从《中国农村市场化研究》到《之江新语》

习近平关于"统"的思想，即"经济大合唱"思想、"大农业"思想、"统"与"分"辩证思想产生之后，又在时代发展与理政实践中分别得到了不断丰富和发展。这集中体现在习近平在 2001 年 12 月所完成的博士毕业论文，以及担任中共浙江省委书记期间在《浙江日报》"之江新语"专栏中所发表的 232 篇短论（自 2003 年 2 月到 2007 年 3 月，收录于《之江新语》一书）中。在该思想发展阶段，"经济大合唱"思想与新农

---

① 习近平：《摆脱贫困》，福建人民出版社 1992 年版，第 11 页。
② 习近平：《摆脱贫困》，福建人民出版社 1992 年版，第 6 页。
③ 习近平：《摆脱贫困》，福建人民出版社 1992 年版，第 182 页。

村建设的科学发展理念进一步相结合，"建设社会主义新农村是在农村贯彻落实科学发展观的生动实践。"①；关于"大农业"思想与解决"三农"问题进一步相联系，提出了解决"三农"问题要"务必执政为民重'三农'、务必以人为本谋'三农'、务必统筹城乡兴'三农'、务必改革开放促'三农'、务必求真务实抓'三农'"②；"统"与"分"辩证思想与农村市场经济进一步相融合，"从农村改革和发展的实践来看，农村集体经济组织仍然是农村市场经济统分结合双层经营体制中的一个重要层次，在农村经济发展、农村公益事业建设乃至农业现代化建设中发挥着重要作用。"③

（三）习近平"统"的思想在治国理政中的运用

党的十八大以来，以习近平为核心的党中央坚持和发展中国特色社会主义，统筹推进"五位一体"总体布局，协调推进"四个全面"战略布局，提出"五大发展理念"，中国特色社会主义进入了新时代。党的十九大首次提出习近平新时代中国特色社会主义思想。2017 年底，中央经济工作会议首次提出习近平新时代中国特色社会主义经济思想，而习近平关于壮大集体经济的"统"的思想可以作为其有机组成部分，是 5 年来推动我国农业经济发展的重要思想，必须长期坚持并不断丰富与发展。其具体内涵是：

1."经济大合唱"思想

这就是把社会主义经济建设作为改革开放后时代主旋律。习近平准确把握了时代发展潮流，认为"现代社会已经进入了大经济、大生产的时代"④，就要更加重视整体的经济功能效益，"一个地方的经济工作，上下左右要形成一个整体"⑤。"经济大合唱"思想绝不是指片面发展经济追求效益最大化，而是实现社会、经济、生态三者效益的协调发展。

① 习近平：《之江新语》，浙江人民出版社 2007 年版，第 219 页。
② 习近平：《之江新语》，浙江人民出版社 2007 年版，第 100—107 页。
③ 习近平：《中国农村市场化研究》，清华大学博士学位论文，2001 年，第 125 页。
④ 习近平：《摆脱贫困》，福建人民出版社 1992 年版，第 11 页。
⑤ 习近平：《摆脱贫困》，福建人民出版社 1992 年版，第 12 页。

"经济大合唱"思想高度重视经济生态化理念，进一步增强了生态文明在农村治理问题中的地位，立足于建设资源节约型、环境友好型的农村，发展循环经济，打造生态宜居乡村，"让绿水青山源源不断地带来金山银山"①。"经济大合唱"思想高度重视绿色工程建设，要求实行集约经营，专业协作，并明确强调发展经济不能破坏生态平衡，不能"解决一个问题，留下十个遗憾"②。从"经济大合唱"思想出发，壮大集体经济，就是要突显良好的精神风貌，而集体经济实力是农村精神文明建设的坚强后盾。扶贫先扶志是打赢扶贫攻坚战的重要一环。2017 年 12 月习近平在考察江苏马庄村时肯定了该村的精神文明建设，并进一步指出"实施乡村振兴战略不能光看农民口袋里票子有多少，更要看农民精神风貌怎么样"③。

2. "大农业"思想

"大农业"思想区别于"小农思想"，致力于发展多功能、开放式、综合性的立体农业。它是闽东坚定不渝的发展方向，也是全国贫困地区农业发展的总方向，是农民脱贫致富的根本保障。其中，壮大乡村两级集体经济实力是"大农业"思想的重要举措。在"大农业"思想在形成阶段，习近平强调要深入学习与贯彻壮大集体经济的"六个必须"；必须从本地区的实际情况来考虑，必须相对集中一部分扶贫资金用于乡村集体经济实体，必须"全社会齐抓共管"④，必须以集体办乡镇企业为主，必须"兴办经济实体"⑤，必须"以工补农、以工促农"⑥。习近平认为"乡镇企业体现的首先是社会主义的原则，它不仅基本上坚持了生产资料的公有，而且基本上实行了按劳分配原则"⑦。

在"大农业"思想的发展阶段，习近平以科学发展观为指导，按照

---

① 习近平：《之江新语》，浙江人民出版社 2007 年版，第 153 页。
② 习近平：《摆脱贫困》，福建人民出版社 1992 年版，第 19 页。
③ 《习近平十九大后首次调研》，新华网，2017 年 12 月 13 日。http://news.xinhuanet.com/politics/2017-12/13/c_1122103679.htm
④ 习近平：《摆脱贫困》，福建人民出版社 1992 年版，第 78 页。
⑤ 习近平：《摆脱贫困》，福建人民出版社 1992 年版，第 78 页。
⑥ 习近平：《摆脱贫困》，福建人民出版社 1992 年版，第 72 页。
⑦ 习近平：《摆脱贫困》，福建人民出版社 1992 年版，第 134 页。

"五个统筹"的要求，把"三农"问题作为党和国家的"重中之重"来抓，以人民为中心的经济发展理念和统筹的发展理念成为核心理念。"大农业"思想高度重视研究和把握工业化、城市化与农村市场化三者之间的辩证关系。"农村市场化是连接工业化与城市化的重要纽带，农村市场化的发展能够促进工业化、城市化的发展。"[①] 农村市场化、工业化、城市化的进程如何与集体经济形成互促互进的关系，成为"大农业"思想所要解决的核心问题，也是解决"三农"问题的关键。

中国农村壮大集体经济的条件和现状千差万别，从"大农业"思想出发，必须把全局工作的大背景和本地区的实际情况相联系，立足自身优势，因地制宜，制定适合本地集体经济发展的新路子。集体经济的发展需要不断推进农业供给侧结构性改革，不断转变经济增长方式，提高生产经营水平，扩大集体层经营规模，提高经营效益。例如，黑龙江兴十四村走现代化大农业道路来壮大集体经济。兴十四村发展规模经营和设施农业，加快种植结构调整，通过大农机、大水利、大科技、大合作、大市场的发展理念把土地集中起来连片经营。发展集体经济需要有一定的产业基础是蕴含在习近平"统"的思想中的重要认识，必须坚持产业兴农、产业促农的原则，才能收到良好效果。例如，兴十四村依托现代农业示范园，开展了微生态制剂生产、50万吨粮食仓储、有机大米加工等产业项目，农产品深加工产业进一步壮大，促使集体经济得到了极大发展。

3."统"与"分"辩证思想

"统"与"分"辩证思想的首次明确阐释，标志着习近平"统"的思想的形成。早在1990年4月《走一条发展大农业的路子》一文中，习近平就高瞻远瞩地从辩证唯物主义和历史唯物主义的角度出发，科学运用唯物辩证法，分析了中国特色社会主义农村基本经营体制的"统"与"分"辩证思想，进一步形成了壮大集体经济"统"的思想。他明确指出，"分"是指"以家庭为主要的生产经营单位，充分发挥劳动者个人在农业生产中的积极性"[②]，"统"绝不是"归大堆"而是"以基层农村组织为依

---

① 习近平：《中国农村市场化研究》，清华大学博士学位论文，2001年，第63页。
② 习近平：《摆脱贫困》，福建人民出版社1992年版，第182页。

托，帮助农民解决一家一户解决不了的问题"①。习近平准确把握了"统"与"分"的内在联系，着重批判了一说"分"，就分的一干二净，就排斥任何形式的"统"的误区，要求加强集体经济"统"的职能，"分则力散，专则力全"②，强调对软件环境薄弱的地区更要加强"统"的工作，充分发挥集体经营的优越性。

"统"与"分"辩证思想，赋予了集体经济更多的实现形式以及更加重要的历史责任。在充分认识"统"与"分"辩证关系的基础上，把"统"与市场化有机结合，可以通过股份合作经济组织、农民专业经济组织、乡镇企业等多种有效形式壮大农村集体经济。实践证明，造成村集体经济实力薄弱的原因之一就是集体层收入少、渠道少，但绝不能被动地等、靠财政，而是通过股份合作经济的发展注入强大、稳定、可靠的收入来源。"努力带领广大农民积极探索新型的农业合作化发展道路"③ 是壮大集体经济道路上的良好选择。近年轰动全国的贵州塘约村就是按照"村社一体、合股联营"的发展模式，走出了一条共同富裕的道路。

习近平"统"的思想的大框架下所指的农村市场化，并不是弱化农村集体经济，而是更多地赋予农村集体经济组织抵御市场风险、搞好社会化服务、减轻农民负担等重要的历史责任。他从农业与工业、农村与城市是对等的视角出发，认为"中国是一个发展中国家，又是一个农业大国，显然不能搬套西方发达国家农业市场化的发展模式，必须立足自己的具体国情，努力探索走出一条具有鲜明中国特色的农村市场化发展道路来"④。这条道路势必是能走农村市场化与工业化、城市化同步发展、互促共进、共同实现的发展道路。

治国理政期间，习近平"统"的思想进一步在系列讲话以及"打赢扶贫攻坚战"中体现出来。2013 年 3 月，在十二届全国人大一次会议的江苏团会议上，习近平在听取相关汇报后指出："改革开放从农村破题，大

---

① 习近平：《摆脱贫困》，福建人民出版社 1992 年版，第 182 页。
② 《习近平谈治国理政》第 2 卷，外文出版社 2017 年版，第 88 页。
③ 习近平：《中国农村市场化研究》，清华大学博士学位论文，2001 年，第 129 页。
④ 习近平：《中国农村市场化研究》，清华大学博士学位论文，2001 年，第 60 页。

包干是改革开放的先声。当时中央文件提出要建立统分结合的家庭承包责任制，但实践的结果是，'分'的积极性充分体现了，但'统'怎么适应市场经济、规模经济，始终没有得到很好的解决。"① "农村合作社就是新时期推动现代农业发展、适应市场经济和规模经济的一种组织形式。今后要着力解决农业比较效益低的问题，真正使务农不完全依靠国家补贴也能致富。"② 这充分体现了"统"与"分"的辩证思想，批评了目前农村体制中存在严重的重"分"轻"统"的问题。在加大力度推进深度脱贫地区脱贫攻坚的决胜期，习近平进一步强调："充分发挥我们集中力量办大事的制度优势……培育壮大集体经济，完善基础设施，打通脱贫攻坚政策落实的'最后一公里'。"③

4."四条底线"思想

"四条底线"思想突出了土地集体所有制"魂"的作用。2016 年 4 月，习近平视察安徽小岗村时针对土地流转等土地改革问题重点强调了"四条底线"，即"不管怎么改，都不能把农村土地集体所有制改垮了，不能把耕地改少了，不能把粮食生产能力改弱了，不能把农民利益损害了"④。习近平一直把农村土地属于农民集体所有作为农村最大的制度，明确指出"要在实践的基础上，加强农村土地集体所有的组织形式、实现方式、发展趋势等理论研究"⑤。

农业实现"第二次飞跃"就必须坚持和完善把农村土地集体所有作为农村基本经营制度的"魂"。从"四条底线"思想可以鲜明地看出，农村土地集体所有权是贯彻最严格耕地制度、确保国家粮食安全、保障农民财产权益的根本保障，是壮大集体经济的前提和基础。在《马克思致赛扎尔·德·巴普》中，马克思曾明确指出："资产者的表面目的，是要把应

① 《习近平总书记参加江苏代表团审议侧记》，中国江苏网，2013 年 3 月 9 日。
② 《习近平总书记参加江苏代表团审议侧记》，中国江苏网，2013 年 3 月 9 日。
③ 《习近平谈治国理政》第 2 卷，外文出版社 2017 年版，第 88、89 页。
④ 《习近平在农村改革座谈会上强调加大推进新形势下农村改革力度促进农业基础稳固农民安居乐业》，《人民日报》2016 年 4 月 29 日。
⑤ 中共中央文献研究室：《十八大以来重要文献选编》（上），中央文献出版社 2014 年版，第671 页。

该的土地所有制变成小块土地所有制，并且为了人民的更大幸福而制造农民。他们的真正目的是向土地贵族进攻。他们想把土地投到自由流通中去。"① 如果今日中国所实施的"三权分置"继续虚化集体所有权，那么，通过土地流转可能加速农户退出土地承包经营权，使土地最终为城市工商资本所用。因此，必须贯彻"农村土地属于农民集体所有，这是农村最大的制度"② 的要求，维护集体所有权制度的根基性作用。比如，贵州塘约村在完成"七权同确"后，把承包到户的责任田通过自愿入股的方式全部归村集体所有，由村社一体的土地合作社统一经营，从而走上了强村富民的坦途。

5. "贫困村集体经济较弱"思想

这可以理解为凡是仍然没有脱贫的村，集体经济都较弱，凝聚力也普遍不强。2017 年 6 月，习近平在深度贫困地区脱贫攻坚座谈会上，指出："全国 12. 8 万个建档立卡贫困村居住着 60% 的贫困人口，基础设施和公共服务严重滞后，村两委班子能力普遍不强，四分之三的村无合作经济组织，三分之二的村无集体经济，无人管事、无人干事、无钱办事现象突出……深度贫困县村均集体收入只有 8800 多元，同所有贫困县平均 5 万元相比，差距较大。"③ 从习近平讲话和客观实际中都可以看出，村两委班子能力不强会直接造成集体经济较弱的直接问题。农村脱贫需要凝聚力，需要高素质的干部，就必须讲"四个意识"尤其是核心意识，必须讲"四个伟大"尤其是伟大斗争，乡村建设要坚持党组织的领导，听从党中央的决策部署，深入贯彻习近平"统"的思想。贫困地区全部脱贫的最根本条件就是党的领导和人民群众的力量。习近平"统"的思想非常重视"强班子带村，村级党组织是党在农村全部工作的基础"④。从"贫困村集体经济较弱"思想出发，重点在于把农村党组织建设成为坚强的战斗堡垒，重新走组织化道路，打造廉洁、清明的村社共同体。

① 《马克思恩格斯全集》第 32 卷，人民出版社 1975 年版，第 629 页。
② 《中央农村工作会议在北京举行》，《人民日报》2013 年 12 月 25 日。
③ 习近平：《在深度贫困地区脱贫攻坚座谈会上的讲话》，《人民日报》2017 年 9 月 1 日。
④ 习近平：《之江新语》，浙江人民出版社 2007 年版，第 200 页。

习近平曾指出："如果没有一个坚强的、过得硬的农村党支部，党的正确路线、方针政策就不能在农村得到具体的落实，就不能把农村党员团结在自己周围，从而就谈不上带领群众壮大农村经济，发展农业生产力，向贫困和落后作战。"[①] 兴十四村发展集体经济有四个好，即好支书、好支部、好制度、好思路，强调"'芝麻官'千钧担"[②]，其中好的支书是关键。"打攻坚战的关键是人，这些年我们在贫困村选派第一书记、驻村工作队，有的还增加了大学生村官。"[③] 近年来，选派的第一书记、驻村工作队、大学生村官在农村深深的扎下根，起到良好的模范带头作用，为农村的建设带来了新鲜的血液。今后还应加大大学生村官选拔等工作，使一大批"懂农业、爱农村、爱农民"[④] 的有志青年在农村得到锻炼。

三、邓小平"第二次飞跃"论与
习近平"统"的思想的关系

（一）邓小平"第二次飞跃"论与习近平"统"的思想的关系

"第二次飞跃"论与习近平"统"的思想之间是不可分割的有机整体。两者本质相同，指导着中国农村应该改变重"分"轻"统"的现状，走以共富共享共福为目标、以集体化为基础的新型农业现代化集约道路。"'共享'不再是单纯的利益分配和分享，是对于人民群众以主人翁的姿态参与到发展的过程中，实现'共享'式的发展的一种倡导"[⑤]。

习近平关于壮大集体经济"统"的思想是对"第二次飞跃"论所蕴含的两个基本点的继承：一是发展规模化、集约化经营，二是壮大集体经济

---

① 习近平：《摆脱贫困》，福建人民出版社 1992 年版，第 159 页。
② 习近平：《摆脱贫困》，福建人民出版社 1992 年版，第 31 页。
③ 《习近平谈治国理政》第 2 卷，外文出版社 2017 年版，第 91 页。
④ 习近平：《决胜全面建成小康社会夺取新时代中国特色社会主义伟大胜利——在中国共产党第十九次全国代表大会上的报告》，人民出版社 2017 年版，第 32 页。
⑤ 李炳炎，徐雷：《共享发展理念与中国特色社会主义分享经济理论》，《管理学刊》2017 年第 4 期，第 7 页。

需要过程。这体现了空间与时间的一致性。一方面，习近平"统"的思想遵循了"第二次飞跃"论的第一个基本点的总体要求。早在《摆脱贫困》中，习近平就提出："必须搞好农村二步改革，完善双层责任制，进一步促进土地的适度规模经营。"① 家庭联产承包责任制在全国农村如火如荼铺开的背景下，习近平提出乡村发展更应重视规模经营，搞好二步改革。"统"的思想所蕴含的二步改革就是要改变分散经营导致的土地细碎化问题，彻底转变小农经济发展面貌和粗放型经营方式，实现集体化、集约化经营，"通过发展现代大农业脱贫致富"②。这与"第二次飞跃"高度吻合，具有很强的逻辑一致性。另一方面，从壮大集体经济的总基调出发，习近平强调"发展壮大集体经济，需要一个过程，不可操之过急"③，这与"第二次飞跃"论中"集体经济是又一个很大的前进，当然这是很长的过程"④ 高度一致，共同点就是壮大集体经济要稳中有进。稳中有进也是近年中央经济工作会议所确立的今后长期要坚持的经济发展总基调。

习近平"统"的思想在理论和实践层面很好地发展了"第二次飞跃"论。"统"的思想中所蕴含的"经济大合唱"思想、"大农业"思想、"统"与"分"辩证思想、"四条底线"思想、"贫困村集体经济较弱"思想都是沿着"第二次飞跃"的要求，指明了稳中有进地壮大集体经济的方法论。由此，新时代实现"第二次飞跃"论不能没有习近平"统"的思想的具体方法论作为行动指南，习近平"统"的思想也离不开"第二次飞跃"论对于中国农村改革与发展的指导意义。新时代亟须重温"第二次飞跃"论的战略思想以及习近平"统"的思想，来共同指导中国集体经济的发展，实现乡村振兴战略。

（二）壮大集体经济是解决新时代农村主要矛盾的一个良方

随着中国特色社会主义进入新时代，我国社会主要矛盾也发生了变化："我国社会主要矛盾已经转化为人民日益增长的美好生活需要和不平

---

① 习近平：《摆脱贫困》，福建人民出版社 1992 年版，第 98 页。
② 习近平：《摆脱贫困》，福建人民出版社 1992 年版，第 66 页。
③ 习近平：《摆脱贫困》，福建人民出版社 1992 年版，第 183 页。
④ 《邓小平年谱（1975—1997）（下）》，中央文献出版社 2004 年版，第 1311 页。

衡不充分的发展之间的矛盾。"①

　　"第二次飞跃"论要求辩证地处理好集体化和集约化的关系，坚持集体经营和共同富裕的基本原则，坚持"组织起来就有力量"②，指导着我国应该走以共富共享共福为目标、以集体化为基础的农业现代化集约道路。习近平"统"的思想非常重视"发达地区与不发达地区"、"开放地区与不开放地区"的辩证统一关系。"统"的思想中是要坚决阻止财产和收入分配上的"马太效应"，防止出现贫富两级分化现象。1985—1990年间，习近平先后任职于厦门和闽东地区，深刻感受到两个区域在开放程度、经济发展程度以及硬件、软件方面的巨大差距。他认为面对"开放的地区越开放，不开放的地区会越不开放"③的问题，要努力改善条件特别是软环境建设，在改革开放的态势下要充分保证贫困地区免于落伍。通过壮大集体经济来改变农业发展不平衡不充分的现状，最终目的还是践行全心全意为人民服务的根本宗旨，改善农民生活水平，实现共同富裕。习近平"统"的思想把壮大集体经济放在坚持社会主义方向的位置，明确指出："集体经济是农民共同富裕的根基，是农民走共同富裕道路的物质保障。"④

　　新时代经济发展不平衡不充分的问题需要在经济发展新常态的大背景下深刻变革生产关系，才能从根本上得到解决，实现全体人民共同富裕。而集体经济的壮大很好地体现了共享发展理念，是解决农村经济发展不平衡不充分的良方。习近平提出"四大公平"理念，即"权利公平、机会公平、规则公平、分配公平"⑤，强调"公平要建立在效率的基础上，效率也要以公平为前提才得以持续"⑥。这与"公平与效率互促同向变动假设"⑦的现代马克思主义政治经济学的著名理论相一致。"第二次飞跃"

---

① 习近平：《决胜全面建成小康社会夺取新时代中国特色社会主义伟大胜利——在中国共产党第十九次全国代表大会上的报告》，人民出版社 2017 年版，第 11 页。
② 《邓小平文选》第 3 卷，人民出版社 1993 年版，第 111 页。
③ 习近平：《摆脱贫困》，福建人民出版社 1992 年版，第 74 页。
④ 习近平：《摆脱贫困》，福建人民出版社 1992 年版，第 193 页。
⑤ 习近平：《之江新语》，浙江人民出版社 2007 年版，第 147、第 148 页。
⑥ 习近平：《之江新语》，浙江人民出版社 2007 年版，第 147 页。
⑦ 《程恩富选集》，中国社会科学出版社 2010 年版，第 259 页。

论与习近平"统"的思想的辩证关系表明，壮大集体经济必须沿着"越公平越有效率"（不能把公平曲解为平均主义）的路径，解决农村发展不平衡不充分的问题，防止社会两级分化，推进新时代全社会的经济和谐和共同富裕。

完善双重调节体系：
市场决定性作用与政府作用[*]

经济调节体系是经济运行机制的核心内容，对于资源优化配置具有关键性作用。习近平总书记在 2013 年"两会"的讲话中强调"两个更"：更加尊重市场规律，更好发挥政府作用。在十八届三中全会上，他更进一步强调要使市场在资源配置中起决定性作用和更好发挥政府作用，同时指出："我国实行的是社会主义市场经济体制，我们仍然要坚持发挥我国社会主义制度的优越性、发挥党和政府的积极作用。市场在资源配置中起决定性作用，并不是起全部作用。"[①] 发挥"两个作用"，不仅直接关系到促改革、稳增长、转方式、调结构、增效益、防风险等"经济新常态"的塑造，也直接关系到完全的竞争性市场机制能否真正解决高房价、高药价、乱涨价、低福利、贫富分化、就业困难、食药品安全、行贿受贿严重、劳资冲突频发、城镇化的质量不高等民生领域的迫切问题。市场与政府的关系问题，既是政治经济学的基本理论之一，又是深化经济体制改革和国民经济又好又快发展的关键。因此，认真研究这一问题具有重要现实意义。

一、关于逐步深化对市场与
政府作用的认识问题

实践是检验真理的唯一标准，马克思主义科学理论是在实践中不断发

---

[*] 原载《中国高校社会科学》2014 年第 6 期。

[①] 习近平：《关于〈中共中央关于全面深化改革若干重大问题的决定〉的说明》，《人民日报》2013 年 11 月 16 日。

展的。社会主义市场经济理论也是如此，我国对经济调节方式的探索也是逐步深化的。从空想社会主义开始，都把商品、货币、市场当作罪恶的渊薮。如温斯坦莱说："人类开始买卖之后，就会失去了自己的天真和纯洁"，"互相压迫和愚弄"。① 科学社会主义创始人认为旧社会在向共产主义社会过渡时期可以存在一定程度的商品货币关系和合作经济等，但资本主义市场经济发展实践，尔虞我诈、贫富分化、周期性经济危机等痼疾充分暴露，于是他们推想未来正式进入共产主义社会以后，"一旦社会占有了生产资料，商品生产就将被消除，而产品对生产者的统治也将随之消除。社会生产内部的无政府状态将为有计划的自觉的组织所代替。"②

俄国十月革命后，面对"战时共产主义政策"中产生的经济困难，列宁及时提出以"市场、商业"作为社会经济基础的问题，甚至"我们不得不承认我们对社会主义的整个看法根本改变了"。③ 列宁"新经济政策"的实践初步表明，生产力相对落后和社会经济的复杂状况，决定了经济建设不能越过商品生产和商品交换的阶段。列宁去世早，之后苏联在斯大林领导下建立起了严格的计划经济。

中华人民共和国成立之初，我国借鉴苏联经验，也建立了计划经济体制。后来，虽然以毛泽东为代表的中国共产党人进行了积极的多方面探索，④ 但总体上是实行计划经济为主体的体制。由于资本主义市场经济和社会主义初级阶段计划经济都存在不可克服的缺陷，因而改革的客观目标是将社会主义基本经济制度和市场经济结合起来。

1978 年改革开放以来，邓小平带领全党勇于探索，他本人也多次论述有关市场经济问题（1992 年南方谈话之前讲了 10 次，之后又讲了 2 次——见《邓小平年谱》，共 12 次）。1992 年，党的十四大终于提出我国经济体制改革的目标是建立社会主义市场经济体制。实践充分表明，市场是资源配置和经济调节的有效有段，资本主义可以用，社会主义也可以

---

① ［英］温斯坦莱：《温斯坦莱文选》，任国栋译，商务印书馆 1965 年版，第 100 页。
② 《马克思恩格斯选集》第 3 卷，人民出版社 2012 年版，第 815 页。
③ 《列宁全集》第 42 卷，人民出版社 1987 年版，第 367 页。
④ 程恩富等：《中国特色社会主义经济制度研究》，经济科学出版社 2013 年版，第 140 页。

用。但社会主义市场经济的优越性在于，它可以通过公有制为主体的社会主义基本经济制度和更好发挥政府作用，解决资本主义市场经济已充分暴露的贫富分化、周期性经济危机等痼疾。从 1992 年以来，我国的年均经济增长率超过 9%，迅速成为有重大国际影响力的经济大国。

经过 20 多年实践，我国社会主义市场经济体制已经初步建立并得到一定的完善，但仍然存在不少束缚市场主体活力、阻碍市场和价值规律充分发挥作用的弊端。主要表现在：其一，市场秩序不规范，以不正当手段谋取经济利益的现象广泛存在；其二，生产要素市场发展滞后，要素闲置、资源过度消费和大量有效需求得不到满足并存；其三，市场规则不统一，部门保护主义和地方保护主义大量存在；其四，市场竞争不充分，阻碍了优胜劣汰和结构调整等。与此同时，市场调节本身的不足（自发性、盲目性、滞后性）亦明显暴露，比如非法经商、投机交易、生态危机、贫富分化、区域差距、高房价、高药价等。这表明，我国政府调节的缺位、越位和错位亦大量存在。正如习近平总书记指出，"这些问题不解决好，完善的社会主义市场经济体制是难以形成的，转变发展方式、调整经济结构也是难以推进的。"① 正是在这样的背景下，是否需要发挥市场在资源配置中的决定性作用和更好发挥政府作用的问题，就空前突出出来，成为当前解决经济社会发展中各种矛盾的一个总枢纽。

二、关于市场调节及其功能强弱点问题

价值规律是商品生产和商品交换的内在本质联系，市场经济是通过价值规律自行调节的经济体制和经济运行方式。市场调节功能会随着国民经济社会化程度和经济外向化程度的提高而不断增强，客观上要求在更大范围内和更大程度上重视价值规律及其表现方式即市场调节的作用。

所谓市场调节，就是通过价格、竞争和供求等机制的共同作用，调节

---

① 习近平：《正确发挥市场作用和政府作用推动经济社会持续健康发展》，《人民日报》2014 年 5 月 28 日。

商品和资源的供求，引导经济资源在社会各方面流动，并使经济利益在不同利益主体之间进行相应的分配，从而促进国民经济的增长和健康发展。具体来说，市场调节功能的强点或积极效应体现在五个方面：一是微观经济均衡功能，即市场引导自主决策个体的生产经营行为紧随现实需求的变化，从而能够在微观层面调节供求关系及其平衡；二是资源短期配置功能，即市场可以在短期内迅速引导经济资源向效益高的领域流动，直接影响经济主体的资源短期调配；三是市场信号传递功能，即市场可以通过价格信号反映市场供求、竞争强弱等情况，引导生产经营者快速和自主决策；四是科学技术创新功能，即市场可以引导生产经营者改进生产资料、提高生产技术水平和商品质量，提高社会生产力水平；五是局部利益驱动功能，即市场可以驱使生产者基于局部利益考虑来加强经营管理和内外部的合作，从而促进经济发展。

不过，市场调节也存在着自身难以克服的功能弱点。第一，易偏离宏观经济目标。由于市场调节具有自发性、滞后性和无序性，市场行为主体出于自身利益考虑，难以关心全社会的宏观经济整体目标和长远利益。第二，调节领域易受限。现实中并不是所有的领域都适合采用市场调节。与一般商品生产和交换领域不同，在某些因规模经济导致自然垄断的领域，如交通运输等基础设施，供水、供电等领域，完全采用市场调节的效果并不理想。在公益性和非营利性领域，如教育、卫生、环境保护、文化保护、基础研究、国防经济等，试图以市场调节起主导作用更会引起不良后果。第三，易导致贫富分化。如果社会的财富和收入分配问题完全交给市场来支配，实际上就是交给资本尤其是私人资本来支配，这势必导致"马太效应"的产生。第四，产业协调难度较大。市场调节往往促使生产者更关注短期资源配置和短期收益状况，那些回收资金周期长、具有长远战略意义的基础产业往往被忽略，产能容易过剩。第五，现实交易成本较大。在日益庞大的现代市场经济中，供需情况、交易价格等因素相互影响、变化频繁，必然导致市场主体花费大量的搜寻成本、决策成本、适应成本甚至是纠错成本，使微观个体和社会整体均承担较高的代价。

需要指出的是，西方经济理论界对市场调节功能的认识也是不断变化的。萨伊从物物交换的商品经济出发，宣称"供给能够创造自己的需求"，主张市场调节万能论。斯密面对自由竞争资本主义的现实，主张让市场这只"无形的手"配置资源，其自由放任思想以个人利益与社会利益的内在一致为前提，却又囿于巩固资本利益的眼界，难以为全社会整体利益的实现提供有效的解决方案。针对垄断资本导致社会生产无序和失控的状态，新老凯恩斯主义主张政府对市场失灵领域的干预和弥补，确认市场功能的多种缺陷。而适应经济全球化背景下国际垄断资本扩张的需要，新自由主义则摒弃政府干预，主张"市场万能论"、"市场原教旨主义"和"唯市场化改革"（当代凯恩斯主义代表人物斯蒂格利茨和克鲁格曼等批评性用语）。总体而言，对于市场配置资源的功能缺陷，西方学者提出了诸如市场结构理论、公共产品论、外溢性或外部效应、信息不对称、市场不完全、分配不公等观点，值得重视。在实践中，从自由资本主义阶段到私人的或国家的垄断资本主义阶段，乃至资本主义全球化体系，市场配置资源的作用范围、程度并不相同，结果更是迥然有别。市场配置资源的作用在现实生活中并非没有约束条件，也不完全是自发地实现。19 世纪以来，西方资本主义市场经济的众多大大小小经济危机、金融危机和财政危机，以及贫富对立等事实，均证实上述理论分析的客观性，证实市场功能的利弊需要有扬有弃。

三、关于政府调节及其功能强弱点问题

政府行为是现代经济活动的重要组成部分。什么是政府调节？广义的政府调节涵盖国家的立法机构和行政机构的调节，它等同于国家调节。在20 世纪 30 年代西方大危机以后，政府对经济生活的干预和调节已成为各国经济运行中的常态现象。所谓政府调节，就是政府运用经济、法律、行政、劝导等手段调节各类经济主体的经济行为，以实现经济社会发展的整体和长远目标。政府调节不是随心所欲、杂乱无章而没有内在规律可循的，其内含按比例发展和有计划发展等规律。现代经济社会的持续健康发展，本质上要求在市场发挥资源配置决定性作用的同时，社会自觉地按照经济发展的总体目标进行宏观和中观的调控及微观规制。政府承担这一职能具有客观必然性。那么，政府调节的功能强弱点有哪些呢？

在宏观层面，政府科学调节功能的优势，在于制定和实现经济社会发展总体目标。政府调控的首要目标是宏观经济稳定。"科学的宏观调控，是发挥社会主义市场经济体制优势的内在要求，而这恰恰是政府的职能所在，解决这一领域的问题并不是市场这种手段的优势。"[1] 就业关系到社会稳定，但一般的市场主体并不关心就业总体状况；物价的稳定决定着市场价格信号的准确，而作为个体的市场经营者往往利用透明或不透明的信号谋利；总供求均衡和国际收支平衡由千千万万的生产经营者的整体行为决定，而一般经营者没有能力和动力维持两者的均衡；国际收支失衡已经对某些国家，特别是发展中国家的经济形成巨大冲击，并产生了严重的负面影响；非公经济关注微观经济收益，难以通过市场调节来解决企业内部和全社会的贫富悬殊问题；单一市场主体关注的是微观经济效益，难以自觉增进全社会整体的经济效益、社会效益和生态效益。有学者指出："政府职能和宏观调控的另一个层面，是整个经济、社会、文化、生态文明等建设方面的作用。这方面已远超出了资源配置的范围，不能都由市场决定"。[2] 实践也证明，在宏观经济社会发展目标的实现上，政府能够超脱单个企业出于短期和局部利益而作出的经济决策，因而能够更多地站在全局和整体角度调节资源配置和经济运行，从而保持宏观经济稳定，确保充分就业、物价稳定、总供求平衡、国际收支平衡、共同富裕以及人口、资源与环境可持续发展等目标的实现。

在中观层面，政府科学调节功能的优势，在于能够化解经济发展中产业结构和区域经济的发展不平衡问题。由于政府调节具备一定的前瞻性、全局性和战略性，在产业和区域发展上能够更注重协调发展和综合平衡。

---

[1] 周新城：《怎样理解"使市场在资源配置中起决定性作用"》，《思想理论教育导刊》2014年第1期。

[2] 卫兴华：《把握新一轮深化经济体制改革的理论指导和战略部署》，《党政干部学刊》2014年第1期。

与市场调节过于注重资源的短期配置不同，政府调节可以注重弥补经济社会发展的"短板"，注重投资于周期较长、战略意义大的新兴产业、关系国计民生的基础产业和区域发展战略。比如，政府可以通过财税政策等工具来促进新技术的大规模应用，加快淘汰落后产能，从而加快产业结构转型升级。我国珠三角、长三角、京津冀、中西部和东北部等区域经济和"带路经济"（长江带、陆上和海上丝绸之路）先后规划和较快发展，便与中央和地方政府的积极调控密切相关。

在微观层面，政府科学调节的功能优势，在于其必要的规制或监管的效能。现代市场经济的有序性和高效性，不能单纯地建立在市场主体的自觉和自律基础上。政府调节具有公正性和权威性，能够更好地规制经济主体的合法和诚信经营，也可以通过准入、惩罚、黑名单制度等经济和行政管理手段，来维护市场正常秩序。其中，事先、事中和事后的监管视情况不同而各司其职，缺一不可。如在最低工资制度、劳动者权益、环保评估等方面，政府利用政策和法规进行规范，便能有效保障劳动者的利益，维护社会公众的利益，这是市场调节所做不好的。

政府调节同样存在着失灵现象。就政府调节功能的劣势和不足而言，主要是与政府偏好的主观性、调节方向的转换机制、部门间的协调和调节承担者的动力机制有关。具体说来，一是政府调节的偏好不当，易于使政府调节的目标偏离全社会的要求。如"GDP"至上的偏好会导致盲目投资、过度招商引资和忽视民生及生态建设等。二是政府调节的程序不妥，易于使决策走向程序非民主化、措施延迟化和代价增大化，难以及时和灵活地应对市场变动状况。三是政府调节的配套性弱，易于使调节目标受制于具体执行部门的利益和地方的利益，形成政策性内耗。四是政府调节的动力不足，易于使政府调节的主动性减弱，导致已暴露出来的矛盾和问题迁延日久和难以解决，导致政府机构的官僚作风，降低政府调节的效率。实践证明，目前政府非大部制的机构臃肿、过度审批、部门间的推诿、地方保护主义倾向等问题，在一定程度上会导致"定令不当"、"有令难行"的现象，使政府调节的科学性和有效性大打折扣。

四、关于市场与政府调节的不同特点问题

党的十八届三中全会提出了"市场在资源配置中决定性作用"和更好发挥政府作用，但某些舆论却对此片面理解，甚至进行某种新自由主义的解读。如有文章认为，提出市场起决定性作用，就是改革的突破口和路线图，基本经济制度、市场体系、政府职能和宏观调控等方面的改革，都要以此为标尺，认为需要摸着石头过河的改革也因此有了原则和检验尺度。因此，必须准确理解十八届三中全会和习近平总书记的中国特色社会主义"市场决定性作用论"的内涵。从总体上，它是强调市场与政府的双重调节，只不过市场与政府的作用和职能是有区别的，二者存在相辅相成的辩证关系。那么，市场与政府双重调节作用有什么不同特点呢？

一是在宏微观的不同层次上，中国特色社会主义"市场决定性作用论"强调，要采用国家的宏观调控和微观规制，来共同矫正某些"市场决定性作用"。习近平总书记指出，在我国社会主义市场经济中，市场在资源配置中起决定性作用，并不是起全部作用。要"健全以国家发展战略和规划为导向、以财政政策和货币政策为主要手段的宏观调控体系"[1]。价值规律的自发作用仍会带来消极后果，必须运用国家的宏观调控、微观规制，来避免或降低这些消极后果。宏观调控主要是通过财政、货币等经济手段和政策，以及必要的行政手段对投资和消费等市场活动，事先、事中或事后进行各种调节，以实现就业充分、物价稳定、结构合理和国际收支平衡等宏观经济目标。微观规制或调节主要是综合运用经济、法律、行政等手段对微观经济主体进行行为管理，以维护正常的市场竞争秩序、推动科技创新、发展自主知识产权、促进社会和谐以及保持生态良好，从而实现经济、政治、社会、文化和生态全面协调与可持续发展。

二是在"市场决定性作用"的物质资源范围上，正确含义是市场对一

---

[1] 《中共中央关于全面深化改革若干重大问题的决定》，《人民日报》2013 年 11 月 16 日。

般资源的短期配置，与政府对地藏资源和基础设施等特殊资源的直接配置、与政府对不少一般资源的长期配置相结合。"市场决定性作用"的有效性，主要体现在价值规律通过短期利益的驱动对一般资源的短期配置，而政府配置资源的有效性，主要体现在对许多一般资源的长期配置和对地藏资源、基础设施、交通运输等特殊资源的调控配置。因此，在一般资源的短期配置中，市场发挥完全的决定性作用。在某些一般资源的长期配置中，政府通过统筹短期利益与长远利益来实现规划配置。而由于地藏资源等特殊资源的不可再生性，政府则通过统筹短期利益与长远利益、局部利益与整体利益来加强这些资源的调控配置。具体生产经营项目的市场化操作不等于市场决定，因为市场决定的实质是微观经济主体自行决定资源的生产经营项目，而事实上不少涉及国计民生的重要项目往往先由政府规划决定，然后再进行市场化操作和运营。改革开放以来，曾经在稀土、煤炭等资源配置上实行"市场决定性作用"，结果导致资源的破坏性低效开采和低价在国际上销售，并造成暴富的"煤老板"和矿难频发现象，教训深刻。当前，钢铁、煤炭等行业的大规模产能过剩，居民住房的高房价与房地产"泡沫"并存，都与市场作用发挥过度和政府作用缺位有关。

除了上述两点之外，还需要从另外三个方面来分析市场与政府双重调节作用的特点。

一是关于在教育、文化和医疗卫生等非物质生产领域资源配置方面市场与政府的作用问题。这就是从第三个角度来分析了。一般文化资源和医疗卫生资源的配置可以发挥市场的决定性作用，但总体上说，在教育、文化、医疗卫生等非物质生产领域的资源配置中，政府的主导性作用应与市场的重要作用相结合。教育和文化大发展是经济社会发展的重要内容，是社会主义核心价值体系和核心价值观的主要载体，应把社会效益放在首位，并与经济效益相结合，因而通过市场作用来实现相关资源的配置要相对小一些。教育和文化中的许多项目对经济社会发展具有全局性、长期性的智力支持功能、文化传承功能、文化凝聚功能和文化导向功能，它只能通过政府发挥主导性作用，以实现非物质资源的高效配置。习近平总书记说得好，文化具有产业性质，但也具有意识形态属性，不管怎么改革，导向不能变，阵地不能丢！

二是关于资源配置所涉及的市场与政府关系问题。资源配置仅仅涉及市场与政府的关系吗？完整地说，资源配置有两个层面：一是市场配置与政府配置，二是私有配置与公有配置。从两种配置关系这第四个角度来分析，中国特色社会主义"市场决定性作用论"与公有制为主体的混合经济相联系。在质上和量上占优势的公有制为主体，是中国特色社会主义市场经济的内在要求，也是其本质特征。"在社会主义经济中，国有经济的作用不是像在资本主义制度中那样，主要从事私有企业不愿意经营的部门，补充私人企业和市场机制的不足，而是为了实现国民经济的持续稳定协调发展，巩固和完善社会主义制度"。① 党的十八届三中全会也明确指出："必须毫不动摇巩固和发展公有制经济，坚持公有制主体地位，发挥国有经济主导作用，不断增强国有经济活力、控制力、影响力。"② 如果公有制在社会主义经济中不再具有主体地位，政府调控能效便会大大削弱，便会严重影响到国家经济社会发展战略的实施，使国家缺乏保证人民群众根本利益和共同富裕的经济基础。那种主张既要大卖公有企业，又要大卖公立学校和公立医院的改革道路，属于新自由主义的典型措施。

现阶段，我国以公有制为主体、多种所有制共同发展的基本经济制度，就比以私有制为主体的当代资本主义经济制度更适合现代市场经济的内在要求，具有更高的绩效和公平。据此，对国有企业特别是中央企业，要继续加大支持力度。国有企业关乎国家经济命脉，关键时刻还得靠它们。美国等西方国家忌惮的就是中国共产党的强大。中国共产党强大的一个原因是我们国有企业是支持党的，提供着财力、物力、人力支持，掌握着国家经济命脉。这是我们的一个命门，不能被人家忽悠了。国有企业经营不是完全靠市场决定的，还要靠政治决定。认为国有企业必然就是一种不好的体制，出路只有"去国有企业"、"去国有化"，这是不对的。数百年中外经济实践表明，公有制为主体、国有制为主导，就不会像各种资本

---

① 刘国光：《社会主义市场经济与资本主义市场经济的两个根本性区别》，《红旗文稿》2010 年第 21 期。

② 《中国共产党十八届中央委员会第三次全体会议公报》，《人民日报》2013 年 11 月 13 日。

主义模式那样，时常出现金融危机、经济危机和财政危机，以及贫富两极分化等。社会主义与资本主义在基本经济制度上具有决定意义的差别，就在于生产资料社会所有制结构，即在于以公有资本，还是以私有资本控股的混合所有制占优势。

可见，不能只讲混合所有制和非公经济的发展，而不讲公有经济要在改革中做优做强做大；不能只讲市场在资源配置中的决定性作用，而不讲政府的积极作用。那种曲解党的十八届三中全会精神和习近平总书记讲话精神的貌似改革的观点和措施，是极其错误的。从经济学上说，社会主义信念首先表现为公有制信念，以及由此决定的共同富裕信念。并且，经济决定政治，经济基础决定上层建筑，公有制是共产党执政等社会主义上层建筑的社会主义经济基础，是初级社会主义社会多种经济基础中的支柱和主体。

三是关于在分配领域市场与政府作用的特点问题。在分配领域，市场与政府的作用有什么特点？这就涉及到第五个分析角度。在分配领域，市场与政府在财富和收入的多次分配领域各自发挥较大的调节作用。首先，在初次分配环节，市场通过价值规律的自发作用，对财富和收入的分配发挥较大调节作用，而政府则通过相关法律法规的制定和执行，对财富和收入的分配同样发挥一定的调节作用。只有这样，才能真正实现劳动收入在初次分配中的占比增加，切实维护劳动权益，实现"限高、提低、扩中"的目标。其次，在再分配环节，政府要发挥较大作用，对初次分配造成的贫富分化等问题进行矫正和调节，促进居民财富和收入的实际增长，与经济发展同步。过去，在城市居民住房问题上强调市场的决定性作用，结果导致房价大涨，开发商暴富，老百姓意见极大，直到近几年才积极发挥政府的调节作用，使住房这一重要的民生保障问题出现转机。

五、关于深化改革要完善市场体系问题

市场的作用是通过市场体系来发挥的，深化改革又怎样完善这一体系呢？习近平总书记曾明确指出，"建设统一开放、竞争有序的市场体系，是使市场在资源配置中起决定性作用的基础。必须加快形成企业自主经营、公平竞争，消费者自由选择、自主消费，商品和要素自由流动、平等交换的现代市场体系，着力清除市场壁垒，提高资源配置效率和公平性。"① 可见，应将构建完善的市场体系放在基础性地位。概括起来，完善市场体系需要做到下列几点：

第一，完善要素市场体系。市场体系是由市场要素构成的市场客观有机系统。它是由消费品和生产资料等商品市场，资本、劳动力、技术、信息、房地产市场等要素市场，以及期货、拍卖、产权等特种交易市场之间相互联系、互为条件的有机整体。改革开放以来，我国商品市场发育较为充分，土地、资金、技术等要素市场发育滞后，要素价格不能反映稀缺程度和供求状况。十八届三中全会以来，将主攻方向放在三大方面：构建城乡统一的建设用地市场，完善金融市场体系，健全科技创新市场导向机制。应当说，这些都有很强的现实针对性。土地、资金、技术都是重要的生产要素，完善这些要素市场，就必然会对转变经济发展方式、优化资源配置、促进公平竞争、构建创新型国家产生一系列深远影响。

第二，建立公平开放透明的市场规则。公平开放透明的市场规则，是市场公平竞争的首要前提。只有着力清除各种市场壁垒，才能提高资源配置的效率。这就要求继续探索负面清单制度，统一市场准入，探索外商投资的准入管理模式，推进工商注册制度便利化，推进国内贸易流通体制改革，改革市场监管体系，健全市场退出机制等。这对于反对地方保护，反对垄断行为和不正当竞争，建立诚信社会具有重要作用。

第三，完善主要由市场决定价格的机制。通过完善的市场体系形成价格，是市场促进资源优化配置的主要机制。价格能否灵活反映价值量变化、资源稀缺状况和供求变动，是市场体系完善与否的主要标志。因此，为了促进市场体系的完善，必须限定政府定价范围。一方面，应着力于明确政府定价范围，将它主要限定在重要公用事业、公益性服务、网络型自

---

① 《中共中央关于全面深化改革若干重大问题的决定》，《人民日报》2013 年 11 月 16 日。

然垄断环节，并强调政府定价要提高透明度，接受社会监督；另一方面，应还原某些特殊资源的商品属性，推进水、石油、天然气、电力、交通、电信等领域价格改革，促进价格的市场化、规范化。当然，"政府不进行不当干预"并不等于政府不干预，关键在于是否适当有利于国计民生，这同样不能片面看待。

六、关于如何更好地发挥政府作用问题

党的十八届三中全会以来，理论界和经济界一些舆论基于对"市场决定"的片面理解，提出"有为政府"或政府作用也是由市场决定的观点，认为政府是实现"市场决定"的主要障碍，深化改革的"重心"或"中心"只是"政府改革"，而政府改革又简化为"简政放权"。在中央政治局第十五次集体学习会上，习近平总书记强调："在市场作用和政府作用的问题上，要讲辩证法、两点论，'看不见的手'和'看得见的手'都要用好"，"既不能用市场在资源配置中的决定性作用取代甚至否定政府作用，也不能用更好发挥政府作用取代甚至否定使市场在资源配置中起决定性作用。"① 怎么能够将"更好发挥政府作用"和坚持基本经济制度这类问题理解为由"市场决定"呢？片面强调简政放权亦不对。它应是一个健全宏观调控体系、全面正确履行政府职能、优化政府组织结构的系统工程，其核心是建设民主高效的法治政府和服务型政府。当下尤其应注重以下改革发展。

首先，健全宏观调控和微观规制体系。根据十八届三中全会的决定，我国的宏观调控架构将出现三大变化：一是针对一般经济主体而言，更加突出地强调国家发展战略和规划的导向地位，在对"主要手段"之一的表述上，用"货币政策"取代"金融政策"一词。二是针对地方政府影响中央宏观调控实效的难点问题，强调要完善考核评价体系，纠正单纯以经

---

① 习近平：《正确发挥市场作用和政府作用推动经济社会持续健康发展》，《人民日报》2014年5月28日。

济增长速度定政绩的偏向，加大资源消耗、环境损害、生态效益、产能过剩等指标的权重，加强了对地方政府的约束。三是针对国际经济协调发展而言，强调形成参与国际宏观经济政策协调的机制，推动完善国际经济治理结构。眼下要突出解决食品药品等安全和价格，以及住房等方面规制。

其次，全面正确履行政府职能。科学高效的政府调节，以政府自身正确地履行职能为前提，必须适应宏观调控体系新变化的新要求。为了更好地释放市场潜能，限制部分政府权力确实是一个重要方向。凡是市场能有效调节的经济活动，一律取消审批，政府不能"越位"；同时，政府则要加强发展战略、规划、政策、标准等制定和实施，加强市场活动监管，加强各类公共服务提供，不能"缺位"。凡属事务性管理服务，原则上都要引入竞争机制，通过合同、委托等方式向社会购买，政府不能"错位"。

最后，优化政府组织结构。职能转变及其贯彻落实，又要求必须进一步优化政府组织结构。习近平总书记提出了"优化政府机构设置、职能配置、工作流程"，"完善决策权、执行权、监督权既相互制约又相互协调的行政运行机制"，"严格控制机构编制，严格按规定职数配备领导干部，减少机构数量和领导职数"等相关思想。我国应尽快进行大部制改革，保留不超过20个国务院的组成部门，原来的一些直属行政部门也应缩减。应参照某些管理效能高的国家做法，减少各级政府部门的副职和编制，原则上禁止编制外的人员借调。应制定和实施严格的办事流程和时间表及奖惩措施，突出反对官僚主义和本位主义，将各级政府群众路线教育活动深入下去。

不少西方著名经济学家的观点，也值得注意。前几年，萨缪尔森建议，中国在市场与政府的作用关系上，不要过分偏向哪一方，应走中间道路。今年上半年，斯蒂格利茨在清华大学演讲时说，中国的市场作用太大，而政府的作用太小；中国对私人资本的收益也不收税，分配差距太大。

七、关于市场与政府作用的功能互补问题

市场与政府的作用和功能是此消彼长的吗？不是的。二者是层次、领

域和功能不尽一致的经济调节方式和机制。总之，今后需要将市场决定性作用和更好发挥政府作用看作一个有机整体，而不是此消彼长的截然对立关系。既要用市场调节的优良功能去抑制"政府调节失灵"，又要用政府调节的优良功能来纠正"市场调节失灵"，从而形成作用较大的高效市场即强市场、作用较大的高效政府即强政府这一"双高"、"双强"格局。这样，既有利于发挥社会主义国家的良性调节功能，同时在顶层设计层面避免踏入新自由主义陷阱和遭遇金融经济危机风险。这根本不是某些中外新自由主义"市场决定作用论"所说的中国仍在搞"半统制经济"，也不是宣扬不要国家调控的竞争性市场机制的所谓"现代市场经济体制"，更不是搞各种凯恩斯主义者都猛烈抨击的市场原教旨主义"唯市场化"改革，废除必要的政府宏观调控和微观规制。

论按比例规律与市场调节规律、
国家调节规律之间的关系[*]

当前，在我们认识、适应、引领和探索经济新常态过程中正如习近平所指出的，我国经济发展已经进入新常态，如何适应和引领新常态，我们的认识和实践刚刚起步，有的方面还没有破题，需要广泛探索。① 有必要提出和阐明市场调节规律、国家调节规律和按比例规律及其相互关系的新概念和新理论。

一、按比例规律是人类社会生产和
经济发展的普遍规律

（一）按比例规律的一般内涵

马克思指出："要想得到和各种不同的需要量相适应的产品量，就要付出各种不同的和一定数量的社会总劳动量。"② 按比例分配社会劳动的规律（简称按比例规律）是社会生产与社会需要之间矛盾运动以及整个国民经济协调发展的规律。

按比例规律的内在要求是：表现为人、财、物的社会总劳动要依据需

---

* 原载《复旦学报（社会科学版）》2015 年第 5 期。本文第一作者为高建民。
① 新华社：《干在实处永无止境　走在前列要谋新篇》，《人民日报》2015 年 5 月 28 日。
② 《马克思恩格斯全集》第 32 卷，人民出版社 1972 年版，第 541 页。

要按比例地分配在社会生产和国民经济中。也就是说，在社会生产与需要的矛盾运动中，各种产出与需要在使用价值结构上要保持动态的综合平衡，以实现在既定条件下靠最小的劳动消耗来取得最大的生产成果；在整个国民经济中，要保持各种产业和经济领域的结构平衡。

（二）按比例规律实现形式的演变

随着社会分工和经济体制的不同，按比例规律的表现形式会相应发生变化。

在以自给自足为基本特征的自然经济中，由于没有以社会分工为条件的商品交换，按比例规律主要表现为家庭或氏族等社会单位内部以性别和年龄等纯生理差别以及随季节而改变的劳动的自然条件为基础的自然分工。[①] 在这一阶段，"社会是由许许多多同类的经济单位（父权制的农民家庭、原始村社、封建领地）组成的"[②]。而"经济条件的全部或绝大部分，还是在本经济单位中生产的，并直接从本经济单位的总产品中得到补偿和再生产"[③]。这种经济形式被称为自然经济。尽管这一阶段的需要由于生产力水平低而处于很低水平，但需要本身迫使社会组织将总劳动时间精确地分配到各种职能的生产上。

在简单商品经济中，按比例规律表现为社会单位内部的分工与社会分工相结合。在这一阶段，由于生产力水平低，社会单位内部的自然分工仍然占支配地位。在商品交换和商品生产中，按比例规律靠市场调节规律（或价值规律）的自发作用来实现。但是，在简单商品经济中，由于交换价值还仅仅表现为生产者为自身生存而创造的使用价值的剩余部分，商品交换和商品生产在社会生产体系中还没有占支配地位。[④] 在资本主义市场经济中，按比例规律表现为整个社会内部无组织的社会分工与生产单位内部有组织的分工相结合。在这一阶段，作为按比例分配劳动的实现形式，交换价值获得统治地位，"因此生产者把自己的产品当作使用价值的一切

---

① 《马克思恩格斯全集》第 23 卷，人民出版社 1972 年版，第 95 页。

② 《列宁选集》第 1 卷，人民出版社 2012 年版，第 164 页。

③ 《马克思恩格斯全集》第 25 卷（下），人民出版社 1972 年版，第 896 页。

④ 《马克思恩格斯全集》第 46 卷（下），人民出版社 1972 年版，第 468 页。

直接关系都消失了；一切产品都是交易品"①。与此相适应，由于社会分工高度发展，商品交换和商品生产在社会生产体系中占支配地位。

在社会主义国家的计划经济中，按比例规律主要表现为整个社会内有组织的分工与生产单位内部有组织的分工相结合。按比例规律靠占支配和主体地位的国家调节规律（或计划规律）和占辅助地位的市场调节规律（或价值规律）相结合来实现。

在社会主义市场经济中，按比例规律表现为有组织的生产单位内部分工与有规划、有管理的社会分工相结合。按比例规律靠市场调节规律（或价值规律）和国家调节规律（或计划规律）的有机融合来实现。

由此可见，按比例规律是贯穿于人类社会各种经济体制的普遍规律。正如马克思所指出的："整个社会内的分工，不论是否以商品交换为媒介，是各种社会经济形态所共有的"②。

二、市场调节规律（或价值规律）
与按比例规律的关系

（一）市场调节规律（或价值规律）的内涵

市场调节规律（或价值规律）是商品经济的基本矛盾即私人劳动或局部劳动和社会劳动之间矛盾运动的规律。

价值规律的内涵是：商品的价值量由生产商品的社会必要劳动时间所决定；生产某种商品所耗费的劳动时间在社会总劳动时间中所占比例须符合社会需要，即同社会分配给这种商品的劳动时间比例相适应；商品交换按照价值量相等的原则进行。供求关系、竞争和价格波动在资源配置中的作用以市场价值为基础，是价值规律的具体实现形式。

在商品经济中，由于商品生产者之间的独立关系，每个商品生产者的

① 《马克思恩格斯全集》第 46 卷（下），人民出版社 1972 年版，第 468 页。
② 《马克思恩格斯全集》第 23 卷，人民出版社 1972 年版，第 397—398 页。

商品生产劳动首先表现为私人劳动。私人劳动只有通过商品交换才能转化为社会劳动，从而成为社会分工的一部分。因此，为实现商品的价值，商品生产者需要将私人的个别劳动时间转化为社会必要劳动时间。商品生产者的个别劳动时间首先转化为同一生产部门内部生产同种商品的社会必要劳动时间（即在现有的社会正常的生产条件下，在社会平均的劳动熟练程度和劳动强度下生产某种使用价值所需要的劳动时间），然后进一步转化为不同生产部门之间生产不同商品的社会必要劳动时间（即"由当时社会平均生产条件下生产市场上这种商品的社会必需总量所必要的劳动时间"①）。商品按照社会价值进行交换，就必须使社会生产这种商品所耗费的劳动总量时间符合社会总劳动时间按比例分配给这种商品的必要劳动时间，即生产某种商品所耗费的劳动时间在社会总劳动时间中所占比例符合社会需要，同社会分配给这种商品的劳动时间比例相适应。马克思强调："商品的价值规律决定社会在它所支配的全部劳动时间中能够用多少时间去生产每一种特殊商品。但是不同生产领域的这种保持平衡的经常趋势，只不过是对这种平衡经常遭到破坏的一种反作用。"②

　　从《资本论》的阐述中，撇开国际生产和交换，我们可以得出价值规律对一国资源配置的作用分为两个层面：一是在企业或微观层面上，通过同一种商品的价值由社会必要劳动时间（即第一种含义的社会必要劳动时间）决定的要求，形成社会价值与个别价值的差额，推动同一部门不同企业优胜劣汰，资源向优势企业集中，促进资源配置效率的提高和社会生产力的发展；二是在社会或宏观层面上，通过第二种含义的社会必要劳动时间（即按社会需要合比例地分配于各个生产部门的必要劳动时间）的作用，使资源配置建立在社会劳动按比例分配规律的基础上，在资本为争夺高利润率的竞争中，通过资本和劳动力等生产要素在社会生产各部门的自由流动，推动资源向生产效率高的部门转移，促进产业结构的合理化和高级化。③

---

① 《马克思恩格斯全集》第25卷（上），人民出版社1972年版，第722页。
② 《马克思恩格斯全集》第23卷，人民出版社1972年版，第394页。
③ 王天义：《论价值规律在资源配置中的决定作用》，《当代经济研究》2015年第8期。

（二）与按比例规律的关系

市场调节规律（或价值规律）是按比例规律在商品经济中的一种基本实现形式。马克思说过："在社会劳动的联系体现为个人劳动产品的私人交换的社会制度下，这种劳动按比例分配所借以实现的形式，正是这些产品的交换价值"。① 在商品经济中，价值规律通过竞争引起的交换价值即价值形式的自发波动来实现按比例规律。商品经济中的竞争通过引发商品交换价值的自发波动为商品生产者提供商品供求平衡状况的信号，从而自发地引导生产。恩格斯指出："只有通过竞争的波动从而通过商品价格的波动，商品生产的价值规律才能得到贯彻，社会必要劳动时间决定商品价值这一点才能成为现实""单个的商品生产者只有通过产品的跌价和涨价才亲眼看到社会需要什么、需要多少和不需要什么"。② 价值规律实现按比例规律的作用随着交换价值即价值形式和经济体制的变化而不断变化。

1. 在简单商品经济中的作用

在简单商品经济中，市场调节规律（或价值规律）实现按比例规律的作用总体上较小。

在直接为交换而生产的商品经济产生之前，虽然商品交换已经出现，但是市场调节规律（或价值规律）还处于萌芽阶段，在实现按比例规律方面发挥的作用极小。在原始社会早期，由于生产力水平低下，剩余产品的交换只是非常偶然地发生在部落内部。这些偶然的交换中的价值形式表现为简单的、个别的或偶然的价值形式。这种价值形式对商品价值的表现并不充分，只是以另一种商品的使用价值来表现商品的价值，而没有充分表现出价值的本质，即一般人类劳动的凝结。在原始社会末期，以游牧部落的分离为主要内容的第一次社会大分工，使商品交换逐渐由偶然的交换变成经常的交换，由氏族酋长之间进行的交换逐渐转变为个人交换。相应地，简单商品经济中的价值形式从简单的、个别的或偶然的价值形式缓慢过渡到总和的或扩大的价值形式，并逐渐发展为一般价值形式。总和的或

---

① 《马克思恩格斯全集》第 32 卷，人民出版社 1972 年版，第 541 页。
② 《马克思恩格斯全集》第 21 卷，人民出版社 1972 年版，第 215 页。

扩大的价值形式第一次使商品价值真正表现为无差别的人类劳动的凝结，但还没有获得统一的表现形式，仍然是一种不充分的价值表现形式。而一般价值形式在商品世界中充当一般等价物，但在时间上并不固定，在空间上局限在较小地区内。因此，在商品经济产生之前的最初交换中，真正意义上的竞争还未形成，从而不能通过交换价值的经常性波动来有力地调节社会劳动的分配。

简单商品经济产生以后，价值规律就开始通过自发调节商品生产和商品交换来实现按比例规律，但调节作用仍然较为有限。当以手工业和农业的分离为主要内容的第二次社会大分工逐渐形成和发展，便促成直接以交换为目的的商品生产的发展。[①] 随着社会分工的发展和商品生产的出现，市场也随之形成，因而列宁说得好："哪里有社会分工和商品生产，哪里就有'市场'。"[②] 相应地，价值形式逐渐从一般价值形式过渡到货币形式。一种商品的价格形式即这种商品以货币表现出来的价值形式。竞争通过商品价格的自发波动来贯彻价值规律。在这一过程中，市场调节规律（或价值规律）作为一种盲目力量自发调节社会劳动，从而维持着生产的社会平衡，以实现按比例规律。价值规律的这种盲目性调节作用具有两面性。价值规律调节（或市场调节）使市场具有资源短期配置、微观均衡、信号传递、技术创新和利益驱动等功能优势，但同时又存在调节目标偏差、调节速度缓慢、调节成本昂贵、调节程度有限、阻碍技术进步等功能弱点。[③] 这些功能弱点，反映了货币作为流通手段和职能所包含的经济危机可能性。但在转化为资本主义市场经济之前，简单商品经济在整个社会经济中没有占支配地位。因此，这种经济危机的可能性在这一阶段并没有变成现实。

2. 在资本主义市场经济中的作用

资本主义市场经济的发展历程包括两大阶段，即自由放任的自由资本

---

① 《马克思恩格斯选集》第4卷，人民出版社2012年版，第176—180页。
② 《列宁全集》第1卷，人民出版社1984年版，第83页。
③ 程恩富：《构建以市场调节为基础、以国家调节为主导的新型调节机制》，《财经研究》1990年第12期。

主义市场经济和有国家干预的垄断资本主义经济。但不管在哪个发展阶段，市场调节规律（或价值规律）在实现按比例规律中均发挥决定性作用，只是有量变和部分质变的区别。

在自由竞争阶段的资本主义市场经济中，市场调节规律（或价值规律）与私人剩余价值规律的共同作用使得市场调节规律（或价值规律）的自发作用所产生的功能弱点得到强化和放大。私人剩余价值规律是资本主义基本矛盾（即生产的社会化与生产资料的资本主义私人所有制之间的矛盾）的运动规律。在生产力方面，资本主义商品生产的社会化，不仅要求个别企业内部生产具有组织性和计划性，而且全社会的商品生产形成有组织的社会分工，从而实现按比例规律。在生产关系方面，生产资料的资本主义私人所有制，决定私人资本所有者唯一的生产目的是追求私人剩余价值或私人利润，而劳动力所有者只能靠出卖劳动力为生。因此，在资本主义市场经济中，生产力与生产关系之间的矛盾就具体化为资本主义的基本矛盾。这一矛盾主要表现在两个矛盾：

一是个别企业内部生产的有组织性与整个社会生产的无政府或无秩序状态之间的矛盾。这一矛盾是私人劳动与社会劳动之间的矛盾在资本主义市场经济中的具体体现。由于生产资料的资本主义私人占有，私人资本所有者的个别企业内部具有较高程度的计划性和组织性：生产资料由一批劳动者共同使用；生产过程由一系列的分工协作来共同完成；劳动产品成为劳动者的共同产品。但是由于生产资料的资本主义私人占有，在整个社会经济中，各行业各企业之间的商品生产则缺乏协作和调节而处于无效组织状态。这不利于实现按比例规律的良性发展，容易导致生产相对过剩。

二是生产无限扩大的趋势与劳动人民有支付能力的需求相对缩小之间的矛盾。在资本主义市场经济中，追求剩余价值的内在动力和竞争的外在压力，促使私人资本所有者不断把赚取的剩余价值转化为资本，从而使资本积累规模和生产规模不断扩大，以致形成垄断并逐步向世界扩张。但另一方面，生产资料的资本主义所有制决定了私人资本所有者为获取尽可能多的剩余价值而尽可能地加强对劳动者的剥削，造成社会的贫富两极分化：占社会人口少数的私人资本所有者阶层占有大部分社会财富，而占社会人口绝大多数的劳动者及其家庭成员所拥有的财富只占极少部分社会财富。马克思指出："工人为自己生产的不是他织成的绸缎，不是他从金矿里开采出的黄金，也不是他盖起的高楼大厦。他为自己生产的是工资，而绸缎、黄金、高楼大厦对于他都变成一定数量的生活资料，也许是变成棉布上衣，变成铜币，变成某处地窖的住所了。"① 因此，社会多数人口由于财富和收入水平相对低下而对社会商品有支付能力的需求相对不足，即使大搞寅吃卯粮的消费信贷也不能根本缓解。这也不利于实现按比例规律。比如，美国由于劳动者买不起商品房而导致为缓解商品房相对过剩所采用的"次贷"及其引爆的各种危机，便是明证。

在自由竞争阶段的资本主义市场经济中，市场调节规律（或价值规律）与私人剩余价值规律的共同作用，是部分通过破坏性的资本主义经济危机来实现按比例规律的。资本主义基本矛盾及其决定的具体矛盾，必然引起生产相对过剩的经济危机周期性地爆发。马克思指出："一切真正的危机的最根本的原因，总不外乎群众的贫困和他们的有限的消费，资本主义生产却不顾这种情况而力图发展生产力，好像只有社会的绝对的消费能力才是生产力发展的界限。"② 恩格斯也指出："从商品生产以世界市场的范围来进行之后，按私人打算进行生产的单个生产者同他们为之生产、却对其需求的数量和质量或多或少是不了解的市场之间的平衡，是靠世界市场的风暴、靠商业危机来实现的。"③ 可见，经济危机客观上成为按比例规律在自由竞争阶段资本主义市场经济中的实现方式。

在国家垄断资本主义经济中，市场调节规律（或价值规律）仍然在实现按比例规律中发挥决定性作用，但一定程度上和一定范围内受到了国家调节规律的制约。由于资本主义经济危机的巨大破坏性，国家垄断资本主义在日渐增多的资本主义国家的国民经济中产生，并逐渐发挥重要功能。在现代资本主义国家，如果市场调节规律（或价值规律）自发作用的消极影响受到国家的有效控制，则各种经济危机的破坏性就有所减弱，从而按

---

① 《马克思恩格斯选集》第 1 卷，人民出版社 1995 年版，第 336 页。
② 《马克思恩格斯全集》第 46 卷，人民出版社 2003 年版，第 548 页。
③ 《马克思恩格斯全集》第 21 卷，人民出版社 1972 年版，第 215 页。

比例规律的实现代价就有所减轻；反之则相反。西方国家在 20 世纪 30 年代的大萧条、在 70 年代的严重滞胀、在 90 年代金融危机和当前的金融和经济危机等，均表明倘若市场调节的基础性决定作用与国家调节的主导性决定作用不能有效结合，则国民经济不仅会遭到严重破坏，而且往往波及范围更加广泛、影响更加深刻，从而按比例规律的实现代价仍然很大。

3．在传统的社会主义计划经济中的作用

在传统的计划经济实践中，除了苏联战时共产主义经济等个别时期几乎取消了商品经济以外，商品生产和商品交换在各社会主义国家的大多数时期得到了不同程度的发展。因此，市场调节规律（或价值规律）仍在一定程度上发挥分配社会劳动、进行经济核算、促进商品生产和交换的作用，但不起基础性或决定性作用。

4．在社会主义市场经济中的作用

在我国社会主义市场经济中，市场调节规律（或价值规律）主要是在一般资源的配置领域发挥决定性作用，但发挥作用的条件与资本主义市场经济不同。

首先，我国社会主义市场经济具有与资本主义市场经济性质不同的经济基础，即中国特色社会主义基本经济制度。其核心是：公有制为主体、多种所有制共同发展。公有制为主体的基本经济制度，从根本上消除了经济危机产生的根源，即生产社会化与生产资料资本主义私人占有之间的矛盾，从而使按比例规律较平稳地在国民经济的许多领域通过市场调节规律（或价值规律）的作用得以实现。

其次，国家调节规律（或计划规律）通过与市场调节规律（或价值规律）的有机结合来实现按比例规律。两者在社会主义市场经济中形成一个有机整体，在功能上能够实现良性互补，在效应上能够达到协同，即市场调节规律（或价值规律）自发调节与配置资源而实现短期利益和局部利益；而国家调节规律（或计划规律）通过专业职能机构来主动规划与配置重要资源，以实现社会和企业的长远利益和整体利益。

因此，在以公有制为主体的社会主义市场经济中，市场调节规律（或价值规律）容易充分发挥其积极引导作用，避免其可能导致的消极后果。

三、国家调节规律（或计划规律）
与按比例规律的关系

（一）国家调节规律（或计划规律）的内涵

国家调节规律（或计划规律）是商品经济的基本矛盾即私人劳动或局部劳动同社会劳动之间矛盾运动在受国家调节的社会化大生产中表现出的客观经济规律。

国家调节规律（或计划规律）的内涵是：国家运用经济、法律、行政、劝导等国家政权手段，自觉利用社会大生产发展的客观规律，根据社会生产和国民经济的实际运行状况和发展态势，预先制定社会生产和国民经济的总体规划，并科学合理地调节社会总劳动在各生产部门和整个国民经济的分配。可见，国家调节规律（或计划规律）的内涵包含如下要点：

首先，国家对社会生产和国民经济的规划和调节是社会化大生产的必然要求。在垄断资本主义初期的社会化生产中，生产相对过剩的经济危机的猛烈爆发所造成社会资源的巨大浪费，使人们意识到，只有国家从整体上调节社会生产和国民经济，才能矫正价值规律的盲目自发作用，从而实现按比例规律。正如马克思所科学预言的："只有在生产受到社会实际的预定的控制的地方，社会才会在用来生产某种物品的社会劳动时间的数量，和要由这种物品来满足的社会需要的规模之间，建立起联系。"[①]

其次，国家对社会生产和国民经济的规划和调节，建立在科学认识和准确把握社会化大生产和国民经济发展的相关客观规律的基础之上。国家规划与调节社会生产和国民经济需要以对经济规律系统、自然发展规律系统、社会发展规律系统、科技发展规律系统等的科学认知为指导。凡是有人参与的活动，均具有主观性和客观性的双重性。不能因为国家规划、计划和调节是有人参与的，就否认其中包含客观性，进而认为"国家调节规

---

① 《马克思恩格斯全集》第25卷（上），人民出版社1972年版，第209页。

律""计划规律"等概念不成立。照此逻辑推论，市场活动也是有人参与的，其主体就是人，那也就不存在"市场调节规律""价值规律"等相似的概念。市场调节说到底，是经济活动的自然人和法人的行为变动，也可以说就是企业的行为或调节，如产品、价格和竞争等方面的所作所为。因此，市场调节规律和国家调节规律都是在形式上具有人的活动主观性，在内容上具有人的活动客观性；良性而有效的微观和宏观经济活动，要求在企业和政府工作的所有人，均应努力使人的主观能动性符合经济活动的客观规律性，以便实现主客观的有效统一。

最后，国家对社会生产和国民经济的规划和调节是由调节目标、调节手段和调节机制这三部分构成的有机系统。国家规划和调节社会生产，首先需要规划和制定科学的调节目标，并以合理的调节机制为依据，综合运用有效的调节手段来实现调节目标。因此，调节目标、调节手段和调节机制构成相互联系、不可分割的有机整体。

（二）与按比例规律的关系

我国著名经济学家刘国光近年重新倡导和阐述"有计划按比例发展规律"①，这是十分必要和重要的。不过，按比例规律与计划规律是有密切关联的两个规律，国家调节规律（或计划规律）是按比例规律在受国家调节的社会化大生产和国民经济中的一种实现方式。马克思认为，在以共同生产为基础的社会中，"社会必须合理地分配自己的时间，才能实现符合社会全部需要的生产。因此，时间的节约，以及劳动时间在不同的生产部门之间有计划的分配，在共同生产的基础上仍然是首要的经济规律"。② 但是，在国家垄断资本主义阶段和社会主义初级阶段，由于国家的存在，对社会生产和国民经济的总体规划和综合调节只能由国家来承担。

通过国家调节规律（或计划规律）实现按比例规律的作用，在不同社会和同一社会的不同发展阶段差别很大。

---

① 刘国光：《关于政府和市场在资源配置中的作用》，《当代经济研究》2014年第3期；刘国光：《有计划，是社会主义市场经济的强板》，《光明日报》2009年3月17日。
② 《马克思恩格斯全集》第46卷（上），人民出版社1972年版，第120页。

1．在国家垄断资本主义经济中的作用

国家垄断资本主义产生于第一次世界大战期间主要参战国的战时国民经济管理，1929—1933 年经济危机后逐渐在主要资本主义国家的经济中占主导地位。为实现按比例规律，国家垄断资本主义对市场调节规律（或价值规律）的消极作用加以矫正和调节。

国家垄断资本主义调节经济的指导思想主要有两大理论流派，即各种凯恩斯主义思想和各种新自由主义思想。

凯恩斯主义思想于实践中的运用在一定程度上有利于按比例规律的实现，但具有很大的局限性。凯恩斯主义的核心内容是：为实现充分就业（其实质是按比例规律），政府可运用主要是财政政策以及货币政策来弥补私人投资的不足。这一思想流派的各种理论在社会化大生产实践中的运用，的确在一定程度上减轻了市场调节规律（或价值规律）的消极作用，缓解了经济危机的破坏性，使得主要资本主义国家的经济在第二次世界大战后的 20 多年中保持了相对稳定的增长。但是，由于仍然坚持生产资料资本主义私有制的主体地位，凯恩斯主义思想指导下国家对社会生产的规划和调节在调节范围、调节程度和调节效果上都具有很大的局限性。此外，凯恩斯主义思想的政策主张在具体实施过程中的扩张性，导致了 20 世纪 70 年代的滞胀现象。

新自由主义思想在实践中的运用为金融危机和经济危机的频繁发生埋下了祸根。新自由主义的核心是：在长期，市场调节规律（或价值规律）的自发作用可使一国实际就业率趋向于与由该国技术水平、文化风俗和自然资源等因素决定的自然就业率相等（即实现按比例规律），而国家对社会经济的规划和调节对于实现自然就业率是无效的。[①] 20 世纪 70 年代中期以后，由于凯恩斯主义对滞胀问题的束手无策，新自由主义思想流派的政策主张在主要发达资本主义国家得到不同程度的实施。新自由主义流派代表人物弗里德曼关于控制货币供给量的货币政策主张在实践中的运用，对于抑制通货膨胀，从而使经济摆脱滞胀，确实发挥了一定的积极作用。

---

① 高鸿业：《20 世纪西方微观和宏观经济学的发展》，《中国人民大学学报》2000 年第 1 期。

但是，新自由主义对市场调节规律（或价值规律）总体上的自由放任，必然造成资本主义基本矛盾更加突出、贫富两极分化、金融危机和经济危机频繁发生等严重的消极后果。①

2. 在传统的社会主义计划经济中的作用

各社会主义国家在成立初期，在生产资料公有制的基础上都建立了高度集中的传统计划经济体制。尽管社会生产组织形式在不同历史时期存在一定差异，但各社会主义国家都对整个社会生产进行了统一、集中的组织和管理，从而使国家调节规律（或计划规律）在按比例规律实现中取得了支配地位，而市场调节规律（或价值规律）处于辅助和从属地位。传统计划经济体制由于以生产资料公有制为基础，从根本上消除了经济危机产生的根源，即生产社会化与生产资料资本主义私人占有之间的矛盾，对于按比例规律的实现发挥着重要作用，从而促进了生产力的大发展。但与此同时，这种经济体制暴露出国家调节偏好主观、国家调节动力匮乏等国家调节规律（或计划规律）的弊端。② 为了克服这些弊端，包括中国在内的一些社会主义国家实行"计划经济功成身退、市场经济继往开来"的市场取向经济改革。③

3. 在社会主义市场经济中的作用

在我国社会主义市场经济中，国家规划和调节社会生产的指导思想或核心观点是：国家调节规律（或计划规律）通过与市场调节规律（或价值规律）的有机结合来实现按比例规律。国家调节规律（或计划规律）在实现按比例规律中的作用主要有以下几个方面：

一是通过宏观调控和微观规制共同矫正市场调节规律（或价值规律）的消极作用，即弥补市场失灵。宏观调控主要是根据经济运行状况，通过财政、货币、产业、分配等经济手段和政策，以及法律和必要的行政手

---

① 张作云：《我国改革发展两种不同思路评析》，《管理学刊》2014 年第 1 期。
② 程恩富：《构建以市场调节为基础、以国家调节为主导的新型调节机制》，《财经研究》1990 年第 12 期。
③ 舒展、崔园园：《"诺斯悖论"消解：政府与市场两种决定作用的耦合》，《海派经济学》2015 年第 1 期。

段，对投资、消费、外贸、就业和科技等市场活动进行调节，从而保持宏观经济稳定，实现就业充分、物价基本稳定、产业结构合理、国际收支平衡、分配公平等宏观经济目标。微观规制主要是综合运用经济、法律、行政等手段对微观经济主体的行为进行监管，以及加强和优化公共服务，以维护公平的市场竞争秩序、推动科技创新、促进社会和谐以及保持生态良好，从而实现经济、政治、社会、文化和生态全面协调与可持续发展。

二是对一般资源的长期配置和对地藏资源等特殊资源起决定性作用或直接配置。在一般资源的长期配置中，政府通过统筹短期利益与长远利益来实现规划配置。而由于地藏资源等特殊资源的不可再生性，政府则通过统筹短期利益与长远利益、局部利益与整体利益来实现这些资源的直接配置。航空、江河、铁路、公路和管道及邮电等交通运输方面的物质资源配置，基本上都是由国家决定，然后才进行部分市场化操作，而非直接由市场（企业）决定这些重要物质资源的配置。

三是在教育、医疗、文化等非物质资源配置中发挥决定性或主导性作用。教育、医疗和文化中的许多项目对经济社会发展具有全局性、长期性、公益性和民生性的特点。如果这些服务领域搞唯市场化和市场决定，那么，社会公平正义和价值导向就无法圆满实现。这些领域只能由国家调节规律（或计划规律）发挥主导性作用，结合市场机制，以实现作为非物质资源的高效而又公平的合理配置。

四是通过在财富和收入分配领域的较大调节作用来促进共同富裕。首先，国家调节规律（或计划规律）在初次分配环节调节收入和财富的分配。一方面，政府通过相关法律法规的制定和执行，对收入和财富的分配发挥较大的调节作用；另一方面，国家通过公有制企业来确定积累与消费的适当比例和按劳分配，确保劳动报酬在初次分配中的合理比重，促进劳动报酬增长与劳动生产率提高同步。其次，在再分配环节，国家调节规律（或计划规律）对初次分配造成的贫富过度分化的趋势进行矫正和调节，促使居民收入增长和经济发展同步，从而实现居民收入在国民收入分配中的较高比重。一方面，政府通过不断完善基础设施、基本公共服务、社会保障、资源要素和户籍等方面的制度来构建社会公平保障体系；另一方面，政府通过税收等制度来调节高收入群体的过高收入，通过转移支付手段来提高低收入群体的收入，并通过法律手段来取缔非法收入。①

综上所述，当前我们在认识、适应、引领和探索经济新常态过程中，提出市场调节规律、国家调节规律和按比例发展规律及其相互关系，具有极其重要的学术价值和政策内涵。按比例规律是人类社会生产和国民经济的普遍规律。市场调节规律（或价值规律）是商品经济中按比例规律的重要实现方式，并在简单商品经济转化为资本主义商品经济以来，在按比例规律实现中发挥决定性作用。国家调节规律（或计划规律）是按比例规律在受国家调节的社会化大生产和国民经济中的一种实现方式。在我国社会主义市场经济中，国家调节规律（或计划规律）与市场调节规律（或价值规律）结合成在功能上良性互补、效应上协同的有机整体来实现按比例发展规律，消除各种比例失调的经济旧常态，从而"以尽可能少的资源投入生产尽可能多的产品，获得尽可能大的效益"②。

---

① 程恩富、高建昆：《论市场在资源配置中的决定性作用——兼论中国特色社会主义的双重调节论》，《中国特色社会主义研究》2014 年第 1 期。
② 习近平：《关于〈中共中央关于全面深化改革若干重大问题的决定〉的说明》，《人民日报》2013 年 11 月 16 日。

如何建立国内生产福利总值核算体系[*]

长期以来，GDP 成为衡量我国国民经济的第一指标。在追求经济增长的过程中，我们付出了太多代价。因此，引入"国内生产福利总值"（Gross Domestic Product of Welfare，以下均简称为 GDPW）指标，并检验经济增长中的国民福利水平，具有重要的现实意义。

一、实现以人为本是科学发展的价值取向

传统发展观是一种"物本主义"的经济发展观。它以单纯的经济增长为价值目标，将社会发展归之为经济发展，将经济发展归之为经济增长。在现实经济中表现为坚持唯 GDP 论，把 GDP 作为衡量政绩的标杆。然而，片面地追求 GDP 增长，必然使人们饱尝有增长无发展甚至增长与发展负相关的恶果，造成 GDP 与人们生活水平的严重背离。从价值论角度看，"物"毕竟不是人类发展的全部，更不是人类社会的终极价值目标。而传统发展观的一个致命缺陷就在于它只关注如何发展得更快，而对"为了什么而发展"和"怎样发展才是好的发展"这样一个目的论、价值论问题并不关心。其结果正如美国学者威利斯·哈曼博士所说："我们的发展速度越来越快，但我们却迷失了方向。"这样的发展观总体上表现为工具理性的过度膨胀和价值理性的缺失。而科学发展观的提出，正是对传统发展观

* 原载《经济纵横》2009 年第 3 期。本文第二作者为曹立村。

的价值理性缺失这一不足的积极回应。科学发展观的基本内涵是"坚持以人为本，树立全面、协调、可持续的发展观，促进经济、社会和人的全面发展"。可以看出，科学的经济发展必须坚持以人为本。这一命题包含两方面含义：一是经济发展目的必须紧紧围绕人的全面发展或以人的生命和生活的改善与提升为中心，显然这是从人的主观目的和要求着眼。二是经济的发展从未离开过人。但这并不意味经济体制与政策制定完全出于"父爱主义"。严格意义上说，在一种充满伦理和道德关怀的"父爱主义"体制中，人们没有创造性，没有主人翁精神。当生活中的一切皆被人为安排妥当后，人就只能在那所谓的安乐窝里丧失自我。经济的发展，最终要体现在人民生活水平的提高上。改革和发展的各项措施的目标都是让人民群众得到尽可能多的实惠，让全体人民共享经济发展成果，过上比较富裕、民主、文明的生活。可见，在经济发展中，人始终处于中心地位。以人为本，关注人的生活及自由和全面的发展是科学发展的价值取向。科学发展观用价值理性抗衡了工具理性的过度膨胀，防止了发展中出现的"价值迷失"，体现了工具理性与价值理性的一致。它所追求的"以人为本"、"人的全面发展"体现了价值理性上的终极关怀原则。从纵向上看，它是人类发展价值取向上的"价值跃迁"。

二、GDP 核算体系存在的缺陷

以人为本的科学发展观体现在经济上就是国民经济的发展必须以实现人们的福利增进为目标。科学发展的价值取向的实现有赖于建立科学的国民经济核算指标体系，以引领经济的科学发展，而现行的 GDP 指标体系存在若干缺陷，难以担此重任。从实践核算的角度看，缺陷主要表现在：第一，以 GDP 为代表的国民账户核算体系（SNA）总量指标只测算市场经济活动的直接成果，而忽略许多对福利来说非常重要的其他方面。虽然市场经济活动成果是构成经济福利的主要内容，但远非经济福利或总福利的全部。例如，发生在家庭内部的经济活动及自我服务性活动所创造的最终产

品和劳务的价值由于没有通过市场进行而无法统计在 GDP 中；以逃税漏税
为目的但产品合法的非正规性生产价值在 GDP 中也无法得到反映，尽管它
们实际能增加社会成员的福利。第二，GDP 只能反映增长部分的"数
量"，尚无法反映增长部分的"质量"。GDP 仅仅衡量经济过程中通过交
易的产品与服务的总和，并假定任何货币交易都"增加"社会福利，但对
交易结果是增加还是减少国民福利，并不能加以辨识。例如，它把有损国
民福利的"非法生产"（如性服务、毒品生产与交易等）隐性地内含于社
会财富之中。因此，GDP 中损害国民福利的部分导致 GDP 对发展的不真
实表达。第三，GDP 只反映经济增长的"流量"，不反映经济增长的"存
量"。因此，容易产生牺牲存量，追逐增量的愚蠢行为，进而出现灾害、
事故等损失有利于经济增长的荒诞怪论，这就是"破坏创造需求"这一荒
谬理论的根源。第四，以 GDP 为代表的 SNA 总量指标没有反映那些没有
明确收费的外部成本或收益（如污染和工作环境等）。在现行的市场构架
下，许多资源和环境因素没有被市场涵盖，没有所有权，也没有价格。因
此，人们在使用资源时没有一个硬性约束，容易造成资源浪费或过度开发
等问题。而且，使用资源所造成的环境污染没有明确的、人格化的承担
者。这些都使外部成本和收益在 GDP 中无法得到反映。第五，GDP 使用
的一般估价原则是实际交换价值，它与经济理论中完全竞争条件下的价格
理论是不同的，因为它也反映了市场失灵的所有方面。如，存在垄断情况
下的实际交换价值就是垄断价格，而在垄断市场，社会福利会由于垄断而
"无谓地"发生损失。但 GDP 却由于采用了实际交换价值而无法反映这种
损失，因而会高估实际社会福利。

正是鉴于以 GDP 为核心的国民经济核算体系的福利缺陷，早在 20 世
纪 70 年代初，美国经济学家诺德豪斯（William Nordhaus）（1972）教授
和托宾（James Tobin）教授就从经济福利的角度认识到有关传统总量核算
指标的不足，提出了"经济福利尺度（MEW）"概念，并主张以 MEW 指
标取代传统的国民生产总值（GNP）指标。与此同时，经济学家萨缪尔森
（P. A. Samuelson）在诺德豪斯教授和托宾教授研究的基础上，进一步提出
了替代 GNP 的"净经济福利/国民净福利（NEW）"指标（1973）。诺德

豪斯和托宾以及萨缪尔森开创了对国民福利核算的研究，随后，许多学者也提出了其他一些核算指标。例如，可持续经济福利指数（ISEW）、真实发展指数（GPI）、国民幸福总值（GNH）、国民生活快乐指数（GNC）等。虽然国内也有一些学者对 GDP 的替代性指标进行了研究，但进展不大。经济福利尺度、国民净福利等这些作为传统宏观核算指标的替代，在经济学中都还不成熟，在现实中也难以推行。基于 GDP 等指标在衡量科学发展的经济价值目标上存在严重缺陷，甚至出现严重背离，因此有必要运用新理念、新方法对 GDP 进行科学修正，以适应科学发展的经济价值目标的要求。

三、如何建立 GDPW 核算体系

借鉴前人研究成果，针对我国科学发展的经济现实需求，本文现提出一个新的核算指标——国内生产福利总值（GDPW）。GDPW 核算体系建立问题是一个新的研究课题，要求我们按照科学研究的范式，建立自身的研究框架，形成科学的理论体系。

（一）GDPW 核算的概念结构

与其他任何研究框架相同，GDPW 框架也内含一个较为复杂的概念结构，其中既有反映研究对象本质规定的基本范畴，也有与基本范畴相联系的辅助范畴。具体来说包括以下几大概念：

1. 福利的定义

从国内外对福利的定义来看，福利有主观与客观之分，即主观福利与客观福利两个不同质的概念。主观福利是从主观方面评估客体的效用，是主体偏好对客体效用的一种描述。与主观福利相反，客观福利的术语在国外学界虽有提出，但在内容上一直含混不清。杨缅昆（2008）认为，客观福利可以定义为能使个人获得幸福感或满意感的客观事物，本文赞同这一观点。从经济学角度看，如果客体对主体具有有用性，那么客体就具有使用价值。客观福利是从客体对主体的作用来看待客体价值的。它是客体向主体提供利益的一种描述。从价值论角度看，客观福利论是以马克思主义的客观价值论为基础的，而主观福利论则以西方经济学的主观效用论为基础。可见，主观福利与客观福利具有不同的内在规定性。一个表现为个人的主观评价，另一个是不受主观评价左右的客观事物。显然，严格区分这两种不同性质的福利概念，是科学构建 GDPW 核算研究框架的重要前提。GDPW 核算是从宏观层面上对福利现象进行反映和描述的系统。因此，GDPW 考察的对象应是客观福利，而非主观福利。这一主张建立在以下认识基础上：首先，与 GDP 核算框架一样，以客观福利概念为基础的 GDPW 核算，考察的对象也是由货物和服务组成的客观事物。不同的是，GDP 核算是从生产角度考察这些客观事物，而 GDPW 核算则从能否增进社会成员幸福感的角度来考察。因此，前者反映的是名义 GDPW，后者才是实际的 GDPW。更具体地说，GDPW 指标不仅包括 GDP 内的国民经济生产过程中所创造的正、负效用（正、负福利），也容纳了排除在 GDP 核算之外的国民经济生产过程派生的正、负效用（正、负福利）。其次，以客观福利概念为基础的 GDPW 核算框架并没有失去 GDP 核算框架原有的作为宏观调控工具的基本功能。非但如此，这一框架具有 GDP 核算框架不具有的功能。例如，GDPW 核算不是一个纯粹的经济核算系统，它容纳了自然环境和社会环境的核算，有助于反映生产系统与环境系统、社会系统之间的各种数量关系。显然，这对制定科学发展政策具有重要意义。

2. GDPW 的定义

根据 GDP 定义本文认为，GDPW 是指一国（或地区）在一定时期内所有常住单位生产经营活动所创造的最终福利总值。本文设计的 GDPW 作为一种替代的现代化理念，是经济、自然和社会三个系统所产生的正效用与负效用的集合，本质上反映的是客观福利的问题。它是衡量人们生产活动所创造的福利的指数，可以有效补充和修正 GDP 存在的不足和缺陷。本文之所以使用 GDPW 概念，而非国民经济福利、经济净福利、净经济福利、可持续经济福利等名词，是基于以下几方面原因：

首先，从研究目的看，国内生产总值是国民经济核算的核心指标，而 GDPW 是针对国内生产总值在福利上的缺失，基于福利视角对 GDP 进行修正的指标。它并不是 GDP 的替代，本质上它仍是 GDP。GDPW 概念既体现其与国内生产总值概念的内在统一性，又体现国民经济发展的价值目标，即国民经济增长是以国民福利水平的增进为目标。因而 GDPW 概念较好地体现了本文的研究目的。

其次，从研究对象看，政治经济学的观点认为经济是指社会物质资料生产和再生产的过程，包括物质资料的直接生产过程以及由它决定的交换、分配和消费过程，其内容包括生产力和生产关系两个方面；而广义生产也包括生产力和生产关系两个方面，因而两者具有同一性。但国内生产总值中的生产是狭义的概念，即仅指物质资料的直接生产过程，不包括分配、交换、消费，它与政治经济学的经济概念不具有同一性。国民经济福利、经济净福利等指标名义上是对 GDP 的修正，但事实上已失去了 GDP 的内在功能。尽管 GDP 存在先天的缺陷和不足，但作为当今世界通行的宏观经济指标，它也具有综合性强和简便易行的优点。GDPW 本质上是 GDP，因而 GDPW 比国民经济福利、经济净福利等指标更具适用性。此外，虽然理论上使用净值概念更具科学性，使用总值概念似乎是一种倒退，但在统计核算的现实条件下，固定资产折旧价值的确定仍具有较大的主观性，因而 GDPW 比国内生产福利净值更具合理性。

最后，从研究思路看，GDPW 核算包括正负内部性生产福利价值核算与负外部性福利价值核算等内容。其中，负外部性福利价值核算包括自然资源环境成本与社会成本核算等内容。虽然自然资源环境成本与社会成本并不属于国民经济范畴，但本文的成本定义是根据马克思的再生产理论，使用的是损失恢复的概念，即补偿损失所必须耗费的生产成果，也即为福利损失。这样就在 GDP 与自然资源环境成本、社会成本之间建立了内在的联系，将外部效应内部化，使 GDPW 既不失 GDP 的内在功能，又不失福利尺度功能，实现了两者的有机统一。而其他指标仅是对影响福利因素在 GDP 中进行简单的加减，没有体现这些影响因素与生产之间的内在联系。并且，对正负内部性生产福利价值核算，扩展了 GDP 核算的范围，使 GDP 能更加全面、真实地反映国民经济发展的现实状况。总之，GD2PW 比国民经济福利、经济净福利等指标更具科学性和操作性。

3. 正、负内部性生产福利价值的定义

这两大概念是 GDP 核算框架转化为 GDPW 核算框架的重要中介变量。国家掌握的市场交易信息并不能涵盖所有通过市场交易的人类生产活动。一些由于具有明显的社会危害或影响国家正常经济秩序的活动，因政府禁止而转入地下，如制贩毒品、黄色制品、非法军火生意、走私、卖淫、拐卖人口等。这类生产对社会福利产生负效应，故本文称之为负内部性生产，这部分生产在政府的官方统计中没有它们的影子。另外，一些出于逃漏税目的而转入地下的社会经济活动在国民统计账户中也没有反映，但从这类生产的最终产品福利价值而言，它们对国民福利具有正效应，本文则称之为正内部性生产。

4. 负外部性福利价值的定义

负外部性福利价值是根据外部性经济理论而界定的概念，衡量的是经济、社会对国民福利产生的外部性影响价值。负外部性福利价值包括两部分：自然资源环境成本与社会成本。自然资源环境成本是国民经济外部性对资源环境的影响。因为资源环境也是国民财富，是国民福利在资源环境上的体现。自然资源环境成本主要包括资源耗减和环境退化。社会成本是指社会活动以及社会因素给人们造成的损失，如社会管理、社会安全等。其中社会安全包括自然灾害、人为事故、违法犯罪等。严格地说，因社会活动主体多元，社会活动内容广泛，故社会成本也是多方面的，不止包括社会管理成本与社会安全成本，还可以包括社会和谐成本、社会改革成本、社会稳定成本等。它反映的是社会对经济及人们福利的外部性影响。从本质上说，无论是自然环境成本还是社会成本都是对人们福利价值的外部性影响，因而可将两者统称为负外部性福利价值。

（二）GDPW 核算的理论基础

任何研究框架，都不是由单一理论而是由相互联系的一簇理论支持的，GDPW 研究框架同样如此。GDPW 研究框架从本质上说是人——经济——环境核算一体化的研究框架。具体地说，它是在以经济系统为研究对象的传统 SNA 框架基础上，容纳人、资源、环境三大因素，并将四者有机结合起来的以人为中心的一种研究框架。相对传统的 SNA 框架，GDPW

研究框架无论在内容上还是范围上都发生了巨大变化。因此，从构造 GD-PW 框架角度看，除凯恩斯经济理论外，还需以下经济理论作为其研究基础：

第一，科学发展观理论。GDPW 是适应科学发展观要求而提出的核算指标。科学发展观的第一要义是发展，核心是以人为本，基本要求是全面协调可持续发展，根本方法是统筹兼顾。它要求将人口、经济、环境有机统一起来，并突出以人为中心。从 2003 年党的十六届三中全会提出以来，科学发展观理论已日趋成熟。因此，这一重大战略思想必然成为建立 GD-PW 研究框架首要的理论基础。

第二，庇古福利经济理论。著名经济学家庇古的福利经济理论，尤其是其中的外部性理论之所以能成为构造 GDPW 框架的理论基础，主要是因为：首先，GDPW 指标从本质上讲是反映福利总量而不是生产总量的综合性指标，其研究对象与福利经济学的研究对象基本一致。其次，经济外部性理论以市场经济为立足点，研究游离于市场经济外的因素对市场的影响；而 GDPW 研究框架则以反映市场活动的传统 SNA 框架为基点，通过考察环境资源等外部性因素的影响，使作为单纯经济指标的 GDP 转化为实际福利指标的 GDPW。可见，在研究内容上，GDPW 框架与经济外部性理论是相通的。最后，根据经济外部性理论，一种活动是外部性活动抑或内部性活动的衡量标准是宏观成本与微观成本是否存在差异，这为构建 GD-PW 核算研究框架提供了理论依据和核算原则。

第三，环境经济理论。环境学的基本范畴是环境、自然资源，主要研究内容是人类生存的自然环境、自然资源的结构、变化，保护环境、减少污染的方法，新能源、可替代能源的开发技术等。在人类高度重视环境保护的今天，环境学还研究人类社会活动，如国家环境行为、国家环境政策等。现在，不少环境主义者认为人类的环境意识应由环境损失的事后补偿转变为环境状况的预先防护，故主张环境学要研究自然环境与人类社会发展的冲突，特别是由环境问题而引发的现代可持续发展思想及相关理论，如罗宾逊（Robinson）和廷克（Tinker）（1998）的可持续发展"三支柱论"，戈利（Golley）（1990）的可持续发展"生态论"，戴利（Daly）和柯布（Cobb）（1989）、皮尔斯（Pearce）和特纳（Turner）（1990）的可持续发展"资本论"等。环境经济理论对 GDPW 核算体系的形成和核算范围的划定都具有重要的指导意义。

（三）GDPW 核算的基本框架

1. 设计思路

GDPW 是适应科学发展观要求的新的核算指标，其研究框架的"硬核"体现为一种"以人为本"的科学发展观思想，即应以人为中心构造研究框架。因为经济发展的本质或最终目的在于人们福利的增进，在于是否能促进每个人自由而全面的发展。GDPW 是与 GDP 框架紧密联系的，是对现行 GDP 框架的改进，而不是完全脱离现行 GDP 的研究框架。因此，可在现行 GDP 研究框架的基础上，引入对福利增进的影响分析，通过对现行 GDP 的调整，使其外在数值与内含福利一致化，从而建立适应科学发展的经济价值目标的国民经济核算体系。此外，根据概念，GDPW 还必须核算外部性经济因素对福利的影响，如环境污染等，因此其研究范围不仅涉及经济系统，还将包括环境资源系统、社会系统等方面，以弥补现行 GDP 框架的不足，从而使 GDPW 框架成为一个既有新功能又能保持传统 GDP 功能的研究框架。

2. 核算公式

根据以上设计思路，可建立如下 GDPW 核算公式：

（1）不考虑外部性情况下 GDPW 的核算公式：从生产法分析，GDPW ＝现行 GDP ＋正内部性生产福利价值；从支出法分析，GDPW ＝现行 GDP －负内部性生产福利价值；从综合角度分析，GD2PW ＝现行 GDP ＋正内部性生产福利价值 －负内部性生产福利价值，其中：正内部性生产福利价值 ＝非正规性生产价值 ＋非市场性生产价值，负内部性生产福利价值 ＝非法生产价值。GDPW 具体调整核算时，可使用生产法或支出法核算公式。为了便于分析，这三种核算公式只做了粗略描述，而非具体的核算公式。要说明的是，虽然正负内部性生产都应纳入 GDPW 核算范围，但只有正内部性生产是创造福利的，故在生产法中加入；负内部性生产（非法生产）创造的是负福利产品，并且从支出法角度看，正内部性生产价值实际上都已包括在 GDP 之中，因此在按照支出法核算时，不能再将非正规性生产福利价值再加入 GDP，以避免重复计算，只是将非法生产价值从 GDP 中扣除。同时，这些处理方法与 SNA（1993）是不同的，SNA（1993）是将非正规性生产价值和非法生产价值均作为 GDP 的增项处理。

（2）考虑外部性情况下 GDPW 的核算公式：GDPW = 现行 GDP + 正内部性生产福利价值 – 负内部性生产福利价值 – 负外部性福利价值；负外部性福利价值 = 自然资源环境成本 + 社会成本；社会成本 = 社会管理成本 + 社会安全成本；社会管理成本 = 政府社会成本；政府社会成本 = 政府决策失误成本 + 政府腐败成本 + 政府行政失效成本；社会安全成本 = 自然灾害损失成本 + 人为事故损失成本 + 违法犯罪成本。

（3）几点说明。在解读以上公式时，需要注意以下几方面：

①从现行 GDP 转化为 GDPW 必须经过三个步骤：一是基于福利的生产因素调整；二是基于福利的环境因素调整；三是基于福利的社会因素调整。

②生产因素调整的意义在于，传统的 GDP 计入了大量负福利性价值，在转化为 GD2PW 过程中，有必要将这些价值予以扣除。同时存在未计入 GDP 的正福利性价值，也有必要将这些价值予以计入。

③关于正内部性生产核算。非正规性生产和非市场性生产是正内部性生产的两大核算内容。非正规性生产虽然违反有关法规，但对人们的福利水平、国民经济发展具有一定积极作用，应纳入 GDP 核算范围。之所以使用内部性概念，是因为这些生产本身属于国民经济的生产范围，是遗漏的部分。非市场性生产包括多方面，如文教体卫、政府服务、住房无付酬服务（或称家务劳动）等，但文教体卫和政府服务等产出已计入 GDP，而发生在家庭内部的经济活动以及自我服务性活动创造的最终产品和劳务的价值没有纳入 GDP 核算范围，而它为社会创造价值是不争的客观事实，理应将其纳入。

④关于负内部性生产即非法生产的核算。非法生产又称犯罪经济，它具有很强的隐蔽性，核算困难大，GDP 没有将其纳入核算范围。但本文认为非法生产是国民经济中客观存在的经济现象，GDP 应全面真实地反映国

民经济发展的现实，不能因其核算难度大就将其排除在外，况且目前国内外对非法生产的核算已有大量有价值的研究成果，应借鉴发达国家非法生产核算的经验，在理论上不断创新，在实践中不断探索，并最终将其纳入国民经济统计核算体系。

⑤关于自然资源环境成本。自然资源环境成本包括资源耗减和环境退化，是因经济外部性而产生的，应将其从 GDP 中扣减，这是可持续发展观的客观要求。在 GDPW 研究过程中出现的形形色色的概念范畴中，资源耗减和环境退化两大范畴很重要。因为这两大范畴不仅在理论上揭示了经济系统与环境、资源系统之间的内在联系，而且从方法上也可直接转化为指标范畴，成为现行 GDP 转化为 GDPW 的重要中介变量。虽然从表面上看资源耗减和环境退化代表两种不同的现象，但就本质而言，两者是一致的，都是经济活动对环境系统的一种消耗，区别在于资源耗减表现为有形消耗，而环境退化更多地表现为无形消耗。正是基于这一认识，可将两者视为经济活动的资源环境成本，甚至看作是经济活动的生产成本（中间消耗）。以这一理论认识为前提的结论是，从现行 GDP 转化为 GDPW 的过程中，将资源耗减和环境退化从 GDP 中扣除是 GDPW 核算的重要内容，反映了经济可持续发展的要求。

⑥关于社会成本。基于核算的复杂性，以简化核算出发，本文仅核算两种社会成本。之所以将这些成本从 GDP 中扣除主要基于以下原因：首先，从"成本效益观"的角度看，自然灾害损失、事故损失及社会管理成本实际上是国民经济发展过程中产生的"成本"，将这些损失作为"成本"从 GDP 中扣除，有助于树立经济科学发展的成本效益观。其次，以上使用的"成本"概念，并非会计核算意义上的成本概念，而是从损失恢复的角度来定义的（包括自然资源环境成本），即经济外部性和社会外部性造成福利损失后，要弥补并恢复原有福利水平，必然要耗费的资源或财富。最后，从能否创造福利增加值的角度看，GDP 核算国内生产创造的增加值，GDPW 则核算国内生产创造的福利增加值，补偿各类损失的生产目的是弥补福利损失，维持人们正常的福利水平。补偿各类损失的生产仅是国民经济福利创造的"中间投入"，不是最终福利产品，故作为 GDPW 核

算中的减项。

⑦根据公式可知，以福利数量为计算依据的 GDP 仅仅表现为名义 GD-PW，即由于内部性和外部性损害因素的影响，现行 GDP 的外在数值并不是其内含福利质量的真实体现。而两者之间的差异，恰恰是内部性和外部性损害因素共同作用的结果。可见，将内部性和外部性损害进行货币化估算，并以此对 GDP 进行调整，目的在于使调整后的 GDP 的外在数值与其内含的福利质量相吻合。这正是本文将正、负内部性生产价值与负外部性福利价值作为 GDPW 核算加减因素的理论诠释。

⑧经上述因素调整后形成的 GDPW 是以福利核算为主线的经济、环境、社会一体化的核算指标。由于 GDPW 核算是一个包括经济学、核算学、环境学、行政管理学等跨学科的研究框架，其理论内容和研究方法十分复杂。因此，这一框架从方法论角度看并不是完美无缺的，仍有许多理论和方法问题等待研究解决。

（四）GDPW 核算的基本原则

1. 客观福利原则

这是思考 GDPW 核算问题时必须首要关注的原则。这一原则表明，只有那些有利于人们福利增进的、能用货币价值表现的客观价值成果，才能被列入 GDPW 的核算范围。从福利角度分析，GDPW 核算必须有承载体，而这个承载体就是国民产品。一般而言，所谓国民产品通常是指社会最终产品。法国著名经济学家瓦尔拉斯（L. Walras）提出以有用性原则作为判断产品是否属于国民经济福利核算范围的最终产品的标准，即如果一种活动成果具有满足某种需要的能力或效用，该活动成果就具有有用性，应视为社会最终产品。在开展 GDP 生产、分配和使用的核算时，人们普遍接受这个标准。然而，在 GDP 核算基础上开展国民经济福利核算研究时，西方学者又提出了强有用性和弱有用性两种不同的判断标准。强有用性标准是指只要某种产品能满足人们的需要，不论是道德的还是非道德的，不论是合法的还是非法的，都具有有用性。现行 SNA 就是按照强有用性标准对社会最终产品进行确定的。在 SNA 体系内，只要能满足社会成员需要的产品和劳务，无论是满足整体需要还是满足个人需要，都应纳入社会最终产品的核算范围。即使是不合法的地下经济生产，违背道德标准的毒品生产，也纳入国民生产核算范畴。正如 SNA（1993）所指出："符合交易特征，特别是交易双方有共同协议时的非法活动与合法活动按同样方式处理。某些货物和服务，如麻醉品，其生产或消费可能是非法的，但这样的货物和服务的市场交易在账户中必须记录。"然而，一部分研究国民经济福利核算的学者，如诺德豪斯和托宾、美国的肯德瑞克（Kendirick）和佐洛塔斯（Zolotas）、英国的贝克曼（Beckeman）以及澳大利亚的斯诺克斯（Snooks）等人，并不同意在国民经济福利核算中使用强有用性标准。因为国民经济福利与国民生产是两个不同的经济概念，一种经济活动成果是否能成为社会最终产品，从而成为国民经济福利核算的客观对象，并不是唯一决定于活动成果是否满足需要即有用性的性质，而是在很大程度上与活动成果是否能增进个人福利的性质息息相关。相对于瓦尔拉斯的强有用性标准，上述判断经济活动成果的思想被后来学者们概括为弱有用性标准。那么，GDPW 核算应当遵循什么样的标准呢？GDPW 的内涵本质上与 GDP 是一致的，差别在于它是从福利的角度对 GDP 进行修正，生产与福利是两个联系紧密的概念，生产是前提，福利是结果，因此 GDP 核算和 GDPW 核算并非两个独立的系统，两者是有机统一的。GDPW 核算是在 GDP 核算的基础上，根据福利标准对 GDP 核算的修正，因此将 GDP 转化为 GDPW，不仅要考虑 GDP 核算之外的外部性因素调整问题，而且要考虑 GDP 核算的内部性因素调整问题。基于此，本文的 GDPW 核算范围基本上坚持 SNA 的强有用性标准，即只要能满足社会成员需要的产品和劳务，无论是满足整体需要还是满足个人需要，都应纳入社会最终产品的核算范围。但不合法的、违背道德标准的生产以及对人们的福利没有贡献的生产，应从 GDP 中扣除作为 GDPW 中的负内部性生产福利价值部分。因为这些最终产品或服务是有损或无益于人们福利的，即 GDPW 核算范围界定标准是在合法、道德基础上的强有用性标准，本文将这一标准称为准强有用性标准，它介于强与弱两种有用性标准之间。

2. 主体性原则

GDPW 核算的主体，即一国经济领土上具有经济利益中心的常驻单位。如果一个企业或一个人在该国的经济领土范围内有一个场所（住所、厂房或其他建筑物），并将之用以长期的经营活动，那么它就是一个经济利益主体。在"个人主义"的市场体系中，这类主体即为经济学中所谓的"经济人"，他按照"最小最大化原则"组织自己的各种经济行为。其中最小化和最大化的对象——成本和收益，都是以该"利益主体"为边界计算得来的。在存在外部性的情况下，成本和收益并不能精确描述各主体经济行为的福利影响。在市场体系中，这些成本和收益都是用产品或服务的市场价格来表示的。因此，具体来说，各行为主体的生产结果——产品或服务的市场价格无法准确描述它们带来的福利影响。这便解释了为什么用市场价值（价格）来表示人类生产活动价值会为 GDP 核算带来偏差。

现在的问题是外部性有正有负，一人所得即为另一人所失，那么为什么将所有主体的成本支出（支出法）或收益（收入法）简单加总起来，所得的核算结果还会出现偏差呢？原因就在于主体的选择上。有两个主体在现行 GDP 核算理念中显然被忽略了：其一是自然环境；其二是当代人类的后代。自然环境一方面作为人类生存空间的一部分，构成人类福利的重要要素；另一方面又在人类的生产活动中扮演着重要角色。与矿产、土地等自然资源相异，自然环境在更多的情况下表现为公共品的特征，即消费上的非排他性和非竞争性，因而"公地悲剧"在它身上就表现得特别明显。没有哪个市场中的利益主体会为南极上空的臭氧黑洞带来的福利损失而采取行动，因为该类行动的成本巨大，而其行为后果却是纯粹的公共品，无法获得足够的收益补偿。对当代人类的后代，虽然经济学家在理论研究中可以将他们的福利折现，从而将其行为纳入当期的研究中，但在现实中却无法做到。由于未来人在现实的市场中没有发言权，因而当现代人的行为对他们有负的外部性时，他们也无法反对。所以，市场价格体系也不能准确地将这类由后代为当代人承担的成本反映出来。

3. 准市场性原则

这个原则要求构成 GDPW 的经济量具有商品或准商品的性质。有些观点认为，国民经济总量应有纯市场性，即经济总量必须能够实现市场交换。这种看法是不全面的，它往往会排斥一些市场化程度较低但仍有重大经济意义的经济量。之所以采取准市场标准，是因为以纯市场标准来衡量GDPW 会受到市场化程度的影响，使经济发展程度不同的经济体的福利总量统计范围不一致。另外，准市场化标准可描述的是较全面的生产福利流量，若不包括这些流量，就无法全面解释经济主体接下来的一系列消费行为。执行准市场化标准，就是一方面反映市场化的经济福利总量，另一方面对不具市场性的经济活动进行一定的市场假设——虚拟一个市场，在这个"准市场"中生产福利流量得以流动，其流量应和相应的市场产品相对照。虚拟的方法一般有两种：一是用在市场上交易的该类产品的价格，来虚拟没有在市场上交易的该类产品的价值；二是用该类生产活动的费用、成本来虚拟其产品的价值。按照准市场标准，在 GDPW 统计中生产范围的活动可概括如下：①所有提供或准备提供给其他单位的货物和服务的生产，包括生产这些货物和服务过程所消耗的货物和服务的生产；②生产者用于自身最终消费和资本形成的一切货物的自给性生产；③自有住房服务和不付酬家庭雇员提供的家庭或个人服务的自给性生产。

　　此外，GDPW 核算还遵循时间性原则、所有权原则等 GDP 核算基本原则。通过以上准则可知，GDPW 的统计范围以客观福利概念为基础，核算内容十分丰富。

参考文献

　　[1] 杨缅昆. 绿色国内生产总值研究框架的方法论研究 [J]. 经济评论，2005，(6).

　　[2] 杨缅昆. 国民福利：诺德豪斯——托宾核算模式评析 [J]. 统计研究，2007，(5).

　　[3] 杨缅昆. 论国民福利核算框架下的福利概念 [J]. 统计研究，2008，(4).

　　[4] 宋小川. 中国的 GDP 及其若干统计问题 [J]. 经济研究，2007，(8).

　　[5] 蒋锦洪. 经济发展的价值追求与人本向度 [J]. 华东师范大学学报，2007，(2).

　　[6] 傅如良. 科学发展观的价值跃迁 [N]. 光明日报，2007 – 10 – 01.

　　[7] 耿建新，张宏亮. 我国绿色国民经济核算体系的框架及其评价 [J]. 城市发展研究，2006，(4).

专题四

经济开放

经济全球化与中国的对策思路[*]

——兼论"三控型民族经济"与对半式双赢

当前,世界经济一体化的进程正加速发展,全球的贸易、金融、投资等经济要素日益融合。中外学术界关于经济全球化的客观趋势和进步性的文献颇多,本文在不否认这类分析的前提下,着重阐述经济全球化中被忽视或淡化的若干重要理论与现实问题,并提出中国应采取的某些主要对策思路。

一、经济全球化的若干理论与现实

(一)全球化是发达国家发动和主导的,是西方单线论的体现

新制度经济学表明,制度的变迁往往是那些从中得到潜在利益者推动的。将制度变迁推展到国际关系中自然可见,当前的全球化制度是由在国际事务上占支配地位的某些西方大国组织实施的。最有竞争力的西方强国在国际事务上的垄断和霸权,力图将自身的生产方式逐渐扩展到所有的国家。作为唯一的超级大国,"美国深刻而突出地影响了新的全球秩序的形成。从某些方面看,它企图把美国的宪法条款推及全球"(吉登斯,1998)[①]。

---

[*] 原载《财经研究》2000 年第 10 期。本文第二作者为朱富强。

[①] 美国的历史学家阿里夫·德里克也承认,对全球化最热情的宣传是来自旧的权力中心,尤其是美国,全球化也具有意识形态性(阿里夫·德里克,1998)。

新制度经济学理论又表明，组织变迁的过程一般是从非正式的组织开始，但它必然会过渡到正式的组织安排；而一旦正式的组织安排形成，必然会产生强制的作用以利规章的实施，因而极易违反一致性原则；在各国力量悬殊的情况下，也会偏离多数意愿。因此，全球化被看作是世界市场上力量的解放，从经济上使国家失去权力，这种全球化对于大多数国家来说是一个被迫的过程，这是它们无法摆脱的一个过程。对于美国来说，这却是它的经济精英和政治精英有意识推动并维持的过程（马丁、舒曼，1998）。这种主要由发达国家引导和控制的全球化进程，其目的是在全球范围内实施资源和市场的不公平分配和竞争，并用西方强国资本主义的经济、政治和文化制度与模式来统一全世界，实现不发达国家均步发达国家后尘之世界历史发展单线论的主张。

（二）全球化制度充满了不平等，其利益分配也是不公平的

由于在全球化进程中的地位和影响力不同，因而不可能有全球范围内真正的平等竞争。事实上，全球化是一种权利的优劣序列，甚至这种序列特征比以往任何时候都更加突出——即排序靠前的发达国家是以其在资源配置和游戏规则制定方面的优势来推行全球化，并使其向有利于自己的方向发展。结果正如马丁和舒曼所说的，由于全球化所释放的力量，它不久就会有全新的解释：世界上 1/5 的最富有国家决定着全世界 84.7% 的社会总生产，他们的公民所从事的贸易额占世界贸易总额的 8412%，占世界各国国内储蓄额的 85.5%（马丁、舒曼，1998）。

那么，所有参与经济全球化的国家是否都能从中得到好处呢？是否像西方的帕累托福利理论所说的做大蛋糕呢？答案也是不确定的。由于全球化的推动，西方 7 国的平均增长率从 1971—1982 年的 0.4% 上升到 1983—1994 年的 4.6%；而同时经合组织成员国的整个生产增长率从 1960—1973 年的 3.3% 下降到 1973—1995 年的 0.8%（赫尔曼，1999）。马丁和舒曼通过墨西哥和土耳其的例子指出，指望通过完全的市场实现富强奇迹是天真的幻想。一个欠发达国家如果目标明确地促进工业发展并通过关税壁垒来保护自己，无论什么时候它试图与来自西方发达工业国的占压倒优势的竞争者较量，失败都是可以预见的：自由贸易仅仅意味着实现

强者的权利——不仅是在中美洲（马丁、舒曼，1998）。满怀希望而资本薄弱的发展中国家无防护地融入高度发达的工业国家的自由贸易区，其遭受的损失大于得到的利益（马丁、舒曼，1998）。联合国秘书长安南甚至感慨道，全球化这个词不是被看成是客观实际的描述，而是一种掠夺性的资本主义意识形态。

（三）经济全球化使世界贫富差距加速拉大，形成世界新的"中心—边缘"格局

世界各国的贫富差距拉大主要表现在以下几个方面：①人均收入差距剧增。据统计，1960 年全世界 20% 的最富有国家人均国民生产总值是占人口同样比例的最贫穷国家的 30 倍，30 年之后即 1990 年，这一差距已经扩大到 60 倍，而 1996 年则进一步扩大为 78 倍。②大量发展中国家的人均收入在下降。过去 15 年，100 多个发展中国家人均收入减少了，60 多个国家的人均消费以每年约 1% 的速度递减；1998 年世界贫困人口又增加了 4 亿，共达 17 亿。③不发达国家占世界贸易的份额也在下降。据《1998/1999 年世界银行发展报告》的资料，中低收入国家在世界 GDP 的比重从 1980 年的 28.6% 降到 1997 年的 21%；它们占世界贸易总额的比重从 27% 降到了 25%。④发展中国家的债务不断增加，屡屡爆发世界性的债务危机。如 1996 年发展中国家必须偿付的债务上升到 1.94 兆美元，是 10 年前的 2 倍。⑤发展中国家的粮食危机、生存危机日益严重。生活在 32 个国家中的 7 亿多人，要把 80% 的收入花费在食品上，当粮食歉收时就难以生存。⑥发展中国家的贸易条件恶化。这不仅表现在以 20 世纪 50 年代初期著名的经济学家普雷维什和辛格等提出"普雷维什—辛格命题"上，更表现在集中体现贸易条件真正内含的双要素贸易条件上。根据斯普罗斯的研究，发展中国家出口的所有的农产品的双要素贸易条件每年以 2.0%—3.5% 左右的速度下降，而它们几乎占了发展中国家非石油初级产品出口的 3/4。因此，他认为，在传统的国际贸易格局下，发展中国家在国际贸易中的不平等地位几乎是不可避免的。

（四）经济全球化使各国内部阶层又重新分化，收入差距也在加速拉大

首先，就发达国家来说，1980—1996 年美国最富裕的 5% 的家庭在家

庭总收入中所占的比例从 15.3% 上升到 20.3%；而最贫困的 60% 的家庭在家庭总收入中所占的比例则从 34.2% 下降到 30%（约翰·卡西迪，1998）。因此，尽管 1973—1995 年美国的生产率增长了 35%，但社会中层人们的实际平均工资率在最近几年还是很低，收入的不平衡上升到 70 年前的水平（赫尔曼，1999）。

其次，经济全球化导致发展中国家国内的贫富差距也在拉大。墨西哥、印度和中国等实证资料完全可以表明这一点。

（五）经济全球化同经济区域化和经济集团化并存

综观世界历史的发展，我们可以发现，经济不平衡发展是全球发展的一般规律。经济全球化不是某一时段上的状态，而是一种不断变化的过程，并与经济区域化和集团化共同发展与演进。根据世界贸易组织的统计，迄今为止，世界上已出现了 144 个区域性经济集团；国际货币基金组织的调查数为 68 个；而日本贸易振兴会推算数为 101 个。英国《经济学家》杂志公布的数字则显示，从 1948—1994 年全世界先后出现过 109 个区域经济合作组织，其中 2/3 是 20 世纪 90 年代的产物。目前，至少已经有 146 个国家和地区参加了以上各种形式的区域性经济集团。在集团化方面，迄今出现的经济集团有：7 国集团、77 国集团、24 国集团等。

（六）经济全球化并不意味着国家利益的淡出

相反民族经济（国家经济）更加凸显随着经济全球化进程的加快，民族经济非但没有萎缩，反而更加凸显，民族利益也越发突出。全球化制度是西方发达国家主导的这一事实本身就内含了这种制度的利益偏颇性。越来越多的贸易战，日益严重的民族冲突等，便充分说明了这一点。为此，汉斯·摩根索有经典之语，只要世界还是由国家组成的，国家利益仍然是各国交往的最后语言。像许多其他事物一样，全球化也是一个二律背反：它既包含一体化的趋势，同时又包含分裂化的倾向；既有单一化，又有多样化；既是集中化，又是分散化；既是国际化，又是本土化。目前，世界的一个重要特点就是，全球化与本土化之争，而全球化与本土化两个动力之间的紧张关系构成当今世界事务的核心。因此，随着全球化的发展，世界变小，但世界各国彼此并没有更接近（基辛格语，参见张西山，

1998）。拿美国著名的政治理论家亨廷顿的话说就是，全球化导致的不是统一而是分裂和混乱，民族国家依然很重要，而且在不久的将来仍然会显得重要（阿里夫·德里克，1998）。

世界经济的民族化倾向有三个层面：一是区域性经济集团在发展；二是发达国家贸易保护主义抬头，特别是美国；三是各区域集团以及各国之间的经济竞争和经济矛盾越来越明显。

（七）知识资源在全球化进程中的重要性日趋加强，教育成为各国较量的重点

生产的主要资源是人力资本和知识。从事知识工作和服务工作的人的生产力而不是制造和运送产品的人的生产力，才是发达国家的生产力。今天，只有知识和技能才是各种竞争中获得优势的唯一胜利源泉。彼得·德鲁克甚至认为只要各国重视知识的创造，那么在今后的 10 年或 20 年内很可能会出现新的、惊人的'经济奇迹'，贫穷落后的第三世界国家几乎一夜之间会使自己变成飞速增长的经济强国（彼得·德里克，1998）。

那么，获得知识这种资源的来源在哪儿呢？首先在于教育，科技及其制度的优劣是教育的函数。德国的卡尔·梅因茨·巴奎（1998）认为，从长期观点来看，只有一个国家的教育制度在某种程度上与经济结构相配合的时候，才能使劳动力的供给获得保障。日本和韩国高度重视教育是众所周知的，两国教师在国内的相对收入位于世界同行的前列，从而在小学至大学均确保了一流人才在培养和教育下一代。瑟罗曾指出，任何一个国家只要有像日本那样良好的教育，像日本人那样勤奋努力，有像日本那样大量的投资，就仍然拥有重要的基础性意义的长期资源，以确保新的成功。

二、我国在经济全球化中应采取的对策思路

1. 如何面对"十字军东征"？首先是加快建立"三控型"民族企业集团

所谓"三控"，就是控股（资本）、控牌（品牌）和控技（技术），只

有实行"三控"的企业才是较完全的民族经济①。在全球化飞速发展的今天，国家经济安全愈发显得重要，而对于发展中国家来说，国家经济安全的核心在于民族产业的安全（程恩富，1998）。所谓民族产业安全或国民产业安全，是指在国际交往和竞争中由该国国民所有和控制的产业，其地位和权益可能受到外国产业影响和危害的状态。而民族产业的具体差别标准可以从资本、品牌和技术等多层面加以设定。

从跨国公司产生的后果看，迫切要求我们建立"三控"企业。一方面，外资控股的企业往往将工业化的不良后果转移到设有子公司的国家。据联合国有关机构统计，世界上绝大部分有毒垃圾是发达国家造成的，美、英、德、荷、澳等20多个发达国家生产了占世界95%的有毒垃圾。而且，这些国家每年以5000万吨的规模向发展中国家转移危险废物。中国作为一个外资流入大国，也不能幸免于难。另一方面，低技术、无品牌的竞争已越来越威胁到民族企业的生存。此外，从目前我国利用外资的效果来看，通常出现的是"反被外资利用"的现象。

2. 什么是参与全球化过程中的双赢？关键是争取对半式双赢

积极主张加入全球化进程的一个主要理由是，参与全球化是一个双赢的行为。但什么是双赢呢？显然，多数人的所谓的双赢就是大家都有好处，至少不会变得更坏。但是否是同等程度地受利，就不再考虑了。事实上，即使是几乎所有参与全球化过程的国家在不同程度上都从中受益，也并不意味着利益均沾，因为作为资本和先进技术的主要拥有者，发达国家总是处于全球化的中心地位，这种相对优势使它们在规则的制定方面具有主导权。

我们在参与发达国家主导的全球化进程的同时，不能仅仅强调与国际"接轨"，不能只是跟着发达国家制定的模式和规则走，而是要参与制定全球化运作的规则，积极谋求本国的利益。我们旗帜鲜明的主张应是对半式双赢，即要努力争取获取同等比例的利益。只有这样，才能防止自己滑落到很可能来临的新一轮的中心—边缘世界格局的边缘。在全

---

① 当然这里用的是"较完全"的用语，而不是用"完全"的词语，完全的民族经济应是所有的资本、品牌和技术都是国有的。

球化的制度形成中，我们要关注制度的定位，要关注本国获得的利益份额。

3. 怎样为本国企业争取好的国际竞争环境？尽快对外资企业实行国民待遇

在面临全球化冲击之时，各国政府的一个重要的作用，在于为本国的企业争取一个有利的环境，对缺乏竞争力的发展中国家的企业尤其如此。当前，我国政府首先能做并且应该做的是，对外资实行国民待遇。国民待遇是指对外资企业的待遇与本国企业相同。一般来说，各个主权国家为了民族的利益，都对民族产业实行一定程度的保护，对所谓的幼稚产业尤其如此。但长期以来，一些发展中国家为了能更多的吸收外来资本，反而对外资实行一种较国内资本更有利、更优惠的政策，即"超国民待遇"。迄今为止，中国还在对外资实行这种"超国民待遇"。对外资的"超国民待遇"的存在，导致地区差距扩大、引起不平等竞争，反而恶化了市场环境，甚至出现了大量的假合资和被迫合资的现象。简言之，只有尽快取消这种对本国企业不利的超国民待遇，才能更好地为本国争取更好的国际竞争环境。

4. 什么是应对全球化的根本之策？加大教育和科技投入，创造知识资源

面对即将"入世"的自由贸易大趋势，我国政府在扶持本国产业的方向和策略上就应有所转变，应主要注重于提高本国的教育和科技。

参考文献

［1］程恩富. 外商直接投资与民族产业安全［J］. 财经研究，1998，(2).

［2］程恩富主编. 当代中国经济理论探索［M］. 上海：上海财经大学出版社，2000.

［3］阿里夫·德里克. 全球性的形成与激进政见［A］. 王宁，薛晓源主编. 全球化与后殖民批评［C］. 北京：中央编译出版社，1998.

［4］约阿吉姆·比朔夫. 全球化——世界经济结构变化分析［A］. 张世鹏，殷叙彝编译. 全球化时代的资本主义［C］. 北京：中央编译出版社，1998.

［5］马丁，舒曼．全球化陷阱［M］．北京：中央编译出版社，1998．

［6］爱德华·S·赫尔曼．全球化的威胁［J］．马克思主义与现实，1999，（5）．

［7］彼得·德里克．后资本主义社会［M］．上海：上海译文出版社，1998．

转变对外经济发展方式的新开放策论[*]

从强调经济开放战略指导方针和主题变换的意义上说，30 多年的经济开放可分为三个阶段，第一阶段是强调"引进来"的单一战略，单纯追求对外国的资本和技术等引进；第二阶段强调"引进来和走出去"并重的战略，在继续追求"引进来"的同时，实施中国企业走出去投资的举措；第三阶段强调"自主创新"的新战略，实施自主知识产权和创新型国家的举措。2009 年 3 月，胡锦涛总书记在"两会"期间广东代表团的讲话中首次提到要"转变对外经济发展方式"[①]。2010 年 2 月 3 日，在省部级主要领导干部深入贯彻落实科学发展观加快经济发展方式转变专题研讨班上，胡锦涛同志又深刻地指出："国际金融危机对我国经济的冲击表面上是对经济增长速度的冲击，实质上是对经济发展方式的冲击。综合判断国际国内经济形势，转变经济发展方式已刻不容缓"。并把"转变对外经济发展方式"作为八项重点工作之一。

目前，在要不要和如何加快转变对外经济发展方式这一重大理论和政策问题上，存在歧见，亟需探讨。

本文认为，我国的经济开放应在前三个阶段的基础上及时进入第四阶段，即强调并积极实施"转变对外经济发展方式"的全新战略，适度控制对外资、外技、外产、外贸、外汇和外源的依赖程度，积极提升协调使用国内外各种广义资源的综合效益。这一新战略和新策论，在巩固和完善

---

* 原载《当代经济研究》2011 年第 5 期。本文第二作者为侯为民。

① 笔者之一程恩富《加快转变对外经济发展方式须实现"五个控制和提升"》一文中率先提出"转变对外经济发展方式"问题，参见《经济学动态》2009 年第 4 期。

"自力（更生）主导型多方位开放体系"的基础上，更加注重经济开放中的自主发展、高端竞争、经济安全、国家权益和民生实惠，以促进经济大国向经济强国、全面小康社会向生活富裕社会的根本转变。

一、我国传统开放型经济面临的问题

30 多年开放型经济的发展，对中国经济增长起了推动作用。我国开放型经济是在发展初级阶段和粗放型条件下生成的，基本上是以追求引进资本和技术数量为主要特征，以注重增加国内生产总值和出口创汇为发展导向。这种偏重数量而忽视质量、偏重总量增长而忽视结构调整的对外经济发展方式，使目前的中国经济面临着巨大的风险，在实践中也难以为继。其弊端和内在风险主要体现在以下几个方面。

1. 外国直接投资的过度利用及其负面影响

改革开放初期，在资本相对短缺的条件下，我国采取了积极利用外资的政策，推动了我国经济增长和社会进步。截至 2009 年底，在华投资的外资企业达 68 万家，外商投资总额逾 10000 亿美元，连续 17 年位居发展中国家之首，使我国成为世界上吸收外商直接投资最多的国家。2010 年，我国实际使用外资金额 1057.4 亿美元，同比增加 17.4%，创历史新高。然而，我国利用外资方面取得的成就，往往是以外资"超国民待遇"所隐含的巨大成本为代价的，而这种代价的付出并不总是对经济长远发展有益。由于外国直接投资本身追求资本利益最大化的资本主义目的，发展中国家期望通过引进外资实现国家利益的初衷即使不是单厢情愿，在实践中往往也不能顺利地实现。即使联合国贸发会议跨国公司与投资司在其编著的报告中也认为，引进外资对发展中国家的开放政策及其驾驭开放的能力，实质上是一种考验。该报告指出："有必要认识到跨国公司的目标与政府的目标并不一致：政府试图促进本国范围内经济的发展，而跨国公司试图增强其在国际范围内的竞争力。因此，并不是所有的 FDI 都总是、并自动地符合东道国的最佳利益。有些会对发展造成负面影响。"① 这些负面影响包括：外资对东道国企业的并购、市场的占领、民族品牌的削弱，还包括对东道国就业、产业结构和经济安全的影响等。因此，需要结合我国引进外资付出的成本，来全面认识外资的作用。

我国在利用外资方面付出的巨大成本，至少体现在以下几个方面。

（1）土地代价较大。在片面追求国内生产总值和引进外资越多越好的总体格局下，一些地方政府为了达到引资目的，不惜以低于成本价格甚至无偿出让工业用地来吸引外资，致使引资"门槛一降再降、成本一减再减、空间一让再让"。2006 年，审计部门审计调查 87 个开发区，发现其中 60 个开发区存在违规低价出让土地的行为。在苏州，其工业用地开发成本平均为每亩 20 万元，但为了引进外资，却将地价压至每亩 15 万元。前些年苏北地区协议出让的土地最低每亩几百元，一般也就几千元。② 表面看这些资金搞活了地方经济，其实质是把土地这样一个稀缺且不可再生的资源贱卖。我国引进外资的土地代价，还体现在继续对部分外资企业的政策优惠上，如 2010 年 4 月 6 日颁布的《国务院关于进一步做好利用外资工作的若干意见》中提出，对用地集约的国家鼓励类外商投资项目优先供应土地，"在确定土地出让底价时可按不低于所在地土地等别相对应《全国工业用地出让最低价标准》的 70% 执行。"这一优惠措施，使地方政府可以合法地对外资占用工业用地实施政策倾斜，而国内企业还没有参与市场竞争，仅在土地成本上就已处于不利地位。

（2）税收代价较大。长期以来，外资企业在我国一直享受"超国民待遇"。而外资企业通过政策优惠发展起来的产值及其市场占有率优势，在实践中并没有体现为相应的纳税贡献。据资料统计，2009 年外资企业产值已占我国工业产值的 30% 以上，出口占 56% 以上，但纳税仅占 20%③，外资企业的纳税额与其经济规模并不对称。造成这种现象的原因，并不是外资企业纳税能力弱。相反，外资在中国市场取得的利润量巨大，远高于其在其他国家和地区投资的收益。仅以美国在华投资为例，据《人民日

---

① 《1999 年世界投资报告：外国直接投资和发展的挑战》，中国财政经济出版社 2000 年版。

② 丛亚平：《利用外资八思》，《瞭望新闻周刊》2006 年第 51 期。

③ 龚宗杰：《跨国公司仍然具有两重性》，《经济参考报》2010 年 9 月 2 日。

报》转述中美商会发布调查报告，2009 年 71% 在华企业实现盈利，而 46% 的受访企业在中国市场的利润率高于其全球利润率。[①] 可见，外资企业纳税比重相对较低，与经营状况相关性并不大（国内民营企业盈利能力总体上要低于外资企业），而主要是由于我国对外资企业的税收优惠政策。

需要提及的是，外资企业除了堂而皇之地享受合法的免税、减税和低税率保护伞，还常常利用非法手段进行避税和逃税等活动。国内有学者估计，外资企业利用各种手法偷漏的税款金额每年至少有 1000 亿元。所谓的"超国民待遇"不仅使外资企业规避了社会发展的义务，使政府财政收入减少，同时也人为地制造了一个不平等的竞争环境，使国内企业很容易开始就输在起跑线上。还有学者指出，内外资企业税制统一前，外资企业所得税水平仅为内资企业税收水平的一半左右。税收上的不公平待遇竟然使很多境内企业转而以海外注册公司的形式生存，直接导致国内财政税收进一步流失。[②] 在这种情况下期望扩大外资引进规模和进入领域，来体现外资企业的所谓平等地位，更是南辕北辙。[③]

取消外资企业税收优惠是否会导致外资大规模撤离？事实说明，这种担心是完全多余的。我国"两税合一"和《国务院关于进一步做好利用外资工作的若干意见》实施以来，国内吸引外资数量仍然在持续上升，2010 年 1 月至 11 月，全国新批设立外商投资企业 24302 家，同比增长 17.97%；实际使用外资金额 917.07 亿美元，同比增长 17.73%。[④] 可见，对外资税收优惠并不是引进外资的必要条件，相反，我国如继续

---

① 崔鹏：《美国在对华经贸合作中受益巨大》，《人民日报》2011 年 1 月 17 日。

② 马红漫：《外资企业应习惯平等竞争》，《环球时报》2010 年 12 月 1 日。

③ 尽管外资企业由于具有超国民待遇在我国获得了大量的优惠，但我国前两年却仍然存在一种观点，认为"一家外商投资企业经中国政府批准成立以后，它接受中国政府的监管，向中国政府交税，为中国创造就业机会，它就应该是百分之百的中国企业"。（参见：翁阳．龙永图：《把外资在华企业当真正的中国企业来对待》，中国新闻网 2008 年 12 月 8 日，http://www.chi-nanews.com）这种片面强调外资企业税收贡献和就业贡献，而忽视外资本质上与国内企业差别、盲目推崇开放外资进入领域的观点，显然是经不住实践和统计资料检验的。

④ 《我国利用外资连续 16 个月增长》，《北京日报》2010 年 12 月 16 日。

对外资实施优惠，只会给国内带来更大的税收、市场等利益损失。① 此外，外资的过度引进并没有促进就业。截至 2009 年，我国外资企业直接吸纳就业近 5000 万人，仅占全国就业总数 77995 万人的 6.4%，享受税收优惠的外资企业，其就业容纳能力与其产值、市场占有率和税收贡献是不相称的。但外商直接投资对国内投资的"挤出效应"，则不仅损害了民族产业，还在某种程度上加重了民生、就业、资源等经济社会问题。

（3）环境代价较大。"外资利润流走，留下生态失衡"的现象较为普遍。发达国家从保护本国环境、调整产业结构的目的出发，通过国际经济合作、国际投资或跨国公司经营等途径，将造纸、建材、制药、纺织、化工等污染严重的行业转移到中国等发展中国家。有学者指出，污染排放水平较高的制造业是外资流入的首选行业，经验观察和大量的实证研究均表明，2000 年以后我国实际利用外资的大规模增长，与我国工业二氧化硫、固体废弃物排放水平的大幅度攀升存在着一定的关系。② 在污染和落后产业向我国转移的过程中，跨国公司起了主导作用。我国的一些地方政府由于引资心切和管理薄弱，大大降低在国际上或本国（本地区）企业奉行的环保标准和治污成本，甚至不惜牺牲当地居民的长远利益，对那些污染严重、破坏生态平衡的项目也大开方便之门。使跨国公司得以利用这些便利，通过规避环保成本来大肆攫取利益。据 NGO 组织"公众与环境研究中心"统计，2006—2008 年，被中国环保部门点名批评过的跨国公司的数量就从八、九十家增加到近三百家。③ 该研究中心认为，跨国企业在中国污染状况呈上升势头，原因在于他们执行双重标准，在中国缺乏环境责任感。因此，表面上看，利用外资增加了引进外资地区的经济收益，但背后付出的却是巨大的生态成本和长期的社会收益，损害了经济长期发展的

---

① 对此，前两年日本《经济学人》就曾载文"世界进入空前的超额利润时代"指出，发达国家通过利用发展中国家廉价劳动力，实质上获得了显著的超额利润。参见李长久：《在华外资企业不是中国企业——关于"在华的外资企业是中国企业"的争论和建议》，《中国经济时报》2010 年 4 月 28 日。

② 陈军亚：《外商直接投资的环境效应》，《光明日报》2010 年 12 月 21 日。

③ 刘世昕：《环保总局通报批评三家跨国公司污染行为》，《中国青年报》2008 年 1 月 10 日。

基础，并且很难在短期内消除影响。

2. "外源" 依赖性的增强及其对经济发展的制约

战略性资源的供给问题关系到我国经济的长期稳定发展。虽然中国拥有总量较大的国内资源，但人均拥有量却很贫乏，这大大限制了中国的工业生产和经济发展。20 世纪 90 年代以来，中国的 "外源"（指某些进口比例很高的外国能源和资源，如石油、铁矿石等）使用急剧增长，出口导向对外经济发展方式所需的能源原材料的约束日益加大，风险也越来越大。从能源消费看，根据国家统计局公布的数据，2002 年能源净进口占国内能源消费的比重仅为 0.9%，而 2006 年即上升到 6.9%，而且进口主要集中在关键性的石油和煤炭等战略性资源上。以石油为例，自 1993 年中国成为净进口国以来，对外依存度逐年上升。2009 年原油净进口 1.99 亿吨，增长 13.6%，中国原油对外依存度约为 51.3%，已经超过 50% 的警戒线。[①] 在煤炭方面，海关总署的数据显示，2009 年 1—12 月我国煤炭进口 12583.4 万吨，同比增长 211.9%，而同期出口同比下降 50.7%，全年煤炭净进口达到了历史性的 10343.4 万吨。[②]

近年来，我国不仅在能源方面对外依赖性在上升，在原材料上的进口比例也较大。首先，我国部分原材料进口大幅增长。2009 年 3 月中国进口铁矿石、铜都创下历史新高，分别达到 5210 万吨和 37.49 万吨；而钢材、未锻造铝及铝材也分别进口 14.7 万吨和 127 万吨，中国成为钢材及电解铝净进口国的日期日益逼近。不仅如此，我国大豆、油菜籽等大宗农产品进口近年来也大幅增长，接近历史高位。[③] 其次，部分原料进口量持续超越出口量。有关统计数据显示，2010 年 1—3 月份，我国大部分基本有机化工原料及主要无机原料（如硫酸、盐酸、硝酸），都呈现进口量大于出口量的格局，有的产品进口量大于出口量达数百倍（如甲苯、甲醇），甚至数千倍（如二乙醇胺），部分原料则完全依赖进口弥补国内供需缺口

① 华艳：《2009 年原油产量下降对外依存度约为 51.3%》，新浪网 http：//finance. sina. com. cn。
② 田甜：《2009 年我国煤炭净进口超亿吨》，中国产业安全指南网 http：//www. acs. gov. cn。
③ 《原材料进口连创新高，世界工厂变世界仓库?》，《中国证券报》2009 年 5 月 11 日。

（如三乙醇胺）。① 其三，是我国出口产业中来料加工部分占有较大比例。根据科普曼对 2006 年中国外贸数据的测算，当年我国在对美出口 2010 亿美元中，来自世界其他地区的原材料和零配件价值为 1130 亿美元，占总额的 55%。② 从总的发展趋势看，中国资源能源的对外依存度在未来二三十年还将继续呈扩大状态。

我国对"外源"需求的长期急剧增长可能造成多重不利后果。

（1）增加我国能源供给的不确定性。由于国际市场原料不断涨价，外贸对经济效益提高的牵引作用会明显下降，社会风险越来越高。2000 年以来，国际市场原材料价格总体呈上升趋势，金融危机后国际市场原材料（如铁矿石等）价格上升更为迅猛，对经营管理粗放特征显著的国内产业产生了很大的成本压力，威胁一些企业的正常经营和职工就业。

（2）使我国面临利益损失和价格风险。经济发展过程中对"外源"依赖性的上升，导致我国能源供应容易受到实体因素以及投机因素的冲击，而直接导致利益损失。首先是导致大量国民财富外流。根据国家信息中心测算，单纯由于涨价因素，2005 年一年中国就有相当于 1200 亿元人民币的国民财富转移到产油国和国外石油巨头手中，近年来能源价格暴涨使中国国民财富净溢出的总额更是达到数千亿元人民币。其次是使我国面临价格风险。2005 年以来，国际油价上涨幅度明显加快，与国际石油炒家的大肆投机活动有很大关系，这进一步增大了中国能源（主要是石油）供应的价格风险，使我国国内经济增长受到影响。

（3）削弱我国国际市场上的话语权。过度依赖"外源"的发展模式，不仅使我国某些能源资源的消费受制于国际市场供应方的打压，也面对环境保护的指责。近年来，我国在铁矿石、石油等领域的谈判屡屡受到国际市场阻击，在国际谈判中处于被动和不利地位。尽管我国在发展中承担了更多的环境压力，但西方发达国家却罔顾我国人均能源消费量远低于发达国家的事实，鼓吹"能源消费大国责任论"，在碳排放问题上对我国提出

---

① 《需求强劲，我国基本化工原料进口增势持续》，《医药经济报》2010 年 8 月 26 日。
② 何伟文：《应重新计算对美贸易顺差》，《环球时报》2010 年 12 月 28 日。

了过分的要求。① 这些因素的综合作用，无形中降低了我国在国际市场上的话语权和主导能力。

3. 对外技术依存度的提高及其冲击效应

对外技术依存度是反映一个国家对技术引进依赖程度的指标。一般认为，国家对外技术依存度与技术引进经费、研发经费相关。其计算采取公式为：技术依存度（%）= 技术引进经费/（R&D 经费 + 技术引进经费）。一般说来，不管是发展中国家，还是发达国家，适度引进国外的先进技术，可以对国内起示范效应，增强国内企业技术创新的动力，但对外技术依存度过高，则会造成国内企业依附于国外核心技术而在竞争中惨遭淘汰。由于技术依存度与研发经费成反比，过高的技术依存度，往往反映出国内研发能力的欠缺和技术保障能力的薄弱。换言之，一个国家的对外技术依存度较高，表明该国对国外技术的依赖程度较强；反之，技术依存度较低则表明该国自主创新成分较大。注重引资数量和出口创汇导向的对外经济发展模式，使我国因重视国际贸易而片面注重引进国外先进技术，产生对外技术依存度过高的倾向。我国对外技术依存度过高及其负面影响，可以从以下方面来认识。

（1）对外技术依存度过高不利于经济自主发展。在推进开放、进军国际市场的过程中，我国对外技术依存度指标变动的总趋势是由低向高发展。在开放初期，我国还坚持以我为主，依托大量自身技术和自有品牌发展，但经历合资合作等过程，我国原有技术、品牌被摒弃的同时，导致原始创新能力不足，技术自给率低，特别是关键技术自给率急剧下降。资料表明，2005 年我国占固定资产投资 40% 左右的设备投资中，有 60% 以上要靠进口来满足，高科技含量的关键装备基本上依赖进口。② 2007 年，我国的高新技术产业产值只占工业产值的 8%，而发达国家占 40%；软件产业产值我国只占世界比重的 7%，而美国、欧盟则占到 30%。在不到 30年的时间里，我国从开放初期的几乎主要依靠自我研发、自我发展，发展

---

① 杜海涛：《"能源消费大国责任论"混淆视听》，《人民日报》2010 年 8 月 2 日。
② 《九大问题挑战"创新型国家"》，人民网，2006 年 1 月 9 日。

到技术对外依存度高达约 60%，与发达国家对外依存度的差距进一步拉大。① 对外技术依存度过高，会直接影响到我国的产业控制力。例如，近几年机械行业外资股权控制度一直维持 30% 以上，车用发动机和汽车、摩托车配件等行业，外资也达到对企业的相对控制程度，而在文体用品制造业等轻工领域外资控制度已超过国际公认的安全标准。又如，2008 年以来，外资对钢铁、石化产业的技术控制度呈快速上升趋势，外资涉入并控制我国有色金属开采活动的步伐在加快。② 由于我国大多数出口企业在技术上不具备核心竞争力，其生产过程和产品市场逐渐被外资支配，经济自主性相应被削弱。

（2）过度依赖国外技术不利于国际竞争。中国目前虽被称为"世界工厂"，但总体上缺乏核心技术和品牌竞争力，不能从根本上保证自己的经济利益。例如：中国是世界上最大的 DVD 生产国和出口国，但在DVD 的 57 项关键技术中，我国掌握的仅有 9 项；中国的纺织品、服装、皮革产品的国际市场份额都是全球第一，但国际竞争力仅为第 12 位、第 30 位和第 13 位。又如：目前中国汽车市场已经高度繁荣，产量达到世界第一，但中国汽车企业的竞争力却没有实质提升，合资汽车企业仍倾向于从外方直接获得技术援助，而不是通过自主开发形成独立的技术创新能力。③ 根据国际经验，在来料加工的贸易方式中，生产国实际能够得到的外汇收入仅为贸易额的 20% 左右，国民所得更为有限。中国目前大量从事贴牌生产的企业，其利润额的 92% 都要被外资公司拿走，留在国内的不足 8%。令人痛心的是，在这样微薄的利润下，我国出口产品既要参与国际市场价格竞争，还要同时受到贸易伙伴国内知识产权法律的限制。例如，目前我国已经成为美国超级 301 调查最多的国家。④当中国放弃粗放式的价格竞争而转向技术和品牌竞争时，西方跨国企业却凭借其在知识产权领域的先发优势打压中国产品出口。据报道，目前

---

① 《我国技术对外依存度过高亟待突破》，网易财经 http://news.163.com。
② 李孟刚：《我国产业安全面临新形势》，《内部参阅》2010 年第 43 期。
③ 万军：《汽车业别沉浸于虚假繁荣》，《环球时报》2009 年 9 月 4 日。
④ 隆国强：《中国对外开放面临的挑战与新战略展望》，《三江论坛》2009 年第 7 期。

我国已连续 6 年位居 337 调查涉案国家（地区）的首位。[①] 可见，对外技术依存度过高，已成为加剧我国国际贸易争端、恶化国际竞争环境的一个重要因素。

（3）对外技术依存度过高加剧国内低水平竞争。由于过度依赖于外国技术，我国现有的发明和专利主要还是集中在外观和实用新型技术上，原始技术特别是核心和关键技术一直难有重大突破，而外国投资商和技术拥有者却坐收巨大的专利利益。过度依赖于外国技术，还导致国内企业短期化倾向严重。很多企业只是简单地依靠来料加工、代工贴牌来维持生产运营，赚取生产链低端的微薄利润，并不真正努力创立自主独立的知识产权和知名品牌，使产业陷入低水平重复建设和恶性竞争，从而加剧产业同一化的弊端，为产业结构进一步优化升级和转变国内经济发展方式增加了困难。

4. 外汇储备过大产生的利益损失和国际争端风险

出口创汇导向型的对外经济发展方式所带来的问题，经过长期的积累，必然使我国在外汇储备规模和结构方面的矛盾日益突出。

首先，外汇储备规模过大。从纵向角度看，在开放过程中我国外汇储备存在着过快增长的趋势。根据国家统计局公布的数据，2000 年我国外汇储备规模还仅有 1655.7 亿美元，而 2009 年末即达到 23992 亿美元，这一上升势头仍在保持。据国家外汇管理局最新公布的数据，截至 2010 年 10 月我国外汇储备已达 26483.03 亿美元，增长幅度超过了同期 GDP 增长幅度。[②] 从横向角度看，我国外汇储备的规模过大，还体现在其相对国内生产总值的比重过高，2008 年我国外汇储备占国内生产总值的比重已经接近 45%[③]，而同期其他各主要经济大国一般保持在 25% 以下。尽管美国因其美元地位是个例外，但德国这样外贸依存度高达 73% 的国家，其外汇储备也仅仅维持在不到 11% 的低水平（见表 1）。可见，中国外汇储备的规模，已经不仅仅远远高于发达资本主义国家，也高于一般发展

---

① 孙楠：《部分跨国企业借 337 调查遏制中国企业转型升级》，《国际商报》2010 年 10 月 28 日。
② 参见国家外汇管理局网站公布的资料，http：//www.safe.gov.cn。
③ 2009 年这一比重已经上升到 48.1%，并且目前仍在保持着快速上升势头。

中国家（如巴西、印度）的水平。

表1　2008年外汇储备占国内生产总值比重的国际比较

国家	外汇储备 （亿美元）	国内生产总值 （亿美元）	外汇储备占国内 生产总值比重%
中国	19460.3	43262	44.98
美国	495.8	142043	0.35
德国	385.6	36528	10.56
日本	10036.7	49093	20.44
韩国	2004.8	9291	21.58
印度	2466	12175	20.25
巴西	1928.4	16175	11.92

数据来源：中国国家统计局、国家外汇管理局网站公布数据。

其次，我国外汇储备结构不合理。对外贸易中产生的巨额外汇储备，因对外直接投资时受西方国家限制，只能投资于美国等发达资本主义国家的政府和企业债券。我国近年来已经成为美国的"头号债主"，据美国《华盛顿日报》2010年12月16日转述美国财政部月度国际资本的报告，截至2010年10月我国所持美国国债总额高达9048亿美元。[①] 由于我国外汇储备存在形式相对单一和相对集中，使外汇风险也相对增大。外汇储备相对于经济总量规模过高和结构上的不合理，在实践上会导致一系列难题。

（1）加大人民币升值压力。在美元为储备主体且美国是主要贸易对象的情况下，我国外汇储备规模过大，使人民币面临较大的升值压力。本来，将贸易问题与人民币汇率挂钩并没有依据，2005年我国进行汇率改革以来，人民币汇率已累计上升约25%，但外贸顺差仍然在急剧增加，汇率并不是造成贸易失衡的主要原因。但西方国家却将两者挂钩，目前我国的"外汇储备过万亿"，已经被美国等发达国家看作是人民币币值低估的最具体表现。在这一借口下，美国等国家已经开始更加强硬地要求人民币升值，并且以各种制裁措施相威胁，导致我国商品出口遭遇较多的贸易摩

---

① 尚未迟：《中国增持美国债创一年新高》，《环球时报》2010年12月17日。

擦和贸易壁垒，在个别情况下还会激化贸易争端。

（2）加大国内宏观调控难度。外汇储备规模过大的一个直接影响，就是通过货币传导机制干扰国内的经济平稳运行。在现有结售汇制度下，我国的外汇储备管理制度实际上已经导致了人民币的超额发行，并容易使中央银行货币的政策独立性落空。它对国内经济生活的消极影响：一是会引起国内流动性过剩，使资产价格过度上涨，加大经济泡沫风险；二是促使国内非理性投资活动膨胀，扰乱正常的投资活动和生产经营；三是扭曲价格机制，削弱市场配置资源的功能。这些因素，在客观上都加大了我国宏观调控的难度。

（3）导致国民财富大量流失。虽然自人民币汇率改革以来，我国外汇储备已经开始转向一揽子储备方式，但其中美元储备还是大头，外汇储备结构不合理的情况仍没有根本改变，为我国国民财富流失埋下了隐患。外汇储备过高带来的国民财富损失主要通过两种方式：间接方式和直接方式。间接流失主要体现为外汇贬值带来的损失。截至 2009 年末，中国持有美国国债 8948 亿美元，比美国国债第二大买主日本持有的 7688 亿美元还多出 1260 亿美元。由于中国成为美国国债第一大买主，因此，日趋走低的美元汇率，也使中国成为外汇储备贬值损失最大的国家。而美国则从中国外汇贬值中受益：根据美国会研究局 2009 年 7 月发布的报告，如果没有中国大规模购买美国国债，美国利率将提高 0.5 个百分点，相应需要多支出国债利息约 616 亿美元。[①] 从直接损失来看，2008 年中国持有美国债券组合投资有 1.06 万亿美元，除了 51% 美国国债外，还有 42% 为政府相关企业债券，7% 企业债券，其中包括大量的资产支持证券和抵押债务证券。仅我国持有的"两房"债券，就可能高达 3760 亿美元。尽管我国海外投资损失的数据没有公开，但美国次贷危机后企业倒闭、破产和经济萧条等，直接使我国在美投资的债券，特别是资产支持证券和抵押债务证券遭受重创，使外汇储备蒙受了巨大的直接经济损失。

外汇储备结构不合理，还导致人民币面临着进一步的贬值风险。本

---

① 美联社：《中国重返美最大债主地位》，《参考消息》2010 年 2 月 28 日。

来，金融危机爆发后，美国为应对金融危机通过了所谓的巨额救市法案，其近 8000 亿美元救市资金中的很大一部分，主要通过发行债券来筹集。而继 2009 年 3 月 18 日美联储首次实施量化宽松货币政策不久，2010 年 11 月初，美联储又推出了第二轮量化宽松政策，继续向市场大量注入货币。这些措施已经导致中国外汇储备因贬值而损失较大。最近美联储主席伯南克又表示，不排除推出第三轮的量化宽松政策。据部分学者估计，美国为保证经济增长并避免通货紧缩，将不得不启动新的量化宽松政策。[①]如果这一趋势延续下去，随着美元大幅贬值和全球大宗商品价格上扬，我国美元资产收益将进一步降低，外汇储备面临的损失和风险也将日益加大。

5. 外贸规模过大导致的经济运行风险

对外贸易依存度是指在一定时期内（通常为一年）一国或地区的进出口贸易总值占其国内生产总值或国民生产总值的比重，是衡量一国经济发展对对外贸易依赖程度的重要指标。改革开放以来，我国对外贸易规模逐年扩大。进出口总额从 1978 年的 206 亿美元，发展到 2008 年的 25616 亿美元，30 年增长了 124 倍。

相应地，我国的外贸依存度在 1978 年时仅为 9.74%，2004 年和 2005 年最高峰值时曾一度高达 70%，2000 年仍居于 66% 的高位。[②] 国际金融危机爆发以来，这一指标开始下降，2009 年我国外贸依存度降到 44.9%。[③] 但 2010 年后，即使在人民币已经大幅升值的情况下，我国外贸依存度又重拾升势。根据国家商务部发布的《中国对外贸易形势报告（2010 年秋季）》，2010 年前三季度进出口总额 21486.8 亿美元，比上年同期增长 37.9%[④]；而国家统计局的数据表明，同期国内生产总值 268660

---

① IMF 古拉斯：《美联储可能被迫启动第三轮量化宽松》，《上海证券报》2010 年 11 月 11 日。
② 历史数据根据《中国统计年鉴》相关年份数据计算得出。2008 年数据根据国家统计局最新颁布资料计算得出。
③ 国家统计局：《中华人民共和国 2009 年国民经济和社会发展统计公报》，http://www.stats.gov.cn。
④ 《今年前三季度，中国进出口总额 21486.8 亿美元》，中国工业信息网 http://www.587766.com。

亿元。① 换言之，国际金融危机冲击后，我国外贸依存度重新回到了
53.6%的较高水平。

外贸依存度的高低，总是与各个经济体的规模及其所处的一定经济发
展阶段相联系的。一般来说，经济大国、发达国家的外贸依存度相对较低
（德国是个例外），而小国、不发达国家的外贸依存度相对较高。② 但中国
作为发展中大国，外贸依存度远远超越于一般发展中大国。仅以 2008 年
的数据进行比较，我国外贸依存度不仅高于发达国家，也高于发展中国家
平均水平。特别值得一提的是，与中国发展水平相近的印度和巴西，其外
贸依存度要远远低于中国。（见表 2）

表 2　2008 年各主要国家外贸依存度比较

国家	国内生产总值（亿美元）	货物进出口总额	外贸依存度%
中国	43262	25608	59.19
美国	142043	34569	24.34
德国	36528	26656	72.97
日本	49093	15446	31.46
印度	12175	4709	38.68
巴西	16175	3804	23.52

数据来源：根据中国国家统计局网站公布数据并换算得到。

过度依赖对外贸易，必然会加大经济运行的风险。一是使国内经济增
长受国际市场的影响。2008 年"金融海啸"所引发的一系列冲击就是鲜
明的例证。受其影响，我国 2009 年 1 月的进出口总值为 1418 亿美元，比
去年同期下降了近三成。其中出口下降了 17.5%，进口下降了 43.1%。
这是中国十余年来创纪录的两位数跌幅，尤其出口已经连续三个月出现了
负增长。③ 二是导致国内生产能力大量过剩。由于国内大量产能主要用于

---

① 国家统计局：《前三季度国内生产总值 268660 亿元》，人民网 http://finance.people.com.cn。

② 如：根据 WTO 和 IMF 的数据测算，全球平均贸易依存度在 2003 年接近 45%。其中，发达国
　　家平均水平为 38.4%，发展中国家平均水平为 51%，发展中国家整体水平要相对高于发达国
　　家。

③ 海关统计，中华人民共和国海关总署，2009 年 2 月 11 日。

生产出口商品，在实践中必然导致我国生产性投资超越国内真实需求，使总投资和总消费失衡，导致国民经济主要比例关系不合理。三是威胁我国经济安全。在市场经济条件下，商品在交换过程中的实现是一个惊险的跳跃，国内过剩产能生产的大量商品一旦不能在国际市场出售，很容易导致生产过程的中断和阻塞，进而使国内经济发生危机。同时，西方主要进口国家也往往会以此打压我国，威胁我国的经济安全。四是为西方国家打压我国提供了借口。据环球时报报道，我国在对外贸易中产生的顺差，其中有65%来自外企。中美顺差中至少有60%是美国企业的利润，但美在华企业赚走巨额利润的同时，人民币汇率反成替罪羔羊，美国国内竟出现了"中国偷走美国工作"的指责，借口顺差问题对我国进一步施压。①

6. 开放型经济运行中的失衡和经济循环问题

我国利用对外开放的战略机遇，取得举世瞩目的绩效。但是，由于开放型经济是建立在低起点、低层次基础上的，发展至今，它的运行仍然具有高度的粗放、低效和利益流动极不合理的特征，导致某些失衡现象的存在。例如，内需不足形成内需与外需有所失衡；又如，大量外资企业的进入有"挤出效应"和"垄断效应"，形成内外资企业发展有所失衡；再如，国内技术的提升却往往伴随着发达国家高附加值零配件和核心技术进口的增长，形成国外引进与自主创新生产技术有所失衡。国民经济部分失衡的体系，其本身包含着国内资本、国际资本、国内外融合资本三个不同的循环体系，都在影响投资、消费、分配、外贸、知识产权和生态环境等，产生着正负经济效应。

（1）从国内资本来说，为了出口就需要大量要素投入，从而加剧价格等方面竞争，但压低产品价格和压低工资，往往又导致国内消费不足，这又势必依赖出口。这是中国低端参与国际竞争的一种经济循环。在出口创汇型发展战略下，国内的企业本身存在着出口的冲动，这有多重原因：一是存在着政策上的导向，包括存在着出口退税等优惠政策；二是由于国内技术相对落后，地方出于增长需要在低技术领域的重复投资，客观上导致

---

① 任安里：《苹果，美对华"逆差"的故事》，《环球时报》2010年12月7日。

企业过度竞争，而国内产能过剩造成国内市场狭小的压力，迫使企业竞相出口。但是，这种出口导向型的发展，却极大地耗费了国内大量的能源和其他资源，并在国际竞价的压力下压低了国内的工资水平，从而导致国内消费能力的下降，并使企业受制于新一轮出口竞争之中。在这个过程中，由于大量的出口，中国还形成了巨大的外汇储备。其原因也是多样的：一者是因为中国企业因自身技术、管理等因素，对外直接投资的能力不足，竞争力弱，从而难以"走出去"，一者是因为国际对我国的封锁和打压；等等。由于大量外汇储备的形成，中国出于保值需要购买的主要发达资本主义国家政府及企业债券，却一方面陷于贬值的风险之中，另一方面为国际资本对中国再投资提供了支撑。

（2）从国际资本来说，为了利润和控制中国市场而投资，在这一过程中，它们享受政策优惠，使用低价资源和较高素质劳动力，获取了高额利润后再进行投资。这是跨国公司通过独立投资和控制中国市场等途径形成的一种良性经济循环。国际垄断资本还通过垄断我国信用评级业，来掌握我国资本市场的定价权和话语权，进而通过资本市场谋取利益。[①] 目前，外资控制了越来越多的中国产业和重要经济领域的生产、流通和经营。

（3）从国际资本与国内资本融合来说，大都是外企以外国的资本、技术或品牌等资源投入，形成合资合作企业以后，利用国内生产要素生产产品和提供服务，在国内外销售获取高额利润后再投资。这是外资先投资参股、后并购，或者直接在华并购所形成的另一种经济循环。其经营形式在各地区、各领域的发展呈多样化趋势。

应当指出，在后两个经济循环中，我国有大量国有资产和国有资本被低价整合进合资企业中，其品牌、销售网络和人才，同样被以较低廉的价

---

① 根据国际惯例，一国所有机构发行外币债券的评级均不得超过本国主权信用等级。尽管从总债务余额、财政赤字和外汇储备比重等各方面看，中国政府偿付能力均要优于美国，但2004年以前，标准普尔对我国主权信用评级却一直维持在BBB级10年不变，这一评级仅为"适宜投资"的最低级，导致我国企业和金融机构普遍成为不值得信任的BBB以下的"投机级"，为国际垄断资本低价攫取中国国有资产大开了方便之门。世界银行2007年5月在《中国经济季报》中曾指出，中国银行股被境外战略投资者低价购买，问题不在IPO环节，而是在此前引入战略投资者的定价上。

格为合资企业或外商独资企业所用，成为国际资本从中国获益的重要手段，而我国的流行舆论则一律称赞为"引进战略投资者"。总之，目前我国以高度依赖性增长为特征、强调引进和数量扩张为目标、以资源高消耗为手段、以环境损坏为代价的粗放式对外经济发展模式，已经不能适应国内外经济协调发展、特别是"十二五"发展的新形势和转变经济发展方式的新要求。

二、加快转变的战略抉择：
六个适当控制与积极提升

加快转变对外经济发展方式，需要确立科学的开放观，从战略上谋划对外经济的长远发展。新的发展阶段，我国应当在科学发展观的指导下，统筹国内经济发展与对外开放的关系，积极调整开放战略和对外经济政策，避免成为国际垄断资本的利益输送地、发达国家的廉价打工仔、西方投机资本的跑马场、跨国公司的专利提款机和世界的污染避难所，通过对外资、外源、外贸、外技、外汇和外产的适当控制和提升，从根本上建立起"低损耗、高效益，双向互动，自主创新"的"精益型"对外开放模式，促进国民经济又好又快地持续发展。

1. 适当控制外资依存度，积极提升中外资本协调使用的效益

随着世界经济格局的变化，在新的历史时期我国必须对利用外资做出重大调整。一方面，要看到经过多年发展，外商投资企业目前在我国经济中已占有重要地位，我国工业部门的产业结构和产品质量提升都与外商投资企业相关；另一方面，我国也不能继续沉浸在引资规模的扩张上，而是要追求引资质量的提高。

（1）必须引导和实现外资投向和要素流入结构的改善。必须从注重"引资"转为谨慎"选资"，应制定以保护环境为主的外资进入产业目录，严格限制污染性行业的外资进入，加大对"清洁"外资的引进力度，应引进弥补我国产业和产品空缺的、符合低碳经济要求的、科技含量高的企

业。有的学者认为，中国经济已经步入快车道，是全球经济的强者，公用事业等领域开放不必担心外资入侵的问题，"多一些善待外资就是善待自己的前瞻性"。[①] 这个观点混淆了公用事业领域和一般竞争性产业领域的区别，把具有稳定盈利和预防外资支配而有损于民生的公益事业，轻易地让位于外资，以为引进外资越多越好，实际上这并不利于发挥内外资的综合效益。

（2）需要确立公平的竞争环境。一是要逐步取消外资企业在税收方面的优惠，保证国内企业在同一起跑平台上参与竞争；二是要通过提高环保标准来提高投资门槛，吸引真正有实力的"清洁投资者"，使引资工作适应我国结构调整与产业升级的大方略，服务于我们转变生产方式的大目标。

（3）需要调动国内资本，促进内外资合作。合理利用和引进外资，提高引资质量，其前提条件是必须充分唤醒和启动国内已有的巨大储蓄存款资源。存差通常是指商业银行存款减去贷款的差值。从 1995 年我国金融机构首次出现存差开始，2009 年末全部金融机构本外币各项存款余额61.2 万亿元，本外币各项贷款余额42.6 万亿元，存差早已突破了 10 万亿元，达到 18.6 万亿元。[②] 这表明我国目前储蓄增长相对过快，信贷增长相对不足，资金闲置和使用效率低。在这种新形势下，倘若继续如饥似渴地引进外资，势必产生"挤出效应"，影响中资的有效配置和利用效益。因此，适当控制外资依存度，是亟需统一认识和创新政策的重大问题。目前，关键是要推动以中资为主的中外资合作，引导和激发国内资本进入高新技术领域，适当控制外商独资企业的发展，提升中外资协调使用的经济效益。

（4）需要加强对中国境外的投资，发挥中国过剩资本的有效作用。商务部的数据显示，2010 年中国境内投资者共对 129 个国家和地区的 3125家境外企业进行了直接投资，累计实现非金融类对外直接投资 590 亿美

---

① 谢茗：《别一谈外资就用"阴谋论"》，《环球时报》2009 年 8 月 25 日。
② 国家统计局：《中华人民共和国 2009 年国民经济和社会发展统计公报》，http：//www. stats. gov. cn。

元，同比增长 36.3%，创历史新高。截至 2010 底，中国累计非金融类对外直接投资 2588 亿元。① 鉴于中方资本在国内使用不掉等情况，必须进一步加大对发展中国家，特别是发达国家的投资，包括工业交通、商业、农业、旅游、文化、新闻媒体等多领域的多元化灵活投资。

2. 适当降低外技依存度，积极提升自主创新的能力

事实证明，在缺乏核心技术而形成的"三高一低"（高污染、高能耗、低附加值、高依存度）模式下所获取的贸易利益，只能属于初级开放阶段的状态。倘若长期照此模式继续下去，过度依赖发达国家的高科技产品，会在外贸结构、贸易条件、社会整体福利水平提高等方面改善缓慢，并逐渐陷入"比较优势陷阱"。

（1）确立自主知识产权优势战略。我国的对外贸易战略虽然要重视发挥"比较优势"，但不能以西方教科书上的比较优势战略作为主要模式，需要解放思想，突破以传统比较优势理论为基础的旧式国际分工模式的束缚，变"比较优势"为"知识产权优势"。只有具有自主知识产权的优势，企业和产业的核心竞争优势才有可能形成并长期保持。或者说，知识产权优势是维护持久、高端竞争优势的必要性条件。那种只强调保护国内外知识产权，不强调创造自主知识产权的做法，那种主要寄希望于依赖式不断引进外技、外牌和外资的策略，那种看不到跨国公司在华投资双面效应的思维，都是不科学的僵化开放理念。② 至于西方跨国公司批评中国政府鼓励自主知识产权创新是所谓用"公权力"对抗"私权力"，这完全是站不住脚的，因为西方发达国家一贯如此。

（2）强化国际科技合作，积极完善国内创新环境。降低外技依存度，需要推动以我为主的国际国内的科技合作，使科技合作与经济合作相融合。实现国际科技合作的关键在于完善国内创新环境。一是要完善科技人才成长和发展环境，加大创新人才的培养力度，建设一支适应时代和社会发展需要的民族创新人才队伍；二是要加大自主创新的研发经费投入，完善创新载体和创新平台，为自主创新提供必要的物质基础；三是要充分发

---

① 姜煜：《我国利用外资首破千亿美元》，《北京日报》2011 年 1 月 19 日。
② 程恩富：《比较优势、竞争优势与知识产权》，《文汇报》2005 年 6 月 12 日。

挥政府的主导作用，利用社会主义集中力量办大事的优势，组织好若干重大科研项目的攻关，努力在若干技术前沿领域和重要产业领域，掌握一批自主核心技术和技术标准，积极提高中方专利和品牌的档次和质量。

（3）强化国内企业科技创新的主体地位。积极提升自主创新能力，重点要积极发展控技（尤其是核心技术和技术标准）、控牌（尤其是名牌）和控股的"三控型"民族企业集团和跨国公司，突出培育和发挥自主知识产权优势，以打造"中国的世界工厂"来取代"世界在中国的加工厂"，尽快完成从技术大国向技术强国、专利大国向专利强国、品牌大国向品牌强国的转型。

3. 适当降低"外源"依存度，积极提升配置资源的效率

能源等一些资源过度依赖进口，既使我国未来的经济发展背上沉重的成本负担，也威胁到国家的经济政治安全，并且容易引发更多的国际争端。适当降低对国际市场能源和资源的依赖程度，是我国转变对外经济发展方式的重要内容。

尽管能源大量依赖进口存在着较高的风险，但由于国内能源供给数量有限，进口仍然会成为中国能源供给的重要方式之一。问题的根本在于，如何把握能源进口的依赖程度。一些舆论认为，中国目前的能源对外依赖程度并不足以引起高度警戒，也没有必要加以防范。其理由：一是从国外进口开采成本低，符合经济规律；二是中国到目前为止并未遭遇过政治上的禁运。事实上，国际原油价格一度突破百元大关，日日高企的原油价格令低成本说不攻自破，而至今没有遭遇禁运，也绝不能推论出未来就没有遭遇禁运的可能。因此，中国某些能源和资源的进口高依存度"无风险"论并不能成立，需要及时建立风险防范措施。

（1）需要尽快建立起自己的重要能源（特别是石油）战略储备体系，形成一道基本的防火墙。在开放经济条件下，由于处于低端生产环节，我国能源原材料需求急剧增加，供需缺口加大，但国家能源等战略储备建设滞后，而且国内又存在西方大型公司的垄断化经营，导致我国一方面由于对国际市场存在刚性依赖，难以有效防范国际市场价格的异常波动带来的风险；另一方面，也对国内能源安全带来冲击，不利于增强我国在国际市

场的自主性。建立能源战略储备体系，既可以防范国际市场价格风险，也可以应对不可预见的突发事件。最重要的是，能源战略储备体系可以平抑国内能源市场价格波动，引导和促进我国能源消费的合理化。

（2）需要重视国内资源能源的科学开发和高效利用。一是要科学制定国内能源和资源的可持续开发、利用和保护计划；二是要提高国内矿产资源开发的门槛限制和企业标准，提高能源开采效率；三是要适当提高资源消费价格，引导资源消费行为，提高资源的利用效率。

（3）需要坚持鼓励和支持对新能源的开发和利用，从政策上重奖节能，重罚浪费。要积极出台政策，大力支持低碳技术、节能减排技术的创新和应用，限制"三高一低"项目的发展，减轻资源环境的压力。

（4）需要加强石油、黄金、有色金属、煤炭等各种稀缺资源的战略性管理，提升资源类商品的国际市场定价权和市场控制力。据有关资料，由于不掌握定价权，我国出口稀土曾便宜到每公斤价格仅18元人民币，而国际市场价格竟高达1000美元/公斤。英国《金融时报》的文章提到，中国2005年时的稀土产量曾经达到全世界的96%，出口量也达到60%以上，但是稀土的定价权却并不掌握在我国企业手里。① 这个教训值得汲取。今后，我国对重要的能源和资源都应该加出口管制，力争战略性资源产品定价主导权。要由"价格追随者"变为"价格制定者"，尤其要注重提高黑色金属（如铁矿石）、有色金属（如铜、铝、铅、锌、锡、镍）及稀土资源的国际定价权。

4. 适当控制外汇储备规模，积极提升使用外汇的收益

充足的外汇储备有利于增强我国的对外支付和清偿能力，防范国际收支和金融风险，提高海内外对中国经济的信心。但是，如果长时间和大幅度地超过合理规模，会给经济发展带来诸多负面影响。解决外汇储备过度的问题，不仅要控制低收益的加工贸易的发展规模，从根源上减少贸易顺差，降低外汇储备激增的速度，而且要通过扩大内需，增加国内消费，更多地进口以平衡对外贸易。历史经验证明，大部分发达国家都经历了一个

① 陶短房：《中国稀土令西方焦躁》，《环球时报》2009年9月3日。

先"引进来"，再"走出去"的过程。目前我国比较充裕的外汇储备，可以为我国"走出去"提供坚实的经济后盾。

巨额的外汇储备是我们来之不易的宝贵财富，除了尽可能实现保值和增值，以及合理地安排其在境外的投资结构以外，也要及时地合理配置手中已有的外汇资源。从国内来说，应当有计划地激活这些资源，用于国内急需的国计民生领域和项目，如社会保障、基础教育、医疗卫生、扶贫、住房、环境保护、基础设施、西部开发等等。

从国际来说，针对不断贬值的美元外汇储备，必须及时提高外汇使用的效率，改善现有外汇的配置。一是可赎回被美国企业收购的中国重要国有企业资产；二是可用来支持中国企业收购海外资源和有价值实体企业，或收购控制着中国战略性行业的跨国公司股份；三是可用来引进国外的关键技术和科研人才，实现"引智创新"；四是积极建立"主权基金"，或直接进行"海外购物"，购买高端技术和设备或相关物资；五是参股或并购海外各种媒体，客观介绍中国，反击妖魔化中国的浪潮，增强国际话语权和软实力。总之，要采取多种方式，降低货币资本储存的机会成本。同时，还要在不放弃对资本流动管制的条件下，大力促进人民币的区域化和国际化进程，使人民币逐步成为世界贸易结算、流通和储备货币之一，从根本上解决"币权"问题。

5. 适当控制外贸依存度，积极提升消费拉动增长的作用

在经济自主发展、竞争力不断提高的基础上参与国际竞争，积极开拓国际市场，是转变对外经济发展方式的内在要求。增强经济自主性，需要发挥内需拉动经济增长的作用，适当降低外贸规模；提高国际市场竞争力，需要加快提升贸易层次和调整贸易结构。作为一个发展中大国，从保持经济健康可持续发展和提高人民生活角度考虑，都不能不重视外贸依存度问题，需要将外贸依存度控制在略低于发展中国家的平均水平。适当控制外贸依存度，重点是做好以下几个方面。

（1）尽快扭转我国进出口不平衡的趋势。技术层次低、竞争力弱和发展中短期利益倾向，容易导致对外贸易方式相对单一、贸易对象和内容单调、贸易结构不合理，是造成我国进出口不平衡的主要原因。今后，不仅

需要平衡好进出口数量关系，也需要调整好进出口结构。首先，是要优化我国的贸易方式，在积极提升加工贸易的同时，大力发展边境贸易、易货贸易、转口贸易、租赁贸易等其他贸易方式；其次，是要促进服务贸易的进出口增长，适度开放服务贸易领域，提高服务贸易额在总贸易额中的比重；其三，是要加快改善外贸结构，改变贸易主体长期由外资主导的局面，促进本土企业参与高端国际贸易和竞争；其四，是要加快改善文化贸易的结构，消除"文化赤字"；最后，改善扭转进出口不平衡局面，还需要适时调整对外贸易区域，改变国际贸易上对发达国家的过度依赖。

（2）积极促进内需与外需协调发展。积极扩大内需，既是转变经济发展方式的条件，也是消化国内过剩产能的重要手段。扩大内需有利于适当降低企业对国际市场的依赖程度，有利于降低外贸依存度。今后，在推动外贸平稳增长和提高档次的同时，要更加重视促进外贸企业服务于扩大内需的大局。一方面，要推动外贸出口企业调整产品结构、调整市场方向；另一方面，国家也要适时出台相关政策，引导和支持外贸出口企业的转型，引导社会消费合理化，使消费成为拉动经济增长的内在动力。

（3）大幅提高中低阶层收入水平。社会中低阶层收入水平的提高，是增强全社会消费能力、扩大内需的前提条件。过去30多年，虽然我国城乡居民收入水平有所提高，但中国企业的薪酬福利平均成本不到总成本的8%，远低于欧洲的22%和美国的34%；人多地少的国情和国际农产品的冲击，也使农民增收缓慢，很多农民不得不进入外向加工型企业打工。这种建立在廉价劳动力基础上的竞争优势，其实是以牺牲民生福利水平为代价，是不可持续的。大幅提高中低阶层收入水平，关键是要加快财富和收入分配制度改革，调整国民收入分配初次分配和再分配的结构，尽快提高劳动收入占GDP的比重，扭转收入和财富分配差距不断扩大的趋势。大幅提高中低阶层收入水平，还需要尽量减轻居民生活负担，提高其消费意愿和能力。一是要考虑通过加大农业和农村的基础设施投资，促进农民持续增收等措施，持续扩大农村消费；二是要坚持提高社会医疗和社会保障水平，解除基层群众后顾之忧；三是要加大基础教育和健康卫生方面的公共投资，逐步缩小公共物品和公共服务的分配差距，有效改善人们的消费预期，提高消费倾向。

6. 适当降低"外产"依赖度，提升参与国际分工的层次

提升国内产业的国际分工水平，是转变对外经济发展方式的立足点。只有提升产业分工层次，消除"微笑曲线"不良分工现象，① 才能降低对外国产业的依赖度，打破西方发达国家对我国的"产业链阴谋"（郎咸平语）。当前，要扭转以"引进战略投资者"为理由，主动或被动地逐步让西方跨国公司支配或控制中国产业和重要产品的现象；要利用西方金融和经济危机过程和今后国际生产和贸易格局变革的历史机遇期，适当淘汰高污染、高能耗的外向型加工业，积极推进产业优化升级，提升参与国际分工层次。

（1）加快调整产业结构。以提高产业竞争力和产品附加值为导向，促进产业结构合理化，使产业在调整中优化和提高。调整优化产业结构涉及诸多方面，主要是做好以下几个工作：首先，要用先进技术改造传统产业，推动传统产业技术装备更新换代和产业升级，力争使传统产业在全球产业链获取更高的附加值，避免陷入"比较优势陷阱"，防止我国沦为西方发达国家的"生产基地"；其次，要制定中长期的国家产业创新战略，切实推进产业创新，大力发展信息产业和新能源产业，大力发展设计、咨询、物流等现代服务业和文化教育产业，抢占未来全球经济和文化教育竞争的制高点；再次，要鼓励民间创业和国内企业创新，改革和完善投融资体制，引导和鼓励国内资本调整投资方向，使新增投资逐渐向现代服务业和高新技术产业转移，以便像中国高铁成为首个发展中国家向发达国家输出的战略性高新技术领域那样，逐步提升参与国际分工的层次。

（2）完善国家经济安全防范体系。加强国家经济安全，首先是要加强对外资企业并购中国企业的监管，加大对关系到国计民生和战略性产业的保护。要运用经济的、法律的手段，制止西方跨国公司越来越多地控制和

---

① 国际分工中的"微笑曲线"是中国"外产"依赖度高的直接体现。2010 年，美国智库凯利托研究所发表报告指出：中美国际分工呈"微笑曲线"模式，即美国控制了高利润的商标、概念设计等前期生产过程及物流、销售和市场开发等后期服务，而中国仅承担低附加值的中期生产加工。从双方获利比率来看，美方才是中美经贸合作的最大受益方。据其测算，中国创造的产品附加值仅占对美出口总额的 1/3 到 1/2。

垄断我国产业的行为。其次，是要严格执行环保等前置性审批，完善外资投资目标指引，提高外资进入门槛和标准，遏制跨国公司将技术落后和污染严重的生产基地转移到我国的现象。最后，是要健全金融监管体系，稳健开放金融业等涉及国家经济安全的核心产业，确保国内产业安全和金融安全。

（3）积极参与国际货币体系改革，改善国际经济环境。降低对国际产业的依赖，需要积极创造公平合理的国际经济竞争和合作条件。一方面，我国应主动和积极地介入国际高端产业分工，广泛开展国际市场竞争；另一方面，也要积极推动国际货币金融体系改革，增强我国在国际经济规则制订中的主动权，避免西方发达国家利用非市场力量打压我国。需要清醒地看到，只有通过"走出去"来提升我国的全球要素配置能力，才能创造出参与国际分工的新优势。[①] 当前，应利用我国外汇储备急剧增长、人民币升值等有利因素，在国内资源整合和产业升级的基础上，积极开展海外投资和跨国并购，化解目前开放层次低、利益少、自主性差的发展难题。在自主、自立和自强的基础上，真正使我国开放型经济体系成为全球生产体系的重要组成部分。

---

① 安毅、常清、付文阁：《历次国际金融危机与世界经济格局变化探析》，《经济社会体制比较》2009 年第 5 期。

构建知识产权优势理论与战略[*]
——兼论比较优势和竞争优势理论

比较优势和竞争优势的特点是什么？为什么要确立"知识产权优势"新概念？在经济全球化新时代下，我国应如何在国际贸易和创建世界工厂的过程中发挥自己的优势？本文将对这些问题作一些探讨，提出并论证中国除了要发挥动态比较优势和一般竞争优势之外，还必须重点地突出培育和发挥第三种经济优势——"知识产权优势"或"知识产权型竞争优势"。

一、比较优势的理论与现实分析

比较优势理论产生于对国际贸易问题的分析。在重商主义时代，人们强调，只有一个经济的产品或资源与另一个经济的产品或资源相比具有绝对优势的时候，对外贸易才有可能发生。这种绝对优势是指，一个经济生产出来的产品所耗费的社会必要劳动时间低于另一个经济，或者说一个经济生产出来的产品的价格低于另一个经济。而现代西方经济学用来解释贸易存在和贸易收益的理论主要有李嘉图比较优势理论和赫克歇尔和俄林的要素禀赋理论。

李嘉图比较优势理论是李嘉图（Ricardo）于 1817 年提出来的，它是

———————

　＊ 原载《当代经济研究》2003 年第 9 期。本文第二作者为丁晓钦。

建立在比较成本理论基础之上的。比较成本理论是指，不同国家生产不同产品存在着劳动生产率或成本的差异，各国应该分工生产各自具有相对优势（劳动生产率较高或成本较低）的产品，尽管一个国家（一般是落后国家）具有相对优势的产品的成本（劳动生产率）可能会高（低）于另一个国家（一般是发达国家）不具有相对优势的同一产品的成本（劳动生产率），但是，它们之间的相互贸易将有利于各自社会福利的增进。

比较优势的核心反映在一国产业的比较优势上。各国按照比较优势原则参与国际分工，从而形成了有利于世界经济发展的产业结构。在人们的观念中，发展中国家缺乏资本和技术，具有自然资源和劳动力资源丰富的优势；发达国家则具有资本和技术资源丰富的优势。因此，在比较优势战略下所形成的世界产业结构格局是：发展中国家进口资本和技术密集型产品，出口劳动密集型和资源密集型产品；发达国家进口劳动密集型和资源密集型产品，出口资本和技术密集型产品。

赫克歇尔（Heckscher）于 1919 年提出了要素禀赋理论的基本观点，俄林（Ohlin）继承了赫克歇尔的观点，于 1933 年创立了要素禀赋理论。要素禀赋理论可以简单地概括如下：如果一个经济的资本—劳动比大于另一个经济的资本—劳动比，那么，该经济在资本密集型产品的生产上具有比较优势，而另一个经济则在劳动密集型产品的生产上具有比较优势。

早在 20 世纪 50 年代初，里昂惕夫（Leontief）就以美国为例，向赫克歇尔、俄林等人提出的要素禀赋理论发起了挑战。按照里昂惕夫的投入产出模型，美国作为资本和技术资源丰富的国家，本应进口劳动密集型产品，出口资本密集型产品，而事实恰好相反，这就是国际经济学界著名的"里昂惕夫之谜"。对此，经济学家们提出了各种各样的解释。但有一点十分明确，这就是，劳动密集型产品和资本密集型产品不是用产品本身来区分的，而是用投入要素来区分的，同样一种产品，在发展中国家可能是以劳动密集生产的，在发达国家却可能是以资本密集生产的。

从上述理论综述中，可以看出比较优势理论的本质和内容，理解影响比较优势的真正因素所在，即形成一个经济比较优势的因素在于该经济的要素禀赋。同时，还可以看出，比较优势理论暗含着一个经济所具有的资源禀赋保持不变的特征。

　　长期以来，一直指导我国参与国际分工和交换的比较优势理论强调劳动密集型产品的出口战略，可是应该看到，在当今的国际市场上，具有比较优势的劳动密集型产品并不一定具有国际竞争优势。

　　这主要是因为：

　　第一，劳动密集型产品的国际需求日益减少。国际贸易的主要目的现已不再是互通有无，而是尽可能地占领国际市场，以获取更大的对外贸易利益。为此，国际生产越来越倾向于以需求为导向，而从需求结构看，传统的劳动、资源密集型产品日趋饱和，国际消费需求结构以及相应的投资需求结构已向更高层次转换。我国出口的劳动密集型产品加工程度低、技术含量少、产品质量不高，这种中低档次劳动密集型产品出口面对的只能是日益缩小的国际市场和日益下降的价格水平，形成与发达国家高新技术产品交换的贸易条件越来越恶化。

　　第二，劳动密集型产品的需求弹性小、附加值低，易出现出口的"贫困化增长"。同时，我国劳动密集型产品的出口市场过于集中，生产地区分布也不均衡，使我国产品极易遭受国际经济波动的影响和冲击。

　　第三，发达国家对发展中国家歧视性的贸易政策，使我国的劳动密集型产品受到了诸多的贸易壁垒的阻碍，在国际市场上发展的空间越来越有限。这也使得我国的以劳动密集型产品为主的出口贸易在国际分工中处于从属和被动的不利地位，极易落入"比较优势陷阱"。

　　综上所述，结合比较优势理论，可以看出，比较成本是对本国的产品进行比较而言的，并不意味着比较成本低的产品在国际竞争中就一定具有竞争优势。无论是以劳动生产率差异为基础的比较成本说，还是以生产要素供给为基础的资源禀赋说，其比较优势的前提是各国的供给条件、生产条件不可改变，资源、生产要素不能在国际间流动。问题是，在现阶段，随着经济全球化的发展，这些假定条件已经不复存在。首先，生产要素、资源可以在国际间流动；随着国外跨国公司在发展中国家大量建厂，廉价的自然资源、劳动力资源同样可以被国外跨国公司利用。其次，在新技术革命浪潮推动下，经过投资和新技术的采用，自然资源可以被改良、再造，也可以被新材料所替代；经过人力投资，劳动力的技能和素质的提高，又可克服劳动力数量不足的矛盾。所有这些表明，除了一部分原料生产国，特别是石油输出国以外，大部分发展中国家所具有的自然资源和劳动力资源的比较优势，在国际竞争中已不具有垄断优势。以本国拥有的资源的相对优势来确定自己的国际贸易结构，虽然能获得贸易利益，但不能缩短自己与发达国家的经济差距。显然，依据自己的经济发展水平调整自己在国际分工中的比较利益结构，是国际竞争新格局对我们这样的发展中国家的一种客观要求。

二、竞争优势的理论与现实分析

20 世纪 80 年代以来，波特（Porter）相继发表了他的著名的三部曲：《竞争战略》（1980 年）、《竞争优势》（1985 年）和《国家竞争优势》（1990 年），从而提出并完善了竞争优势理论。波特认为，一个国家之所以能够兴旺发达，其根本原因在于这个国家在国际市场上具有竞争优势，这种竞争优势源于这个国家的主导产业具有竞争优势，而主导产业的竞争优势又源于企业由于具有创新机制而提高了生产效率。可见，波特所指的一个国家的竞争优势也就是企业、行业的竞争优势，也即生产力发展水平上的竞争优势，具体包括以下六个方面的因素：

1. 生产要素

生产要素包括基本要素和推进要素。基本要素是指一个国家先天拥有的自然资源和地理位置等要素；推进要素是指通过投资和发展而创造出来的要素，如高科技、熟练劳动力等。波特认为，在国际竞争中，随着科技的进步，一国要取得竞争优势，其推进要素比基本要素更为重要。

2. 国内需求

波特认为，扩大国内需求有利于形成规模经济，有利于提高产品的质量、档次和服务水平，也有利于在国际市场上取得竞争优势。

3. 相关支撑产业

相关支撑产业即为主导产业提供投入的国内产业，包括上游供给产业及其他相关产业，波特认为，它是影响一国主导产业取得国际竞争优势、降低成本、提高质量和效率的重要因素。

4. 企业的战略结构和竞争

波特认为，政府既应为少数企业、也应为社会创造一种公平的竞争环境。外部环境与企业的竞争能力息息相关，在激烈的竞争环境中，企业必须不断更新产品、提高效率，才能取得持久、独特的竞争优势。同时，激烈的竞争环境还迫使企业走出国门、参与国际竞争。

5. 政府的作用

波特认为，政府的作用主要体现在政府通过政策调节、创造竞争优势上面。

6. 机会

波特认为，机会包括重要发明、技术突破、生产要素与供求状况的重大变动以及其他突发事件，等等。

波特指出，上述六个方面的因素相互影响、相互作用，共同构成了一个动态的激励创新的竞争环境，继而可以产生一些在国际市场上具有竞争力的明星产业。

20 世纪 90 年代以来，波特进一步发展了竞争优势理论，创立了"新竞争经济学"，提出了产业集聚概念，即经营同一产业的一群公司在地理上往往集中在一起。波特指出，在一个产业集聚集团中，既有主导产业、企业，又有为主导产业配套服务的其他产业、企业和机构，它们共同组成了一个立体网络，既竞争又合作，从而赢得了产业和企业的国际竞争优势。

波特的竞争优势理论有缺陷，如罗列的因素过多，主导和关键方面不突出，但它渐渐地被一些国家所接受。因为竞争优势理论具有新的内涵和特征，与比较优势相比，可能更符合当代对外贸易的实际状况。

第一，竞争优势理论采用的是一种非均衡的动态分析和局部分析方法，以不完善竞争市场作为其分析的理论前提，从国家的角度出发，考虑怎样才能使一国在对外贸易活动中得到的福利更多一些，生产效率提高得更快一些，在国际分工中占据更为有利的地位。

第二，竞争优势理论除了考虑现实的利益外，还考虑潜在的利益对比，考虑怎样才能使一国取得或保持竞争优势，以便从对外贸易中获取更大的利益。

第三，竞争优势理论认为，竞争优势主要取决于一国的创新机制，取决于企业的后天努力和进取精神。只要企业勇于创新，积极竞争，一个后进的国家也有可能成为有竞争优势的国家；反之亦然。

第四，竞争优势理论涉及产业、企业，强调非价格竞争，更注重要素的质量及产品市场的需求档次。

三、创造和培育知识产权优势

比较优势是由一国资源禀赋和交易条件所决定的静态优势，是获取竞争优势的条件；竞争优势是一种将潜在优势转化为现实优势的综合能力的作用结果；比较优势作为一种潜在优势，只有最终转化为竞争优势，才能形成真正的出口竞争力。要实现我国出口产品的结构升级，就必须以国际经济综合竞争为导向，将现有的比较优势转化为竞争优势，而其中的关键就在于创造和培育我国的知识产权优势或知产型竞争优势。

所谓知识产权优势，是指通过培育和发挥拥有自主知识产权的经济优势，是相对于比较优势、竞争优势而言的第三种优势。它避免了笼统的竞争优势的理论缺陷，而突出了以技术和品牌为核心的经济优势或竞争优势。它不仅应体现在我国的高新技术产业部门及具有战略意义的产业部门，必须掌握自主研究、自主开发、具有自主知识产权的核心技术，建立以自主知识产权为基础的标准体系，而且还体现在我国传统的民族产业或低端产品部门，包括劳动密集型产业部门，也必须塑造在国际上具有一定影响力的民族品牌和名牌。

1. 知识产权与经济优势

知识产权的重要性日益突出，已成为世界贸易组织管辖范围中与货物贸易、服务贸易并重的三方面内容之一。世界贸易组织《与贸易有关的知识产权协议》（简称 TRIPS）对世界贸易组织成员的知识产权保护水平提出了更高的要求，并且引入了以贸易报复为主要手段的统一的争端解决机制。对发明专利、实用新型专利、外观设计专利、化学配方、技术诀窍、图形设计、计算机软件设计、名牌商标、商业秘密、著作权、声像版权等所有知识产权领域，都提供了高标准的保护。

知识产权是国家法律赋予知识产权权利人的一种特殊权利。其中，专利权实际是以国家权力保障的一种合法的垄断，拥有一项专利等于拥有受国家法律保护的独占的市场，以获得专利权来占领和控制市场比任何其它竞争手段都更直接、更有效。同样，商标知名度的大小，也是企业市场占有率的象征，拥有一件名牌商标就会获得持久、稳定的市场。所以，知识产权是增强企业竞争力的利器。

在当今全球经济竞争中，知识产权的争夺已经成为控制市场的主要手段，而且这种争夺将随着知识经济的迅速发展愈演愈烈。发达国家凭借自身经济、科技的竞争优势，试图通过加强知识产权保护取得更大的市场份额。发展中国家在从世界贸易组织中得到一些利益的同时，也面临着发达国家知识产权竞争优势的严重压力。专利权是知识产权的重要内容之一，中国企业采取什么样的专利竞争策略去应对日益激烈的国际竞争，是中国企业迫切需要研究的重要课题。在高科技局部领域抢占专利权制高点过程中，我国的整体水平和绝对水平与世界强国还有相当的差距，但在某些局部领域也有自己的优势，处于世界前沿，其中许多极有价值的发明创造需要予以高度重视和保护。高科技在市场竞争中具有决定性的意义，中国企业必须在局部领域取得自主的知识产权，以占领知识产权制高点。

一个冷酷无情的现实是，在市场经济条件下的国际竞争和技术交流与转让中，人们只认专利而不认成果。世界知识产权组织的研究结果表明，全世界最新的发明创造信息，90% 以上首先都是通过专利文献公布的。在我国，据有关方面统计，每年产出的国家级科研成果有 3 万余项，但其中申请国内专利的不到三成，申请国外专利的则更少；"863 计划"实施 15 年，国家投入了大量资金，也取得一批重要成果，但在民用的 6 个领域，取得国内外专利的只有 200 多件。而 IBM 公司仅 2000 年获得美国专利及商标局核准的专利数就达 2886 项。差距之大，由此可见一斑。

截至 2001 年底，国家知识产权局共收到发明专利申请近 28 万件，其中 52% 来自国外，而在高科技领域的发明专利来自国外申请的比例更高，如基本电子电路技术占 76%，电信技术占 82%，信息存储技术占 93%。造成这一后果的原因是多方面的，但我国企业和科研院所自主知识产权意识不强的问题也不容忽视。

在商标领域问题同样令人忧虑，国内企业至今仍然缺乏必要的商标意识，一些企业甚至没有自己的注册商标。国外的一些大公司，如索尼、联合利华公司等，拥有的注册商标达到几千件、上万件，其一个企业拥有的注册商标数量甚至超过我国一个大城市所有企业拥有的注册商标数量的总和。而且，我国一些能在国际市场上有一定知名度的商标，又纷纷在国外被抢注，使通向国际市场的路被堵住。外商在进军中国市场时又瞄准了中国仅有的一些名牌，通过合资、收购的办法，将我国原有的这样一些名牌控制在自己手里，予以长期的闲置和冷却。仅就人们熟知的饮料、洗涤用品、化妆品等行业来看，原有的一些国产名牌绝大部分被外商"合资"后销声匿迹。我们在国内和国外两个市场同时遭到外商的夹击。中国加入 WTO 以后，面临更加严峻的市场竞争形势。

诚然，近年我国企业特别是大中型企业，已越来越重视在科学技术方面的投入与产出，重视科技成果的转化和产业化，也有一些企业比较重视自主知识产权的保护。袁隆平院士在我国颁布《专利法》之前就在美澳等国申请了杂交水稻育种技术的专利；中国石化公司就某些化工技术申请了多项国际专利，在世界范围内初步建立起自己的"市场保护圈"；海尔、联想等驰名商标也开始突破国界取得国际上的承认。这些自主知识产权都为企业赢得了宝贵的经济优势。另外，随着"科教兴国"战略的实施，我国企业在研究与开发（R&D）方面的投入持续增加。根据国务院七部委最近完成的"全社会 R&D 资源清查"结果，2000 年我国各类企业支出的 R&D 经费已占全国的 60%，接近发达国家水平，这表明企业已成为我国科技创新的主体。

2. 必须拥有自主知识产权的核心技术

20 世纪 90 年代以来，以信息技术、生物技术为主导的新技术革命蓬勃发展，知识经济初露端倪，世界产业结构发生了深刻的变化。发达国家的科技产业飞速发展，据 OECD 的统计，其主要成员国的知识经济产值已占国内生产总值的 50%，高新技术产业在制造业中的比重不断提高，目前已接近 30%；出口产品结构逐步转变到以高新技术产品为主导的方向，高新技术产品占工业制成品出口的比重目前已接近 40%；知识密集型服务出口发展迅速，到 2002 年此类服务出口将占其服务出口总额的一半左右。另据世界银行《1998 年世界发展指南》的统计资料，1996 年一些新兴市场国家或地区高新技术产品占工业制成品出口的比重已达到相当高的水平，其中，新加坡为 71%、马来西亚为 67%、爱尔兰为 62%、韩国为 39%、墨西哥为 32%、以色列为 30%，我国的台湾省现已接近 50%。可见，高新技术产品未来将成为世界各国出口的主导产品。

近年来，我国的高新技术产品出口增长较快，已经成为对外贸易的新增长点，其增长速度高于总体增长速度，占我国出口产品及出口工业品的比重也在逐年加大，但我国高新技术产品出口所占的比重还比较低，如表 1 所示。

表 1 1992—2000 年我国高新技术产品的出口情况

项目	1992	1993	1994	1995	1996	1997	1998	1999	2000
出口额（亿美元）	39.96	46.76	63.42	100.9	126.6	163.1	202.5	247.0	368.6
同比增长（%）	38.9	17.0	35.6	59.1	25.5	28.8	24.2	22.0	49.2
占产品比重（%）	4.7	5.1	5.2	6.8	8.4	8.9	11.0	12.7	14.6
占工业品比重（%）	5.9	6.2	6.3	7.9	9.8	10.3	12.4	14.1	16.3

资料来源：根据《中国科技统计年鉴》（中国统计出版社出版）各年数据整理计算。

1998 年度世界银行发展报告纲要中指出，如果发展中国家不能掌握高新技术这一新财富，就会落后于他人，以致丧失自然资源丰富和劳动力成本低廉的优势。我们从中国 DVD 在欧盟市场遭飞利浦封杀的事件，可以清醒地认识到拥有自主知识产权的核心技术的重要性。

飞利浦在欧盟封杀中国 DVD 事件硝烟未了，从日本东京又传来一条惊人的消息：世界 9 大电子业巨头聚首日本东京，联合宣布他们已经研发出一种名为蓝光光碟的新产品，有望成为下一代光盘刻录的新格式标准。9 大电子业巨头合力推出这一新的行业标准，目的在于借技术升级的挡口抢占市场先机，继续沿袭他们高端产品的市场策略。这则消息对我国 DVD 行业震动效果不亚于欧盟封杀事件。我们是亦步亦趋地跟着国外企业后面跑，沿袭以前仿制和低价竞销的老路，永远受制于国外企业，还是切实从提高企业研发能力和专利保护意识着手，研制、开发、拥有自主知识产权的核心技术，站在技术发展的前沿，或者通过引进专利，在此基础上进行消化、吸收，最终形成自主知识产权。这是两种经济发展战略和路径，其长期利弊效应是显而易见的。

随着世界经济的发展和全球经济一体化进程的日益加速，在拥有知识产权的核心技术的竞争上表现得尤为突出。而我们目前面临的现实情况如何呢？在 1985 年 4 月 1 日至 2002 年 2 月 28 日期间，中国受理的专利申请和授权情况来分析，代表核心技术的发明专利申请，国外占到了 54%，授权量占到了 60.4%，特别是在生物工程、通讯、新材料等高新技术领域，国外专利申请往往占有 90% 左右的垄断地位。而在我们相对较低的国内发明专利申请量中，包括企业在内的职务发明专利申请仅占到 36.4%，而国外在中国发明专利申请中，职务发明占有率却高达 95% 左右。从中不难看出，我国企业将面临着何其严峻的形势，如果听任这种状况发展下去，我国许多企业的产品不光在国际市场上将遭到封杀，即使在国内市场也将面临着相同的命运。

3. 必须打造自主知识产权的国际品牌

国际上的典型经验主要有日本和韩国。从 20 世纪 70 年代开始，日本企业不断向国外发展，其品牌也不断渗透到欧美发达国家，并扩展到世界各地。由于日本企业不懈的努力，一大批日本品牌出现在世界各地，消费者逐步认识并接受了日本的品牌，汽车行业、电子行业以及家电行业的品牌如丰田、本田、索尼、松下、东芝等，已经成为家喻户晓的全球品牌。

80 年代中期以后，韩国企业品牌也不断扩张，现代、三星等品牌不断向世界发出强有力的信息，使得世界认识并接受了韩国的品牌。我国随着城乡居民收人水平的提高和消费品更新换代节奏的加快，品牌消费理念迅速深入人心，购买力进一步向名优品牌产品倾斜。如 2001 年家电产品，其销量前十位品牌的市场份额之和均超过 60%；又如服装市场，西装、衬衫、领带、皮衣等十大畅销品牌拥有 1/3 的市场；羽绒服、羊绒衫，各类内衣的十强品牌已赢得了半壁江山。在主要消费品领域，国产名牌均占市场主导地位。从家电产品的调查结果看，长虹、康佳、TCL、海信四大彩电品牌吸引了近六成的购买力；海尔、美的、格力、春兰四大空调品牌占有半壁江山；海尔、容声、新飞、美菱和长岭五大品牌冰箱占有 70% 市场份额；在冷柜市场上，澳柯玛、海尔和新飞三大品牌吸引了 80% 的消费者；洗衣机市场上，海尔、小天鹅两大品牌赢得了 50% 的消费者的信任和喜爱。

国内海尔集团创出世界品牌的勇气和经验值得提倡。海尔集团总裁张瑞敏强调，"创牌"是海尔出口的目的，出口创汇和出口创牌有本质的区别：出口创汇以创汇为导向，容易受客户制约；出口创牌以创牌为导向，通过树立用户的信誉实现超出创汇意义的价值。他指出，一个国家如果没有自己的名牌，只有自己的加工能力，就会永远受别人制约，受人家剥削；一个企业如果没有自己的名牌，在国际贸易中就必须依赖别人，而一旦树立了自己的名牌，这种关系就会变成互相依存的关系，优势互补，互利互惠，达到双赢的目的。

由于品牌具有属性标示的重要作用和垄断性及高回报率等特征，因而我国民族工业要想在短时期内加速发展和壮大，就必须精心组织和实施品牌发展战略。所谓"品牌战略"，就是指企业通过对品牌资产的营运来促进对其他资产（主要是有形资产）的运用，以盘活资本存量，协调资本增量，降低企业成本，进而获取长期效益极大化。所谓品牌资产，是指一种超越生产商品所有有形资产以外的价值形态，而这种品牌资产的好处就在于可以预期未来的收益将超过推出具有竞争力的新品牌所需的扩充成本。因此，我们可以说"品牌战略"实质上是"名牌战略"，它也是资本营运的一种形式。当前，我国除加强产品生产外，应把主要的精力用在发展民族品牌事业上，以"品牌战略"为龙头来走活关系中国经济大局的民族企业和民族经济这盘棋，主要寄希望于外国资本是极不明智的。

名牌的多少是一个国家产品竞争力的象征，也是一国经济优势和综合实力的体现。现代市场经济从某种意义上讲是"品牌经济"，就是以名牌产品去导向企业的生存与发展。名牌的市场意义在于，名牌对市场的有效占有、长期占有。名牌产品和企业集团的规模联动和对市场的辐射，不仅可以以其自身的优势促进企业的优化组合，而且还能有效地带动一个国家和地区经济的整体发展。此外，我国目前约有 1/3 以上的资产在闲置，这一现实为我国高价值品牌扩展提供了最大的可能。我国必须围绕品牌市场占有的最大化来寻求产销网络的最佳区域和最有效途径，使我国的民族工业在"跳跃式"中发展壮大起来。可见，品牌战略的实质，就是构建以名牌产品、名牌企业体系为基础的产业链，以名牌的规模效益增加国家的经济优势和竞争能力。

综上所述，在这个既充满机遇又充满挑战的时代，我国要最大限度地获取贸易发展的动态利益，更好地通过对外贸易促进产业结构的良性调整，就必须以知识产权优势理论作为应对经济全球化和发展对外贸易的战略思想，在结合比较优势与竞争优势的基础上，大力发展控股、控技（尤其是核心技术）和控牌（尤其是名牌）的"三控型"民族企业集团，突出培育和发挥知识产权优势，早日真正打造出中国的世界工厂，并完成从贸易大国向贸易强国的转变。

参考文献

[1] 冯昭奎."世界工厂"的变迁 [J].世界经济与政治，2002，（7）1.

[2] 吕政.中国能成为世界工厂吗 [J].企业改革与管理，2002，（1）1.

[3] 彼得·德鲁克.创新与企业家精神 [M].海南：海南出版社，2001.

[4] 辜胜阻.应对 WTO 挑战推进专利知识产权制度创新 [J].中国科技产业，2002，（3）1.

[5] 衣庆云.加入 WTO 与企业的知识产权意识 [J].财经问题研究，2002，（3）1.

［6］迈克尔·波特.国家竞争优势［M］.北京：华夏出版社，2002.

［7］保罗·克鲁格曼.战略性贸易政策与新国际经济学［M］.北京：中国人民大学出版社、北京大学出版社，2000.

中国区域经济与亚太合作的战略构想[*]

中国经济区域化是生产力社会化和地区分工协作发展的必然结果，也是现代市场经济演进的客观趋势。然而，以一国社会劳动地域分工为基础的区域经济合作不是封闭性的，除了国内各个区域经济之间需要加强网络化的联系之外，任何一个区域经济还应当积极介入世界经济联系之中。本文着重分析中国区域经济如何逐步强化与亚太国家和地区的合作，以便更好地推动中国经济的发展。

一、中国区域经济与亚太合作的必然性

中国作为一个整体与亚太国家和地区的经济合作，实际上是从国内各个城市和地区逐渐对外开放起步的。我们必须确定这样一种新思维参与国际分工和国际竞争，既要推进整体的中国与别国的联系，也要推进中国各个区域与别国及其区域的联系。而后者具有不可忽视的现实意义和客观必然性。

第一，它是更猛地发展沿海区域经济的内在要求。我国沿海开放地区在不断与国内外的竞争和合作中，目前已初步形成南、中、北三个若干产业联系较为紧密而又相对自成一体的经济区域。南段包括珠江三角洲和闽南三角洲，深圳、珠海、汕头、厦门和海南五个经济特区及广东、广西、

＊ 原载《当代经济研究》1994 年第 5 期。

福建沿海开放市县。东南沿海开放地区毗邻香港、台湾、澳门，邻近东南亚，已经取得了令人瞩目的经济成就。现在，若想更迅猛地加快经济发展，在若干年内达到和超过亚洲"四小龙"及其他国家，就必须同我国港、台、澳和东盟国家及日本等保持日益密切的经济交往，以便从中获取更大的合作效益。

中段包括长江三角洲开放地区，含上海、江苏、浙江一市、两省的开放市县。长江三角洲地处我国"黄金水道"（沿长江产业发达带）和"黄金海岸"（沿海开放带）"T型"分布的结合部，具有优越的区位运输条件和经济、科技、教育等方面的比较优势。为了实现开发浦东，振兴上海，把上海发展成为金融中心、贸易中心和经济中心的国际大都市，共同繁荣长江三角洲开放区，就必须增强该区与日本、港台和韩国等的经济技术交往，提高经济循环外向化的程度。

北段包括整个渤海湾，山东半岛、辽东半岛和河北省秦唐沧地区及开放市县。环渤海开放地区位于我国华东、华北、东北三地的结合部，以海港为中心具有较好的运输体系，是我国石油、钢铁、化工、重型机械、造船、煤炭等的生产基地。为了确定同长江三角洲、珠江三角洲并驾齐驱的重要地位，对内具有更强的经济辐射能力，该地区必须促进与毗邻国家和地区的经贸合作关系，成为正在酝酿中的东北亚经济技术合作区的组成部分，发挥作为"亚欧大陆桥"东边起点之一的重要作用。

第二，它是更快地开发沿边区域经济的内在要求。我国陆地边界长达22800公里，比海岸线要长，9个省和自治区同15个国家相邻。与沿海地区相比，历史上边境省区经济发展缓慢。近年来随着沿边开放和开发战略的实施，边境省区产业结构有了新的变化，经济增长速度加快。迅速发展沿边经济，进而形成若干沿边区域经济，必须与周边亚太国家及其地区加强经济技术合作。其中，联合开发图们江和湄公河，开辟与南亚次大陆的经济合作，是当务之急。

第三，它是生产力在亚太地区重新配置趋势的内在要求。生产力及其要素跨越国界在亚太地区内重新配置和组合，是战后亚太经济发展的显著特征和趋势。目前已形成互相关联的三级产业格局：一是以美日为首的发达国家，以技术密集型和资本密集型产业为基点高新技术及其产业处干亚太领先地位；二是"亚洲四小"资本和技术密集型产业占有较大比重，劳动密集型或资源性产业也占有一定比例；三是中国和东盟诸国除新加坡以外及其他欠发达国家，以农副产品和劳动密集型产业为主，矿产资源等初级产品占有相当比重其中像中国也有一定比例的高新技术及先进产业。在亚太产业结构调整和互动进程中，国际资本沿着"发达国家——新兴工业化国家和地区——其他发展中国家"的轨迹进行跨国转移。

在亚太区域内资本、产业和技术转移方兴未艾的态势中，我国于1984年、1988年和1991年三次出现吸引外资的高潮。在外商投资结构中，技术密集型产业和出口创汇型项目明显增多。在90年代，我国要做到在全面增强产业素质的基础上，使东部、中部、西部产业结构和经济发展水平迅速提高，就必须全方位地加强与周边国家和地区的经济合作，以最大限度地发挥本国的经济潜力和比较优势，并从中寻求利益极大化。

二、中国区域经济与亚太合作的基本内容

我国区域经济与亚太合作的领域是宽广的，其中主要有对外贸易、技术转让和互相投资等。

1. 提高中国各区域经济与亚太地区的外贸水平及外贸结构

对外贸易是中国各区域参加亚太地区经济合作的基础，重点是出口创汇，以缓解国内各区域建设资金不足和有关设备及资源问题。我国与亚太地区许多国家的外贸水平并不高，这与作为一个亚太大国的应有经济地位很不相称，必须大幅度提高进出口数额，同时，还必须按照对外贸易的国民经济盈利性指标努力改善进出口商品的结构，逐渐由主要出口原料性的初级产品向主要出口制成品转型，由主要出口粗加工制成品向主要出口精加工制成品（即高附加值产品）转型。此外，各区域都要加快外贸体制的改革，尽快在外贸上与国际接轨，运用以进口带出口、易货贸易、记帐贸易、技贸结合等灵活多样的贸易形式，并积极采用产品的国际化标准。

2. 改善中国各区域经济与亚太地区的能源和原材料供应状况

亚太地区能源需求增长很快，供求缺口较大，能源消费结构不尽合理，偏重于煤炭等固体燃料，甚至依靠薪柴等生物能源，而发达国家又严重依赖进口能源。我国能源基本上能满足自己，出口数量不大。亚太地区的能源合作日益获得高度重视。在60年代至80年代，联合国亚太经济和社会委员共提出31份左右关于亚太能源问题的研究报告。太平洋经济合作会议矿产和能源专题小组在80年代就举行过三次会议。应当说，亚太地区能源合作给我国各区域的能源工业发展带来了机遇和挑战。如果能使各区域的能源工业逐步做到内需有余和较大规模的出口，改变能源工业的产品结构，吸引大量外资促进能源工业的发展，那么，我国参与亚太地区能源合作就大有可为。特别需要指出的是，东北亚各国拥的丰富的自然资源，以该地区的资源开发为中心内容，必将改善毗邻各国内有关区域的原材料和能源供应。

3. 促进中国各区域经济与亚太地区的技术转让和合作研究

亚太地区一直存在着十分活跃的技术交流，不仅本地区发展中国家大量引进美日两国技术，而且美日两大技术输出国也互相引进。大量的技术交流有力地推动了亚太地区产业结构的升级性调整，从技术和产业方面强化了地区间的合作深度和广度。

我国各经济区域引进技术的目的是为了加强战略产业、出口产业和改造现有老企业等。目前，已取得了令人瞩目的成就，但是也存在某些问题。如作为技术大国的日本对我国各区域的技术转让就很少，许多外资没有吸引到关键技术的部门和企业，而是大搞旅馆、炒房地产等。今后，应注重通过合作设计和合作生产，开发新技术和新产品，创办一些高新技术产业。

在与亚太合作大力发展技术密集型产业之时也要看到，我国在宇航技术、造船技术以及机电技术等方面具有较大的优势，可以对亚太某些发达或不发达国家实行技术转让和相关产品出口。

4. 增强中国各区域经济与亚太地区的相互投资

通过举办"三资企业"和各种直接或间接的投资方式来利用外资，是我国各区域经济与亚太地区经济合作的一项重要内容。吸引外资的重点领域是交通、通讯、港口、能源和高新产业。

在总体上主要是引进外资的格局中，我国各区域某些资金和技术实力雄厚的大企业，也可以输出资金，举办海外企业和跨国经济。这不仅是指对亚太发展中国家和地区，而且包括像美国之类的发达国家。譬如，截止1992年底，我国中信公司和首钢就在美国进行钢铁业投资两项。此外，我国各经济区域可视实际情况，在教育、人力资源开发、旅游、渔业、农业、环保等诸多领域展开各种形式的合作。

这里，应当对与亚太合作内容密切相关的"雁行模式"作一简略的评论。我国各经济区域不可能被动地接受"雁行模式"；即依照"日本→'四小'→东盟→中国和印度等"模式（包含大雁中的小雁现象这种"多重雁行机制"）来安排和调整经济结构，跟在日本及亚洲"四小"后面亦步亦趋，我国虽然继续大力发展劳动密集型产业，但同时也加紧技术密集型和知识密集型产业的发展。尽管各区域产业的总体科技水平还较低，可是也有少数部门已具有较高技术水平，具备了参与较高层次水平分工的基础和实力。因而我国各区域，一方面接受亚太地区一些技术并不先进，但仍有比较利益的劳动密集度高的产业；另一方面，又必须自觉地积极参与资本密集和技术密集程度较高的产业分工与合作。从几十年的长趋势看，后者才是各经济区域产业结构高度化和提高综合国力的根本出路。正因为如此，我国不应是、也不是飞在雁群尾巴的大雁，而是拥有"一龙一凤"。"龙"是指亚欧大陆桥犹如一条长龙把太平洋与欧洲连结起来。"凤"是指我国从北到南沿海和沿边开放地带，东北亚经济区域和南中国经济区域是两翼的凤翅。连云港和上海浦东等好似"龙头凤首"。这"一龙一凤"横向可沟通亚欧两洲，纵向可北联西伯利亚，南接东盟和澳新，包揽半个地球。

三、中国区域经济与亚太合作的原则和组织形式

中国各区域经济的水平和规模是不同的，而亚太地区的情况也异常复

杂，其中既有科技、资源、地理、人口、经济等问题，又有政治、宗教、文化和军事等非经济问题。因此，要想使整个经济合作都能为各方接受，就必须实行一种公认的合作原则。

第一，多边开放主义原则。"开放的地区主义"已原则上被 1992 年 PECC 年会发表的"旧金山宣言"所采纳。但是，各国对这个原则的理解和运用上并不一致。美国想利用"开放的地区主义"这一口号。精心编织以美日同盟为骨干，以美澳、美韩、美国与东盟等双边合作为支干的"扇型结构"模式，即以美国为主导的亚太经济合作区。美国、澳大利亚、加拿大等国经常宣传这一口号的目的，是反对日本对国内市场的过分保护；而日本、韩国、中国台湾、澳大利亚等也想利用这一口号，来抑制美国的某些保护主义措施。东盟不提东亚经济 11 国合作，而强调"六加五"的合作，其原因在于东盟不愿意放弃在东亚地区合作的主导权。

我国应主张区域经济合作化而非区域经济集团化。虽然两者在战后世界经济一体化进行中同时出现，但其性质和效应不尽一致。亚太区域经济合作化，是不排他的开放式合作，而集团化具有较浓的保护主义色彩，那种高度机构化的集团化经济圈不适合中国区域经济与亚太及世界各国的多边合作，也不利于全球经济的健康发展。正确的做法是，通过区域经济一体化，最终逐步达到世界经济一体化。

第二，四分开原则。亚太地区在历史上和现实中均存在许多矛盾和冲突，经济问题与政治问题、军事问题、文化宗教问题交织在一起，区情纷繁复杂。欲要在解决这一系列摩擦之后再来搞经济合作，纯属幻想客观的办法是实行经济与政治分开，经济与军事含领土争端分开，官方与民间分开，中央与地方分开。

第三，平等互利原则。中国经济区域在与亚太各国合作中，应遵循"互相尊重，平等互利、加强交流、共同发展"的原则。

亚太地区国家众多，大小不一，制度不同，资源各异，强弱明显。既是自愿合作，就不能以大欺小，以富欺穷，以强欺弱，而应在互相尊重主权的基础上，贯彻平等互利的通则，以谋求共同发展。历史与现实证明，任何国企图凭借自己的经济、政治和军事的优势，过度追逐本国利益，甚至想控制区域经济合作和次区域经济合作，都是注定要碰壁的这对于历史上喜欢用强权政治的眼光来看待经济合作和经济秩序的国家，尤为值得重视。

至于中国经济区域在与亚太经济交往中，初级产品与制成品、劳动密集型产品与技术密集型产品、雇佣劳动与资本、资本输入国与资本输出国等相互之间利益矛盾，其中确实含有不少不平等的因素，但有些是属于欠发达国家不得不付出的经济代价，以换取经济较快地发展。我国各经济区域在与别国交往中，应尽快提高自身的谈判、商检、司法等工作水平，争取将某些利益不均控制在合乎情理和仍可接受的程度之内。

目前，亚太地区已存在的主要合作组织形式及其机构有：①亚太经济合作组织（APEC）；②太平洋经济合作会议（PECC）；③联合国亚洲及太平洋经济社会委员会（ESCAP）；④亚洲开发银行（ADB）；⑤东盟经济部长会议；⑥太平洋盆地经济理事会（PBEC）；⑦太平洋贸易开发会议（PAFTAD）。最近几年，又有提出建立"太平洋经济合作与发展组织"、"环太平洋论坛"、"太平洋自由贸易区"、"日元通货圈"以及"东亚经济决策委员会"等诸多设想。在这里，不可能对现存和新设想的亚太经济合作多种组织形式作全面的利弊分析，而只准备就与中国区域经济有关的合作组织形式谈些原则性的看法。

其一，积极参加亚太民间性国际组织，如太平洋经济合作会议、太平洋盆地经济理事会、太平洋贸易开发会议、亚太经济合作论坛等，通过政府官员、经济界人士和学者以个人名义的交往活动，大力宣传有利于加强与我国经济区域发展密切相关的方案，以争取苏为宽松的国际舆论。

其二，充分发挥我国在现存官方性亚太经济合作组织的作用，如亚太经济合作部长会议、联合国亚太经社会、亚洲开发银行、图们江地区开发计划管理委员会等，通过政府间的协商，制定出能反映我国各区域与亚太有关地区良好合作的政策和体制。

其三，我国新疆等西北区域代表，争取以观察员等身份参加南亚区域合作联盟举行的会议，以便促进大西北与印度、巴基斯坦等南亚七国的经贸合作。

其四，我国西南经济区域应注重参加印度支那及有关国家的区域合作，尤其是开发湄公河一类的组织机构。

其五，我国华南经济区域（含广东、福建、海南）可以与我国台湾、我国香港建立"华南经济圈"，并在条件成熟时成立相应的松散性协调组织机构。

其六，如果把"华南经济圈"再扩展些，可以华南区域加强与东盟各国的经济合作，进而组成"南中国海经济协作圈"。

其七，在不断增强我国华北经济区域与韩国、日本和朝鲜经贸关系的基础上，积极发展"黄海经济圈"并建立区域性协商组织。

其八，大力推进东北经济区域与日本、南北朝鲜、俄罗斯和蒙古相关地区的合作，早日建立"北区经济圈"的开发协调机构。

这样，随着沿海经济诸圈和沿边经济诸圈及其相应组织形式的陆续建立，以及我国作为整体逐步加入亚太合作组织，相信在不久的将来，中国区域经济肯定会生机勃勃，突飞猛进。

四、中国区域经济与亚太合作的实施方法

鉴于亚太地区各方不同的经济利益、政治利益以及宗教文化等众多因素的差异，各国对于开展地区经济合作的出发点和步骤并不相同，因此，在短期内不可能真正实现亚太经济一体化。然而，我国各区域经济的对外合作又不能停滞因而有必要在具体实施合作中采取三种方法：

一是从沿海圈到沿边圈。我国各经济区域与亚太地区的大规模合作，实质上是沿海从南到北逐步扩大的。现阶段应当适时重点推进"华南经济圈"、"南中国海经济协作圈"、"黄海经济圈"、"图们江经济圈"及以上海为核心的长江三角洲与太平洋沿岸各国的区域合作圈；同时，积极开拓沿边开放带，积极推动"东北亚经济圈"、"南亚经济圈"、"湄公河经济圈"等沿边经济合作圈的早日形成。只要西北、西南、东北三大经济区域对周边境外地区的合作搞活了，我国从沿海诸圈到沿边诸圈的步步推进目

标就可以最终实现。

二是从小圈到大圈。针对亚太地区出现的泛亚太经济合作、次区域经济合作和次次区域经济合作如东盟内部的"增长三角"三种不同范围和规模的经济圈并存的格局，我国经济区域与亚太地区的合作，只能实施以"小圈促中大圈、以大圈带中小圈"层层推进的战略步骤和方法。小圈如"图们江经济圈"、"湄公河经济圈"、"华南经济圈"等，中圈如"东北亚经济圈"、"南中国海经济圈"、"黄海经济圈"、"环日本海经济圈、"东亚经济圈"等，大圈即"环太平洋经济圈"或"亚太经济圈"。

三是从无形圈到有形圈。所谓无形经济圈，是指中国经济区域与亚太地区在贸易、产业、科技和投资等各个领域的实质性结合，表现为贸易加工型、产品差别化分工型、工序间分工型和资本联合型等形态。所谓有形经济圈，指的是中国经济区域与亚太地区在体制和组织上的结合，通过缔结某种条约和设立超国家的机构，来实行政策协调，表现为优惠、贸易协定、关税同盟、自由贸易区、共同市场等形态。我国各经济区域与亚太的合作，应从加速各种无形经济圈做起，争取以双边关系为基点，大力开展多边的全区域性的各领域合作。同时，创造条件逐步建立从低级到高级各种有形的经济圈形态可以预见，在近十年左右的时间内，整个亚太地区将存在三种主要合作方式无形的经济圈不断形成有形的次区域经济组织不断涌现松散的政府间协调机构不断加强。

从我国中长期的合作方向来说，必须在正确处理好"小三角（中国大陆、中国台湾、中国香港，含中国澳门在内）"、"中三角"（中国、"四小"、"东盟"）和"大三角"（中、日、美）三个"三角关系"的基础上，走出"三大步"，参加"东亚经济圈"，组成"亚太经济圈"。

关于人民币区域化和国际化可能性探析[*]

一、亚洲经济发展需要区域性货币

中国人民币走向区域化和国际化之所以具有可能性，是因为经济全球化的发展将对国际新秩序的建立产生深刻影响，处于亚洲经济区域中的发展中国家，只有通过自身的经济发展，建立区域货币体系，才能逐步摆脱美国金融霸权的控制，努力改变不平等的经济关系，以实现自己的发展目标。

1997 年，东盟在国际货币基金组织（IMF）召开年会之际，提出了建立亚洲货币基金的设想，2001 年 11 月在文莱举的亚太经济论坛首脑会议上，日韩等国有关人士就"东亚货币"的可能性进行了探讨。2001 年初在日本神户召开的亚洲 25 国财政部长会议上，日本和法国联合发出倡议，呼吁亚洲国家采纳一种不受美元支配的货币体系以避免金融危机。2001 年 10 月中旬，被誉为"欧元之父"的罗伯特·蒙代尔来到中国，也把关于"亚洲单一货币"的憧憬带给参加上海 APEC 会议的首脑们。东亚地区在经历了 20 世纪 70—80 年代的经济高速增长后，区内各国在经济、政治合作方面已经建立了一定的基础。一是东亚地区的区内贸易和投资规模日益扩大，贸易总额占外贸总量的比值超过 50%。二是东亚地区经济合作呈

---

* 原载《当代经济研究》2002 年第 11 期。本文第二作者为周肇光。

现良好的趋势，各国利用资源差异发展多层次合作，还将开辟东北亚经济圈、环黄渤海经济区、印支经济区及新柔佛增长三角带经济合作的新局面。中国是亚洲区域中的一个发展中大国，在经济协调发展中发挥着一定的主导作用。特别是加入 WTO 后，中国在参与全球金融活动与规则制定的基础上，将更积极地参与亚洲区域的货币金融合作，支持亚洲货币基金（AMF）的建立与发展，努力与周边国家一起为亚洲经济、金融开放创造良好的公共环境，已经形成了亚洲经济发展深深地依赖中国的新格局。

有人认为，东亚出现区域性货币是很遥远的事，理由是各国在政治上难以形成共识，在历史文化上差异太大，难以保证区域货币联盟的好处。这种观点是有一些道理的。但是，中国加入 WTO，标志着国内市场经济日趋走向国际化，中国人民币就有可能成为区域性货币。这是因为：日元信用关系严重疲软。日本自 20 世纪 90 年代以来，泡沫经济的负面影响仍然存在。2000 年以来经济更是持续低迷，破产企业增加，失业率创记录，金融资产大缩水，银行呆账 120 万亿日元，银行体系处于瘫痪状态。由于国债余额对 GDP 的比例已超过 130%，国家财政处于崩溃边缘，再加上美国 2001 年经济不景气导致日本出口额减少，美日汇价急剧波动，就在 2002 年 1 月 22 日这一天，日元兑美元一度达到 3 年来的最低点，即 133.82。日元贬值导致了日本金融动荡和经济恶化，正如日本中央银行行长速水优于 2002 年 1 月 21 日在日本银行地方经济季度会议上指出："日本经济恶化的现象是普遍的，包括出口和资本支出下降，个人消费低迷，物价下跌，日本经济正在迅速下滑，而且随着日本政府实施激烈的经济结构改革，日本经济还将进一步恶化。"[①] 日元贬值对亚洲国家和地区的出口也产生了消极影响，导致了日元信用关系严重疲软，金融中心地位相对下降。

日本长期存在着政治历史问题，影响亚洲许多国家和地区人们的感情，有碍于对日元信任度的提升。从地缘政治上看，亚太地区存在着"中美日"大三角关系，美国因全球利益不愿意让日元区域化。当日本 1997

---

① ［日］速水优：《青年报》2012 年 1 月 23 日。

年提出建立亚洲货币基金的建议时，就曾遭到美国和国际货币基金组织的反对。从历史上看，日本侵略过东亚许多国家，这些国家宁愿接受美元或人民币也不愿接受日元。从制度上看，东亚大多数国家都建立了市场经济体制，政治意愿逐步形成共识，中国同东盟在 10 年内建立自由贸易区的走向，客观上都为人民币的区域化奠定了基础。

中国人民币币值稳定，且有良好的国际信用关系。我国经济长期高速增长，赢得了亚洲乃至世界各国的颂扬。特别是自东南亚金融危机以来，始终承诺人民币不贬值，赢得了国际社会的广泛信任，也使八国集团和亚洲一些国家清楚地认识到，中国是一个可信赖的合作伙伴，世界经济的稳定与发展离不开中国。作为一个发展中大国，中国积极赞赏欧盟提议的"经济安理会"和美国提议的"7＋1＋1"框架组织（即在七国集团的基础加上俄罗斯、再加上中国），尽力发挥自己在国际经济事务中应有的作用，并建立了这种良好的国际信用关系，这为人民币逐步走向区域化和国际化创造了适宜的国际环境。

上述分析的结论是：若能实现在与日本平等的基础上建立亚洲货币基金，或者暂不排斥本国货币存在的前提下规划发行"亚元"，对中国都是利大于弊的。不过，在此之前和之后的一个较长时期内，中国还是要积极推行人民币的区域化和国际化。

二、人民币逐步走向区域化和国际化是
提高国际金融竞争力的迫切需要

中国加入 WTO，带来了巨大的机遇与风险，而要充分利用各种机遇和化解市场风险，提高国际金融竞争力，就必须推进人民币的区域化和国际化。这表现在以下几点：

一是在金融管理的要求上，人民币的区域化和国际化要求外资银行进入中国，拓展业务范围，中国的银行要更多地走向世界，在资金运用、业务品种、服务手段、工作效率以及利率和汇率的风险管理等方面对银行业

提出了更高的要求。同时，人民币国际化还将在更深的层次上沟通本币与外币之间的联系，加强本币供应量的调节，改善中央银行宏观调控能力，建立符合市场经济要求的银行体制和金融市场体系，提高银行生存和发展能力。

二是在金融管理的目标上，人民币的区域化和国际化能减少汇价风险，有利于促进对外贸易的更快发展。过去我国对外经济交往都使用外币，汇价风险很大，一旦使用币种不当，就要承受巨大损失。如果人民币成为区域性或国际性货币，在国际间往来时就可以争取更多地使用自己的货币，使汇价风险减少到最低限度。

三是在金融管理的效果上，人民币的区域化和国际化能减少因使用外币所引起的财富流失。把本国货币作世界货币发行，客观上是把别国的资金筹集到本国来，为本国经济注入新的活力。美国战后及近 10 年之所以能维持经济霸权地位，财富有较快的增长，是同美元作为世界货币密切相联的。

四是在金融管理的质量上，人民币的区域化和国际化能提高国际化金融服务水平。因为它客观上需要中资银行必须更多地面向世界，提供符合国际化要求的金融服务。

五是有利于改善外商投资和经营环境，减少外商投资利润汇出风险，保护外商投资者的合法权益，增强外国投资者的信心，更合理地引进外资，提高产业结构的优化率。

总之，人民币逐步区域化和国际化，就是日渐掌握一种区域性和世界性货币的发行和调节权，这对于全球经济新秩序的建立以及提高我国经济的国际地位均至关重要。

三、中国经济发展为人民币逐步走向区域化和国际化创造了日趋良好的条件

从我国当前的经济发展情况看，这些良好条件主要表现在：

（一）中国的经济规模和综合国力已有明显提高

目前，中国由 GDP 所显示的经济规模名列世界第六，再 10 年将成为仅次于美日的第三经济大国。我国的综合国力现排名世界第七，今后大体上每 10 年递增一位。

（二）中国对外贸易结构不断优化

"八五"期间，中国外贸按现行可比价格计算，年平均增长率高达 29.5% 在中国进出口商品结构中，初级产品和制产品各自所占比重，出口约为 1:1，进口约为 1:3，贸易结构的低级化非常明显；在"九五"期间，尽管在东南亚金融危机时承诺人民币汇率保持稳定的前提下，中国外贸仍保持一定增长，上述比重均变为 1:4 左右，标志着中国已基本实现了出口贸易初级产品和精加工产品，向工业制成品和精加工产品的结构性转换；"十五"期间，在对外贸易结构优化和外贸交易量方面，都有新的提高。

（三）引进和利用外资成效显著

按可比汇率计算，对外商投资企业依存度已由 1990 年的 4.9%，上升到 2000 年的 30.97%。引进和利用外资的规模连续多年居世界前列。20 世纪末，已有来自 40 多个国家和地区的外资金融机构在中国 20 多个中心城市设立代表处 500 多个，分支行等营业性机构 120 多家，在华金融资金总额已超过 600 亿美元。

中国有 5000 余家生产和流通企业积极到海外投资经营，已遍及 120 多个国家和地区，跻身国际经济舞台。我国银行业在海外的分支机构已达 584 个，仅中国银行一家海外分支就遍布 19 个国家和地区，达 521 个，海外机构资产总值、存放款总额大幅度增加。国有工、农、中、建等四大专业银行，均已进入世界最大 500 家之列。

（四）外汇管理体制改革效果显著

中国外汇交易中心系统于 1994 年 4 月正式联网运作，标志着我国外汇市场进入了规范和发展的新阶段。进入 1996 年，全国统一金融拆借市场宣告成立，中央银行进行公开市场操作，及时提出人民币远期外汇买

卖，并实现了人民币经常项目的可兑换。这些举措表明，中国外汇管理和
金融市场正朝着有利于人民币可自由兑换乃至国际化的方向发展。

（五）人民币汇率基本稳定

自从 1994 年外汇管理体制改革以来，人民币汇率从波动走向稳定。
如 1994 年汇率并轨时的 8.7∶1 美元，近几年一直保持在 8.27∶1 美元的汇
率，其原因除了与汇率并轨时人民币率定值偏低以外，主要在于外汇市场
持续供大于求。近几年来我国出口创汇形势较好，外汇储备猛增，到 2001
年底突破 2000 亿美元大关，居世界前列。在世界经济衰退的形势下，中
国人民币汇率仍保持不变，经受住了国际金融危机的考验。特别是周边国
家的边贸往来频繁，人民币成了主要的计价流通工具，并大量流入周边国
家和地区，信誉很好，增强了人们对人民币的信心。

（六）中国市场经济体制逐步完善

改革开放以来，中国经济体制改革取得突破性进展，国民经济市场
化、社会化程度明显提高，社会主义市场经济体制的目标和基本框架已确
立，市场在社会资源配置中起到了应有的基础性作用。伴随财政、金融、
外汇、外资、投资和流通等领域中的改革正在深化，推行积极的财政政策
和稳健的货币政策效果明显。

四、推进人民币逐步区域化和
国际化的若干对策

首先，推进人民币区域化和国际化进程，需要有牢固的微观基础，这
就必须加快建立和完善现代企业制度。因为，人民币区域化和国际化进
程，将国外与国内两个市场体系融为一体，客观上迫使企业在全球范围内
参与国际竞争，在更大范围内实现社会资源的优化配置。在这种情况下，
国际市场价格波动将直接影响到国内市场价格波动，影响本国经济的健康
发展。为此，一是按照市场经济体制的要求，深化产权制度改革，建立和
完善现代企业制度，切实转变企业经营机制，使企业真正成为依法自主经

营、自负盈亏、自我发展和自我约束的法人实体和市场主体。二是应当加速建立"三控型"民族企业集团。所谓"三控",就是控股(资本)、控牌(品牌)、控技(技术),只有实行"三控"的企业才是比较安全的民族经济。[①] 三是从根本上提高企业适应国内外两个市场竞争的能力,以适应人民币区域化和国际化进程中所需要的全方位开放度,切实做好人民币区域化和国际化的基础性工作。

其次,推进人民币区域化和国际化进程,需要加强和完善以商业银行为中心的信用制度,并加大在国外推行人民币兑换业务。因为,人民币区域化和国际化属于货币经营范围,它包括国内经营和国际经营两个部分,两者都需要通过建立良好的信用制度来协调运行。要把信用视作金融业发展的生命线,不断完善适合国际要求的信用制度。目前,在世界各国经济交往中,要为人民币可兑换创造条件。如在旅游业相互开放的国家中,尤其是在东亚国家推行定额人民币兑换该国货币。现在,在泰国、越南、缅甸、朝鲜、蒙古、俄罗斯、中国香港和中国澳门等国家和地区,人民币可以全境或局部通用(缅甸等已规定中国游客可自由携带 6000 元人民币入境并用此付费),但在整个东南亚地区流通的人民币不过二、三百亿元,而我国人民币总发行量为 16000 亿元,只占不到 2% 人民币在一定程度上的区域化也只是国际化的始点。同时,要大力推行在发达国家推行人民币兑换该国货币的措施,为提高人民币区域化和国际化提供良好的软环境。

再次,推进人民币区域化和国际化,需要建立一个合理的非对称利率市场化机制。非对称利率市场化是相对于完全自由的利率市场化而言,是指以中央银行利率为核心、货币市场利率为中介、由市场供求决定存贷利率为基础的市场利率体系。

从世界金融发展历史来看,利率市场化有两种模式,一种是完全自由的利率市场化,它以发达健全的金融市场体系为基础。从有关国际利率市场化改革的实践看,如果金融市场体系不健全,一旦利率放开,完全由市场决定,利率波动就比较剧烈,就会带来巨大的金融风险,1997 年东南

---

① 程恩富:《经济全球化与中国之对策》,上海科学技术文献出版社 2000 年版,第 49 页。

亚金融危机就是深刻教训。因此，这种利率市场化模式不适合于发展中国家的改革目标。另一种是非对称利率市场化模式，它是以比较健全的金融市场体系为基础，以中央银行利用经济手段进行适度干预为前提。因为对发展中国家来说，由于资本的相对稀缺，若通过市场对资源进行配置就无法满足资金的要求，因此只能通过政府对利率的干预来增加资本积累。可以这么说，非对称利率市场化在一定条件下对发展中国家的金融和经济发展起着其他因素所无法替代的积极作用。从实质上看，它是一个博弈过程。因此，这种利率市场化模式得到了世界上许多发展中国家甚至一些发达国家的认可。

为此，中国要根据非对称利率市场化模式的要求，建立合理的利率市场化机制。①要尽快完善短期资金市场和长期资金市场，这是建立非对称利率市场化机制的基础。②要规范商业银行的经营行为，提高资金使用效率，实现中央银行间接管理和规范管理的要求，不断提高利率水平，并按照商业银行规范经营的要求进一步公开市场交易，这样才能使利率波动成为一种正常的市场行为。③要注重利率市场化的实际绩效。一是在放开同业拆借利率的基础上，进一步完善和提高原利率的市场调节机制。主要是降低交易成本，提高结算清算效率，加快资金划转和清算速度，以便及时地反映资金供求状况。同时要增加信息提供，降低交易风险，特别要放宽市场化准入标准，将境外资金纳入同业拆借市场，扩大和发挥金融市场的功能作用。二是在国债市场上，进一步完善有利于利率市场化作用的国债市场联动机制。因为，国债市场利率具有交易量大、信息披露充分等特点，根据利率市场化要求，国债发行可采取全额招标或拍卖等方式，在保留底价和基本承销价的前提下，适当扩大招标或拍卖价格的变动区间，便于投资者自行确定国债发行率，以此推动其他金融资产的利率市场化。三是在银行存贷关系上，进一步实行存贷款利率的动态机制，调节企业和居民的经济行为和消费行为，引导资金按社会经济发展的需要进行流通，使社会资金供求达到动态的平衡，从而避免金融风险，维护社会经济稳定，为人民币国际化提供内在基础。

最后，推进人民币区域化和国际化进程，需要高度重视和改进开放中的金融监管问题。

（1）积极消除金融隐患来加大金融监管力度。改革开放以来，我国虽未正式产生过金融危机，但近年始终存在一些金融隐患，如银行资产质量不高，不良贷款比重较大；某些地方金融秩序混乱，非法集资现象突出；不规范运作的非银行金融机构较多；证券、期货和股份制运行与操作的漏洞较多；金融立法和执法均有疲软之处，致使金融犯罪现象较为严重，影响了金融机构的国际竞争力。因此，必须严格立法和执法，并辅之以诚信教育。

（2）健全具有中国特色的金融监管体系。为了形成稳定的金融市场秩序，保证货币国际化目标顺利实现，一些国家根据本国的国情，建立了各具特色的金融监管体系。中国过去的金融监管体系是以封闭型为特点，在中央银行内部没有成立统一的金融监管机构。如中央银行监管一司负责对国有银行进行监管，中央银行监管二司负责对非国有银行进行监管，中央银行合作金融机构司负责对合作金融机构进行监管。尽管职责明确，但监管效果不理想，这是导致当前金融监管疲软的主要原因之一。所以，要改变现行金融监管机构的设置，建立和健全一体化的开放性金融监管体系，对各类金融机构进行统一的有效监管。

（3）健全符合金融监管要求的金融安全网。世界上许多国家都十分重视金融安全网建设，主要是为了防范由于一家银行倒闭，因信息不对称而导致众多存户挤兑，致使许多银行发生连锁倒闭的系统风险现象的出现。金融安全网建设包括两个方面：一是建立银行存款保险制度，即通过设立存款保险公司，向金融机构收取一定的保险金，对在该金融机构的存款实行保险，以防止金融机构经营中所产生的系统风险。二是建立最后贷款制度。中央银行充当最终贷款人，在金融危机期间向有困难的金融机构提供流动资金贷款，以防止银行连锁倒闭和金融危机的爆发。

（4）面对金融日趋自由化和美国为首的国际金融霸权的新态势，中国既要深化国内金融体制的改革，迅速提升本国金融机构的竞争力，也要循序渐进地适时开放金融领域，强调有理、有利、有节，还要加强对国际游资的防范与管理，严格监督外资金融机构的经营行为。

参考文献

[1] 程恩富. 西方产权理论评析 [M]. 当代中国出版社，1997.

[2] 程恩富. 中国海派经济论坛（1998）[M]. 上海财经大学出版社，1998.

[3] 程恩富. 中国海派经济论坛（2001）[M]. 上海财经大学出版社，2001.

[4] 程恩富. 当代中国经济理论探索 [M]. 上海财经大学出版社，2000.

[5] 孙兆康. 人民币国际化的一种理论解释 [J]. 金融教学与研究，1998，（1）.

[6] 姜凌. 人民币国际化理论与实践的若干问题 [J]. 世界经济，1997，（4）

[7] 姜凌. 人民币国际化——跨入新世纪中国金融行将面临的机遇与挑战 [J]. 金融与经济，1999，（3）.

[8] Krugman，Paul. R，Currencies and cries，The MIT Press，1992.

"三元悖论"与我国资本项目放开的新考量[*]

一、"三元悖论"的提出

"三元悖论"（The Impossible Trinity）理论认为，在开放经济条件下，一国不可能同时实现货币政策独立、资本自由流动和汇率稳定三大宏观经济目标，只能取其二而舍其一。"三元悖论"为金本位时期到牙买加体系时期各国制定宏观经济目标提供了理论依据。实践证明"三元悖论"存在有效性。"三元悖论"的理论基础是蒙代尔—弗莱明模型，由克鲁格曼正式提出。

蒙代尔—弗莱明模型（M－F模型）扩展了对外开放经济条件下不同政策效应的分析，说明了资本是否自由流动以及不同的汇率制度对一国宏观经济的影响。对于一个实行固定汇率制度且资本完全自由流动的国家来说，当其央行采取扩张的货币政策时，会增加货币供应量、下调利率，利率下降会使该国的利率低于他国引起资本外流，资本外流减少了国内的货币供应量进而起到阻止利率下降的作用，但这容易造成国际收支逆差。这时，中央银行必须干预外汇市场，抛售外汇资产购买本国货币，直到货币供应量回到最初水平。同样地，当其央行采取紧缩的货币政策时，货币供

* 原载《辽宁大学学报》2015年第5期。本文第二作者为孙业霞。

应量减少，利率有上升趋势，较高的利率会吸引资本流入，进而阻止利率上升，但这容易造成国际收支顺差。为了调节这种国际收支失衡，中央银行会出售本国货币买入外汇，直到货币供应量回到最初水平。由此可见，货币政策在固定汇率制度下没有发挥作用。实行浮动汇率制度的国家，扩张性的货币政策，利率下降，大量资本流出引起汇率贬值，汇率贬值会改善贸易收支，刺激收入和就业增长。同样的，紧缩的货币政策会引起汇率升值，恶化贸易收支，进而导致收入降低。可见，浮动汇率制度下，货币政策对收入具有实质性的影响。M－F模型论述的正是资本自由流动、固定汇率制度和货币政策独立性三者不能同时实现的关系。这为后来的三元悖论理论奠定了分析基础。

克鲁格曼在《萧条经济学的回归》一书中详细论述了"三元悖论"，即本国资本的完全流动性、货币政策的独立性和汇率的稳定性无法同时实现，只能放弃一个目标来实现另外两个目标。该理论可以用图表表述为：

三元悖论指的是 A＋B＋C＝2，当 A、B、C 值为 1 时，表示其宏观经济目标是能够实现的，当 A、B、C 的值为 0 时，表示宏观经济目标不能实现。这就存在三种情况：其一，（A，B，C）＝（1，1，0），其经济含义是完全开放资本市场和保持货币政策独立的同时，必须放弃固定的汇率制度。这种组合主要以美国、英国、加拿大等发达国家为典型代表。其二，（A，B，C）＝（1，0，1），其经济含义是完全开放资本市场和实行固定汇率制度的同时，就不能保持货币政策的独立性。当一国经济过热时，该国采取紧缩的货币政策，高利率会吸引热钱注入，抵消紧缩货币政策的预期效果，反之亦然，这一组合的典型代表是我国香港以及 1999 年的阿根廷。其三，（A，B，C）＝（0，1，1），其经济含义是保证汇率稳定又坚持货币政策独的代价就是放弃资本的自由流动。资本自由流动会引起国际金融市场的本国和他国的资金数量发生变化进而引起汇率的不断波动，这就无法保证固定汇率制度的实施，我国就是类似的情况。这种组合的缺陷在于，资本管制的同时限制了生产经营性资本和货币投机性资本流动，生存经营性资本受限会对经济发展起着阻碍作用。

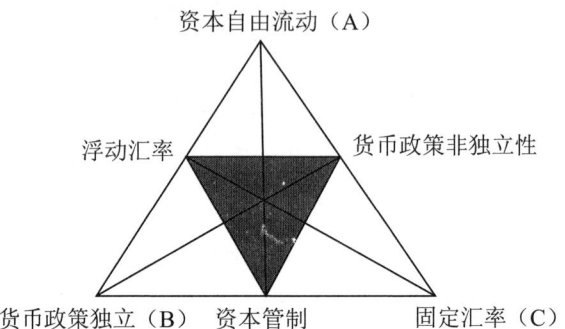

目前，在金融垄断资本主义的大时代中，"三元悖论"已经成为国际经济学中一个经典的论断，为各国在制定宏观经济目标时提供理论参考。同时，该理论也存在一定的局限性，国内外学者在完善三元悖论方面做了很多进一步的探讨。

二、"三元悖论"的中间状态及非角点解

弗兰克①（Frankel，1999）指出，"三元悖论"考虑了极端的情况，即完全的资本自由流动、完全的货币政策独立性和固定汇率制度，并没有考虑中间情况。他认为，没有足够的证据可以证明在选择政策组合时不可以考虑中间情况，可以考虑放弃一半的货币政策独立性和汇率稳定性，这样可以实现一半的汇率稳定和一半的货币政策独立性。事实证明，"三元悖论"三元素的状态并不是非此即彼的关系，都存在中间状态。

（一）三元素的中间状态

第一，资本流动存在部分流动的情况。资本流动包括资本流出和资本流入。一国可以对资本流动不加任何限制允许资本自由流动，也可以严格控制国际间的资本流动，对资本流出和资本流入进行管制。可是，在资本管制时，资本无法做到完全不流动，存在部分资本流动的情况，即部分资

---

① Frankel J. A,《No Single Currency Regime is Right for All Countries or at All Times》,《NBER Working Paper》, 1999, No. 7338.

本管制。这是因为，资本流动性强弱取决于一国的资本管制和国际资本的趋利性，不同国家之间总是存在着利润的差异性，所以资本虽然受到管制，但总是会有一定的流动性。一些新兴市场国家的本国资本稀缺，会选择严格管制资本，限制资本流出，而对资本流入限制相对宽松。这种部分资本管制的典型代表就是中国。

第二，汇率制度存在中间状态。除了常见的两种汇率制度——固定汇率制度和浮动汇率制度之外，汇率制度还存在很多中间状态。1999 年，IMF 将汇率分为八种：无独立法定货币的汇率安排、货币局制度、其他传统的固定钉住制度、水平带内的汇率钉住制度、爬行钉住汇率制度、爬行带内的浮动汇率制度、未事先安排有管理的浮动汇率制度、完全自由的浮动汇率制度。前两种和最后一种汇率制度称为角点汇率制度，其他五种称为中间汇率制度。1999 年 1 月 1 日，实行角点汇率制度的国家共有 92 个（其中实行固定汇率制度的国家 45 个和浮动汇率制度的国家 47 个），实行中间汇率制度的国家为 93 个①。对于许多发展中国家来讲，由于缺乏发达的金融实力、金融市场以及相关制度，中间汇率制度是较好的选择。

第三，货币政策存在弱有效性和强有效性的不同程度。在开放经济条件下，货币政策独立性主要指本国货币政策不受外汇市场的影响。不过，随着经济国际化程度不断加深，一国货币政策独立性在削弱，货币政策的影响因素有很多，除了外汇市场因素外，全球化因素、货币供给内生性和货币替代等因素，也会影响货币政策。经验研究表明，不论实行固定汇率，还是浮动汇率制度，多数国家的货币政策都无法保持完全独立（弗兰克，施穆克勒，塞尔文，2002）。在极特殊的情况下，甚至有浮动汇率国家货币政策独立性弱于固定汇率国家货币政策独立性的情况（豪斯曼，加文，帕赫斯，斯泰恩，1999）。

（二）"三元悖论"模型的角点解和非角点解

根据"三元悖论"建立模型，可以根据不同的情况求得角点解和非角点解。角点解即为三元素的极端情况，货币政策独立、资本自由流动和汇

---

① IMF "International Financial Statistics", 2000.1.

率稳定的三选二。非角点解即为三个元素的中间状态，货币政策部分独立、管制资本流动和汇率有管理的浮动。易纲[1]（2001）在三元悖论基础上提出了扩展三角座标系，为汇率制度"角点解假设"提供了一个理论基础。论文用 x、y 和 m 分别表示汇率稳定性、货币政策独立性和资本流动性，并假设，x + y + m = 2，对三元悖论可以进行重新解读，当 x、y 和 m 值为 1 时，表示其宏观经济目标是能够实现的，当 x、y 和 m 的值为 0 时，表示宏观经济目标不能实现。这就存在三种情况：(x, y, m) = (1, 1, 0)，(x, y, m) = (1, 0, 1)，(x, y, m) = (0, 1, 1)。在座标中，Frankel 所说的"一半一半"的中间制度——(x, y, m) = (1/2, 1/2, 1) 是可能存在的。以易纲扩展的三元悖论为理论依据，我国采用的货币政策组合也可以是 (1/2, 1/2, 1) 的组合，并认为未来我国的政策组合将是：资本自由流动，汇率软钉住和货币政策具有不完全独立性（张庆和王晓东[2]，2004）。沈国兵和史晋川[3]（2002）在"三元悖论"中，又引入了一个影响汇率制度选择的变量——本币在国际金融市场上借债能力（简称本币国际借债能力），建立了四面体假说。他们认为，本币国际借债能力与货币政策独立或依附程度、汇率稳定或变动程度、以及资本流动或控制程度之间排除内生性，具有相关性，并例举了所有可能的情况组合，进一步指出不可能三角模型是四面体假说的一个特例。马欣原[4]（2003）认为，沈国兵和史晋川提出的新变量"本币国际借债能力"的没有普遍的适用性。加入本币国际借债能力将不可能三角扩展为一个四面体不能一般化，"本币国际借债能力"对汇率制度的选择的影响，应该从中心国家与外围国家汇率制度变迁的历史着手研究。其实这从侧面说明，除三元悖论中资本流动和货币政策独立性对汇率制度选择有影响外，汇率制度选择的

———————————

[1] 易纲、汤弦：《汇率制度"角点解假设"的一个理论基础》，《金融研究》2001 年第 8 期。

[2] 张庆、王晓东：《扩展的"三元悖论"对我国政策组合的指导》，《商业研究》2004 年第 17 期。

[3] 沈国兵、史晋川：《汇率制度的选择：不可能三角及其扩展》，《世界经济》2002 年第 10 期。

[4] 马欣原：《不可能三角——从历史角度的阐释》，《金融研究》2004 年第 2 期。

其他影响因素众多。陈智君[①]（2008）从微观经济分析出发，建立了新开放经济宏观经济学框架下的政策搭配理论框架，通过模型和图形分析指出，对于美国、欧盟等经济强大的国家，各国对其货币有充分的信心，大可放心其货币对外浮动，让资本完全流动，并实施独立的货币政策。对于发展中国家来说，对某一政策搭配做出福利评价很难，因而无法确定哪种政策组合是最优的组合。李成和李勇（2009）把三元悖论进行了空间化，将汇率制度稳定性（x）、货币政策独立性（y）和资本流动性（z）做为三个变量放入三维座标系，原点0（浮动汇率，货币政策无效，资本管制），在空间中，存在点 F（1，0，1），表示汇率固定且资本能够自由流动，点 G（1，1，0）表示固定汇率且货币政策独立，D（0，1，1）表示资本自由流动且货币政策独立，△FGD 与三元悖论相对应。△FGD 所在的平面构成了一国政策目标选择上界，三个座标中存在（0，1）之间的点，即非角点。在资本是外生变量和一国汇率制度由政府主导的两大假设下，作者建立了损失函数，其结论表明，汇率不稳定性和丧失货币政策有效性的综合损失函数最小值总是落在 △FGD 内部，即非角点解。黄飞鸣[②]（2009）建立了贷款准备金政策框架模型，在法定贷款准备金政策框架下，货币当局可以通过改变消费贷款准备金率来调节总需求中的消费需求，具体说来，是通过改变消费贷款的成本来影响消费支出。在这个过程中，不需要调整货币市场利率，因此对汇率不会产生影响，进而也不会影响净出口的变化。他进一步地给出了一些如何实施操作法定贷款准备金的建议。

三、我国面临的宏观金融政策组合选择

参考"三元悖论"模型，我国面临两种宏观金融政策组合择优选择，极端的制度选择和中间的制度选择。一部分学者认为，每一种制度的中间

[①] 陈智君：《在新开放经济宏观经济学框架下重新解读"三元悖论"》，《西安交通大学学报》2008 年第 11 期。

[②] 黄飞鸣：《开放经济下的货币政策独立性：一个理论框架——兼论货币区的"三元悖论"之解》，《国际金融研究》2009 年第 11 期。

状态都有其存在的条件，中间的政策制度是不稳定的，我国应该选择极端的政策制度选择。另有一部分学者认为，我国宏观金融政策组合择优选择是非角点解，强调 1998 年金融危机后，亚洲国家的汇率制度也没有向两极转变的趋势（赫尔南德斯和蒙泰[①]，2003）。

（一）资本流动政策的选择

"三元悖论"和历史经验已经证明，固定汇率制度下坚持资本流动，放弃货币政策独立性是不成立的。在保证货币政策独立性的同时，如果放开资本流动，与之相伴随的必然是浮动汇率制度。资本流动政策可以分为三种：完全资本管制、部分资本管制和资本自由化。如前所述，资本流动性强弱取决于一国的资本管制和国际资本的趋利性，不同国家之间总是存在着利润的差异性，所以资本虽然受到管制，总是会有一定的流动性。这就意味着资本流动政策有两种选择，一是资本流动部分管制，二是资本自由化。对资本流动进行管制可以有利地减少短期资本投机，有利于国内经济的稳定和结构的调整。资本账户开放是有一定条件的，应与本国的金融实力和金融市场的完善程度相适应。目前，资本项目自由化的国家主要以发达国家为主，发展中国家主要以资本部分管制为主。

关于我国是否应该放开资本项目问题，国内外的许多论者都表达自己的观点。余永定学部委员强调，过早资本项目全面开放是在根本性问题上犯颠覆性错误！[②] 诺奖得主梯若尔指出"大量的资本账户自由化带来了投机性的外汇交易和银行危机"。[③] 无监管下的资本账户开放，不可能给国外贷方和国内借方带来互利共赢的局面，却往往会引发新兴市场国家的金融危机。20 世纪 80 至 90 年代相继发生在多个新兴市场国家的金融危机，都反复证明了这点。没有足够的金融实力和监管措施，资本账户的自由化为巨额国际资本（特别是国际投机资本）流入与流出一国，开辟了一片畅通

---

① Hernandez, L. & Montiel, P. J. (2003). "Post-crisis Exchange Rate Policy in Five Asia Countries: Filling the Hollow Middle." Journal of the Japanese and International Economics, 17 (3), 336 – 369.

② 余永定：《寻求资本项目开放问题的共识》，《国际金融研究》2014 年第 7 期，第 3—6 页。

③ ［法］让·梯若尔：《金融危机、流动性与国际货币体制》，陈志俊，闻俊译，中国人民大学出版社 2015 年版，第 9 页。

无阻的"海滩"。一旦这种流入与流出形成"潮汐效应",即来时如排山倒海,去时一泻千里,且资本流向突然逆转,则必然引发金融危机。郎咸平也把放开资本项目称为"精心策划的阴谋"①。20世纪80年代,为了让日本开放金融市场,美国列举了开放金融市场的种种好处,第一是金融发展有利于经济发展,应该放宽监管;第二,平衡理论。美国从日本买了很多东西,日本也应该从美国多购买东西;第三,金融发展涉及到国际竞争力,应该坚持对外开放。随着金融市场的开放日本经济产生的巨大的泡沫,泡沫破灭使得日本遭受了未曾有过的经济不景气的袭击。泰国也是一个典型的例子。20世纪80年代末,泰国一直实行较为严格的外汇管理制度。从90年代开始,泰国推出金融改革,并减少对资本项目交易的外汇限制。1992年又进一步对外资开放,这导致大量资金涌入泰国,甚至进入房地产行业和股票市场,最终发生了泰国金融危机。正如斯蒂格利茨所强调的,"根据2008年全球金融危机时的经验,如果金融监管放松过快的话,其实危害还是蛮大的。资本账户的开放对于美国金融危机的爆发并传导到其他地方是负有一定责任的"②。

我国政府是从2009年人民币进行贸易结算以来,开始将资本项目自由化作为我国政府和货币当局的一项重要政策。周小川在出席中国发展高层论坛2015年年会时表示要在2015年通过各方面的努力实现人民币资本项目可兑换。然而,我国加快资本项目可兑换的好处何在呢?我国的资本自由流动程度没有受到任何压力,近年来,由于美联储推出数量宽松的货币政策印度、巴西等国出现了资本外流、货币贬值、经济增长速度下跌等严重经济困难,中国能够免于其难的一个重要原因就是中国依然保留资本管制。资本自由化过程中如果金融市场不完善的话可能会出现资本外逃现象。目前,我国的金融市场还没有完善到可以与资本项目自由化相匹配,资本跨境自由流动也不能改善我国资源配置。一旦资本项目自由化,短期的资本流动往往就会进入到流动性较强及有投机性质的股票市场和房地产

---

① 郎咸平:《郎咸平说:新帝国主义在中国2》,东方出版社2010年版。
② 斯蒂格利茨PK央行:激辩资本项目开放,http://www.hxw.org.cn/html/article/info7110.html。

市场等引起股市和房市泡沫①。英国《金融时报》首席经济评论员马丁·沃尔夫预言:"倘若完全放开资本账户,那么中国政府将对其所有经济杠杆中最有效的杠杆失去控制","如果中国开放了资本账户,局面将发生改变:任何危机都可能变得更难化解,危机对世界其他地区金融体系的冲击也将大得多"。②

资本项目自由化过程中存在时序问题。中国在资本项目开放时的时序应该遵循如下原则:先开放经常项目,再放开资本项目;关于资本项目,应该先开放直接投资,再开放间接投资;先开放长期投资,再开放短期资本流动;先开放证券组合投资,再开放借贷;先开放资本流入,再开放资本流出(余永定,2014③)。资本自由化的过程应该遵循时序地渐进进行。日本的资本项目自由化过程始于1960年,一直到1997年才基本完成,持续近40年;日本于1964年实现经常项目自由化,到实现资本项目自由化共计33年。诺奖得主蒙代尔也提醒过中国,在资本项目开放和人民币可兑换上应当谨慎,不能急于求成,要避免出现1985年"广场协议"美国怂恿日元不断升值的后果。正如余永定学部委员指出,资本项目自由化是中国经济改革最后防线。④"实际上中国资本项目,特别是长期资本,基本是开放的。我们只有不多的短期资本流动的限制,比如现在依然有5万美元的人民币兑换的额度限制。对于这样一种限制,我们是否应该放弃呢?我觉得不应该放弃"。⑤金融危机时期,我国就发生了资本外逃规模扩大,人民币有升值预期时热钱大规模流入的异常资本流动现象。因此,我国在不断放开资本项目的管制时必须更加谨慎,资本流动全面自由化还有很长一段路要走,对短期流动的投机资本我国须采取管制性的应对措施,即我

---

① 林毅夫教授在中国金融四十人论坛双周圆桌内部研讨会上的主题演讲 [EB/OL]. [2013 - 8 - 5]., http://www.guancha.cn/linyifu/2013_08_05_163441.shtml.

② 马丁·沃尔夫. 中国开放资本账户应缓行 [EB/OL]. [2014 - 4 - 10]., http://www.ftchinese.com/story/001055688.

③ 余永定:《资本项目自由化:理论和实践》,金融市场研究,2014 (2).

④ 余永定:《资本项目自由化是中国经济改革最后防线》,[EB/OL]. [2013 - 6 - 30]., http://business.sohu.com/20130630/n380273769.shtml.

⑤ 斯蒂格利茨 PK 央行:激辩资本项目开放 [EB/OL]. [2013 - 6 - 30]., http://www.hxw.org.cn/html/article/info7110.html.

国将会长期处于非角点解的资本部分管制状态。

（二）汇率制度的选择

各国面临的汇率制度多样化的选择，固定汇率制度下一国的财政政策有效，浮动汇率制度下货币政策有效，因而难以抽象地界定财政政策和货币政策哪一种最重要，从而确定一国的汇率制度。资本账户开放情况下，汇率完全市场化是最有效的选择；资本账户未开放的话，一国的汇率制度总是会趋于固定汇率制。所以，像中国这样的发展中国家选择的目标是货币政策独立性和汇率稳定，发达国家则会选择资本自由流动和独立的货币政策（易纲，2000）。汇率制度的选择因资本流动的不同而不同，在资本完全受限时，一国应选择固定汇率制度；当资本自由流动时，一国可以根据情况选择中间汇率制度和浮动汇率制度；当资本部分受限时，一国可以根据具体情况选择固定汇率制度、浮动汇率制度和中间汇率制度。汇率制度的选择在于权衡固定汇率制度、中间汇率制度和浮动汇率制度的利弊。蒙代尔支持固定汇率制度，他指出固定汇率制度是对抗通货膨胀更有效的方式，但"货币金融非常不稳定的国家——通常是银行为大规模财政赤字融资的结果——不能实行固定汇率制度。一般说来，相对货币区伙伴国具有通货膨胀的国家不能维持固定汇率。在一个没有稳定的国际货币体系的世界中，对浮动汇率的反对也不适用于经济非常庞大的国家。世界上经济规模最大的国家即美国就没有单方面实施固定汇率制度的选择。"[1] 浮动汇率制度也具有一定的优势，浮动汇率制度可以自发调节国际收支，使国际收支达到平衡，并在政府不进行干预的情况下，可能有利于提高资源配置的效率。不过，由于两种角点解汇率制度状态需要苛刻的条件，目前世界上大多数国家实行的是盯住汇率。

目前，我国实行的是以市场供求为基础、参考一篮子货币进行调节、有管理的浮动汇率制度，同时我国对资本进行管制，不允许自由兑换外币。这表明，我国是一种中间状态的汇率制度。在参考的一篮子货币中，

---

[1] ［美］蒙代尔：《蒙代尔经济学文集第五卷·汇率与最优货币区》，向松祚译，中国金融出版社 2003 年版，第 43—44 页。

主要以美元为主，而我国进行对外贸易时，也应重视欧元、日元、英镑等国家的货币。另外，我国在"一带一路"战略合作中与沿线国家的贸易往来密切，还应提高这些国家货币在一篮子货币的重要地位。同时，篮子里的货币权重不应一成不变，而应该根据货币之间的密切关系进行调整。目前，中国经济内外有失衡现象，其内部面临着产能过剩、流动性过剩等问题，其外部经济环境复杂，强国对人民币币值变动指指点点。处于这种情况，在"三元悖论"的选择中，我国的目标是汇率相对稳定和货币政策独立，放弃资本流动性。实际上人民币一直是缓慢升值的趋势（除了今年8月人民币的贬值），这也影响了其他政策的有效性。2007年，央行频繁出台的货币政策并没有起到效果。其根本原因，是由于人民币的升值趋势吸引了大量的热钱流入我国，形成外汇占款，同时我国对资本流动进行限制，这既形成了流动性过剩，又冲击了货币政策的有效性。

（三）货币政策的选择

"三元悖论"中，从理论上分析存在固定汇率制度、资本自由流动和货币政策非独立性的组合，但是所有的分析表明这种组合是无效的。因为，在经济开放条件下，选择放弃货币政策达到资本自由流动和固定汇率制度的目标前提是一国具有足够充足的外汇储备，但即使一国的外汇储备总量规模巨大，也无法与国际游资数量相比。一国在巨大的国际游资压力下，一旦中央银行耗尽外汇储备仍然无法满足国际投资者的贬值预期，无法继续托市，币值将会灾难性的暴跌，固定汇率制也将崩溃。1997年的泰铢贬值就是一个典型的例子。所以，一国面临的选择其实是：资本管制和固定汇率制度保证货币政策独立性；或者放松资本流动限制、实行浮动汇率制度，保持货币政策独立性。

虽然我国以货币政策独立性为目标，可是货币政策也存在着独立性有限的情况。在自由的国际金融市场中，一国的汇率受到投机者攻击影响一国经济稳定发展时，货币政策的重要职责是将这种外部冲击对内部经济的影响降至最低（陈雨露[①]，2004）。对于我国来讲，外汇占款已经成为基

---

① 陈雨露：《金融全球化·"三元悖论"·金融中介与市场》，《国际金融研究》2004年第1期。

民生改善

马克思主义视阈下的幸福指数 [*]

近年来，"幸福指数"作为衡量民众幸福的直观指标数值，逐渐成为一种新的社会发展评价尺度。然而，当前无论是在学者还是在普通民众中，对"幸福指数"的种种疑虑仍未消除，而国内外各种"幸福指数"的频繁发布，又似"乱花渐欲迷人眼"，不仅不同机构发布的指数排名不一致，有些数据与排名还明显与民众的主观感受不相符合，从而引起更大范围的质疑和争论。鉴于此种情形，运用马克思主义的立场、观点和方法来研究"幸福指数"，分析国内外现有"幸福指数"的优势和不足，并建立科学的幸福指数指标体系，具有重大的理论和现实意义。

一、问题的提出与文献回顾

幸福是人类一切活动的终极目的，几乎没有人会否认幸福作为社会发展终极目标的合理性。然而，由于幸福是一个具有强烈主观色彩的、深刻而复杂的多元概念，它曾经在相当长的时间内被认为是不可量化的，因此，一个简单的做法是以一些与幸福密切相关，却更加直观、可量化的概念或概念集（如财富、效用）等来替代，甚至等同于幸福这一概念，通过衡量这些概念或概念集来间接衡量幸福。在物质财富的增长能够较快地增进人类幸福的年代里，人们以国民财富的增长水平来衡量国民幸福水平。

* 原载《学术月刊》2013 年第 4 期。本文第一作者为王艺。

础货币的重要组成部分，而且比重还在不断升高。为了对冲外汇占款，中国人民银行推行紧缩的货币政策，提高准备金率，在金融市场发行大量的央行票据。这些政策能够对大量外汇占款起到抑制作用，不过也降低了商业银行等金融机构经营利润，进一步恶化了企业的融资环境。可见，汇率制度对货币制度的影响很大。历史上我国货币政策和汇率政策发生过四次冲突（刘敏、李颖，2008①）：第一次是 1994—1996 年外汇储备迅速增加和抵制通货膨胀的货币政策之间的冲突；第二次是 1998 年外汇储备增幅迅速下降和抵制通货紧缩的货币政策之间的冲突；第三次是 1998—2000年汇率稳定和本外币利率倒挂之间的冲突；第四次是 2002 年以来人民币升值压力和国内投资过热的冲突。我国在进行政策组合选择时，可以选择坚持资本管制和固定汇率制度，维持货币政策独立性；或者放松资本流动限制、实行浮动汇率制度，保持货币政策独立性。还可以选择中间的状态，坚持货币政策有效性的同时，坚持资本管制和盯住汇率制度。

四、结 论

基于"三元悖论"，资本自由流动与汇率稳定和货币政策存在着"钟摆效应"，就是保证三个宏观经济政策目标中的一个目标实现的同时，另外两个可以实现一定程度的摆动。倘若高度重视蒙代尔、克鲁格曼、斯蒂格利茨、梯诺尔四位诺奖得主和林毅夫、余永定、郎咸平三位海归国际金融专家以及著名教授方兴起等理论和政策建议，现阶段我国应采取的政策选择是：保证货币政策有效性，在汇率制度弹性和资本流动程度之间进行摆动。具体说来，保证货币政策有效性的同时，实现有管理的浮动汇率制度配合有管制的资本流动。

---

① 刘敏、李颖：《"三元悖论"与人民币汇率制度改革浅析》，《国际金融研究》2008 年第 6 期。

在这种"物本主义"的幸福观与发展观的推动下，国内生产总值和国民生产总值作为最重要的经济增长指标，僭越为衡量经济发展、社会进步乃至人类幸福的标尺，并成为各国政府首要的政绩目标，而国内生产总值和国民生产总值指标体系内在的缺陷及其作为人类福利变化指示器的片面性全然被忽视了。

近年来，随着"幸福悖论"现象的日渐凸显以及生态危机、道德危机等各种全球性危机的蔓延和加剧，经济增长与人类幸福之间的关系开始被重新审视，传统指标体系内在的种种缺陷及其作为人类福利变化的指示器的片面性日渐暴露，以何种指标来替代或辅助国内生产总值和国民生产总值，以更科学、更全面地衡量人类福祉成为一个亟待解决的问题。与此同时，社会科学研究的进展，尤其是社会学领域中生活质量指数研究和心理学领域中主观幸福感测量研究的成果让人们看到了直接对幸福进行科学量化的可能性。在这种背景下，"幸福指数"研究成为多个学科领域的新热点，并逐渐从学术探索层面扩展到政策实践层面。

幸福指数研究最初兴起于国外，在长期的发展过程中逐渐形成了不同的研究取向或者说研究模式，并且在研究思路和研究方法上呈现出不断创新的局面。目前，一大批具有不同学科背景的专家学者已经投身于"幸福指数"研究中，其中包括约瑟夫·E. 斯蒂格利茨（Joseph E. Stiglitz）、阿玛蒂亚·森（Amartya Sen）、丹尼尔·卡尼曼（Daniel Kahneman）这几位诺贝尔奖获得者。从成果上来看，目前有国际影响力的幸福指数几乎都是由国外研究机构发布的，如由英国新经济基金会（NEF）和地球之友组织（FE）发布的幸福星球指数（Happy Planet Index，HPI），经济合作与发展组织（OECD）发布的美好生活指数（Your Better life index），以及作为国民幸福指数典范的不丹的国民幸福总值（Gross National Happiness，GNH），等等。荷兰伊拉斯姆斯大学的鲁特·维恩哈文（Ruut Veenhoven）教授还建立了一个世界幸福数据库，汇集了自20世纪60年代以来各类幸福研究的数据，目前该数据库是被各机构引用最多的幸福数据来源。此外，维恩哈文教授还创建了一本名为《幸福研究学刊》（Journal of Happiness Studies）的心理学杂志。

国内的幸福测量研究起步较晚，早期大致沿用了国外同类研究的思路和传统。近年来，国内学者在借鉴国外研究成果的基础上，也进行了很多创造性的探索，如邢占军（2005）在整合了主观幸福感测量的几种理论传统的基础上编制了中国城市居民主观幸福感量表，促进了幸福测量实证研究的本土化；陈惠雄（2003）提出了系统的快乐可测度性理论，设计了主客观结合的快乐指数体系和具有经济学特色的快乐指数调查量表，还提出了以寿命测度一生快乐积分的快乐积分方程式。一些地方政府已将"幸福指数"纳入政绩考核机制，还有一些结合当地实际，设计出了地方幸福指数，如"幸福江阴"、"幸福广东指标体系"等。虽然国内幸福测量研究发展非常迅速，但在理论和实践方面都亟待拓展和深化。而且，国内学者几乎没有涉及国际层面的幸福指数研究，目前绝大多数研究的影响力只局限于国内。

幸福指数研究在不同学科领域以及不同地域范围的推广与发展，产生了多层次、多样化的"幸福指数"指标体系、"幸福指数"计算公式和幸福量表。这些指标体系或测量工具中包含着研究层次、研究视角、研究方法、价值取向、对"幸福"的理解、以及开发设计"幸福指数"的目的等方面的差异。因此，即使是面向同一研究对象，最终得出的"幸福指数"结果也不尽一致，甚至可能会有很大的差距。以最新公布的两项全球"幸福指数"排名为例：加拿大莱杰市场调查公司关于全球58个国家"幸福指数"的排名显示，2011年最幸福国家是南太平洋岛国斐济，该国刚刚结束长达三年的戒严，而中国的排名甚至低于常年战乱的阿富汗[①]；而根据朝鲜2011年发布的全球"幸福指数"排行榜，中国在203个国家中以100分满分成绩高居榜首[②]。同样，中国社科院城市与竞争力研究中心于2011年5月发布的《中国城市竞争力报告》中，关于中国294个城市的幸福感指数排名也引起了舆论的一片哗然，其中石家庄市幸福感指数排

[①]　斐济荣膺全球最幸福国家 阿富汗幸福指数被指高于中美，http://world.huanqiu.com/roll/2012-01/2320953.html

[②]　朝鲜版幸福指数 中国最快乐老美吊车尾，http://www.zaobao.com/wencui/2011/05/taiwan110530d.shtml

名第一，但无论是该市还是其他城市的居民都普遍认为该排名与常识和事实都不相符合。这些现象引起了学者和民众对各种"幸福指数"科学性的质疑，进而对幸福本身是否能够得到科学量化产生怀疑。

那么，建立科学的"幸福指数"指标体系是否可能？究竟在形形色色的"幸福指数"中，哪些才是真正科学的和可信的？如何评判各种"幸福指数"的科学性？这就需要我们在梳理中外关于"幸福指数"研究文献的基础上，运用马克思主义理论精神对"幸福指数"研究进行总体审视，进而确立评判"幸福指数"科学性的标准。

二、以马克思主义视角探究"幸福指数"

虽然在马克思、恩格斯的著作中并没有对幸福问题的专门论述，但马、恩的全部理论都渗透着对人类幸福的关切，他们对人类社会发展规律和根本动力的探究、对资产阶级意识形态和现实资本主义社会的无情批判、对未来共产主义社会的设想，以及在颠沛流离的艰难处境中领导国际工人运动的斗争实践，都是为着实现人类解放和人类幸福所作的不懈努力。从一定意义上可以说，马克思主义就是关于什么是幸福，以及如何实现幸福的科学理论。以马克思主义为理论基础和方法论指导，我们可以创新出科学衡量幸福的原则或标准，暨一个科学的"幸福指数"指标体系应当具备的特征。

第一，正确认识研究对象的本质是进行任何研究的第一要务，尤其是在实证研究中，对研究对象的认识和理解在很大程度上影响甚至决定了研究的取向、路径和方法。因此，幸福指数研究必须建立在对"幸福"内涵正确理解的基础上。在马克思主义视野中，幸福是人们在社会活动和个人生活实践中，由于需要得到满足（包括绝对满足和相对满足）而形成的客观状态，而幸福感则是客观幸福状态的主观感觉。关于幸福的内涵，有两点值得强调：首先，幸福一定是在社会各类实践活动中产生和实现的，脱离现实生活实践的幸福只能是虚幻的而不是真实的。其次，幸福是一个主客观相统一的概念，其主观形式，即幸福感，是一种心灵快乐；其客观实质是主体生存发展的某种相对完满的理想状态，这种完满状态的内容，或者说客观衡量标准是人生重大需要之满足，其中包括绝对满足和相对满足。主客观两个方面密切联系、不可分割，幸福的主观形式不能脱离幸福的客观实质而存在，而幸福的客观实质则在不断被主体感知体认的过程中得以确证和演变。

因此，尽管幸福是一个带有强烈主观色彩的概念，但它并非不可捉摸，其内涵中仍有相对稳固的客观成分存在，并且该客观成分，即人的基本的或高层次的客观需要具有普遍一般性，所以建立一个在特定时间范围和地域范围内普遍适用的"幸福指数"指标体系是可能的。同时，由于幸福的内涵中包含着主观和客观两方面的内容，所以单纯的主观取向或客观取向，即仅把幸福看作一种主观感受，从主观方面去衡量，或把幸福等同于客观福利，仅从客观方面去衡量，都是有所偏颇的。"幸福指数"指标体系中应当包括主观和客观两类指标，其中，客观指标应充分反映民众重大需要的客观满足程度，主观指标则要充分反映民众对目前生存生活状态的主观感受和评价。此外，考虑到客观物质条件对于人类生存发展的基础性作用，客观指标所占数量比例应当大于主观指标所占数量比例，或者客观指标的权重大于主观指标的权重。

第二，幸福的客观基础，即得到满足的人的客观需要是丰富多样的，与此相应，幸福也可以划分为不同的类型。综观马、恩的相关论著可以看出，人的需要可以依照其内容归为自然（物质）需要、社会（人际）需要和精神需要三类。其中，物质需要的满足是人类生存发展的基本前提，但人的需要绝不仅限于基本的物质需要，而是还有着更为丰富和本质的内容，即人的社会需要和精神需要。如果仅仅把人的需要看作物质需要，无异于把人的需要等同于动物的需要。马克思就曾严厉谴责在私有制和异化劳动条件下产生的工人需要的粗陋化、野蛮化和简单化的现象。他还设想，当消灭了对抗性和僵化性的社会劳动分工之后，人的物质需要和精神需要将在真正的人身上重新统一起来，并提出要"培养社会的人的一切属性，并且把他作为具有尽可能丰富的属性和联系的人，因而具有尽可能广泛需要的人生产出来"①。可见，在马克思那里，摆脱私有制市场经济后的完全真正的人是具有丰富的全面的需要的人，相应地，完全真正的人所享有的幸福并不仅仅源于物质需要的满足，人际需要和精神需要的满足也是幸福的重要来源。换言之，完全真正的人所享有的幸福并不是片面的、某一方面的幸福，而是系统的、整体的、全面的幸福。

因此，一个科学的"幸福指数"指标体系应当涵盖人类生活的所有重大方面，全面反映人的各方面需要的满足状况。但同时必须严格控制指标数量，以使整个指标体系精简明了，便于操作。这便要求所选指标必须极有代表性，是能够充分反映各方面幸福状况的关键指标。

第三，马克思主义创始人把需要划分为生存需要、享受需要、发展与表现需要三个层次。其中，生存需要是指人维持自身的生命存在和繁衍后代的需要；享受需要是在生存需要基础上追求更好地生活的需要；而发展与表现需要是最高层次的需要，是人对全面自由地发展各方面才能和创造性，并不断实现自我展示和自我价值的需要。相应地，幸福也可以划分为三个层次：生存型幸福、享受型幸福和发展型幸福。它们分别反映人在不同时空上的生活状态，反映人的需要在不同广度、深度和不同水平上的满足。不过，就单类需要和单类幸福而言，也是有层次高低之分的，但在此处，当我们以生存、享受和发展为标签来表述需要层次及幸福层次时，需要和幸福都是作为整体来看待的，每一层次的需要都包含着多种类型的需要，每一层次的幸福也包含着多种类型的幸福，各类需要的综合满足状况决定了由此享有的各类幸福的状况，进而决定幸福的大层次。

无论就个体抑或人类总体而言，人的需要都是一个由低级到高级、由简单到复杂，从单一到多种的动态演化系统，同样，满足这些需要的手段和方法也是不断扩展和丰富的。这就要求我们在设计"幸福指数"指标体系时必须结合当前的经济社会发展实际，在确保涵盖各类重要基本需要的基础上，适当突出对现阶段主导性需要满足状况的考察，选取能够切实反映当前人民群众生活质量、贴近人民群众最为关心的问题的指标，从单纯

---

① 《马克思恩格斯全集》（第 46 卷），人民出版社 1979 年版，第 392 页。

关注量转为同时关注质和量两个方面。此外，选取的具体指标必须可量化、可比较，以能够反映出同一群体幸福状况在不同时期的发展变化，以及同一时期不同地域、群体之间的发展差异。

以国内幸福指标体系的构建为例，由于我国幅员辽阔、民族众多，不同地区的人民在地域文化、宗教信仰、风俗习惯等方面存在着诸多差异，地区发展和城乡发展极不平衡，因而，必须根据研究的目的、对象、范围等因时因地制宜，选取最符合当地经济社会发展实际和人民生活实际的指标，并适时修改完善，确保该指标体系是一个动态的、开放的指标体系。

第四，需要的满足与否以及满足的程度和质量与主体对满足需要的对象和手段的占有程度高度相关。马克思、恩格斯在《德意志意识形态》中指出："作为过去取得的一切自由的基础的是有限的生产力，受这种生产力所制约的、不能满足整个社会的生产，使得人们的发展只能具有这样的形式：一些人靠另一些人来满足自己的需要。因而一些人（少数）得到了发展的垄断权；而另一些人（多数）经常地为满足最迫切的需要而进行斗争，因而暂时（即在新的革命的生产力产生之前）失去了任何发展的可能性。"[①] 可见，在生产力尚未得到极大发展的历史阶段上，生存、享受和发展资料在全社会的分配状况，直接决定了个体需要的满足状况及其发展和幸福状况。

因此，一个科学的"幸福指数"指标体系应当能够在一定程度上反映个体或群体在生产资料和生活资料占有方面及其影响幸福程度方面的差别。具体而言，在针对微观个体的"幸福指数"指标体系中，必须包含能够反映个人或家庭经济状况的指标，因为个体或家庭经济指标直接反映个体或家庭对生产和生活资料的占有状况，决定个体或家庭的生活水平和发展状况。在中观和宏观层面的群体"幸福指数"指标体系中，既要有平均指标，以反映群体在某一方面的平均幸福水平，又要包括相对指标，尤其是关键领域的相对指标，以反映群体幸福状况在某些方面的社会差别。

第五，从幸福的实现范围来看，幸福可以分为个人幸福和社会幸福两

类。个人幸福是指个体生活在某方面和某种程度上达到的满足状态，社会幸福是指社会成员的平均普遍达到的满足状态。这两种幸福的表现必定是有差异的、多样化的，而不是无差别的、高度一致的。有些极端个人主义观点认为，个人幸福和社会幸福是截然对立的，要保证个人幸福就不能兼顾他人幸福、社会幸福，要实现社会大多数成员乃至全体成员的幸福，则必定在某种程度上有损个人幸福。但是，按照马克思主义的观点，个人幸福与社会幸福是对立统一的。恩格斯就曾说过："个人的幸福和大家的幸福是不可分割的。"① 社会幸福是个人幸福存在的条件，离开了社会幸福，个人幸福就成了无源之水；同样，社会幸福的实现和增长也离不开个人对幸福的努力追求，不仅个体对幸福的追求是推动社会繁荣和进步的动力，而且个人幸福的实现本身也统一于社会幸福实现的过程之中。然而，由于个人幸福在水平、质量、性质、类别等方面的差别，个人幸福的简单集合并不直接等于社会幸福，尽管通过考察个人的幸福水平，的确有助于了解社会成员整体的幸福状况。所以，个体层面和社会层面，或者换言之，微观和宏观两个层面的考察都是有必要的。诚然，如果细分研究层次，还可以作城市"幸福指数"、区域"幸福指数"、群体"幸福指数"等中观层面的考察，本文在此暂不考虑。

当前，在"幸福指数"研究中，有些宏观层面的"幸福指数"是通过对个体"幸福指数"的微观整合而得出的，这种做法虽有一定合理性，但也不乏局限性。比如，测量结果受样本容量、抽样方法、被试个体特征等主客观因素的影响较大，以及难以完全反映国家或社会总体特征对个体幸福的影响。相比之下，通过有针对性地选取与研究对象、范围和目的相适应的、不同层次的指标，构建宏观层面的幸福指数指标体系，便有一定的优越性。比如，一些已纳入统计部门常规统计范围的宏观指标数据更加稳定可靠，科学选用这类宏观指标不仅能够提高指数的可信度，也能使指数的计算更加便利。此外，作为描述国家或社会总体特征的宏观指标，能够反映国家或社会为个人幸福的实现提供的资源和环境条件。还有一些宏观

---

① 《马克思恩格斯全集》（第 42 卷），人民出版社 1979 年版，第 374 页。

社会性指标是综合指数形式，如"人均生态环境指数"、"性别平等与妇女发展指数"等，这些指标包含的信息量更大，能够多侧面反映关于社会幸福的整体情况。还需要指出的是，即使是微观层面的"幸福指数"指标体系，也应当包含若干相对宏观的指标。因为人作为一种社会存在，其追求幸福的实践活动必须在社会中才能得到实现。社会为个人发展提供怎样的环境和条件，在相当程度上影响个人幸福的实现。

三、个人或国民"幸福指数"
指标体系的构建

对应"幸福指数"的研究层次，我们构建了微观和宏观两个层面的指标体系。其中，微观层面的指标体系称为"个人或家庭的幸福指数指标体系"，宏观层面的指标体系称为"社会或国民的幸福指数指标体系"。

（一）个人或家庭的幸福指数指标体系

个人或家庭幸福可以分为13个主要领域来考察：健康、寿命、教育、资产、收入、住房、环境、安全、家和、人和、闲暇、文娱、自我实现。其中，健康、寿命、教育反映个体的素质；资产、收入反映主体的经济状况；住房、环境、安全反映主体生活区域范围内的自然环境和公共安全环境；家和、人和反映主体家庭关系和社会关系的和谐程度；闲暇、文娱、自我实现主要反映主体广义文化精神需要的满足状况。

1. 健康

考察个人或家庭成员健康与疾病的现状，包括一项指标：含本人在内的家庭成员中患有严重影响日常工作和生活的疾病或生理有重要缺陷的人数。

2. 寿命

个人或家庭成员的生命长短。

3. 教育

考察个人或家庭成员的文化教育水平，包括两项指标：受国民教育的年限、受其他专门教育或培训的年限。

4. 资产

考察个人或家庭的经济基础，包括一项指标：家庭净资产。家庭净资产即家庭所有财产减去负债额，具体统计包含现金、金融资产（包括银行储蓄、股票、基金、债券等）与实物资产（包括各类耐用消费品和高档消费品、私人住房、汽车、游艇、飞机等），扣除尚未还贷或还债的部分。

5. 收入

包括一项指标：个人或家庭人均可支配收入，即居民个人或家庭成员在支付个人所得税之后，所余下的全部实际现金收入（不包括借贷收入）。

6. 住房

包括一项指标：人均住房建筑面积。

7. 环境

主要从绿化、环境卫生、空气质量、饮水水质、噪杂音状态的五个指标，来考察居住地和工作场所周边的自然环境，以相同权数的百分比来衡量。

8. 安全

考察个人或家庭成员对各类社会安全的满意度，包括七项指标：个人或家庭成员日常活动地域范围内的治安状况满意度、食品安全满意度、药品安全满意度、医疗安全满意度、交通安全满意度、消防安全满意度、政府灾害预防与救助工作满意度。

9. 家和

考察家庭的和谐程度，包括一项指标：自评家庭关系满意度。

10. 人和

考察除家庭关系之外的社会关系（可视不同人群选择同事关系、亲戚关系、邻居关系、朋友关系、同学关系等）和谐度，包括一项指标：自评人际关系满意度。

11. 闲暇

可用个人或家庭每周闲暇小时数（扣除谋生时间、满足生理需要的时间、处理个人和家庭事务的时间）来衡量。

12. 文娱

可用个人或家庭"文教娱乐支出占总消费支出比重"这项指标来衡量。

13. 自价

考察个人或家庭成员高层次的精神需要，即符合社会规范的自我表现和自我价值实现的程度，用"自评自我价值实现程度"百分比指标来衡量。

（二）社会或国民"幸福指数"指标体系

该指标体系从国民寿命、国民教育、国民资产、国民产值、可支收入、分配结构、国民住房、国民就业、生态环境、公共安全、社会保障、性别平等、社会和谐、国民闲暇、文娱消费等领域选取了24项指标，对社会或国民幸福进行考察。其中，既包括了平均指标，反映国民幸福某一方面的平均水平，又包括了相对指标，反映国民幸福某一方面的社会差别。

1. 国民寿命

包括两项指标：人均预期寿命、人均无重病寿命，其中人均无重病寿命这一指标用以反映国民健康生活的年限。

2. 国民教育

包括三项指标：人均受教育年限、公共教育支出占国内生产总值比重、具有高等教育学历者占总人口比例。

3. 国民资产

可用人均国民财富总值指标来衡量，人均国民财富总值是国民人均享有的人力资源、自然资源、经济资产和对国外净金融债权价值的总和。

4. 国民产值

包括两项指标：一是人均国民生产福利总值。该指标的计算公式为：
人均国民生产福利总值 =（现行 GNP + 正内部性生产福利价值—负内部性生产福利价值—负外部性福利价值）/人口总数 = ｛现行 GNP +（非正规

性生产 + 非市场性生产）—非法生产—［自然资源环境成本 + （政府决策失误成本 + 政府腐败成本 + 政府行政失效成本）+ （自然灾害损失成本 + 人为事故损失成本 + 违法犯罪成本)]｝／人口总数。二是按购买力平价计算的人均 GNP。该两项指标可以在相当程度上反映生活在不同国家和地区的居民能够平均实际享受到的真实福利。

5. 可支收入

可用国民人均可支配收入（城乡居民在支付个人所得税之后所余下的人均可支配收入，不包括借贷收入）来衡量。

6. 分配结构

主要从家庭净资产和家庭收入两个方面来考察收入分配的社会差别，包括三项指标：10% 最穷家庭与 10% 最富家庭的家庭净资产之比、1% 最富家庭占全国家庭净资产的比重、10% 最低收入家庭与 10% 最高收入家庭的年收入之比。

7. 国民住房

全国城乡居民人均住房建筑面积。

8. 国民就业

可用全社会劳动力人口就业率来衡量。劳动力人口泛指有劳动能力和就业要求的劳动适龄人口，未成年人、在校学生、退休和丧失劳动力的人不属于劳动力人口。此外，在就业率统计中，自愿性失业人口、隐蔽性失业人口以及因找工作无望而不得不放弃找工作的人口，均不能算作就业人口。

9. 生态环境

可用生态环境状况指数。根据国家环保总局"生态环境状况评价技术规范"，生态环境状况指数 = 0.25 × 生物丰度指数 + 0.2 × 植被覆盖指数 + 0.2 × 水网密度指数 + 0.2 × 土地退化指数 + 0.15 × 环境质量指数。

10. 公共安全

包括三项指标：全国年均非正常死亡人数（各类事故、灾害、自杀、他杀、战争等所导致）、每万人口受理案件数、全国人均各类犯罪案件数。

11. 社会保障

包括一项指标：社会保障发展总指数。该指数由中央财经大学中国社会保障中心设计，由养老保障指数、医疗保障指数、就业保障指数、贫困保障指数四项分指数加权计算得出，而每项分指数又由其下属的覆盖面指数、保障度指数、持续性指数、高效性指数加权计算得出。（褚福灵，2011）

12. 性别平等

包括一项指标：性别平等与妇女发展指数。该指数由全国妇联妇女研究所、国务院妇女儿童工作委员办公室、国家统计局社科司合作研究课题组发布，由生命健康（0.2）、教育（0.2）、经济（0.2）、政治和决策参与（0.2）、家庭（0.1）、环境（0.1）六个分领域指数加权生成（谭琳，2008）。

13. 社会和谐

包括两项指标：家和指数，即平均家庭和谐满意度指数，可以通过在全国范围内进行家庭关系满意度问卷调查来收集相关数据；人和指数，即平均人际和谐满意度指数，一般可选择工作单位的人际和谐度，通过在全国范围内进行人际关系满意度问卷调查来收集相关数据。

14. 国民闲暇

可用全国人均每周闲暇小时数来衡量，即扣除谋生时间、满足生理需要的时间、处理个人和家庭事务的时间。

15. 文娱消费

包括一项指标：城乡居民文教娱乐支出占家庭消费支出比重。

最后需指出的是，本文设计的"幸福指数"（全称为"幸福和幸福感指数"）指标体系是以客观性指标为主，以主观性指标为辅，是幸福的客观状态与主观状态及幸福感的综合。因而，与中外已有的指标体系相比，更具科学性和可比较性。诚然，上述指标体系中某些指标数据的统计比较困难和复杂，但为了保证指标体系的科学性，仍有必要将这些重要指标列出，以便今后统计方法和统计制度去研究和实施。

参考文献

［1］《马克思恩格斯》选集（第1—4卷）人民出版社，1995年。

［2］《马克思恩格斯全集》（第1、3、19、23、24、25、26、42、46、47、48卷）人民出版社，第一版。

［3］程恩富：《程恩富选集》中国社会科学出版社，2010年。

［4］周长城等：《生活质量的指标构建及其现状评价》，经济科学出版社，2009年。

［5］邢占军：《测量幸福——主观幸福感测量研究》，人民出版社，2005年。

［6］邢占军：《幸福指数的政策意义》《红旗文稿》2006年第12期。

［7］韩振峰：《幸福指数：社会评价的新指标》《人民日报》2011年9月21日第7版。

［8］［美］斯蒂格利茨等著、阮江平、王海昉译：《对我们生活的误测：为什么GDP增长不等于社会进步》新华出版社，2011年。

［9］沈颢、［不丹］卡玛·尤拉编：《国民幸福——一个国家发展的指标体系》北京大学出版社，2011年。

［10］［加］马克·安尼尔斯基著，龚益、齐建国、林琼等译.《幸福经济学：创造真实财富》社会科学文献出版社，2010年。

［11］傅红春等.《满足与幸福的经济学》上海人民出版社，2008年。

［12］Diener ED. Suh EM. Lucas R. et al. Subjective Well-being：Three Decades of-progress［J］. Psychological Bulletin，1999，125（2）：276－302

［13］Easterlin, R. A. Does Economic Growth Improve the Human a lot? Some Empirical Evidence［A］. In Paul A. David and Melvin W. Reder（Ed. ），Nations and Households in E-conomic Growth：Essays in Honor of Moses Abramowitz［C］. New York and London：Aca-demic Press，1974.

［14］Kahneman, D. , Tversky, A. Experienced Utility and Objective Happiness：A Mo-ment-based Approach［M］. Cambrige University Press and the Russell Sage Foundation，2000.

［15］Kahneman, D. , Krueger, A. B. , Schkade, D. A. , et al. A Survey Method for Characterizing Daily Life Experience：The Day Reconstruction Method. Science［J］. 2004，306（5702）.

［16］Kahneman, D. , Krueger, A. B. Developments in the Measurement of Subjective Well-Being［J］. Journal of Economic Perspectives. 2006，20（1）.

[17] Krueger, A. B. , Schkade, D. The Reliability of Subjective Well-Being Measures [J]. Forthcoming, Journal of Public Economics, 2008, 92 (8—9).

[18] Ng, Yew-Kwang. Happiness Surveys: Some Comparability Issues and An Exploratory Survey Based on Just Perceivable Increments [J]. Social Indicators Research, 1996 (38).

社会主义共同富裕的理论解读
与实践剖析[*]

在生产力发展的基础上逐步消除与私有制相伴随的社会不平等，是科学社会主义关于未来社会发展的一个重要科学论断。共同富裕目标的提出，标志着马克思主义关于未来社会价值标准的根本确立。在邓小平理论中，共同富裕作为社会主义本质的核心内容，揭示了我国社会主义的改革发展方向。从长远看，实现共同富裕需要在巩固社会主义基本经济制度的基础上全面贯彻与之相应的分配制度；从短期看，则要立足我国初级阶段的现实国情，通过巩固和发展公有制、调整国民收入初次分配和再分配促进经济公平和提高劳动效率等政策，有效遏制城乡、地区和贫富差距不断扩大的趋势。

一、共同富裕思想的本质内涵和现实意义

（一）作为社会主义价值标准的共同富裕

对共同富裕这一社会主义发展目标的具体内涵和历史意义的认识，涉及理论和实践两个层面。

从理论层面来理解，共同富裕是从历史发展规律得出的科学结论，是科学社会主义创始人关于社会主义社会的基本规定和发展目标。回顾和重

---

* 原载《马克思主义研究》，2012 年第 6 期。本文第二作者为刘伟。

温马克思关于未来社会的思想可以看出，共同富裕首先是作为"两极分化"的对立面而出现的。在对资本主义社会的分析中，马克思将资本积累作为资本主义生产方式的动因和结果，批判了资本主义条件下"两极分化"的历史性质。他科学地指出："资产阶级运动在其中进行的那些生产关系的性质绝不是一致的单纯的，而是两重的；在产生财富的那些关系中也产生贫困；在发展生产力的那些关系中也发展出一种压迫的力量"①。这样的制度因财富积累和贫困积累的同时出现，最终会导致整个社会再生产过程陷入崩溃，因而未来的社会主义社会必须通过消灭社会剥削赖以存在的私人财产占有制度，从根本上消除资本主义社会少数人占有多数人的劳动成果这一历史现象。在 1857—1858 年的《经济学手稿》中，马克思就富有远见地提出，在新的社会制度中，"社会生产力的发展将如此迅速，……生产将以所有的人富裕为目的"。② 它将"把生产发展到能够满足所有人的需要的规模；结束牺牲一些人的利益来满足另一些人的需要的状况"③ 可见，马克思主义的创始人从一开始就鲜明地将全体社会成员共同富裕的理念写在了自己的旗帜上，成为社会主义社会实践的指南。

从实践层面来理解，共同富裕是社会主义实践的具体道路，是增强社会主义国家的国民凝聚力和巩固社会主义制度的必然选择。正如历史上任何一个新社会制度产生之初都面临旧社会遗留的残迹一样，社会主义制度在确立之初，同样需要选择与其制度内涵相一致的发展道路。我国在这方面经历了长期的艰难的摸索。基于当时是一个落后的农业大国的国情，早在 1953 年 12 月 16 日，我国就在《中共中央关于发展农业生产合作社的决议》中提出了"共同富裕"的概念。决议指出："为着进一步地提高农业生产力，党在农村中工作的最根本的任务，就是要善于用明白易懂而为农民所能够接受的道理和办法去教育和促进农民群众逐步联合组织起来，逐步实行农业的社会主义改造，使农业能够由落后的小规模生产的个体经济变为先进的大规模生产的合作经济，以便逐步克服工业和农业这两个经

① 马克思：《资本论》第 1 卷，人民出版社 1975 年版，第 708 页。
② 《马克思恩格斯全集》第 46 卷（下），人民出版社 1980 年版，第 222 页。
③ 《马克思恩格斯选集》第 1 卷，人民出版社 1995 年版，243 页。

济部门发展不相适应的矛盾，并使农民能够逐步完全摆脱贫困的状况而取得共同富裕和普遍繁荣的生活。"① 显然，通过农业的社会主义改造，根本目的是在发展生产力的基础上实现共同富裕问题，这是对社会主义目标和手段有机统一的科学阐述。只有通过共同富裕式的发展道路，才能打破历史上因发展过程中不平等扩大导致的繁荣衰落交替和治乱循环，才能摆脱资本主义国家经济社会发展的各种困局和危机，才能凝聚全社会的力量加快提高生产力和生活质量。可以说，共同富裕不仅成为社会主义的价值标准，而且还由于我国社会主义制度的建立，成为我国社会主义现代化建设事业的一个现实路径和制度优势的具体体现。

从我国社会主义改革的具体实践看，对共同富裕问题的全面阐述，主要应归功于邓小平同志。他在 1992 年提出："社会主义的本质，是解放生产力，发展生产力，消灭剥削，消除两极分化，最终达到共同富裕。"② 应当说，社会主义本质的五句话是一个统一体，将共同富裕放在最后，并不是说共同富裕重要性就低于发展生产力。恰恰相反，在邓小平理论的社会主义本质论中，正是由于生产力的解放和发展，正是由于私有制剥削现象的消除和两极分化的遏制，才能最终实现共同富裕。1986 年 9 月在回答美国记者迈克·华莱士提问时，邓小平同志明确提出："社会主义财富属于人民，社会主义的致富是全民共同致富。社会主义原则，第一是发展生产，第二是共同致富……我们的政策是不使社会导致两极分化"③。可见，邓小平同志在这里坚持了马克思主义的基本原理，同样是将"共同富裕"作为"两极分化"的对立面来阐述的。这一理论表述，阐明了改革开放条件下我国社会主义性质的判断标准和发展要求，是社会主义发展的目的和手段的统一论。

（二）作为社会主义实现路径的共同富裕及其争论

共同富裕作为社会主义的价值标准和发展目标虽然在改革之初就得以确立，但对于这一目标如何实现，在改革的实践中却产生了不同的认识。

---

① 《建国以来重要文献选编》第 4 册，中央文献出版社 1993 年版，第 661—662 页。
② 《邓小平文选》第 3 卷，人民出版社 1993 年版，第 373 页。
③ 《邓小平文选》第 3 卷，人民出版社 1993 年版，第 172 页。

邓小平同志所说的共同富裕，并不是"同时富裕"或者"同等富裕"。针对我国生产力发展不平衡的现状，邓小平同志在 1983 年的一次谈话中提出："一部分人先富裕起来，一部分地区先富裕起来，是大家都拥护的新办法，新办法比老办法好。"[①] 他同时强调："让一部分人、一部分地区先富起来，以带动和帮助落后的地区，先进地区帮助落后地区是一个义务。"[②] 其实质就是要从实际出发，即从全国不同地区的特点和条件出发，正确处理不同群体、地区之间的发展关系。这一"先富带后富，从而达到共同富裕"的思想，在改革开放实践中，无疑起到了解放思想的作用，调动了各个层面的积极性，极大地推动了我国经济的快速发展。

正如许多科学理论应用于实践时一样，邓小平同志关于"先富后富"的思想，在实践中也存在着被片面理解的危险。由此衍生的问题是：当前我国围绕共同富裕的争论，并不在于要不要实现共同富裕，而是应"怎样"和"从何时开始"着手实现共同富裕？

就前一个问题而言，核心的争论是所有制问题。关于邓小平"先富和后富"思想的一个典型误读，是将共同富裕与所有制问题相割裂，单纯从终极目标的意义上来理解，在实践中将"先富"和"后富"当作空间上相互独立的两个不同发展模式。如有人认为邓小平的社会主义本质论没有提到公有制，因而公有制为主体不再重要。但是，一旦离开公有制为主体，按劳分配为主体便不复存在，共同富裕这个目标就更无可能。同理，在社会主义市场经济条件下，由于各类生产要素同时进入市场，先富者和后富者也共同面对同一个市场，必然相互联系并产生利益差别，如沿海地区和内陆地区在资源利用上就处于不同的地位，单纯通过市场行为并不能自发地使后富者共同致富。实际上，邓小平提出的让一部分人先富起来，主要是针对当时解放生产力的要求而言的，即在经济普遍落后的情况下，让有一部分符合条件的地区和个人先富起来。而当下的情况已经是著名经济学家刘国光学部委员所指出的，30 多年来我国贫富差距的扩大和两极分化趋势的形成，究其原因，所有制结构上和财产关系中的"公"降"私"

升和化公为私、财富积累迅速集中于少数私人，才是最根本的①。

就后一个问题而言，关于邓小平同志"先富和后富"思想的另一个典型误读，是将"先富"和后富当作时间上相分离的两个不同发展阶段，盲目照搬西方的所谓现代经济学理论，为财富和收入差距的拉大寻找借口。有些论著盲从所谓的"倒 U 曲线"理论，认为经济发展到一定程度就会产生有利于公平分配的拐点。换言之，分配不公是经济发展较低阶段不可避免的现象，从而在制度设计和经济政策上，教条地认为"做大蛋糕"永远重于"分好蛋糕"，不承认分配对生产的巨大反作用和互动关系。这显然无益于落实关于共享改革发展成果的科学发展观，并在实践中成为"唯GDP 论"的理论根源之一。其实，"倒 U 曲线"只是一种假说，并于 20世纪 90 年代后受到西方学者大量实证分析的质疑，陷于破产的边缘。各国大量的理论研究和经济发展的历史实践均已证明，蛋糕做大固然为分好蛋糕提供了有利因素，但好事有时也会变坏事，即如果不断做大蛋糕而在分蛋糕时又不断地扩大贫富差距，那么，有利因素便相反地被运用了。只有公平合理地分配蛋糕，才能最大限度地调动一切人的积极性，也有益于做大蛋糕。

客观地说，"富裕"这个词本身具有历史性，因而"共同富裕"在邓小平理论中同样具有现实的针对性。从当时的情况看，邓小平同志显然认为，我国经济发展到人均收入达到中等发达国家水平时，共同富裕应当是能够实现的。但现在社会上有一种观点，认为只有到那时，我国才摆脱"先富"的阶段而进入"共富"的阶段，这显然违背了邓小平同志的本意。这里有一条佐证，邓小平同志曾明确提出过突出解决共同富裕的时间表："可以设想，在本世纪末（20 世纪末）达到小康水平的时候，就要突出地提出和解决这个问题。"② 事实说明，小平同志的担心是不无道理的。在财富和收入差距不断拉大的国情下，更需要重视和防范出现两极分化的危险。我们固然要看到实现共同富裕的长期性和艰巨性，更要看到其必然

---

① 刘国光：《是"国富优先"转向"民富优先"，还是"一部分人先富起来"转向"共同富裕"》，《探索》2011 年第 4 期。

② 《邓小平文选》第 3 卷，人民出版社 1993 年版，第 374 页。

性和紧迫性。刘国光学部委员说得好，当前不是什么"国富优先"转变为"民富优先"，而是应明确宣布"让一部分人先富起来"的政策已经完成任务，今后要把这一政策转变为"实现共同富裕"的政策，完成"先富"向"共富"的过渡①。

二、共同富裕或贫富差距程度的衡量

谈到社会主义共同富裕的目标及其实现，不能回避围绕其衡量标准的讨论。共同富裕是社会主义的发展目标，必然要求要用科学社会主义的标准来看待和衡量。在马克思主义创始人看来，在未来的社会中，共同富裕指的是让"所有人共同享受大家创造出来的福利"②。由于马克思对未来社会的设想是全社会共同占有生产资料，同时由于商品经济的消解而没有货币居间，从而共同富裕的体现形式是"福利"。显然，这里的"福利"应当理解为社会的物质财富和精神财富的总和。

共同富裕总是作为贫富分化的对立面出现的，对贫富分化的判断可以作为我们判断共同富裕的一个参照标准。社会贫富两极越分化，共同富裕的实现程度就越低，反之，则共同富裕的实现程度越高。目前，主要的衡量指标是财富分配指标和收入分配指标。两者的区别在于：财富指标不仅和收入相联系，还与对生产资料的占有程度密切联系。收入分配的恶化会加剧两极分化，不利于共同富裕的实现。但从西方资本主义国家的历史和现实看，其两极分化主要不体现为一般收入分配的差距上，而主要体现在财富占有的差距上，并且财富差距通常还会直接拉大收入分配的差距。

如果用财富占有指标来衡量，资本主义国家的两极分化是惊人的。如：在各类金融资产财富上，美国最富有的10%家庭所占有的财富每一项都是余下90%美国家庭拥有同类资产的3倍至60倍。在商业资产上，1%

---

① 刘国光：《是"国富优先"转向"民富优先"，还是"一部分人先富起来"转向"共同富裕"》，《探索》2011年第4期。

② 《马克思恩格斯选集》第1卷，人民出版社1995年版，第243页。

最富有家庭拥有的资产额占全部商业资产额的62.4%，接下来的9%富有家庭拥有的资产额占全部商业资产额的30.9%，而余下90%家庭拥有的资产额仅占全部商业资产额的6.7%[①]。这个差距远远高于一般资本主义国家和社会主义中国。当代凯恩斯主义经济学家斯蒂格利茨2011年在分析当前席卷资本主义世界的危机时指出："美国上层1%的人现在每年拿走将近1/4的国民收入。以财富而不是收入来看，这塔尖的1%控制了40%的财富。他们人生的财运节节走高，25年前，这两个数字分别是12%和33%"。他认为，在不触动财产占有制度的情况下，先富带动后富的"滴漏型经济"可能是一个妄想![②]

需要指出的是，即使单纯从收入分配的角度看，目前西方理论界普遍采用的指标是收入的基尼系数和家庭收入五等份分组指标（通常用20%最富的家庭收入和最穷20%的家庭的收入作比较），部分地掩盖了真实的贫富分化情况，并不具备完全的科学性。譬如，采用了五等份的收入分组方法，将处于金字塔尖的1%极少数巨富人群划入收入较高的所谓20%群体中，实质上掩盖了垄断资本主导下的两极分化现实。如果联系到当前"占领华尔街"运动中"我们都是99%"的口号，我们就更可以看出资产阶级经济学家和社会学家所提出的"五等份收入分组方法"，确实是囿于阶级局限性的。

目前，我国在共同富裕或贫富差距上的现状大体如下。

（一）财富差距拉大较快

据统计，近几年我国财富分配失衡的程度要远远大于收入分配的失衡。财富向高收入人群的集中度正在以年均12.3%的速度增长，是全球平均增速的2倍[③]。2009年，我国百万美元以上的富豪人数已达67万户，居世界第三；资产超过十亿美元的富豪人数仅次于美国，名列全球第二[④]。据波士顿咨询公司报告称，2011年，中国百万美元的富翁家庭数量比前

---

① 乔磊：《美国10%家庭掌控财富命脉　穷二代延续性不强》，《理财周刊》2010年8月9日。
② ［美］约瑟夫·斯蒂格利茨：《1%的民有、民享、民治》，《环球时报》2011年10月18日。
③ 张茉楠：《须对分配改革动真格》，《羊城晚报》2012年3月15日。
④ 刘国光：《谈谈国富与民富——先富与共富的一些问题》，《新华月报》2011年第12期。

一年增加了 16%，达到 143 万个（美国减少了 12.9 万个，总数为 513 万个）[①]。另据有关资料，世界银行报告显示，美国是 5% 的人口掌握了 60% 的财富，而中国则是 1% 的家庭掌握了全国 41.4% 的财富，财富集中度甚至远远超过了美国[②]。

（二）收入差距已超过警戒点

尽管对我国的基尼系数有不同测算，但学术界一般认为我国已经达到了 0.45—0.49，世界银行测算的数值为 0.47，均超过国际公认的 0.4 警戒线。而按收入五等份分组法比值来衡量，根据国家统计局的数据，2010 年，我国农村居民高低收入组的人均纯收入比值，尽管由 2009 年的 8.0∶1 降为 7.5∶1，但仍处于高位，而城镇居民也维持在 5.4∶1 的高值。

应当说，这两个衡量标准都是采用西方国家的衡量标准，在实践中不能完全反映真实的贫富分化情况，但反映出的情况已是严峻的。另一个反映贫富差距的一个指标是，我国劳动者报酬占国民生产总值的比重持续下降。根据国家统计局的数据，1990—2009 年，我国劳动者报酬占比由 53.42% 下降到 46.62%，同期，不同行业间的差距也日益扩大。这种个人努力与社会成果占有失衡、价值创造与社会贡献失衡的现象，成为我国实现共同富裕、建立和谐社会的一个重大挑战。

（三）城乡收入差距过大

有论著分析，20 世纪 80 年代中期至今，我国城乡居民收入差距一直在扩大，由 1985 年的 1.88∶1（以农村为 1）演变为 1990 年的 2.21∶1，2005 年扩大到 3.48∶1，2009 年更进一步扩大到 3.66∶1[③]。从国家统计局公布的数据看，2010 年，我国农村居民人均纯收入 5919 元，城镇居民全年人均可支配收入 19109 元，城乡收入比也达到了 3.23∶1，尽管低于前者的估计，但收入差距的拉大也是明显的。需要指出的是，这里比较的仅

---

① 彭博新闻社报道：《亚太地区富豪人数增长"一枝独秀"》，《参考消息》2012 年 6 月 2 日。

② 丛亚平、李长久：《中国基尼系数实已超 0.5，财富两极分化》，《经济参考报》2010 年 5 月 21 日。

③ 何玉长：《国民收入分享的结构性失衡及其对策》，《毛泽东邓小平理论研究》2011 年第 4 期。

仅是每个年度的城乡居民收入差距，而不是从存量角度分析的财产差距。如果考虑到城乡居民财产占有量的差距，则城乡差距会更大：一则因为市场经济条件下收入可以转化为投资的资产，但对于农村居民来说，由于其收入水平低，大量收入只能用于生活、子女教育和医疗①等，导致其财富积累能力降低；二则因为目前大量统计的农村居民收入中，实际上包含了其在城市中打工的收入，在此收入水平基础上进行对比所得出的结果，也就不可能完全反映城乡经济发展的真实差距。

对当前城乡收入差距的问题，既不能夸大，也不能缩小。有一种片面观点将城乡差别作为产生收入分配差距的主要根源，其理由是不充分的。一个显而易见的事实是，城乡差距在改革开放前就存在，而且那时差距也很大，但收入分配差距并没有过分扩大，更没有导致严重的贫富分化。对城乡差别的另一种解释，是将之归因于快速的工业化和城市化，但国内外不同时期的统计资料无法充分证明这一结论。深层次的原因，还是需要从所有制结构变动和经济发展主导因素来说明。可以说，民营化或中外私有化的快速发展、"重城市、轻农村"的非均衡发展等，是城乡收入差距的主因。

（四）地区收入差距值得重视

据统计资料，我国东、中、西部的人均收入比由 1978 年的 1.37：1.18：1，扩大为 2000 年的 2.42：1.2：1②。2008 年，我国东、中、西部地区城镇居民人均年收入比达到 1.51：1.01：1，农民居民全年纯收入比 1.88：1.27：1③。另有学者指出，2000 年，东部地区人均 GDP 值是中部地区人均 GDP 的 1.98 倍，西部地区是中部地区人均 GDP 的 77%。到 2010 年，东部地区人均 GDP 是中部地区人均 GDP 的 1.74 倍，西部地区是中部地区的 80%，差距虽有所缩小，但仍然较大。地区差距的产生既有历史的

---

① 农村居民由于较低的医疗保障水平，其医疗支出占收入的比例要大于城市居民，以至于在部分人群中产生了因病致贫的情况，迟滞了其富裕起来的步伐。在教育、养老等领域的情况具有同样的特征，至于人们热议的"财产性收入"差距，则更是如此了。
② 杨宜勇：《着力扭转地区居民收入分配差距扩大趋势》，《中国经济时报》2007 年 8 月 2 日。
③ 何玉长：《国民收入分享的结构性失衡及其对策》，《毛泽东邓小平理论研究》2011 年第 4 期。

原因，也有地理因素、产业政策、资源状况等原因。地区之间收入差距的扩大，是近年来我国经济发展过程中需要面对的新问题。

（五）行业收入差距过大

20 世纪 80 年代，我国行业间工资收入差距一般保持在 1.6—1.8 倍左右。而到了 2010 年，平均工资最高的行业为金融业，其从业人员平均工资达 70146 元，而最低的农林牧渔业仅 16717 元，最高与最低之比为 4.2:1。如果按细分行业，最高和最低之比可达十几倍[①]。另有资料表明，在 2011 年城镇非私营单位在岗职工中，占全部就业人员 40.5% 的制造业和建筑业年平均工资分别只有 36494 元、32657 元，仅相当于金融业平均年工资 91364 元的 1/3 左右[②]。从行业差距的国际对比看，2011 年人力资源和社会保障部工资研究所发布的最新数据显示，我国收入最高和最低行业的差距已扩大到 15 倍。而此前一年国家统计局公布的这一数据还仅为 11 倍。资料还表明，从其他市场经济国家 2006—2007 年最高和最低行业的工资差距情况看，日本、英国、法国约为 1.6—2 倍，德国、加拿大、美国、韩国在 2.3—3 倍之间。相比之下，中国行业收入差距已跃居世界之首[③]。

三、提升社会主义共同富裕的两条重要路径

当前的紧迫任务，就是要真正顺从民意而不作秀，真心落实邓小平同志强调的"突出地提出和解决两极分化问题"，以缩小财富和收入的过大差距为重点，使经济改革发展转入加快实现共同富裕的科学轨道。

（一）坚持"国民共进"，做强做优做大公有制经济

中国特色社会主义的基础在于确立了公有制为主体、多种所有制共同

---

① 白天亮：《就业取向集中折射行业收入差距拉大》，《人民日报》2012 年 3 月 1 日。
② 肖明、袁荃荃：《2011 年行业收入差距缩小 能否持续待观察》，《二十一世纪经济报道》2012 年 5 月 30 日。
③ 宋晓梧：《中国行业收入差距扩大至 15 倍 跃居世界之首》，《经济参考报》2011 年 2 月 10 日。

发展的基本制度。只有社会主义公有制的巩固和发展，才能从根本上保证广大人民对生产资料的所有权，消除劳动力与生产资料相结合的制度障碍。改革之初，小平同志就指出："在改革中，我们始终坚持两条根本原则，一是以社会主义公有制经济为主体，一是共同富裕。"[①] 从宏观上来说，一方面，要肯定私有制经济在一定范围内的存在对于发展社会生产力的积极意义；但另一方面也要看到，坚持公有制为主体，既是防止财富差距过大的必要条件，也是贯彻落实按劳分配为主体的制度、遏制劳动收入占比下降的重要前提。这是因为，相对于私有企业，公有经济中的职工工资水平一般相对较高，职工福利也更完善，这不仅能遏制财富占有方面的分化，而且也有助于普遍提高一般劳动者的收入水平，缩小收入差距。只有在公有制经济中，企业利润才能转化为全社会或集体所有的共同财富，使积累成为走向共同富裕的桥梁。现有的研究也表明，我国劳动收入增长和资本收益的增加之间存在着此消彼长的不一致性，并激化资产阶级和劳动阶级之间的矛盾[②]。并且，公有制和私有制经济间的竞争领域和形式正日益深化，包括：经济资源和市场占有、专业技术人才的竞争、假公济私的空间和便利，股份合资企业中私人资本排斥公有资本等各方面[③]。可见，公有制经济和非公经济间的矛盾是一种客观存在，做强做优做大公有企业不能无视这种矛盾。那种籍"创造公平竞争环境"借口而主张所谓的"国退民进"、"全民分股"等做法，只能束缚并搞垮国有资产，在根本上与共同富裕道路是背道而驰的。

从微观上来说，按照公有制企业的内在要求进行科学管理，在保护劳动者权益基础上规范私营企业的发展，是实现共同富裕的重要保证。企业理论的发展与现代企业的实践也表明，现代社会中劳动生产率的提高需要建立在强化职工、技术人员和管理人员地位的基础上，促进企业中利益主体的根本平等。因此，在经济改革与发展过程中，不能单纯地强调民营经

---

① 《邓小平文选》第 3 卷，人民出版社 1993 年版，第 142 页。
② 简新华：《和谐社会与劳资关系和阶级斗争》，《海派经济学》第 23 辑，上海财经大学出版社 2008 年版。
③ 程恩富、何干强：《坚持公有制为主体、多种所有制经济共同发展的基本经济制度》，《海派经济学》第 24 辑，上海财经大学出版社 2008 年版。

济中的先富效应，更要重视公有经济中的共富机制。不仅要巩固和发展国有经济，也要特别鼓励、发展和做大城乡各类集体经济和合作经济。实践证明，在联产承包基础上搞双层经营要特别重视集体层面的经营，积极发展农村真正的集体经济，是增强农村凝聚力和党组织号召力的关键，这不仅有利于解决农村经济走规模化、集约化和现代化之路，更关系到社会的稳定和共同富裕。因此，要特别注重发挥农村集体经济在促进城乡协调发展、缩小城乡差距上的作用。

改革开放过程中，由于部分地区和部门过度的民营化政策，使私有经济大量发展，在市场化的名义下大量国有资产通过改制流向私有经济，矿产、土地资源等也大量为私营经济所占有，使我国成为世界上近数十年来贫富分化最快的国家之一。因此，要在进一步发展中外非公经济的同时，大力加强对其引导和管理，抑制其负效应，扩大其正效应。

（二）确立以民生建设为导向的发展模式，使政府的投入和政策向普惠型转变

民生事业进步本身就是社会富裕的直接体现，它可以使民众更多地在社会生产力发展中享受到发展的成果。同时，民生事业的建设可以通过社会福利覆盖面的广大，通过提供基本的社会保障，有效缓解经济发展过程中不同社会群体、地区和部门行业等之间收入分配差距的负面影响。实践证明，在生产力仍不发达的社会主义初级阶段，实现共同富裕必须发挥社会主义国家政权力量干预和调控经济生活的优势，释放后富者的能量和创造力。因此，不仅需要重视初次分配领域存在的根源性问题，也要重视发挥政府在国民收入再分配中应有的调节作用。

确立民生导向的发展模式，在具体内容上主要应包括：大幅提高对民生建设的投入，完善就业政策，通过社会保障、住房保障、专项消费补贴、节假日补助、特殊费用减免等措施加大转移支付力度，加强对教育的投资、完善对不同行业收入水平的调控政策，以及加强对生态环境、畅通城市等方面的投入，不断满足城市居民的生存需要和发展需求，促进农村居民向城镇的有序流动等等。民生导向发展模式的侧重点，主要应立足扩大社会保障，提高中低收入者收入水平，缩小群体、地区和行业等不同层

面的财富和收入差距等方面。

参考文献

[1]《马克思恩格斯全集》第 46 卷（下），人民出版社，1980 年。

[2]《马克思恩格斯选集》第 1 卷，人民出版社，1995 年。

[3]《邓小平文选》第 3 卷，人民出版社，1993 年。

[4] 简新华：《和谐社会与劳资关系和阶级斗争》，《海派经济学》第 23 辑，上海财经大学出版社，2008 年。

[5] 程恩富、何干强：《坚持公有制为主体、多种所有制经济共同发展的基本经济制度》，《海派经济学》第 24 辑，上海财经大学出版社，2008 年。

论我国劳动收入份额提升的
可能性、迫切性与途径[*]

劳动收入份额的变动，不但关系着居民消费水平的增长和收入差距的变化，也关系着社会总产品的价值实现和经济的正常循环。如果劳动收入份额能随着经济的增长而增长，将会形成劳动者收入不断提高和产业结构升级的良性循环。因此，劳动收入份额增长也就具有全局意义。

一、我国劳动收入份额提升的可能性

1. 20 世纪 90 年代以来我国劳动收入份额下降的趋势

我国劳动收入占国民收入的份额变化情况近年来引起了学术界的广泛关注，很多学者都进行了深入研究。李稻葵等人（2009）的研究表明，我国初次分配中劳动份额从 1992 年开始到 1996 年略有上升，然后逐步下降。1999 年我国劳动收入份额比重约为 54%，但到 2006 年时已经下降到了 50% 以下。李稻葵认为，西方国家 GDP 中的劳动份额变动普遍经历了一个 U 型曲线过程，即劳动收入份额先下降后上升。我国劳动收入份额已经经历了十多年的下降阶段了，何时能转入上升阶段却面临很大不确定性。中国社科院《社会蓝皮书》（2008）披露的数据表明，2003 年以前我国的劳动者报酬一直在 50% 以上，2006 年降低至 40.6%。企业利润占国

＊ 原载《经济学动态》2010 年第 11 期。本文第二作者为胡靖春。

民收入的比重，则由以前的 20% 左右上升到 30.6%。白重恩、钱震杰（2009）的研究表明，1978 年我国劳动收入份额约为 50%，此后十年略有上升，但自 1990 年以来缓慢下降，2004 年以来下降趋势尤为明显，2006 年这一数值已降至 47.31%。这些研究数据都表明，我国劳动收入份额已经下降到了历史最低水平。赵俊康（2006）的研究表明，从 1996 年到 2003 年，我国城乡就业人员增加了 5482 万人，劳动报酬却从 54.3% 下降到了 49.62%。除内蒙古、辽宁、浙江和山东外，27 个省市的劳动报酬都有不同程度下降。徐现祥、王海港（2008）的研究表明，1978—2002 年我国初次分配中的收入分布不断向右平移，资本所得普遍增长，劳动收入不断下降。李实（2005）的研究表明，1995—2002 年，不论是从城镇居民、农村居民，还是从全国居民数据来看，我国洛伦兹曲线都显著外移，说明我国收入差距都在不断拉大。造成收入差距拉大的主要原因又在于资本收入份额的提高和劳动收入份额的下降。世界银行研究人员柯吉（Kouji，2005）的研究也表明，我国经济中利润占 GDP 的比重过高。柯吉建议国有企业应该向国家分红以减弱投资过多、资本收入增长过快的趋势。罗长远、张军（2009）的研究发现，1995—2004 年我国劳动报酬从 51.4% 下降到了 41.6%。卓永良（2007）的研究表明，改革开放初期我国的劳动收入份额在不断上升，从 1978 年的 42.1% 上升到 1983 年的 56.5%。但自 1984 年以来，我国劳动收入开始不断下滑。到 2005 年劳动收入份额已经下滑至 38.2%。另外龚刚（2010），李扬、殷剑峰（2007）的研究也同样发现，20 世纪 90 年代以来我国劳动收入份额正经历一个下降趋势。

虽然众多学者对我国劳动报酬占 GDP 的绝对份额度量存在很大差异，但近年来我国劳动收入份额下降到历史最低水平却是个不争的事实。综合学者们对我国劳动收入份额的估计可以得知，2002—2006 年，我国劳动收入份额的乐观估计大概是 50%，悲观估计是在 40% 左右。

我国职工工资占 GDP 的比重变化同样也支持近年来劳动收入份额下降的事实。自上世纪 50 年代以来，我国工人的工资总额占 GDP 的比重经历了一个先上升后下降的过程。20 世纪 70 年代初到 80 年代末，我国职工工资占 GDP 的比重一直维持在 15%，90 年代开始下降，2000 年以来，这一份额已经下降到了 10%。

2．我国劳动收入份额与资本主义国家劳动收入份额的差距

二战以后，西方资本主义国家劳动收入份额普遍经历了一个上升过程。1952 年，美国的劳动收入份额只有 61%，70 年代末上升到了 68%，之后虽有所下降，但一直都维持在 65% 左右。1955 年日本的劳动收入份额只有 40%，此后不断上升，从 20 世纪 70 年代中期到 90 年代末期一直维持在 55%。只是从 2003 年以来才下降到 50% 以下，这和日本经济近年来的衰退关系密切。

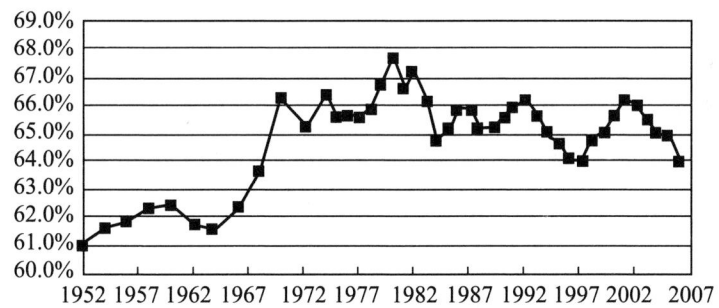

图 1　二战后美国记住员报酬占国民收入比重的变化

数据来源：［美］麦克南：《当代劳动经济学》，人民邮电出版社 2008 年版。

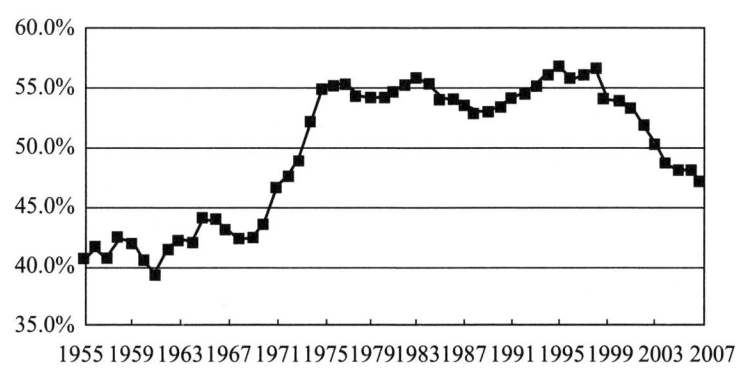

图 2　日本二战后工人报酬占 GDP 的比重

数据来源：日本统计局。

如果考察更长历史范围的劳动收入份额变动，则可以发现，资本主义国家一百多年来劳动收入份额一直在不断提高，而不是经历了所谓的 U 型曲线。例如，英国在 1860—1869 年间的劳动收入份额只有 48.5%，一战以后该份额超过了 50%，20 世纪 30 年代超过了 60%，二战以后则超过了 70%。此后保持稳定。美国一百年来劳动收入份额也是从 50% 以下逐步上升到 65% 左右。学者们对美国 1929 年之前的劳动收入份额测算结果存在差异，一些学者测算结果为 50%，另一些人则认为更低。福格尔的研究表明，1870 年美国的劳动收入份额只有 1970 年的一半，也就是说略低于 40%。

表1　英国 1860—1968 年间国民总收入与 GNP 的分配

	工资和薪水	租金	利润、利息和混合收入
1860—1869	48.5%	13.7%	38.9%
1870—1879	48.7%	13.1%	38.2%
180—1889	48.2%	14.0%	37.9%
1890—1899	49.8%	12.0%	38.2%
1900—1909	48.4%	11.4%	40.2%
1920—1929	59.7%	6.6%	33.7%
1930—1039	62.0%	8.7%	29.2%
1940—1949	68.8%	4.9%	26.3%
1950—1959	72.4%	4.9%	22.7%
1960—1968	74.1%	5.4%	20.5%

数据来源：［英］波斯坦、D. C. 科尔曼、彼得·马赛厄斯：《剑桥经济史》（第七卷），经济科学出版社 2004 年版，第 204 页。

和美国、日本、英国等资本主义国家相比，我国劳动收入份额上升还有很大空间。如果中国的劳动份额能从目前的 40% 左右上升到 60%，劳动者收入将会有很大的提高，这对中国未来的经济增长将有很大的带动作用。

3.20 世纪 90 年代以来我国劳动收入份额下降的原因分析

20 世纪 90 年代以来我国劳动收入份额的降低，主要是我国所有制结构调整所致。劳动收入份额反映了劳动者在收入分配中的经济社会地位。

该份额越低，说明劳动者的经济社会地位越低。统计资料显示，在我国不同类型的所有制经济中，非公经济中劳动收入份额一般较低，并且工人的平均工资也低。在相同情况下，公有经济的劳动收入份额高，并且工人平均工资也高。在私有经济中，雇主为了追逐利润最大化，必然极力压低工资，使得劳动生产率提高的好处尽量为雇主和资本所得，从而随着劳动生产率的提高，劳动报酬占比必然越来越低。当前，中国在经济结构转型中强调更多地发展私有经济和对外招商引资，现存的国有和集体企业也大量被股份私有化，这会导致劳动报酬占比的下降。

从目前披露的数据和收入与所有制的经济学规律来看，劳动报酬占比下降，是公有制的比重在中国经济中的比重下降、政府和工会未能在市场经济中充分发挥作用的客观结果。在其他条件不变的情况下，非公有制经济成份（含内资和外资）越大，劳动报酬占比往往越低。而在某些资本主义国家中，由于左翼力量和工会运动的程度和效果不同，不同国家的劳动收入份额与其经济发达程度并不具有直接的相关性。前苏联解体后，随着工会运动受到打击，西方发达国家的劳动收入份额也普遍下降了。

我国的所有制变革也带来了工资形成机制的变革。在公有制经济内，工人通过职代会、工会等机构可以维护自己的权利，并且公有制经济的工资决定直接受政府管理，工人的社会保障和福利待遇比较完善。而在私营经济中，工资决定完全由资方决定。工人的发言权丧失，相应地社会保障待遇和福利待遇也被大大削减，而且私营经济部门没有合理的工资增长机制。这是我国劳动收入份额降低的主要原因。

二、提高我国劳动收入份额的迫切性

目前我国劳动收入份额过低，已经严重威胁到我国经济发展的可持续性。威胁主要来自两个方面：

1. 过低的劳动收入份额导致收入差距拉大

劳动收入份额和收入差距存在密切的关系。资本收入增长过快，劳动收入增长缓慢是造成国民收入差距的主要原因。我国改革开放进程中劳动收入份额的下降和收入差距的扩大主要来自两个方面，一是农民工收入增长缓慢，二是城镇企业内部职工的收入增长滞后于管理人员的工资增长。

王祖祥（2009）利用《中国统计年鉴》（1995—2005年）的收入分配数据进行估算，发现目前我国城镇与农村两部门内部的基尼系数都不大，都没有超过0.34，但从2003年开始，我国的加总基尼系数已经超过了0.44，远远越过了警戒水平0.4。王祖祥认为城乡收入差距是我国不平等程度扩大的主要原因。农民工工资增长缓慢固然是城乡收入差距拉大的原因，但城乡收入差距拉大的最主要原因是城市居民资本收入（财产收入）增长迅速。改革开放以来，中国农民工数量越来越庞大，工资收入在农村居民家庭中的比重逐年提高。1984—1996年，我国农民工工资收入占农村居民家庭纯收入的比重从17.17%提高到23.59%。[1] 到2008年，这一比重又进一步上升到37.42%。上海市的这一比例最高，高达70%，东部沿海地区普遍都在40%以上。

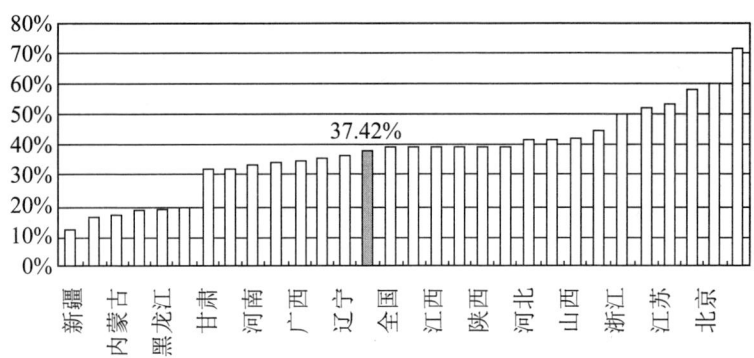

图3　2008年我国农民工资收入占农村居民家庭收入的比重

数据来源：刘军胜：《中国农民工工资变动的趋势及对策分析》，2010年浙江大学最低工资研讨会会议论文。

---

[1]　万广华：《经济发展与收入不均等：方法和证据》，上海三联书店2006年版，第209页。

表2　1985—2006 年中国城乡收入差距比

1985	1986	1987	1988	1989	1990	1991	1992	1993	1994	1995
1.79	2.1	2.11	2.11	2.35	2.27	2.34	2.49	2.74	2.83	2.73
1996	1997	1998	1999	2000	2001	2002	2003	2004	2005	2006
2.49	2.45	2.5	2.64	2.76	2.9	3.13	3.25	3.26	3.24	3.28

数据来源：吴要武：《非正规就业者的未来》，《经济研究》2009 年第 7 期。

　　虽然外出打工收入占农民家庭纯收入的比重越来越高，但由于没有最低工资政策的保护，农民工的工资增长缓慢。用人单位对农民工实行歧视政策，农民工工资增长幅度往往低于城市职工平均工资增长幅度，农民工的工资增长只是略高于农村居民家庭的经营性收入增长。刘军胜的研究表明，2002—2008 年，农民工工资平均增长幅度为 14.10%，而同期农村居民家庭人均经营性收入平均增长幅度为 8.58%。两者之间的差距只有5.25 个百分点。农民工外出打工机会成本上升，收益减少，这是导致沿海地区出现民工荒的一个重要原因。由于农民工是中国民营经济新工人群体的重要组成部分，农民工工资收入增长缓慢成为国民收入中劳动收入份额不断降低的主要原因之一。农民工工资增长缓慢，导致城乡收入差距不断拉大。如表2 所示，2006 年，城乡收入差距已经从 1985 年的 1.79 倍扩大到 2006 年的 3.28 倍。

　　农民工工资增长缓慢的一个重要原因就是各地最低工资定的非常低，没有发挥出提高农民工收入的作用。以浙江省为例，2002 年，浙江省非国有经济已经占到全省 GDP 的 76.7%，但非国有经济中农民工的收入却非常低。据浙江省统计局农调队调查显示，浙江宁波、湖州、金华、台州四市外来农民工的平均工资为 761 元，月收入在 1000 元以下的农民工占被调查总数的 70%—80%。① 目前浙江很多民营企业以政府公布的最低工资为标准制定本企业职工的平均工资。国际上一般最低工资相当于平均工资的 40%—60%，而我国的最低工资明显低于国际标准。杭州市 2004 年的月平均工资为 1997 元，最低工资只有月平均工资的 31%。

---

① 刘黎清、黄忠寅：《浙江省民营经济发展中的劳资关系分析》，《经济问题探索》2006 年第 3期。

表3 2008 年我国最低工资及其在职工平均工资中的比重

省份	最低工资	平均工资	最低工资/平均工资	省份	最低工资	平均工资	最低工资/平均工资
全国	697	2442	28.5%	内蒙古	680	2176	31.3%
安徽	560	2197	25.5%	黑龙江	680	1921	35.4%
宁夏	560	2560	21.9%	重庆	680	2249	30.2%
湖北	580	1895	30.6%	云南	680	2003	33.9%
广西	580	2138	27.1%	辽宁	700	2311	30.3%
江西	580	1750	33.1%	山西	720	2152	33.5%
陕西	600	2162	27.8%	西藏	730	3940	18.5%
青海	600	2582	23.2%	河北	750	2063	36.4%
甘肃	620	2001	31.0%	福建	750	2142	35.0%
海南	630	1822	34.6%	山东	760	2200	34.5%
湖南	635	2073	30.6%	北京	800	4694	17.0%
吉林	650	1957	33.2%	天津	820	3479	23.6%
四川	650	2087	31.1%	江苏	850	2639	32.2%
贵州	650	2050	31.7%	广东	860	2759	31.2%
河南	650	2068	31.4%	上海	960	4714	20.4%
新疆	670	2057	32.6%	浙江	960	2846	33.7%

注：每个省份的最低工资都有好几档，本表只取最高档。全国数据为简单平均数。

数据来源：王弟海：《最低工资限制经济效益的再认识：收入分配和经济发展的视角》，2010 年浙江大学最低工资研讨会论文。

再以北京为例，北京市 2005 年最低工资标准为每小时不低于 3.477 元、每月不低于 580 元。非全日制从业人员每小时最低工资不低于 7.3 元。2004 年北京职工平均工资为 28348 元，折合月工资 2362 元，全日制工人最低工资只有平均工资的 24.6%[1]近几年来虽然最低工资有所提高，个别省份最低工资已经到了 1000 元水平。例如浙江在 2010 年 4 月 1 日起，最低工资提高至 1100 元（含社会保险费用）。但大多数省份最低工资

[1] 郭克利：《2005 年北京市劳动力市场工资指导价位与企业人工成本状况》，中国民航出版社 2005 年版。

依然很低。不但从绝对水平看很低，从相对水平看也很低。假如按照国际通行标准，把最低工资制定在社会平均工资的40%—60%，2008年底，中国没有一个省份能达到这一标准。

在企业内部，相比于企业管理人员，普通职工的劳动收入不断下降，企业内部工资差距不断拉大。根据全国总工会的调查，2002—2004年我国企业职工工资低于当地社会平均工资的职工占81.8%，低于社会平均工资一半的占34.2%，低于当地最低工资标准的占12.7%；相比于1998—2001年，低于当地社会平均工资一半的职工增加了14.6个百分点。这表明我国低收入劳动者比重扩大了。

2. 劳动收入份额过低，导致外贸依存度过高，内需相对不足

中国劳动收入份额低，和我国出口导向型的外贸战略有重要关系。在改革开放过程中，沿海地区的招商引资过于偏重对外加工产业。由于我国有大量的农村剩余劳动力，国外企业纷纷把附加值低的加工业转入中国。这些产业对劳动技能要求也低。中国企业利用我国廉价的劳动力，进行对外加工，创业风险小，获利容易，因此外向型加工企业迅速发展。在改革开放初期，发展低技术、低工资的加工业并没有错。但很多企业在发展过程中没有长远眼光，不重视技术更新，不重视人才培养，不重视品牌创新，迷恋于低技术、低成本带来的利润。这种发展模式导致中国加工企业在国际产业链中只占据了非常低的附加值份额。

这种低附加值产业的发展造成我国劳动收入份额过低，进而导致国内消费需求对经济增长贡献率低。程恩富（2008）的研究表明，2004年我国消费率为53.6%，降到了1950年以来的最低水平。由于国内市场对经济增长贡献有限，我国企业不得不依赖对外贸易，这大大提高了我国的外贸依存度，增加了我国经济发展的国际风险。2003年，全球平均外贸依存度为0.45，发达国家均值为0.38，发展中国家均值为0.51，而我国2004年外贸依存度为0.68，远远高出世界平均水平。中国必须适当降低外贸依存度，扩大内需拉动经济增长。

中国之所以会陷入低附加值产业发展模式而无法跳出，一个重要原因是我国的最低工资政策没有得到严格执行，落后产能不能淘汰，企业没有

技术升级的动力。目前最低工资制度在执行中存在以下问题：①最低工资标准保障范围过小，农民工、学徒工、保姆等低收入群体还不在这一标准的保护范围之内。②如果按小时工资计算，很多工人的小时工资都达不到最低工资要求。最低工资的计算一般都是按照每天工作 8 小时，每周 40小时的正常工作时间计算的。很多民营企业工人每周工作时间远超过 40小时。很多工人每月拿到手的工资有 1000 元，实际上他的加班时间长，加班工资大约就占 500 元，如果按照 40 小时的正常工作时间计算，该工人的小时工资就低于政府规定的最低工资。此外，企业还把各项津贴违规列入最低工资，或压低计件工资，实施提成工资，或对试用期员工支付低于最低工资标准的工资。如果我国最低工资制度能够得到严格执行，工人能在正常工作时间内拿到最低工资，加班能得到法律所规定的加班工资，他们的收入也会有可观的增长。

三、提高我国劳动收入份额的途径

鉴于近几年我国劳动收入份额逐渐下滑所带来的弊端，适时提高劳动收入份额有重要的意义：一是深入落实科学发展观，发展成果要合理分享的需要；二是刺激国内消费和拉动经济增长的需要；三是促进产业结构和外贸结构升级的需要。马克思曾经指出，由于工资太低，使用机器反而会使生产变贵，因而英国发明的机器曾经只能在北美使用。工资偏低同样是目前我国产品结构、技术结构、产业结构和外贸结构调整与提升不快的原因之一。李嘉图的比较优势学说理论也不支持低工资优势竞争论。李嘉图的比较优势学说主要与劳动效率有关。只要两个国家的两个不同产业具有不同的生产效率，这两个国家就都具有各自的比较优势。低劳动力成本有时也没有比较优势。随着中国劳动者报酬的提高，企业将升级产品结构、技术结构和产业结构，而在新的产业结构中，即使中国提高工资，相对于国际市场，仍然可能具有较低的所谓比较优势。我国涨工资的空间还很大，逐步提高劳动报酬同保持经济发展和出口比较优势并不存在尖锐的矛盾。要适时提高我国劳动收入份额，必须发挥政府与工会两大经济主体的作用力，采用严格实施最低工资制度，建立合理的工资增长机制，实现经济增长方式的转变。

（一）发挥政府和工会两大经济主体的作用力

1. 构建国家主导型劳动者维权机制

构建国家主导型劳动者维权机制，是提高劳动收入份额的首要条件，也是获得广大劳动人民支持的重要保证。目前我国70％以上的劳动者在非公企业就业，加不加工资主要由老板说了算，政府干预的空间很小。西方政府是站在雇主阶级的立场上主要靠事后调节来协调劳资关系。作为人民政府而非中性政府的社会主义政府记取西方的教训，应当站在雇员阶级的立场上主要在事前，通过主动、积极措施协调劳动关系或劳资关系。过去在西德企业董事会中的雇员比例制和收入共决机制下，工会依据企业劳动生产率提高来谈判雇员收入的合理增长；在日本，企业依据职工工龄的增加而提高收入等措施，都可以为我国借鉴利用的。如果政府严格检查落实法定劳动时间和劳动合同法，劳动者利益完全可以得到保障。我国政府应当像当年英国政府一样向企业派出工厂视察员，对于侵犯职工利益的行为直接进行起诉，而不能仅仅要求每个单位的工会一对一地进行集体谈判。

2. 加强工会力量，实现劳资共决

要提高劳动收入份额必须加强工会在工资决定中的谈判作用。通过劳资谈判，可以建立工资形成的共决制度。工资共决可以抑制雇主对于工资的过分压低，可以在一定条件下改善劳动报酬在初次分配中的比重。近年来，我国工会在维权中发挥了重要的作用。姚先国（2008）的研究表明，中国工会并非如有些人所说的那样形同虚设，而是确实有助于改善劳动关系。从工资回报到各项福利，浙江省工会都在一定程度上提高了劳动者的利益。实证研究也表明，很多雇主也乐意设立工会以及给工会拨付经费，因为工会有助于改善劳动关系，增强企业凝聚力，从而提高生产效率。浙江义乌工会的社会维权实践也说明，在中国，工会可以大有作为。

但是，就像马克思所坚持的，夸大工会在集体谈判的成就也是错误的，只要雇主能够获得利润，资本的积累就会越来越多，资本所得的占比就会越来越大。没有政府通过立法来调节，工会在改变劳资收入分配中的作用就会非常有限。

（二）严格实施最低工资制度，建立合理的工资增长机制

1. 严格实施最低工资制度

劳资冲突的核心是利益分配冲突，市场经济条件下要有效缓解劳资冲突，必须建立劳资政三方协调机制。西方国家经过一百多年的发展，已经建立起有效的劳、资、政三方协调机制，而这一机制在我国还处于建设、探索过程中。20世纪30年代以前，资本主义国家实行自由放任劳资关系模式，企业靠压低劳动成本进行竞争，劳动收入份额处于较低水平。20世纪上半叶，西方国家纷纷通过最低工资制度、劳动立法、集体谈判等措施，增强了劳工谈判能力，自由主义劳资关系模式被废弃，政府、企业和工会三方协调劳资关系模式被采纳，从而实现了劳动收入份额的不断提高。在三方合作劳资关系模式中，最低工资制度在提高劳动收入份额中发挥着重要的作用。在中国目前的情况下，只有通过严格实施最低工资制度，才能改善劳资分配，缓解劳资矛盾。最低工资制度能从两个方面提高劳动收入份额。

（1）最低工资制度有利于企业发展模式的强制变强。改革开放以来，中国企业尤其是民营企业，一直走的是低工资、低技术发展模式。这种发展模式的后果是雇主受益，工人、社会受损。低技术——低成本发展模式下，工人无法分享社会发展的成果，社会要承担环境污染等成本。这种低成本发展模式对正常的市场竞争起着破坏作用。一些依赖低技术、低成本生存的企业，会采取各种办法延长工人的劳动时间，提高工人的劳动强度，降低工作场所的安全卫生标准。相比之下，那些守法经营的企业却要向工人支付相对高的工资，支付更高的工作安全成本。这就使得两类企业不能公平竞争。由于竞争规则不统一，中国的企业发展还处在丛林时代，效率高的企业虽然能在竞争中胜出，但劣质企业也并不淘汰，优劣并存、良莠不齐。

政府通过强制实施最低工资制度，可以淘汰劣质企业、促进公平竞争。政府强制实施的最低工资制度有利于在社会范围内形成合理的劳动力

成本形成机制。市场并不会自发形成合理的劳动力成本决定机制。如果交由劳动力市场自发作用，劳动力成本往往会趋向生存工资。合理的劳动力成本形成机制是合理的产品价格形成机制的一部分。社会统一的企业会计核算准则、最低产品质量标准和最低劳工标准，是合理的价格形成机制的必要组成部分。合理的产品价格形成机制和合理的劳动力成本形成机制，对保护社会公众利益和保护劳动者利益都十分必要。要建立合理的劳动力成本形成机制，必须实行统一的周工作时间标准、工作场所最低安全健康标准。目前，中国民营企业普遍存在加班过长而且不付加班工资的情况。如果不控制工人的周工作时间，最低工资标准形同虚设。价值规律要求企业降低成本，但企业降低成本的竞争，只有在不降低产品质量，不造成环境污染，不损害工人健康时才对社会有利。成本竞争必须以合理成本为底线，否则，降低成本只会导致企业拼人力成本、拼环境污染成本，破坏合理的价格形成机制。不断曝光的职业病、环境污染事件都是合理的价格形成机制被破坏的恶果。

（2）最低工资制度有利于实施第三方劳工监督，提高劳动收入份额。第三方劳工监督是通过企业、政府以外的独立机构，参照通行的劳工标准，对企业的劳工状况进行评估。目前，第三方劳工监督都以国际劳工标准为参照依据。国际劳工标准，指国际劳工组织（ILO）通过的处理全球范围劳工事务的各种原则、规范、准则，它们形成了以国际劳工公约（Conventions，185 项）和建议书（Recommendations，195 项）为核心的一整套国际劳工制度。SA8000 是受认可程度最广泛的国际劳工标准之一，该标准是一种基于国际劳工组织宪章、联合国儿童权利公约、世界人权宣言而制定的，以保护劳动环境和条件、劳工权利等为主要内容的社会责任标准认证体系。2001 年 12 月 12 日，美国社会责任国际（Social Accountability International，简称 SAI）发表了第一个标准的企业社会责任标准 SA8000：2001。这是第一个可用于第三方认证的社会责任国际标准。主要内容包括童工、强迫劳动、安全卫生、结社自由和集体谈判权、歧视、惩罚性措施、工作时间、工资报酬及管理体系等九方面内容。目前，在全球范围内，越来越多的消费者开始关注其所购买的产品是否符合 SA8000

的标准，否则即使产品价格便宜也予以抵制，而且这种消费倾向在发达国家表现得尤为明显。

中国作为 ILO 的成员国，已经批准了 24 项国际劳工公约，面临着如何执行已批准的国际劳工公约及如何将国际劳工标准与国内劳工标准协调的问题。尽管 SA8000 的宗旨是好的，但关税和一般非关税壁垒不断被削减的今天，SA8000 非常容易被贸易保护者利用，成为限制发展中国家劳动密集型产品出口的有力工具。中国目前和欧美等国家的贸易摩擦，在很大程度上是因劳工标准惹起的。这里面既存在着国外社会对我国的误解，也存在着我们自身的问题。一方面，中国确实有部分企业肆意践踏劳工标准，不遵守最低工资，成为血汗工厂的事实，但这种情况并不代表中国企业界的普遍情形。另一方面，我国政府没有运用合理的渠道和国外社会沟通，导致国外社会对我国劳工情况片面了解，产生了不信任情绪。国外企业利用本国公众对中国的猜疑，掀起反倾销，抵制中国产品，造成我国遵守国际劳工标准的企业也受到牵连。由于我国政府对 SA8000 的认识不足，国外认证机构不能在中国合法营业，而我国出口企业又属于国际大企业供应商，为了业务需要不得不接受国际劳工标准评估，中国企业不得不付出高昂的评估费，评估通过后又不宜在国内公开宣传，从而造成了很大浪费。有鉴于此，我国政府应采取开放心态，积极引进国际劳工评估。第三方评估认证不但可以大大降低我国受评估企业负担的评估费用，还可以推进第三方认证产业的发展。为保持评估认证的公正、透明，评估必须由中国境内评估企业进行。第三方劳工标准评估，可以和我国各地地方政府颁布的最低工资标准结合起来，由于第三方评估是企业基于自愿原则实施的，让优秀企业被公众知晓，让遵守劳动法规成为企业的品牌，就能强化最低工资制度和相关劳动法规在我国的执行。此外，在我国很多产业面临产能过剩的情况下，可以逐步提高最低工资标准，逐步加强执行力度，以便淘汰落后企业，实现优胜劣汰。

2. 建立合理的工资增长机制

我国自改革开放以来，逐步建立了工资决定的市场机制。但政府对工资的调节机制并没有相应跟进。在当前劳动收入份额不断下滑的情况下，可以通过政府的工资调节机制矫正市场工资决定机制，使政府力量和市场力量相结合，形成合理的工资增长机制。合理的工资增长机制包括两方面内容：

（1）职工工资增长的指数化。从劳动报酬的绝对量来看，劳动报酬应当使劳动者及其家庭维持一个不断进步的社会最低生活水平以上的收入量。要使劳动报酬增长与GDP增长大体同步，必须采用指数化工资，即每年参照GDP的增长率制定工资的增长率。

（2）高层管理人员薪酬增长和职工工资增长等指标挂钩。近年来我国劳动收入份额出现降低，但企业高层管理人员薪酬增长却很快。企业高层管理人员薪酬的快速增长，拉大了国民收入差距。政府应当严格限制高层管理人员的薪酬增长。政府可以出台法规，规定企业高管层薪酬（含变相收入即福利）和职工工资增长、企业劳动生产率、利润增长保持一定比例。

（三）转变经济增长方式

提高劳动收入份额借助政府和工会的力量在短期可以实现劳动收入份额的提高，但在长期，必须提高经济效率。要提高我国的经济效率，必须转变经济增长方式。我国的经济增长一直以来都是靠高积累、高投资推动。在计划经济年代，高积累、高投资的主体是国家；而在向社会主义市场经济转轨的过程中，高积累、高投资的的主体既有国有、集体企业，也有民营企业。在市场经济条件下，高积累、高投资表现为新增价值分配中，资本收入份额较高，而劳动收入份额较低，这必然会降低劳动收入份额，压缩国内消费，不能发挥出国内居民消费对经济的贡献。

正因为我国长期实行高积累、高投资的发展战略，劳动收入份额在国民收入中的比重增长缓慢甚至下降，居民消费对经济增长的拉动作用有限。在我国的高积累、高投资的增长模式下，投资回报率很低，经济增长对人民群众的生活水平提高作用有限。如果我国现在严格实施最低工资制度，劳动收入份额就会逐步提高，高投资、低回报率的增长模式就会得到一定程度的转变。企业提高资本使用效率，逐渐转向高附加价值的产品和产业，可以实现劳动收入份额提高和产业结构升级相互促进、良性循环。

这也是我国产业发展走出粗放型发展，进入集约化经营的重要条件。实现产业发展的这一转变有两方面的好处，一方面会提高内需对经济增长的带动作用；另一方面，可以在很大程度上降低我国外贸依存度。当然，在这一过程中，政府必须推动教育的普及和劳动力质量的提高，为产业结构升级提供条件。综上所述，只有充分发挥政府和工会两大经济主体的作用，通过严格实施最低工资制度，建立合理的工资增长机制，实现经济增长方式的转变，才能不断提高劳动者收入份额。这也是降低我国收入差距，扩大内需，降低外贸依存度，实现产业结构升级的必然要求。

参考文献

白重恩、钱震杰：《谁在挤占居民的收入——中国国民收入分配格局分析》，《中国社会科学》2009 年第 5 期。

构建国家主导的
企业职工权益保护体系[*]

随着我国社会主义市场经济体制建设的不断推进，在新型劳动关系体制建设取得长足进展的同时，我国劳动者权益保护状况却趋向恶化，劳动关系日趋紧张。劳资纠纷不断、劳动关系恶化已经成为影响我国经济社会稳定发展的重要隐患。正如恩格斯指出，资本和劳动的关系是现代全部社会体系所依以旋转的轴心。① 劳动关系同样是我国社会主义初级阶段社会最基本的经济关系。如何切实保护劳动者权益、构建和谐劳动关系，对于构建社会主义和谐社会，推动经济社会健康协调可持续发展，具有十分重要的意义。

自 2006 年以来，笔者主持了一项"关于我国企业职工权益保护状况的调研"课题，在北京市、上海市、山东省、山西省、福建省、贵州省、河北省、河南省等地共向企业职工发放调查问卷 3000 份，回收有效问卷 2712 份。其中，国有企业、集体企业、民营企业和外资企业职工分别占 47.5%、10.2%、33.2% 和 9.1%；同时针对职工权益保护的重点问题在上述地区进行了实地访谈调研，对于我国企业职工权益保护状况有了较全面的了解。

---

* 原载《毛泽东邓小平理论研究》2010 年第 6 期。本文第二作者为胡乐明。
① 《马克思恩格斯全集》（第 16 卷），人民出版社 1964 年版，第 263 页。

一、我国企业职工享有的权益
处于相对较低水平

（一）企业职工工资水平较低

我国企业职工的收入虽然逐年上升，但始终慢于 GDP 的增长，目前仍然处于较低水平。国际劳工组织公布的数据显示，2000 年至 2005 年，中国的人均产值增长了 64%，但工资总额占 GDP 的比重却从 12% 下降到 11%，延续了 20 世纪 80 年代以来不断下降的趋势。这不仅大大低于国外发达国家的水平，甚至低于许多发展中国家的水平。作为制造业大国，目前中国制造业领域的劳动力价格比印度还要低 10%。根据本次调研的问卷统计，83.2% 的企业职工月工资额在个税起征点 1600 元以下。①

（二）劳动用工随意性大，劳动合同管理不规范

本次调查显示，有 23.8% 的职工没有与企业签订劳动合同，只有 31.6% 的书面劳动合同签订时征求了职工的意见，许多企业未能按照《劳动法》和劳动部门提供的样本去制订合同，合同条款不全面，而且许多劳动合同条款权利、义务不对等，片面强调用人单位的权利和职工的义务，对职工的权益规定得少而空或者没有明确规定，个别企业劳动合同甚至含有违法内容。更为严重的是，许多企业并没有认真履行劳动合同，任意解除劳动合同，随意开除和辞退员工的现象大量存在。

（三）企业职工的休息休假权没有切实执行

调查显示，职工每周正常休息 2 天的仅占 50.7%，企业职工加班大多是企业的硬性要求或者企业布置的工作过多在 8 小时内难以完成，职工被迫加班的占 87.4%。

（四）企业职工加班大多没有得到法定的补偿

根据《劳动法》的规定，职工在工作日、休息日、节假日加班，企业

---

① 我国从 2008 年 3 月 1 日起个税起征点已经提高到月收入 2000 元。

应分别支付不低于 1.5 倍、2 倍和 3 倍的正常日工资。实地调研发现，许多企业管理者和职工都不清楚此项具体规定，只知道职工加班应当被支付加班工资。调查显示，职工在这三种时间加班得到法定补偿的比例仅仅分别为 19.7%、19.0% 和 30.3%。

（五）职工的社会保险参保率较低

根据 2006 年中国统计年鉴，2005 年我国城镇就业人员为 27331 万人，参加养老保险的人数为 13120.4 万人，仅占 48.0%；参加基本医疗保险人数为 10021.7 万人，仅占 36.7%；参加失业保险人数为 10647.7 万人，仅占 39.0%；参加工伤保险的人数为 8478.0 万人，仅占 31.0%；参加生育保险的人数为 5408.0 万人，占 19.8%。[①] 近两年我国社会保险的覆盖面有所扩大，但是职工的社会保险参保率仍然较低。

（六）企业的安全生产和卫生条件存在不符合国家标准情况，职工因工伤亡和患职业病情况频繁发生，"过劳死"现象开始出现

企业为降低生产成本，减少对生产安全和卫生设施的投资，劳保用品发放不足，导致职工伤亡和患职业病情况频繁发生，超时用工现象普遍存在。根据此次调研的问卷调查统计，57.0% 的职工遇到过因工伤亡或患职业病的情况。[②]

（七）企业职工的主人翁感下降，职工的知情权、参与权和发展权没有保障

调查显示，认同"老板或领导是企业的主人，职工只是雇佣劳动者"的人数占被调查者的 50.8%，显著多于认同"职工是企业的主人翁"的人数；64.3% 的职工从未参与过企业生产技术的改进、经营方针的制定、企业管理人员的任命、工资薪酬的调整、劳动保护方案的拟定和财务状况的监督等企业经营管理活动；71.1% 的职工认为向企业提出建议没有作用

[①] 数据来自中华人民共和国国家统计局：《中国统计年鉴》（2006），第 128、第 909 页，中国统计出版社 2007 年版，并经计算而得。

[②] 遇到过工伤或患职业病，指职工本人自身发生过工伤或患职业病或者见过企业中其他职工发生过工伤和患职业病。

或作用不大。

（八）劳动争议逐年增多，大多数企业的内部劳动争议协调机制尚未建立或不完善

调查显示，遇到过劳动争议的职工比例为 61.9%；① 劳动报酬问题是产生劳动争议的首要原因，其次是工伤或职业病问题。仅有 16.6% 的企业建立了劳动争议协调委员会，且发生劳动争议时，职工更愿意找上一级领导进行解决。

二、企业职工的权益保护状况表现出层次性、差异性和复杂性

（一）从企业的所有制看，公有制企业的职工权益保护状况整体上好于非公企业

国有企业与职工签订书面劳动合同的比例高，合同签订和履行较为规范。调查显示，国有企业、集体企业、民营企业和外资企业中，书面劳动合同的签订率分别为 88.0%、68.8%、51.6% 和 89.5%。民营企业劳动合同签订率低且流于形式，签订劳动合同没有成为职工合法权益保护的有效手段。国有企业、集体企业、民营企业和外资企业职工没有因为法定节假日、婚丧假、病假和依法参加社会活动等不工作而扣减薪酬的比例分别为 61.4%、61.6%、56.1% 和 54.4%。国有企业、集体企业、民营企业和外资企业职工接受过安全卫生知识培训的比例分别为 69.5%、52.9%、53.7% 和 58.1%，职工参加过本企业组织的职业技术、技能或管理方面培训的比例分别为 80.8%、56.9%、58.0%、66.9%。国有企业、集体企业、民营企业和外资企业为职工办理养老保险的比例分别为 88.3%、58.3%、48.7% 和 86.3%。国有企业是设立职工权益维护组织最广泛的企业类型。调查显示，95% 的国有企业设有工会组织，55% 的职工加入了

----

① 遇到过劳动争议，指职工本人自身发生过劳动争议或者见过企业中其他职工发生过劳动争议。

工会，76.2%的国有企业设有职工代表大会，国有企业工会、职工代表大会、劳动争议协调委员会、劳动安全委员会和劳动监察组织的设立率均大大高于民营企业。国有企业职工对本企业的认同感和归属感相对较强。国有企业、集体企业、民营企业和外资企业职工认同"老板或领导是企业的主人，职工只是雇佣劳动者"的比例分别为48.7%、34.1%、58.3%和54.0%，如果有再次择业机会还会选择在原类型企业工作的比例分别为55.4%、28.6%、11.8%和46.4%。

（二）从企业的规模看，规模较大企业的职工权益保护状况整体上好于规模较小企业

通过实地调研和访谈发现，规模较大企业，不管是国有企业、民营企业、还是外资企业，企业的工会、职代会、劳动安全委员会等职工权益维护组织相对较为健全，职工工资一般都以打入银行卡的方式定期发放，基本没有出现拖欠职工工资的现象。规模较大企业注重对职工的技能培训，鼓励员工签订长期劳动合同，一般都按照国家规定为职工交纳社会保险金或基金。规模较大企业还注重培育企业文化，组织职工参与各种文体活动，关心职工的生活状况，劳保用品的发放和福利提供较好。

（三）从企业的经济效益看，经济效益较好企业的职工权益保护状况好于经济效益较差企业

通过实地调研和访谈发现，经济效益较好的企业一般都会按照劳动合同的规定定期发放职工工资和交纳社会保险金或基金，而经济效益转差的企业或者经济效益一直较差的企业的现金流常常出现问题，企业工资的拖欠和克扣经常发生，职工的流动性较大，企业的安全卫生保护措施较弱，劳动争议案件大量出现。

（四）从企业的存在状态看，正常运转的企业的职工权益保护状况好于改制或破产企业

企业一旦进入改制或破产状态，通常伴随职工的下岗分流，出现职工安置和补偿、工资拖欠、社会保险费欠缴等问题。通过实地调研和访谈发现，一些突发的群体性事件，如集体上访、阻断交通等，重要原因就是改

制或破产企业的职工经济补偿和利益问题没有妥善处置。在面临下岗分流的压力下,一些在岗职工对一些侵犯他们权益的做法、措施也不敢声张,而企业的原有职工维权机制通常处于瘫痪状态,职工的合法权益无法得到有效维护。

(五)从企业的所在行业看,采矿业和建筑业的职工权益保护状况差于制造业等其他行业企业

采矿业和建筑业企业职工的工作环境和工作条件恶劣,因此企业需要具备较高的安全卫生生产条件和标准,而要达到较高的安全卫生生产条件和标准需要较大的生产成本投入,一些企业为了追求更大的利润往往降低安全卫生方面的投入,而这些企业的职工以农民工和非正式工为主,职工流动性大,导致企业和职工都忽视职工合法权益的保护。通过调研和实地访谈发现,一些采矿业和建筑业企业与职工签订了除足额发放工资外,生老病死和工伤都与企业无关的所谓"生死合同"。

(六)从企业的职工类别看,在本企业工作年限长的、职位高的、学历高的职工的权益保护状况好于工作年限短的、职位低的和学历低的职工

根据此次调研的问卷调查统计,工作年限分别为 3 年以下、3—6 年、7—12 年和 12 年以上的企业职工书面合同签订率分别为 44.0%、72.7%、88.4% 和 92.8%,养老保险的参保率分别为 38.5%、65.8%、89.3% 和 95.5%,医疗保险的参保率分别为 33.9%、62.0%、85.8% 和 91.9%,失业保险的参保率分别为 25.5%、50.1%、67.8% 和 67.9%,住房公积金的办理率分别为 21.0%、37.1%、61.4% 和 73.6%,可见工作年限越长的职工,其书面合同签订率越高,社会保险和基金的交纳率也越高;工作职位分别为一般职工、基层管理者、中层管理者和高层管理者的书面合同签订率分别为 71.1%、78.7%、83.7% 和 89.3%,养老保险的参保率分别 68.7%、73.9%、89.0% 和 96.4%,医疗保险的参保率分别为 64.4%、71.6%、84.1% 和 92.9%,失业保险的参保率分别为 46.7%、61.1%、72.3% 和 89.3%,住房公积金的办理率分别为 45.6%、50.3%、

66.5%和78.6%，可见工作职位越高的职工，书面合同签订率越高，社会保险和基金的交纳率也越高；学历分别为初中及以下、高中或中专、大学和研究生的企业职工书面合同签订率分别为70.0%、66.5%、84.7%和88.0%，养老保险的参保率分别为67.1%、64.0%、83.4%和84.0%，医疗保险的参保率分别为58.2%、60.6%、81.2%和88.0%，失业保险的参保率分别为37.0%、46.2%、66.8%和80.0%，住房公积金的办理率分别为35.8%、39.3%、65.2%和82.0%，可见学历越高的职工，其书面合同签订率越高，社会保险和基金的交纳率也越高。

（七）从企业的用工形式看，正式工的权益保护状况好于合同工或临时工及派遣工

通过实地调研和访谈发现，许多企业出现了同工不同酬现象，一些国有企业或集体企业改制后，原有工人一般为正式工，改制后进入企业的工人一般为合同工或临时工和派遣工，这些职工享有的工资水平、社会保障、技能培训等都差于原有正式工人。合同工或临时工及派遣工的工资和福利水平一般由职工与企业或者派出机构与企业谈判决定，在劳动力市场供过于求的情况下，这些职工的工资和福利水平被压低，他们的就业稳定性也差，社会保险或基金的交纳率较低。

（八）从企业的职工身份看，当地户籍职工的权益保护状况好于非当地的城镇户籍职工或农民工

通过实地调研和访谈发现，许多企业大量雇佣了非当地的城镇户籍职工和农民工，但大都没有为这些职工交纳养老保险、医疗保险、失业保险和住房公积金等社会保险或基金，而且这些职工工资的拖欠和扣押现象严重。据全国总工会公布的资料显示，2004年以前全国进城务工的农民工被拖欠的工资在1000亿元左右，全国农民工的数量有1亿人左右，即每名农民工平均被拖欠1000元左右，近70%的农民工有过被拖欠工资的经历。虽然近几年各级政府大力推进解决农民工工资拖欠问题，并取得显著成效，但是农民工工资拖欠问题仍然大量存在。

三、构建国家主导的职工权益保护体系

应该看到，我国企业职工权益保护在政府积极推动、工会努力维权和职工主动参与下逐步得到加强和改善。首先，面对职工权益保护水平较低和劳动争议迅速增加的现状，我国从科学发展观和构建社会主义和谐社会的战略高度出发，多层次、多角度努力维护职工的合法权益，以构建和谐的劳动关系。这主要表现在：相继出台了一系列保护职工权益的法律法规，仅 2007 年就出台和颁布了 3 部事关企业职工权益的法律：《中华人民共和国劳动合同法》、《中华人民共和国就业促进法》和《中华人民共和国劳动争议调节仲裁法》，并积极开展劳动法等法律、法规的执法检查，及时纠正企业侵犯职工权益的行为；不断加强我国的社会保障体系建设，因地制宜地建立和完善职工的医疗卫生、生育养老、失业就业、住房、教育培训等社会保障、社会救济和社会优抚制度；各地政府不断采取提高最低工资水平等政策措施改善职工权益的保护。其次，我国企业工会的独立意识、自身角色意识和维护职工权益意识开始增强。企业工会的组建方式从"自上而下"向"自下而上"转变，企业工会的功能定位从维护企业利益向维护职工利益转变，从文体活动型向集体谈判型和职工维权型转变。最后，随着社会主义市场经济的不断发展，我国企业职工的权益意识开始增强，敢于主动维护自己的合法权益。

但是，对于如何构建我国社会主义的新型劳动关系和职工权益保护体系，存在着不同的意见。有些学者认为，我国现在处于低技能的劳动密集型的劳动阶段，过于强调我国企业职工权益的保护，会让我国丧失劳动密集型产业的竞争力。另一些学者则认为，保护企业职工的权益和提高企业职工权益的保护状况，这主要应通过扩大"自下而上"的工会的组建，工会维权意识的增强和工会力量的强大，可以增强劳资关系中"劳方"的力量，通过谈判来维护职工的权益，而国家和政府的作用应是辅助和弥补性的。

　　要深刻认识到，通过降低和压低职工权益的保护水平来维护我国劳动密集型产业的竞争力是不可持续的。低端的劳动密集型产业市场是一个近乎完全竞争的市场，靠低廉的劳动力成本和微薄利润生存的状况依然受到更欠发展国家的更低廉劳动力的挑战。必须通过提高技术水平，掌握核心知识产权，打造核心竞争力，实现产业层次的升级，才能实现经济发展的可持续性。此外还应看到，我国企业职工仅仅获得维护甚至低于简单劳动力再生产的工资水平，劳动力缺乏向上发展和提高素质的能力和机会，从而陷入了所谓低廉的劳动力价格具有比较优势的"比较优势陷阱"，导致劳动力素质向上发展的不可持续性，从而把我国的产业层次锁定于低端的劳动密集型产业。

　　保护企业职工的权益，迫切需要构建国家（各级人大和政府）主导的、工会和职工积极参与的、相关企业管理者和雇主组织积极配合的三层面职工权益保护体系。我们看到，在以私有制为基础的资本主义市场经济中，代表资本家利益的资本主义国家，并不站在劳动阶级的立场上，积极主导地参与职工权益的保护。企业职工权益保护水平的提高只能是依靠工人组建工会，提高工人与资本家的谈判能力和不断地通过罢工等斗争方式，来维护和提高企业职工的权益水平。尚且不说这种方式所带来的社会不和谐局面，单从劳资关系博弈的劳资双方的对比来看，掌握"资本"大权的资方通常是强势的一方，劳方权益水平的高低总是以资本的利润的最大化为前提的，职工权益水平的一点提高总是以很大的牺牲为代价换取的。

　　在共产党执政的社会主义中国，作为代表劳动人民根本利益的国家理应自觉站在劳动大众的立场上，主动承担起保护和提高职工权益的重任，通过制定和有效实施职工权益保护的法律法规并严格执法，同时依靠工会和职工的积极参与，并要求企业高管以及有关工商联和雇主协会等一起自觉做好配合工作，从而切实保护和改善职工的权益，打造和谐的社会主义劳动关系和劳资关系，为构建社会主义和谐社会打下牢固的经济社会基础。

　　当前，《国有资产管理法》必须尽快修改，国有企业改制方案必须通过职代会和工会投票表决，而不是只"征求意见"；各类企业职工的收入必须随着企业的高管层收入、劳动生产率和利润率的提高而及时提高；政府要严厉查处各类企业不严格执行法定劳动时间和劳动报酬以及《劳动合同法》的行为（笔者程恩富研究员作为全国人大代表，在讨论这一法律时就强烈表示过这样的观点）。只有这样，才能真正落实以人为本的科学发展观，在劳动关系和劳资关系日益和谐的基础上加强整个社会的和谐度。

城市以公租房为主的
"新住房策论"*

　　住房问题是人类社会一个经久不衰的话题，马克思主义经典作家恩格斯早在 1872—1873 年就写下了著名的《论住宅问题》一书，提出了资产阶级无法根本解决住房上贫富对立和矛盾的基本观点。随着我国经济体制改革的深入，住房制度也经历了变革。近年来房价一路飙升，让许多城市劳动者望房兴叹，住房问题成为社会关注的焦点和热点之一。如何迅速解决我国的住房难题，不同专家学者提出了不同的解决方案。

　　党的十七届五中全会以来，胡锦涛总书记多次强调要加强"改革顶层设计"。国家对住房的调控不能仅仅着眼于就房价调控房价，而要有完整的住房政策体系和改革住房体制的"顶层设计"。我们这里提出的未来城市的住房目标模式及其调节措施，是秉承"顶层设计"这一方针和理念的。

　　基于住房的双重经济性质、房价收入比、平均利润及房价对 CPI 和 GDP 影响以及市场的负效应等相关理论，我们的基本政策思路是主张"以市场调节为基础，国家调节为主导"的双重调节机制，构建城市以"公租房为主，商品房和私租房为辅"的新格局，针对动态的不同群体提供不同的住房产品，从而妥善解决住房问题。

---

* 原载《财贸经济》2011 年第 12 期。本文第二作者为钟卫华。

一、关于城市居民住房的若干理论

（一）住房的双重经济属性

住房主要是基本生活必需品。吃穿住行用是人类赖以生存和发展的基础，不管穷人富人都离不开住房，人的一生当中至少一半以上的时间是在住房中度过的。"住有所居"自古以来就是人们的美好愿景。唐朝诗人杜甫就写出了"安得广厦千万间，大庇天下寒士俱欢颜"的千古名句。中国近代民主革命的先行者孙中山先生曾将民生问题概括为衣、食、住、行四要素。住房是位列民生问题的第三位。

联合国大会1948年的《世界人权宣言》第25条规定："人人有权享受为维持他本人和家属的健康和福利所需要的生活水准包括食物、衣着、住房、医疗和必要的社会服务"。1996年联合国在伊斯坦布尔召开的第二届人类住区会议上通过的《人居议程》和《伊斯坦布尔人居宣言》提出两大奋斗目标之一也是"人人享有适当住房"。

住房又具有投资品的性质。投资品是指购买后不需要追加新的使用价值，也不需要附加新价值即可择机出售获利（也可能亏损）的商品（孙继伟，2009）。从投资和投资品的概念可以看出，住房具有投资品的属性。住房是一种资产，这种资产可以保留、继承和转让。当人们购买了住房之后，可以用其出租也可择机出卖，获得收益，但住房又与纯投资品类（如股票、证券等）显然不同。我国目前住房投资性功能的突显，是因为解决老百姓住房问题时过度依赖市场化政策所造成的。

（二）房价收入比

房价收入比是指住房价格与居民家庭年收入之比。国际上通用的房价收入比的计算方式，是以住宅套价的中值，除以家庭年收入的中值。我国采用的是1997年世界银行的定义：平均住房价格与家庭收入平均数之比。

房价收入比指标用来衡量房价是否处于居民收入能够支撑的合理水平，它直接反映出房价水平与广大居民自住需求相匹配的程度，直接关系到民众的安居乐业。国际上普遍认为，房价收入比合理区间为3—6之间，超过6则说明居民购房的压力比较大。

尽管目前对这一量化指标还存在争议，但世界上许多国家都在使用房价收入比。因为它是一个比较好的综合指标，而且现在还找不出比它更好的指标来代替它。特别是这个计算方法的依据，是住房消费占居民收入的比重应低于30%，这也是世界所公认的合理界限。因此，用房价收入比来衡量居民对房价的合理承受能力是有科学依据的。

（三）不同行业的利润平均化理论

根据政治经济学原理，由于不同行业的资本有机构成是不同的，相同的资本投资在不同行业所获得的利润不同，通过市场竞争，利润低的行业的资本会向利润高的行业流动，而利润高的行业由于资本的流入，造成供过于求，利润则下降。这样，通过市场机制的内在调节，在竞争性领域，不同行业的利润会趋于平均化。如果受政策性或垄断性影响，则这种利润平均化的机制会受到破坏，使资源达不到最优化的目标。因此，房地产行业的利润长期大大超过社会各行业的平均利润，是不利于国民经济按比例地又好又快发展的。

（四）房价变动对CPI和实际GDP的影响

消费者物价指数（CPI）是反映与居民生活有关的产品及劳务价格的物价变动指标，通常作为观察通货膨胀水平的重要指标。国内生产总值是指在一定时期内，一个国家或地区的经济中所生产出的全部最终产品和劳务的价值，有名义国内生产总值和实际国内生产总值之分。相关研究（张延群，2011）表明："房价上涨对CPI通货膨胀率上升有显著的推动作用，而房价是否上升对实际GDP的影响并不明显。"① 因此，各地期望利用房价不断升高来拉动GDP的做法，是需要质疑的。

（五）市场的负效应理论

市场机制对资源配置的调节属于一种滞后性调节，必然会造成资源的

---

① 张延群：《房价变动对实际GDP影响小》，《中国社会科学报》2011年3月24日。

浪费。如果放任自由市场调节，对于公共物品和准公共物品调节便会失效，不利于社会协调发展与和谐社会的构建。纯粹的市场调节在追求效率和公平两个方面都会出现严重问题。目前我国住房领域出现的问题，很大程度上就是因采取了自由放任的市场化政策所造成的。

（六）双重调节机制理论

基于上述理论，住房领域需要建立"以市场调节为基础、以国家调节为主导"的"基础—主导型"双重调节机制。一方面，发挥市场对资源配置的基础性作用，提高住房资源配置的效率和公平性；另一方面，要通过国家的有效调节，防止房价脱离广大居民的实际购买力，抑制其投资性功能的不适当扩大从而影响住房市场的健康发展，把住房更多复归到生活必需品的属性上来，让广大民众和弱势群体住有所居，维护社会的稳定和谐。

二、构建和谐的城市居民住房目标模式

（一）城市住房自有率不应过高

住房自有率是指在所有居民居住单元中，拥有居住房屋产权的居住者的百分比。住房自有率=（居住于自有产权的住房家庭户数/全部住房家庭户数）×100%。作为过去城市居民住房体制自有化和市场化改革的结果，目前我国住房自有率已超过80%。西方国家的住房自有率相对较低，住房的公有率则相对较高。比如，德国的住房自有率只有40%，大大低于英国（67%）、美国（65%）、法国（54%）、日本（61%）和意大利（70%）。[1] 住房投资是居民很大的一笔投资，考虑到战争因素和自然灾害对住房的破坏，住房自有率过高不利于对居民个人财产的保全。因为战争和自然灾害对居民个人财产的损害，政府是不负责赔偿的，而维护国家统

---

[1]　范方志：《我国高房价的政治经济学分析》，《中央财经大学学报》2011 年第 3 期；王志平：《美国居民住房自有率探析》，《上海市经济管理干部学院学报》2008 年第 3 期。

一和反侵略战争又都需要广大人民的支持。另外，私有住房率过高，使得婚前婚后和遗产处理的矛盾极大，不利于和谐处理家庭婚姻关系。西方国家因年轻人结婚大都不拥有私有住房，基本没有我国当下家庭财产的普遍矛盾和男女两性冲突。可见，作为社会主义国家，政府对居民的住房问题理应承担更多的责任，因而公有住房的比率不宜过低，这样也更有利于政府较快解决我国中低收入家庭的住房问题，共享改革开放的成果与和谐社会的构建。

（二）房价收入比应控制在居民能承受的范围之内

根据国外市场国家的经验数据，普遍认为家庭住房消费占可支配收入的30%以内为正常；如果超过30%，说明家庭购房压力较大，支付能力不足；如果超过50%，说明家庭购房压力巨大，居民购房支付能力严重不足。正是基于这一经验数据，联合国人类住区（生境）中心设计了房价收入比，用以衡量家庭的住房购买力和承受力。国际上一般认为，房价收入比落在3—6区间为正常。根据2010年国家统计局公布的数据，2009年我国城市人均家庭可支配收入17175元，三口之家的人均家庭可支配收入51525元，城市人均消费性支出是12265，城市家庭平均消费性支出是36795元。2009年住宅的平均售价是每平方米4459元，以一套中等面积90平方米的住房来计算，房价总值在401310元，首付三成，需120393元，按揭280917元，以20年计，需要支付的利息是147215.82元，这套房价的总额为548525.8元，年均还本付息27426.2元。据此测算，我国城市2009年的房价收入比为10.65，住房消费占可支配收入比重为53.23%，部分城市还大大超出这一水平。这远远高于国际认可的合理水平，也远远超出了居民的承受能力。[①]过高的房价使得居民缩减其他方面的开支，导致其他方面的内需不足，影响到国民经济健康发展。

参考国际标准，并结合我国的实际情况，我们认为，国内城市的房价收入比控制在7以内比较合适。以2010年国家统计局公布的数据，如

---

① 数据来源：《中国统计年鉴2010》。

果房价收入比控制在 6，那么 2009 年住宅的平均售价应是 2512.11 元。这样，以一套中等面积 90 平方米的住房来计算，房价总值为 226090 元，首付三成，需要 67827 元，其余按 20 年贷款 158263 元，需要支付的利息是 82938 元，这套房价的总额为 309028 元，年均还本付息 15451.4 元，占家庭平均可支配收入 30%，首付通过 5 年左右时间积累完成，不会过分影响家庭日常生活需要的开支。可见，考虑到目前城市家庭的结构，并综合考虑工资增长机制，就全国而言，我国的房价收入比控制在 7 左右是比较合适的。这样既有利于解决老百姓的住房问题，不会产生因房价过高而导出的"挤出效应"，也有利于国民经济的持续健康发展。

（三）行业利润不能过度超过平均利润的水平

房地产行业的利润不应过度高于平均利润，这样才有利于国民经济的健康发展。近几年我国房地产行业的利润到底有多高？虽然没有一个精确的统计，但综合第二次全国经济普查主要数据公报公布的数据，2006 年财政部会计信息质量检查所反映的情况，以及胡润富豪排行榜等，大体可以判断房地产企业是一个获利过度的行业。

2009 年国家统计局公布的第二次全国经济普查数据显示，房地产业企业增长数是工业行业企业增长数的 2.12 倍，利润增长是工业企业的 1.83 倍（见表 1）。2006 年 11 月财政部公布的一份会计信息质量检查公报，公布了对 39 个房地产开发企业的检查情况，这些企业会计报表反映的平均销售利润率为 12.22%，而实际平均利润率高达 26.79%，有的企业的实际利润率达到了 57%。如果以自有资金来计算利润的话，比例还要更高。胡润中国富豪排行榜榜单中，2009 年前 10 位中有 6 位是以房地产业为主业的，前 100 位中有 49 位涉及房地产业；2010 年前 10 位中以房地产为主业的虽然只有 2 位，但涉及房地产业的仍有 4 家，前 100 位中以房地产为主业和涉及房地产的仍有 41 家。2011 年，房地产行业在严厉调控背景下，前 10 位中以房地产为主业的又上升到 4 家，前 50 名中涉及房地产业的有 29 家。

表 1　2008 年工业企业与房地产开发企业数量增长和利润增长对比表

单位：万家，%

	企业个数 （2008 年）	相对 2004 年企业 数量增长率	相对 2004 年利润 增长率
工业企业	190.3	31.2	159.1
房地产业	21.439	66.1	290.4

数据来源：第二次全国经济普查主要数据公报（http：//www. stats. gov. cn/tjfx/fx-bg/t20091225_402610156. htm）。

中国社科院发布的 2010 年《国家竞争力蓝皮书——中国国家竞争力报告》也表明，中国近 20 年的经济增长并非靠产业结构升级换代来获得；而是依靠消耗资源和扩大投资，尤其是房地产业膨胀发展。正是房地产企业的高利润，近年来吸引不少非房地产的实体企业纷纷加入这一行业。随着更多有实力的企业进入，由于土地市场的垄断，地王便纷纷出现，这样又进一步推高房价，使住房问题严重化。另外，由于许多不是房地产的企业纷纷涉足房地产业，导致企业资金分散，经营注意力分散，企业创新力不够，因而严重影响了实体经济的健康发展。

可见，政府必须加强对房地产经济的调控，加大保障性住房的建设力度，把房地产企业的利润控制在合理的范围之内，才能有利于国民经济的健康发展，有利于广大老百姓安居乐业和社会主义和谐社会的构建。

（四）未来城市住房以公租房为主，商品房、私租房为辅

前几年，城市住房模式是以市场为主导或市场化来解决居民住房问题，保障性住房被忽视。即便所占比例不高的保障性住房，又以一次性出售的经济适用房和限价商品房为主，加上购买经济适用房、限价商品房的制度漏洞，这些保障性住房并未完全落到需要得到保障的低收入和最低收入家庭中，有一部分被中高收入的群体所购买，使得保障性住房并未真正发挥保障作用。为了纠正这种有缺陷的住房制度，未来和谐的城市居民住房目标模式应以"公租房为主，商品房和私租房为辅"。中等收入家庭和低收入家庭（含农民工）通过不同类型和标准的公租房来解决，高收入家庭住房可以通过市场化购房来解决，有特殊情况的家庭可以通过私租房来解决。其中，商品房一般应建在离市中心较远处，而公租房应该建在离市

中心和工作中心较近处，以大幅度减少公共交通量和上下班时间。

三、国家应相应采取的调节措施

国家对住房的调控不能仅限于房价，而要有健全的住房领域的法律法规体系，有完善的保障性住房的管理机构，对保障性住房政策要有长期周密的考虑和安排。

（一）迅速搞好公租房建设，让所有城市劳动者居有其屋

制定《住房保障法》，并以相关法律法规约束各级政府在公租房建设及运行中的相关义务和权利，尤其是依法建立完善的居民收入考核机制、公租房的承租条件和退出机制。要根据不同城市的经济社会发展状况，对收入群体和工龄进行划分，不同的收入层次和工龄对应可承租不同档次的公租房。收入达到高一层次时，应退出低档租金的公租房，进入租金高一档次的公租房。要考虑公租房建设运行成本，调动有能力的家庭自行解决住房的积极性。对不生育者要实行超过生育者的优惠住房政策，以利于较快提高人均住房水平。

公租房的建设要根据各个城市的经济实力和居民的收入状况，划分为若干个档次，分别在建筑面积、建设成本和舒适度上有所不同。例如，分别为40、70、100、130、160平方米等建筑面积。不同套型和档次的建筑成本不同，租金也不同。建筑档次越高，租金越向市场化租金靠拢。此外，小套型的公租房（如50平方米）在设计上应该考虑到将来可以相互打通，由两套小套型的住房变成一套大套型的住房，以便适应将来经济社会发展对居住条件改善的需要。

（二）加强对商品性住房市场的调控

高收入以上的城市家庭，其可支配收入高于平均水平，其住房问题自我解决的能力强，因而这部分家庭的住房问题通过市场来完成。高收入家庭的生活成本支付能力强，因此，商品性住房应该建在远郊。

高收入家庭的住房虽然主要靠市场调节，但必须有国家的调控。第

一，我国是人多地少的国家，按 2010 年中国统计年鉴的数据，耕地面积只有 18.26 亿亩，逼近 18 亿亩耕地红线，人均耕地面积失守 1.4 亩，只有 1.37 亩，但目前耕地数量仍逐年减少，保护耕地面积的任务非常艰巨。因此，新开工建设的商品住房单套面积必须严格按照目前国家的规定，90 平方米以内要占到 70%，以后视各地情况变化应另行修订。第二，这几年某些地方的房价高飞猛进与各类炒房团不无关系。因此，各地政府早就应该出台对本地和外地居民购房的限制性政策，已经出台的政策今后应视情况继续完善。第三，商品房和保障性住房的价格是紧密相关的。一方面，商品房的价格越高，买不起房的人就越多，需要保障性住房的人就越多，反之则相反；另一方面，政府提供的保障性住房越多，就越能抑制商品房的价格上涨。对此，各级政府可以视不同时期和不同城市来加以调节。第四，要防止货币升值及过剩的国内资本，尤其是国际资本冲击房地产市场。日本房地产泡沫破裂的原因很多，但与大量国际资本进入日本的房地产业，刺激了房价上涨不无关系。目前，西方国家逼迫我国人民币升值，与当年美国、联邦德国、法国、英国与日本签订的"广场协议"有相似的情况。因此，应密切加以监控和限制。

（三）制定《住房租赁法》，促进住房租赁市场的健康发展

私人租赁市场是解决我国住房问题的重要组成部分。但是，长期以来，我国住房市场"重买轻租"，租赁市场发展滞后，缺乏监管，租赁市场不规范。房屋出租者随意终止承租合同或提价，中介不规范操作等不利于租赁市场健康发展的现象普遍存在。这导致许多人提前进入购房行列，从而推高商品房价格。为了规范住房租赁市场，使住房租赁市场健康发展，政府应该制定《住房租赁法》，法律要对租赁合同的签订、期限、解除、出租人和承租人权利义务等进行全面规定，核心侧重于强调对承租人权利的保护。

（四）对现有空置房和闲置房进行调控

国家应尽快开展一次全国性住房普查，摸清我国住房的家底，并参照其他国家的有关经验，对空置房和闲置房分别采取不同政策措施，促使其出租或出售。

空置房是指开发商已经建好并在两年内未租售的住房。截至 2008 年 12 月末，全国商品房空置面积 1.64 亿平方米，同比增长 21.8%，增幅比 1—11 月提高 6.5 个百分点。其中，空置商品住宅 9069 万平方米，同比增长 32.3%，增幅提高 9.4 个百分点。[①] 对于空置房，政府应该制定相应的政策，促使其在一到两年内卖出去或者租出去，同时设法确保开发商约有 10%—15% 的净利润。对于没有出租和出售的空置房，政府应依据新的政策和法律法规，征收高于当地租金的空置费。这是因为，对空置房主要是促使其出售，让捂盘无利可图，要把捂盘所获得的利润以费用的形式征收。费比较灵活，税比较固定。因为不同时期的捂盘获得的利润差别较大，所以可征收空置费。征收标准，按高于捂盘期间这套房子出租时能够获得租金来征收，因为房价越高，租金一般也越高。

闲置房是指已出售但超过一定期限没有人入住的住房。世界各国对闲置房都进行严格调控管理，以避免资源浪费。荷兰法律允许人们人住闲置一年以上的住房。瑞典政府为了遏制闲置房数量上升趋势，除了加强租赁服务外，甚至将无人居住的住房推倒。在德国，业主必须使空房得到重新利用，在房屋闲置率超过 10% 的市镇，当地政府还会推倒那些无法出租的住房。法国的一些城市中，房屋闲置的第一年，业主必须缴纳的罚金为房款的 10%，第二年为 12.5%，第三年为 15%，以此类推。丹麦政府则在 50 多年前就开始对那些闲置 6 周以上房屋的所有者进行罚款。在美国亚特兰大，在边远地区租房者不仅不用付房租，还能因为租住在偏远地区而得到补偿。在该城市一些地区，甚至还有业主出钱让人租住其房屋以逃避因房屋闲置而面临的处罚（美国的克利夫兰和巴尔的摩等城市也会将空置房推倒）。[②] 参照有关国际经验，我国对闲置房也应该进行严格的调控。这是因为，闲置房浪费了有限的土地资源，造成对资源占有的不公平，进一步拉大了贫富差距，对构建和谐社会带来了负面影响。为了节约资源，盘活

① 参见王麦玲：《2008 年度经济述评：中国需要一个健康发展的房地产市场》，国家统计局网站。

② 参见夏明：《欧洲向闲置房开战荷兰空置房产可以无偿入住》，《中国贸易报》2008 年 7 月 24 日。

存量住房，对于闲置房，我国政府应该通过征收闲置税或其他相关手段来加以调节，促使其出租或出售。闲置税应该按闲置年限采用累进税率征收，闲置时间越长，税率越高。

外国更多是针对闲置房的政策，而较少有空置房的严重问题。国内理论界对空置房和闲置房这两个概念常混用。依据有关统计资料，我国现存的各类空置房和空闲房已有数千万套，与近几年的城市住房总需求大体相同，因而一旦实行这一新政，可以很快在住房总量上达到供求平衡，各地政府只需要拾遗补缺地建造一些公租房即可，从而解决政府大量建造公租房的资金问题和抑制房价上升的难题。

（五）对与上下辈同住或住在其附近的公租房申请者和商品房购买者，分别制定优惠政策

据国家人口计生委 2003 年预测，按总和生育率 1.7 计算，2010 年中国 65 岁以上老年人口将占总人口的 8.29%（按第六次全国人口普查公布的数据，2010 年我国 65 岁的老人已占人口总数的 8.87%，绝对数量为 1.19 亿人），2020 年将占 11.98%，2030 年将占 16.68%，2040 年将占 22.56%，2050 年将占 24.41%。从绝对数量来看，2010 年中国 65 岁以上老年人口已达到 1.19 亿，2020 年将增加到 1.72 亿，2030 年将增加到 2.42 亿，2040 年将增加到 3.24 亿人，2050 年将增加到 3.46 亿人。因此，除了社会养老的模式以外，如何从住房政策上促进"以家为根"的家庭养老模式，将成为我国政府一件大事。

为了形成父母与子女能经常当面交流和相互照顾的和谐家庭格局，在新形势下弘扬我国尊老爱幼的传统美德，应分别制定与上辈或下辈（可规定年龄界限）同住或者住在其附近（可规定距离界限）的公租房申请者和商品房购买者的优惠政策。新加坡在这方面的经验值得借鉴。比如，"新加坡政府就通过提供优先选择权的方式，鼓励多代同堂。建屋局有15%的新建组屋是用来鼓励多代同堂而建的。同时还特意设计建造了三间一套和一间一套的相连组屋，既方便照顾老人，又能保证子女有自己的私生活。政策上，有倾斜的'购屋津贴计划'和'已婚子女优先计划'。'购屋津贴计划'规定，第一次申购组屋者，若在公开市场购买一间靠近父母或者

自己子女的组屋，可获得四万新元的购屋津贴。'已婚子女优先计划'则规定，如果已婚子女在'抽签购屋计划'和'预购组屋计划'下申请组屋以便与父母同住或住附近，将比其他申请者多一倍的机会抽中。"①

（六）加强对商品房开发程序及合同的管理和完善

商品性住房的国有土地使用权以招标、拍卖、挂牌方式出让。国家对其调控主要是防止囤地、捂盘惜售、哄抬房价等扰乱房地产市场的行为。对于其通过招拍挂方式获得的国有土地使用权，必须严格按照《闲置土地处置办法》、《中华人民共和国城市房地产管理法》、《国有土地使用权出让合同》、《国有土地使用权出让合同补充协议》的相关规定，按照合同约定日期动工建设并在约定的时间完成工程建设。对于未及时开工建设，或已开发建设面积占建设总面积比例不足1/3，或已投资额占总投资额不足25%，且未经批准中止开发建设连续满一年的，应按上限征收土地闲置费。同时，应该按合同约定的时间完成工程建设，未及时完成工程建设的应按土地增殖的价格缴纳延期完工溢价款。开发完成的住房必须在规定的时间完成销售，未在规定时间完成销售的，延期归还银行贷款的上浮银行利率10%。今后，随着住房供需矛盾的缓和，商品房开发商的自有资金比例等这类制度需要从严掌握和改进。

（七）取消商品房预售制度

根据《城市商品房预售管理办法》定义，商品房预售是指房地产开发企业将正在建设中的房屋预先出售给承购人，由承购人支付定金或房价款的行为。我国商品房预售制度是一个历史的产物，适应了一个特定历史时期住房市场发展的需要，曾为我国住房市场发展和繁荣做出过一定贡献，但也留下了许多弊端，越来越成为住房市场健康发展的障碍，现已没有存在的必要。

一是商品房预售制度已失去了存在的经济条件。商品房预售制度最初是为了解决我国住房制度改革初期房地产开发企业资金不足、商品房供应不足的问题而设立的。随着经济条件的变化，目前房地产企业资金和住房

---

① 梁晓、张幸仔：《新加坡住房保障体系》，《中国税务》2009 年第 1 期。

的供应问题都已不存在。就开发资金而言，房地产企业经过 10 多年井喷式的发展，已积累了不少的资金。况且，还有大量的内资闲置，外汇储备也很充足。取消预售制度，打击的是那些空手套白狼的皮包公司或资金不足的公司，不会对有实力的房地产企业产生影响。另外，目前我国有大量的商品房空置和闲置，不存在当初供不应求的问题。取消预售制度，影响的是住房投机者，对自住用户不会产生实质性的影响。

二是取消预售制度，有助于减少住房交易产生的纠纷。由于预售制度卖的是期房，开发商与购房人的信息不对称，难免有先天的制度缺陷，由此产生一系列纠纷。譬如，可能导致建房质量、面积缩水、结构改变、社区不配套、一房多售、预售款挪作他用、延期交房、甚至烂尾楼现象的出现等问题，不一而足。取消预售，购房人购买的是实在的有居住功能的商品，其各种问题都容易搞清和谈判，从而减少不必要的社会纠纷和闹事。

三是取消预售制度，有助于控制房价。预售制度让开发商从购房人手中收取了大量预购房资金，使开发商不需要支付任何成本就获得了大量的流动资金。这样，开发商就可能延期住房上市，待价而沽，从而推高房价。取消预售制度以后，开发商的资金只有自有资金和银行贷款两部分组成，银行贷款是有偿使用的，需要支付利息。为了减少资金使用成本，加速流动资金回收，减少资金使用成本，开发商就会加快开发进度，加速商品房的上市来回流资金，从而有利于控制商品房价格。

四是取消预售制度，可以避免隐性风险。过去房地产开发商自有资金所占的比例较少，开发资金主要是预售款和银行信贷。但房地产业是一个周期长、资金密集和有较高风险的行业，受政策或其他因素的影响很大。要是停止开发，就会出现"烂尾楼"这样的现象，而此时房地产开发商已通过预售制度，把风险转嫁到了购房人和银行的身上。取消预售制度，开发商就必须增加自有资金，那些资质差或靠空手套白狼的企业自然淘汰出局，同时还能有效防止企业把资金中途转移到其他项目开发上，有效防止中途卷款而逃和烂尾楼的出现，避免隐性风险的显性化。

目前，预售制度所存在的有些弊端，政府管理部门已经意识到了，并试图通过第三方账户集中管理预售资金来解决部分问题。对预售款进行集中管理有积极的一面，一定程度上约束了开发商使用预售款的条件和范围。不过，这项新措施难以全面解决问题，并且增加了管理成本和监督成本。

（八）深化土地、财政、金融、公租房和所有制等制度的配套改革

依据 2009 年中央经济工作会议的精神，房地产业已经不再作为"国民经济的支柱产业"。因而，总体应改变和减少从政策层面"照顾"房地产行业市场化和过度扩张的措施。

住房与土地是紧密联系在一起的。住房是土地的附着物，不改变目前地方政府的土地财政现状，便难以解决住房问题，公租房的建设也不可能取得突破性的进展。土地制度改革重点应该是改变目前一元化的土地市场，在保证耕地面积不减少的前提下，使国有土地和集体土地平等进入土地市场。重点保障公租房土地供应，并从商品性住房和商业用房土地出让收入中，确定用于公租房建设的比例。

多渠道筹集公租房建设资金和后续维修资金。公租房建设资金主要来源应该是国家财政划拨、租金收入、商品房土地出让金和商业土地出让金等。根据公租房的"重庆模式"及其经验，公租房建设用地由政府划拨，免征行政事业性收费和相关税费，由重庆地产集团等国企承建，不让私人开发商开发，其建设资金和后续维修资金等都能有效保证。

此外，共产党执政的中国特色社会主义模式不应模仿资产阶级执政模式，即不宜把竞争性的高盈利领域完全让给非公企业，不应让公有经济专干一些盈利性很差的领域和为非公经济服务而成为其补充。因此，国有经济和集体经济应在利润率较高和保障性较强的住房领域保持主导地位，真正藏富于广大人民和代表人民的国家，而非极少数私人。

总而言之，城市住房问题是涉及广大老百姓的一个非常重要的民生问题。国家必须树立起以人为本和民生导向的住房发展思路，并制定科学有效的住房目标模式及其国家调控政策，这样才能在短期与长期相结合的基础上，真正解决城市住房领域存在的问题，让所有的城市劳动者住有所居并不断改善。

机关、事业和企业联动的
"新养老策论"*

我国养老保险制度的目标模式，应是非缴费型城乡统一的基本养老保险制度，城镇职工实行占工资比例相同的退休养老金作为基本养老保险，可另加补充养老保险；农民实行相同的基本养老保险，可另加各地补充养老保险。本文只探讨该目标模式下城镇养老保险制度过渡模式。伴随2008年《事业单位工作人员养老保险制度改革试点方案》（以下简称08方案）的印发，以机关、事业、企业为三大主体的城镇养老保险制度改革，已成为推进我国养老保险制度改革的重要环节。然而，08方案的先天不足和运行不佳，使我国城镇养老保险制度改革遇到了瓶颈。笔者在对08方案深入思考的基础上，提出了机关、事业、企业三者联动的城镇养老保险制度改革初步方案（以下简称联动方案），并对"新养老策论"的基本内涵、提出背景、提出依据和完善措施进行了分析和探索。

一、"新养老策论"的基本内涵

我国养老保险制度是一种"碎片化"制度，不仅存在城乡二元结构，而且还存在城镇二元结构，原来是机关事业单位与企业分立，08方案后是机关与企业事业单位分立。面对"碎片化"现状和08方案困境，学术界

* 原载《财经研究》2010年第11期。本文第二作者为黄娟。

纷纷提出不同的联动主张，有的主张机关、事业单位联动，这也是我国长期以来尤其是企业养老保险制度改革以来的做法；有的主张事业、企业联动，这是08方案的做法；有的主张机关、企业联动，这是就机关养老保险制度改革方向提出的想法；还有主张机关、事业、企业、农民四者联动，这无疑是我国养老保险制度改革的长期目标。本文也主张联动，但不同于上述联动，而是专指在最终建立非缴费型城乡统一基本养老保险制度目标模式下，目前我国城镇养老保险制度采取机关、事业、企业三者联动的一种主张或方案。联动方案是机关、事业和企业联动的城镇养老保险制度的简称或特称，这也就是本文提出的"新养老策论"。这是一种过渡方案，通过先建立统一的城镇养老保险制度，最终建立统一的城乡养老保险制度。

"新养老策论"的基本内涵是参照"双层养老保险制度"模式来建立：第一层制度是建立统一的城镇职工养老保险制度，实行养老保险统一运营。按照社会统筹与个人账户相结合原则缴费，在统一制度内保证机关、事业和企业人员的退休养老金所占工资比例相同。第二层制度是建立机关事业单位补充养老保险制度，使机关、事业单位的养老保险结构形成两个部分，基本养老保险是基础，补充养老保险是补充和提高。随着国家财政收入不断增加，机关、事业和企业人员统一的基本养老保险金逐步提高，可以相应地同步减少补充养老保险部分。当退休养老金占在职工资的比例逐步提高到90%左右的时候，可以最终取消补充养老保险。

二、"新养老策论"的提出背景

本文提出"新养老策论"的直接动因和重要背景，就是对08方案诸多不足和实施效果的反思。毋庸置疑，08方案遇到极大阻力，推进速度相当缓慢，并与预期目标相去甚远。政策学和制度学理论告诉我们，任何改革方案的制定和推出，都源于各种现实考虑和良好愿望，不可能一开始就尽善尽美，也不可能一帆风顺，更不可能一蹴而就，需要在实践中不断修改和完善。08 方案既然是一个试点方案，就可以依据试点中的问题进行重新修订。本文建议政府有关部门暂缓 08 方案试点，重新研究城镇养老保险制度改革的总体方案，而非"碎片化"的孤立方案。为此，我们需要分析 08 方案究竟有哪些问题导致推进困难。

（一）改革缺乏配套措施

事业单位养老保险制度改革应该与其他制度改革配套推进，但 08 方案的实施缺乏配套改革措施。一是事业单位分类不细致。08 方案明确指出，改革适用于分类改革后从事公益服务的事业单位及其工作人员，但该方案对我国事业单位的复杂性估计不足，忽略了全额财政拨款、差额拨款和自收自支事业单位之间资金来源的差异，忽略了体制转变时期事业单位老职工和合同职工的不同，忽略了全额拨款事业单位工资来源单一的事实。二是职业年金制度缺失。建立职业年金制度是 08 方案的主要内容，目的是为了建立多层次养老保险体系，提高事业单位工作人员退休后的生活水平。然而，职业年金制度并没有配套跟进，使不少人产生了不良预期和抵触情绪。三是与事业单位分类改革不配套。事业单位分类改革包括机构分类、人事制度改革、工资收入分配制度改革、财政政策和养老保险制度改革五个方面。事业单位养老保险制度改革试点，是事业单位分类改革的重要组成部分，需要在事业单位分类、收入分配制度改革、人事管理制度改革的基础上开展，并有相应的财政投入机制做保障。然而，这些制度并没有进行相应的配套改革，如收入分配改革方案至今没有出台，步履维艰。

（二）减负动机值得商榷

任何改革方案的推出必定有其多种动机和考虑，08 方案也不例外。我们相信建立完善的事业单位工作人员养老保险制度的初衷是为了加快建立覆盖城乡居民的社会保障体系。但财政减负无疑也是此次改革的主要动机，这是 08 方案受到人们普遍质疑的地方。一是减负作用十分有限。就试点方案中个人缴费而言，事业单位人员个人缴费为工资的 8%，全国事业单位 3000 万人每年总计约 300 亿元，不足目前财政收入的 0.5%。此项缴费改革对缓解财政负担的作用不大，事业单位养老金改革也未必真能达到减负目的。二是人们普遍认为，财政减负应该包括占财政供养开支60%和退休待遇不降反升的公务员。相比较而言，机关的人均退休费在绝对值和增长率上均高于事业单位，公共财政的养老负担相对更重。2005年机关事业单位退休费总额是1827亿元，其中机关总额为561亿元，人均退休费为17633元，事业单位总额为1266亿元，人均退休费为16147元[①]。三是既然我国的GDP和财政收入年增长较快，而科学发展观又强调改革成果要分享，因而所谓财政承担不起的说法难以成立。再说，国家财政支出项目众多，相应的减负途径也有多种，只要真正削减公款吃喝、公费旅游、公款出国等一两项开支，养老金的发放就不会出现所谓"不堪重负"问题。

（三）造成新的经济不公

社会保障制度改革应当充分体现公平公正的价值取向，但08方案没有很好体现公平性。它在一定程度上缓解了事业单位与企业职工之间的养老待遇差距，但同时又拉大了事业单位与机关人员的养老待遇差距，使事业单位工作人员既不能享受企业化的某些高薪，又不能享受公务员较高的养老待遇，造成了新的经济不公乃至社会不公，在知识分子与公务员之间形成新的矛盾。制度变迁理论告诉我们，当制度变迁的预期收益大于其预期成本时，其行动主体民主程序可以有效化解相关人员的不满、疑虑，赋予改革措施以道义与政治正当性。08方案的推行难，已经用事实说明了决策民主的重要性。可见，无论我们的制度怎么改革，作为制度设计者和安排者的政府部门，绝对不能忽视直接利益相关者的呼声。因此，政府部门在实行新型事业单位养老保险改革时，需要同时考虑事业单位人员的接受能力，以减少不必要的社会阻力和引起不必要的社会震荡。只有实现"自上而下"和"自下而上"两种力量的联动，事业单位养老保险改革道路才会更加顺利和畅通。

---

① 周康：《事业单位养老保险制度改革宜统不宜分》，《中国物价》2009年第7期，第67—70页。

三、"新养老策论"的提出依据

据《人民日报》2010年8月24日报道,人力资源与社会保障部部长尹蔚民在"中国社保论坛"上强调,"在总结试点经验基础上,统筹考虑机关事业单位养老保险制度改革。"从根本上说,一个国家的各项政策都是理论与实际相结合的产物。制定养老保险政策也不例外,必须有理论和实际等科学依据。相对于08方案,本文提出的联动方案,不仅具有科学的理论依据,而且拥有丰富的现实依据,因此,这是一个具有科学性、合理性和可行性的改革方案。机关、事业、企业三者联动的"新养老策论",理应成为我国城镇养老保险制度改革的重要思路,成为通向我国非缴费型城乡统一的基本养老保险制度的最佳路径。

（一）体现中央保障理论与政策

理论对于政策制定来说具有相当的重要性,只有按照一定的理论指导,才能实现政策制定的科学化、民主化要求。马克思主义理论为我们制定养老保险政策提供了科学的世界观和方法论,其中的社会保障理论则具有直接而具体的指导作用。十六大以来,党和政府越来越重视社会保障问题,社会保障制度建设提到了空前的高度。十六届三中全会提出,要"积极探索机关和事业单位社会保障制度改革"。十六届六中全会再次提出,要"加快机关事业单位养老保险制度改革"。十七大报告进一步提出,要"加快建立覆盖城乡居民的社会保障体系","促进企业、机关、事业单位基本养老保险制度改革,探索建立农村养老保险制度。"这不仅明确了我国养老保险制度改革的方向,即建立覆盖城乡居民的社会保障体系,而且还指出了养老保险制度改革的步骤,即现阶段采取城镇与农村两种养老保险制度,城镇要促进企业、机关、事业单位基本养老保险制度改革,也就是要统一城镇养老保险制度。这是中国共产党对马克思主义社会保障理论的创新和发展,是中国特色社会保障理论的重要内容和重要基础,也是中国特色养老保障理论与政策的科学指导。"新养老策论"正是在这一理论指导下提出来的，联动方案是对党中央养老保险思想和精神的科学理解和准确体现。

（二）有利于实现社会公平公正

国家的奋斗目标和基本任务是制定政策的直接依据。社会主义初级阶段的奋斗目标，是把我国建设成为富强民主文明和谐的社会主义现代化国家，其中的和谐是社会领域的目标和要求。也就是说，社会政策要以共同富裕、社会和谐为目标。养老保险制度作为社会保障制度的核心组成部分，起到保障老年人基本生活的作用，是社会平稳有效运行的减震器和安全网。而公平公正是养老保险制度改革的重要原则，改革能否体现公平公正，不仅关系到我国养老保险制度改革的顺利进行，而且更关系着我国和谐社会的建设和国家奋斗目标的实现。经过20世纪90年代企业职工养老保险制度改革，我国企业和机关事业单位退休职工收入差距逐步拉大，导致企业退休人员不满情绪日增，严重影响我国的社会稳定与和谐。08方案的出台和实施，较好地体现了企业与事业单位职工退休待遇的公平性，但由于没有将公务员纳入其中，又造成了公务员与企事业单位工作人员退休待遇的不公平。城镇养老保险制度改革的最终目的是缩小机关、事业和企业三者之间的待遇差距，这就需要在三类部门之间实行养老保险统一运营，使所有退休人员均享受同等退休待遇。好的制度设计是实现社会公平正义的保证，联动方案主张机关、事业和企业人员退休养老金占工资比例相同，较好实现了机关事业单位与企业并轨，因而在统一制度内不存在原有的待遇差别，显示出机关、事业与企业三者之间的公平与公正。由于联动方案能较好实现城镇不同部门职工之间的公平正义，因而它是确保社会安定与社会和谐的有效方案。

（三）统一城乡养老保险制度

国情是制定政策的出发点和落脚点，是制定政策最重要的实际依据。我国的基本国情是长期处在社会主义初级阶段，其中之一就是城乡二元经济社会结构在短期内难以改变。建立全国统一的养老保险制度，无疑是解决我国养老保险制度"碎片化"，以及由此带来的国民养老待遇不公问题的根本，也是我国养老保险制度改革的最终目标。但中国在相当长时间内，城市和农村的社会保障体制是分割的。一元化的社会保障制度是我们追求的最终目的，但近期将多元化制度安排作为过渡显然是符合中国国情的最佳选择①。要实现统一城乡养老保险制度的最终目标，先要实现统一城镇养老保险制度的现实目标，这也是世界各国养老保险发展史都经历过的城乡非均衡发展的历史阶段。为此，我们应该在坚持非缴费型城乡统一的基本养老保险制度目标模式下，先实行机关、事业、企业三者联动的城镇养老保险制度的过渡模式。08 方案的实施，在解决企业与事业单位并轨问题的同时，又将造成企事业与机关之间新的二元制，不利于城镇养老保险制度的统一。而联动方案通过机关、事业、企业实现三者联动，较好地解决城镇新旧二元制问题，实现统一的城镇职工基本养老保险制度。况且，联动方案可以有效避免分立模式下不同部门之间的互相攀比，有利于政府观念的转变，减少公务员的特权思想，提高政府的工作效率。

（四）促进城镇职工自由流动

人力资源的流动是现代市场经济的内在要求，养老待遇问题是人员流动考虑的主要因素。现有城镇养老保险制度的不统一，机关、事业、企业之间养老待遇差距过大，加上机关事业单位养老保险制度在缴费、待遇计发和管理等方面独立于企业职工养老保险，使养老金权益无法有效衔接，严重阻碍了三大部门之间人员流动。近年来，我国呈现出公务员热、事业单位热，特别是"公务员热"，不仅是因为公务员在职时就有稳定的高收入，而且最关键的是其退休金打折比例也高于事业、企业职员。这种情况不利于机关事业单位的健康发展，也影响了机关事业单位机构改革进程。官、产、学三大部门对我国经济社会发展都很重要，人才在三大部门中应该都有一个金字塔式的分布才比较合理。只有在机关、事业单位和企业三类部门中分布比较合理，才不会导致人才的高消费和过度聚集。而08 方案的实施，虽然有利于事业单位和企业之间人力资源的正常流动，但可能刺激事业单位人员向政府机关转移，加剧公务员报考热，不利于事业单位队伍稳定，影响我国科技、教育、卫生等公共事业发展及综合国力增强。

---

① 香伶：《养老社会保险与收入再分配》，社会科学文献出版社 2008 年版，第 211 页。

联动方案由于缩小了机关、事业和企业间的养老保险差距，建立起公平的就业环境，为城市居民提供了多种职业选择，为不同部门之间人员流动和统一劳动力市场的形成打下良好的制度基础。

（五）顺应国际社会改革趋势

在全球化时代，国际环境成为一个国家制定政策不可忽视的重要现实依据。作为制定养老保险政策的国际环境，应该是指国际社会养老保险和社会保障形势、发展趋势及其对我国的冲击和影响。社会保障制度面世一百多年来，国外已经形成了丰富而成熟的养老保障理论，以及完善和健全的养老保障政策体系。从世界各国实践来看，公务员和事业单位养老保险制度分为"分立模式"和"统一模式"。欧洲大陆各国社会保障制度几乎均为"碎片化"制度，不仅公务员制度单独设立，其他群体也常常独立。多种退休制度引起攀比，改革必然遭到反对，时间越久，待遇差距越大，福利刚性越大，改革越困难，甚至引发社会动荡。法国就是其典型。相比之下，美国等一些国家采取"统一模式"，不管是公务员还是企业私人部门，全体国民参加一个基本养老保险制度，其优势是尽管其退休金替代率比法国低一半，但从未引发过一次全国范围的社会运动。不仅如此，进入21世纪以来，世界各国都在进行社会保障制度改革。在席卷全球的改革浪潮中，强调个人责任、减轻财政压力、统一社会保障制度成为大势所趋。就公务员而言，国外公务员养老保险制度改革呈现的一个明显趋势，就是分立制度向统一制度转变[1]。国际社会的养老保险和社会保障形势、发展趋势，必然对我国产生冲击和影响。实行机关、事业、企业养老保险制度三者联动，统一我国城镇基本养老保险制度，进而统一我国城乡基本养老保险制度，是顺应国际社会养老保障制度改革发展趋势的必然反映，有助于我国最终形成一个更加公平、社会更加和谐的相对最佳的养老保险体系。

（六）反映养老保险社会舆论

社会舆论是政策制定的影响因素之一，它是反映和表达人民群众愿

---

[1]　郑秉文、孙守纪：《齐传君．公务员参加养老保险统一改革的思路》，《公共管理学报》2009年第1期，第1—12页。

望、呼声和要求的一种形式，对政策制定的影响十分巨大，在某些特定情况和条件下，甚至会产生决定性影响。社会舆论明显倾向于联动方案。中国社科院马克思主义研究院院长程恩富教授明确提出"机关、事业和企业三单位联动的养老保险制度改革方案"①。中国社科院郑秉文研究员认为，我国公务员和事业单位统一参加养老保险制度改革，走"统一模式"之路是大势所趋②。人力资源与社会保障部社会保障研究所华迎放研究员提出，事业单位养老保险制度改革，既要与城镇企业职工基本养老保险制度保持统一，又要与国家机关实行同一制度③。中华全国总工会经济社会政策研究室主任姜爱林要求，公务员、事业单位与企业三位一体同时改革，构建公平有序的养老保险制度体系④。更为重要的是，联动方案充分显示了民意。2009 年，"两会"期间约有 20 份不同意 08 方案的意见书正式上报。2010 年，人民日报政治文化部和人民网联合组织"两会调查"，"养老保险"在众多热点话题中以高票当选，81% 的网友认为，企事业单位和公务员养老制度实行"双轨制"非常不合理⑤。中国社会调查所对重庆、太原、广州、上海等试点城市近千名居民进行调查，93.4% 的被访者认为，只改革事业单位而不改革公务员养老金不公平；多数被访者表示，应把机关、事业和企业职工养老保险三者统筹考虑⑥。08 方案的反对声浪和联动方案的舆论倾向，使相关部门和官员也不得不作出反应，如人保部副部长胡晓义在 2010 年"两会"期间回应退休金双轨制时表示，"机关、事业和企业单位之间的制度衔接问题，也是我们要解决的统筹协调的问题之一"⑦。

---

① 汪孝宗：《事业单位养老保险制度改革试点引热议——学者提议建立机关、事业、企业联动养老制度》，《中国经济周刊》2009 年第 23 期，第 32—35 页。

② 郑秉文：《事业单位养老金改革路在何方》，《河北经贸大学学报》2009 年第 5 期，第 5—9 页。

③ 华迎放：《对事业单位养老保险制度改革的思考》，《中国劳动保障》2006 年第 11 期，第 35—36 页。

④ 姜爱林：《事业单位养老保险制度改革为何困难重重》，《天津行政学院学报》2010 年第 3 期，第 53—61 页。

⑤ 廖文根：《"养老保险"首次名列两会网友关注热词排行榜榜首》，http://www.people.com.cn，2010 - 02 - 24.

⑥ 中国社会调查所：《事业单位养老保险改革问卷调查》，http://www.ruc-mr.com/html/new sopen1431.html，2009 - 12 - 23.

⑦ 胡晓义：《回应退休金双轨制全民社保包括公务员》，http://www.news.sohu.com，2010 - 03 - 09.

四、"新养老策论"的完善与实施

制度运行是否良好、有效，能否实现制度预期目标，取决于制度设计的科学性和完备性。城镇联动养老保险制度改革方案只是一个初步方案，其设计与实施还需要不断完善，即在把握改革总体思路基础上明确指导思想和原则，在总结历次改革经验教训基础上完善配套措施，在合乎民主程序基础上制定和完善联动方案，并需要在完善养老保险法律体系基础上获得法律支撑。

（一）在把握改革总体思路基础上明确指导思想和原则

联动方案的设计需要在把握改革总体思路基础上，明确改革的指导思想和指导原则。这就要求我们不仅从经济角度，更要从政治高度来把握这项改革，而且把它放在完善我国收入分配格局中进行方案设计。从总体上看，推进机关事业单位养老保险制度的改革，要有利于保障事业单位人员队伍的稳定，有利于促进科技创新和社会事业、文化事业的发展。联动方案的指导思想和原则，是按照全面落实科学发展观和构建社会主义和谐社会要求，以党的十七大精神为指导，以马克思主义社会保障理论为导向，总结国内外养老保险制度改革经验，结合我国企业、机关、事业单位实际情况，贯彻改革成果要分享和问计于民的方针，强调统筹兼顾而非只顾一方，配套推进而非单项独进，遵循权利与义务相对应相结合、保障水平与经济发展水平相适应原则，逐步建立起机关、事业、企业相统一和公平的城镇养老保险体系，确保我国养老保险制度改革顺利进行和可持续发展。

（二）在总结历次改革经验教训基础上完善配套措施

养老保险制度改革是一项牵涉面广泛的系统工程，必须统筹兼顾、综合配套，联动方案的设计必须在总结历次改革经验基础上完善配套措施。一是对机关事业单位进行科学分类，这是实施该方案的重要前提。长期以来，我国事业单位和行政机关界限模糊不清，有些事业单位实际履行着公共管理职能，而有些按公务员机制管理的单位又是名副其实的事业单位。

就事业单位而言，不同单位有着不同的功能定位、收入来源和资源获取方式，以及存在"老人"、"中人"和"新人"的区别。因此，联动方案必须从公平公正原则出发，根据不同单位具体情况，分类处理，区别对待。二是为机关事业单位建立职业年金制度，这是该方案的重要内容。职业年金制度相当于企业年金制度，是联动方案第二层制度中的补充养老保险制度，这就需要将职业年金制度的具体内容和运作方式与联动方案一起考虑，以便解除相关人员的后顾之忧和增加对改革的可预期性。建立多层次的养老保险体系，既是基本养老保险制度安全有效运行的必要措施，也是体现不同职业、不同收入水平的人群对退休养老的需求差异。三是与其他相关制度配套改革，这是联动方案的重要保障。养老保险制度改革是社会保障制度改革整体安排的一部分，应当与机关事业单位的机构改革、人事制度改革、收入分配改革等相匹配。如果没有这些相关制度的改革配套，联动方案的实施将孤掌难鸣，难以有效推进。

（三）在合乎民主程序基础上制定和完善联动方案

任何一项公共政策的出台，都是多方利益重新调整的过程。惟有建立起充分参与、公开交流的前置机制，通过利益各方的充分博弈，利益的调整和分配才能有效平衡。惟其如此，国家公共政策及法规才能得到有效的贯彻执行。

联动方案是否完善周密和切实可行，能否获得各方深刻理解和有力支持，方案实施是否顺利和有效，离不开各方对方案广泛而深入的讨论。这就要求我们，在制定和实施方案时必须符合民主和程序。这是因为，任何政策设计不可能尽善尽美，关键在于建立畅通有效的利益表达机制，使相关主体都有表达自己养老意愿的合法机制；同时建立传导迅速的反馈机制，将政策实施中的种种问题反馈给决策层，而不是在问题累积出现严重后果时再进行相应的政策调整。联动方案的制定和实施应该将公众参与作为一个必不可少的程序，只有向社会公众广泛征求意见，才能确保方案的合理性、公众的认可度，以及实施的有效性。也就是说，养老保险制度改革方案的顺利推行，取决于相关人员的普遍认同和大众支持，而只有鼓励民众广泛地参与才能保证方案的合理性和公众的认可度。这也是我们近几年来在包括新医疗改革方案、燃油税改革方案等在内的重大改革方案推行之前的一个通行做法，也是改革得以顺利推进的一条重要经验。联动方案在制定和实施程序上应合乎民主程序。

（四）在完善养老保险法律体系基础上获得法律支撑

社会养老保险是国家立法强制征集保险费，并形成养老社会保险基金，当劳动者退休后支付其退休金，以保证其基本生活需要的社会保障制度[1]。通过立法来调整和规范养老保险利益关系和权利义务是各国通行的做法。因为只有以法律制度的权威规范，才能实现社会保障制度责任与权益的合理配置。社会保障制度的改革、运行、管理也只有以法律为依据，才能公平、高效、健康地发展。目前，我国有关社会保险的执法依据主要是一些行政法规、部门规章和规范性文件，一直缺少一部统一的基础性立法。国家也一直努力建立和完善相关立法，如《社会保险法》，1994 年就列入全国人大常委会立法规划，至今历经了近 16 年时间。但从目前的《社会保险法》草案来看，很多方面仍然不具备可操作性，必须有相关的政府条例、规章来配套，而且新法的制定难度非常大，牵涉到方方面面利益关系的调整。《社会保险法》在二审过后，社会各界反映最为强烈的是授权国务院另行规定的内容太多，尤其是在养老保险章节，其第 9 条规定，"公务员和参照公务员法管理的工作人员参加基本养老保险的办法由国务院规定"，对此引起很多质疑。因此，联动方案改革之初，要避免依靠行政机关政策和指示来推动改革的一贯做法，就必须立法先行，尽快出台社会保障及其中关于城镇养老保险条例等具体法规，《社会保险法》、《养老保险条例》及与之相配套的政策规章应尽快颁布或完善，以便形成用人单位和劳动者依法履行义务和享受权利、政府依法行政的局面，使联动方案的运作逐步走向正规化、法制化的轨道。

---

[1] 李珍：《社会保障理论》（第二版），中国劳动社会保障出版社 2007 年版，第 175 页。

图书在版编目（CIP）数据

改革开放与中国经济／程恩富著. —北京：中央编译出版社，2018.9
ISBN 978-7-5117-3603-1

Ⅰ. ①改…

Ⅱ. ①程…

Ⅲ. ①马克思主义政治经济学 - 文集

Ⅳ. ①F0-0

中国版本图书馆 CIP 数据核字（2018）第 184892 号

改革开放与中国经济

出 版 人：葛海彦
出版统筹：贾宇琰
责任编辑：谭　伟
责任印制：刘　慧
出版发行：中央编译出版社
地　　址：北京西城区车公庄大街乙 5 号鸿儒大厦 B 座（100044）
电　　话：(010) 52612345（总编室）　　　　　(010) 52612339（编辑室）
　　　　　(010) 52612316（发行部）　　　　　(010) 52612346（馆配部）
传　　真：(010) 66515838
经　　销：全国新华书店
印　　刷：三河市华东印刷有限公司
开　　本：710 毫米 ×1000 毫米　1/16
字　　数：452 千字
印　　张：30.5
版　　次：2018 年 9 月第 1 版
印　　次：2018 年 9 月第 1 次印刷
定　　价：88.00 元

网　　址：www.cctphome.com　　　　邮　　箱：cctp@cctphome.com
新浪微博：@中央编译出版社　　　　微　　信：中央编译出版社(ID: cctphome)
淘宝店铺：中央编译出版社直销店(http://shop108367160.taobao.com)
　　　　　(010)55626985